Studies of
Elliott Wave
Principle

あなたの
トレード判断能力を
大幅に鍛える

エリオット波動研究

基礎からトレード戦略まで網羅したエリオット波動の教科書

著 一般社団法人
日本エリオット波動研究所

Pan Rolling

改訂版（２版）の発行にあたって

本書は日本初の本格的なエリオット波動のテキストとして2017年６月に発行されました。制作経緯の詳細はプロローグに譲りますが、関連資料や書籍を入手可能な限り集めて読み込んだうえ、10年近くに及ぶ独自の研究の成果を加えて体系的・網羅的に知識・ノウハウをまとめた本格的なテキストです。

分厚くて読むのに骨が折れる内容であるため、当初は「５年かけて初版を売り切れば合格です」と出版社から言われました。ところが、ふたを開けてみれば８回の増刷を繰り返し、初版の８倍近くまで販売部数が拡大しました。

大成功した本書の初版ですが、発行から７年近く経過しました。その間にも著者の研究が進み、研究成果が大きく蓄積しましたので、新しい知見やノウハウを加えた改訂版をこの度発行することになりました。初版を愛読していただいた読書の方々にもぜひ、一層洗練されたエリオット波動の世界を堪能いただければと思います。

なお、本書の実質的な著者は日本エリオット波動研究所・所長の有川和幸さんです。有川さんは世界のエリオット波動研究者の中でおそらくナンバーワンの知見と分析力を持つ方だと思います。執筆については私、小泉秀希が担当しました。本書の表現や言葉遣いで至らない点があれば全て私が責任を負います。

小泉秀希

プロローグ

——エリオット波動原理の潜在性の大きさ、そして、本書作成の経緯について

日本初の本格的なエリオット波動のテキスト

本書はエリオット波動に関する日本で初めての本格的なテキストだと言えると思います。エリオット波動を基本から正確にわかりやすく学べて、さらに、それをベースにしたトレード戦略までを理解することができます。

本書の作成にあたっては、まず先行者たちの著作物や論文を丁寧に読み解き、基本コンセプト・用語・記号をきちんと整理しました。

加えて、著者の10年以上にわたる観察・研究・実践から得た独自の知見も多く加えました。その結果、本書はエリオット波動原理についてかなりわかりやすく、しかもその本質を深く掘り下げてまとめられたと思いますし、きわめて実践的な内容になったと思います。

本書の著者は一般社団法人日本エリオット波動研究所（以下、日本エリオット波動研究所）です。日本エリオット波動研究所はエリオット波動研究者であり、同法人の代表理事である有川和幸さんが中心となり、エリオット波動の研究者・実践者が集まってその研究を深めるために設立された団体です。

この団体が設立されたのは2017年1月ですが、その1年以上前から有志が集まって研究会や勉強会を繰り返し、研究と議論を重ねてきました。その成果を盛り込みつつ本書をまとめました。

著書全体の構想、監修は有川さん、執筆・編集作業は株式ライターの小泉秀希が担いました。

本書の内容の多くを有川さんに負うものであり、そうした意味で本書は実質的に有川さんが著者ですが、実際に執筆にあたったのは小泉ですから、表現上、至らない点があるとすれば私小泉が責任を負います。

私自身、株式ライターとして実にさまざまな株式投資の本の作成にかかわってきましたが、中でも、本書は格別の意味を持つ本になりました。本書をきっかけに、日本でもエリオット波動分析が本格的に普及することを、そして、日本人投資家のレベル向上に役立つことを願っています。

エリオット波動原理の誕生・発展の経緯

エリオット波動というのは、エリオット波動原理のことです。原理を省略してエリオット波動というのが慣習化しています。

エリオット波動原理は 1930 年代にアメリカ人のラルフ・ネルソン・エリオットが発見した株価変動の原理です。それを後継者たちが肉付けして徐々に体系化し、現在に至っています。

エリオットは 1871 年に生まれ、主に会計士として鉄道会社の経営やレストラン経営という株式市場からは離れた分野で活躍していました。しかし、1927 年、55 歳のときに重い病気に倒れてから長期間の療養生活に入り、そのときに株式市場に興味を持ち始めて、その研究に没頭していったそうです。

エリオットが株式相場の研究に没頭した 1927 年から 1930 年代にかけての時期は、アメリカの景気と株価が歴史的なバブル“狂乱の 20 年代”のピークに向かい、その後、歴史的な株価大暴落や世界恐慌などが起きるという、史上まれに見るドラマティックな局面でした。そうした中でエリオットは株式市場の研究にのめりこみ、株価変動のパターンを独自にいくつも見出しました。このときにエリオットが莫大な観察の中から見出した株価変動パターンこそ、エリオット波動原理の中核となる部分です。

当時、まったく無名であったエリオットが打ち立てたエリオット波動原理の可能性を最初に見出したのは、その当時著名であった株式市場分析のニューズレターの発行人のチャールズ・J・コリンズでした。コリンズはエリオットと手紙でやり取りを続ける中で、相場の重要局面で発揮される分析力の高さでエリオット波動原理の可能性を感じ、エリオットが手紙で述べてきた原理をまとめて1938年に『The Wave Principle』をエリオットの名前で出版しました。エリオット波動原理が世に出た瞬間です。エリオットは、この後にも金融専門誌で自分の理論について連載し、1946年になると研究の集大成として『Nature's Law』を出版します。しかし、エリオット波動原理があまり日の目を見ないままエリオット自身は1948年に死去しました。

その後、エリオット波動を研究する人は途絶えかけたのですが、1950年代に著名な市場アナリストで金融専門誌の発行人であったA・ハミルトン・ボルトンがエリオット波動に関する論文やエリオット波動による株価分析の記事などを発表するようになったことで、エリオット波動への注目度が高まるようになりました。

ボルトンと親交のあったA・J・フロストはボルトンの影響を受けながらエリオット波動を研究し、ロバート・R・プレクター・ジュニアとともに1978年に『Elliott Wave Principle: Key to Market Behavior』（邦訳『エリオット波動入門』）を出版しました。すると、これがエリオット波動原理のテキストの決定版と言われるようになり、その原理が金融業界全体にも広まっていきました。その結果、エリオット波動原理がテクニカル分析の主流のひとつと言われるようになり、現在では世界中で多くの投資家に愛用されるようになっていきました。

私たちのエリオット波動原理との出合い

エリオット波動原理については、発祥地のアメリカでは本格的なテキストが何冊かありますし、その翻訳本もすでに何冊か出ています。日本人により書かれた解説や関連本などもいくつかあります。私たち著者もはじめはそうした翻訳本などでエリオット波動について興味を持ち、学び始めました。

それなのに、どうして改めてこのようなエリオット波動に関するテキストを作成したかというと、それは、私たち自身がそれらのテキストや著作物によってエリオット波動の知識体系の習得をするのに相当に苦労したからです。

現存の日本語のテキストや翻訳本は、元の原理や用語をあまりよく理解せずに不正確で不十分に記述されている箇所がしばしば見受けられます。それどころか、そうした本では一番基本となる用語の定義が間違っていることもしばしばありますし、驚くべきことに原書のテキストとは真逆の説明がなされていることもあります。これではまじめに勉強しようとする人たちほど混乱して心折れてしまいます。

既存の日本語のテキストで勉強して苦労した有川さんや私（小泉）は、主なテキストの英語の原書を読み込むことにしました。まずは、もともとの原理体系を正確に理解する必要があるからです。

さらに、日経平均やドル円相場など、実際の相場でそれがどのくらい有効性があるのかを確認する作業をしていきました。有川さんについてはそうした作業を10年以上も朝から晩まで毎日続け、私（小泉）

やそのほかの研究所メンバーはその作業に途中から加わりました。
その他にも、有川さんに賛同して、エリオット波動をまじめに勉強・研究・実践したいという人たちが集まるようになりましたので、先ほど述べたようにその活動を組織化するために一般社団法人日本エリオット波動研究所を設立し、日々続けているところです。

そうした観察・研究の結果、原書のテキストとはやや異なる独自の見解や新しい見解を得た面もあります。それらの独自の見解についても本書には盛り込んでいます。
このように、本書はもともとの原理を正確に記述しつつ、それを日経平均やドル円相場に当てはめて観察・研究した結果得られた新しい見解も付け加えた独自のテキストです。
本書はそうした意味で、日本のエリオット波動研究者が、日本株やドル円などの事例を使い、日本人投資家・日本人トレーダーのために書いた初めての本格的なテキストと言えると思います。
エリオット波動原理を学びたいと思いながらなかなかその手段に巡り会えなかった方々にとって大いに役立てていただける本になると思っています。

エリオット波動原理を学ぶ意義について

エリオット波動原理の最大の魅力は、それが他の手法にないほど株価変動を体系的にとらえるノウハウであるという点です。そして、その結果として、相場シナリオとトレード戦略を立てるための手段として比類なき有益性を備えている点です。そうした意味で、エリオット波動分析は「テクニカル分析の王様」と言えると思いますし、発祥地のアメリカではテクニカル分析の主流のひとつになっています。

実際、エリオット波動分析を的確に使うことにより

- **今波動のどの位置にいるのか（上昇波動や下落波動の序盤か中盤か終盤か）**
- **今後どちらの方向にいくのか（上昇か下落か）**
- **どの地点まで動くのか（上昇や下落の目標）**

というような問題に対する判断能力が格段に高まります。

「正しく試行錯誤する」ことの大切さ

ただし、ここでひとつ断っておかなければいけないことがあります。

それは、「エリオット波動原理をマスターしたからといって、いつでも正確な相場予測ができるようになるわけではない」ということです。

投資業界の常ですが、何かのノウハウを売り込もうとする人たちは、ついそのノウハウの予測能力やパフォーマンスの高さを大げさに宣伝しがちになります。

しかし、「いつでも正確な相場予測が可能な分析法」も、「一度マスターすればすぐにサクサク儲かる投資法」もこの世の中に存在しないと著者は思います。私自身30年以上株式投資の世界に携わっていますがそのような手法に出合ったことがありませんし、そのような手段を手にしている人も見たことがありません。お金を稼ぐためにそのような宣伝文句を使う人は多数いるようですが……。

投資やトレードにはさまざまな手法がありますし、さまざまな手法で成功している人たちがいます。

しかし、どんな手法で成功している人たちも、皆、その成功に見合うような努力をしています。

仕事でもスポーツでも、成功するためにはまずは基本をしっかり学ぶ必要があります。しかし、それだけでは成功できません。しっかり学んだ基本を元にして実践と経験を積み重ねていく必要があります。基本を身につけることと、実践・経験を積むこと、この２つが重要です。

投資家・トレーダーとしては、まず「どんな基本を身につけるか」ということでその後の運命が決まってきます。良い基本がしっかり身につけられれば、その後実践と経験を積む中でどんどん実力がつきますし、実績が伴ってくると思います。そうした意味で、エリオット波動原理は投資家やトレーダーにとってとても有効な「基本」だと思います。

エリオット波動原理を学ぶことで得られるのは、より確率の高い相場のシナリオの探り方です。

エリオット波動原理によってこれまでの株価の動きを分析し、それに基づいた今後の株価の展開についてメインシナリオとサブシナリオを描くことができます。そして、メインシナリオに基づいたトレード戦略を立てることができます。

より確率高いメインシナリオの探り方、それに基づいたより効率よくリスク管理に優れたトレード戦略の探り方は、経験と実践を積む中で徐々に上達していきます。

そのためにも、まずは本書でエリオット波動の基本をしっかり理解して習得してください。

たとえて言えば、エリオット波動を学ぶことは地図の読み方を学ぶことと同じです。

地図の読み方を学べば、目的地にたどり着くことは格段に早くなります。しかし、地図の読み方だけ学んでも冒険がうまくなるわけではありません。実際の冒険の中では地図通りにいかない場面もありますし、地図の読み方を迷う場面もあります。時には道を大きく引き返さなくてはいけないこともあります。このように、実際に目的地にたどりつくためにはある程度の試行錯誤と、それをやり抜く粘り強さも必要になります。しかし、そのような意思さえあれば、地図を手にして目的地にたどり着ける可能性はきわめて高いと言えるでしょう。一方、どんなにやる気や体力があっても、きちんとした地図を持たずに目的地にたどり着くのはかなり困難でしょう。

つまり、エリオット波動原理というのは、「正しい試行錯誤」、「生産的な試行錯誤」をするためのノウハウだと言っていいと思いますし、そういうノウハウこそが投資家・トレーダーにとって有益だと言えると思います。

本書作成の経緯と、エリオット波動研究家・有川和幸さんについて

しかし、大変残念ながら、エリオット波動は日本ではほとんど浸透していません。先述の通り、エリオット波動を学ぶための有効な手段が日本にはないからです。

私（小泉）自身、何冊か日本語のテキストを読んで勉強を始めて、エリオット波動自体の可能性は感じましたが、理解できない部分が多くて本を何度も投げ出しました。

あきらめきれなかった自分は、エリオット波動に関する本やＤＶＤを探してはそれを購入して勉強しましたし、エリオット波動に詳しいと言われるアナリストの方のセミナーに出席して勉強したりしもしました。しかし、なかなか決め手となる本や先生は見つかりませんでし

た。有効なノウハウであると思っているのに、その全貌がなかなかつかめない……。もどかしく、途方に暮れながら時間が過ぎていきました。

そんなある日（2015年の秋）、ツイッターでやりとりするようになった投資家のひとりが、エリオット波動原理に基づく日経平均のカウント（波動を数え、分類し、波動全体の連なりや現在の位置を探る作業）を更新しているのを目にしました。それはとてもきれいなカウントで、「この人は相当なエリオティシャン（エリオット波動分析家）だ」と直感しました。それが、本書の実質的な著者である有川和幸さんです。

エリオット波動に関する解説本や先生を懸命に探していた自分としては、そうしたカウントを見ればその人がどのくらいのエリオット波動の使い手であるかは直感できるところでした。それから私は有川さんにエリオット波動について教えを請おうと連絡を取り、その後、ツイッター、メール、面会などによってやり取りをしながら、さまざまなことを教わるようになりました。

そのころ、日経平均はアベノミクスによる上昇相場が続いていると考えられているときでした。2015年８月に２万946円の高値つけた日経平均はその後、中国株の暴落や人民元切り下げによる“チャイナショック”で１万6901円まで下落しました。しかし、その後、また上昇に転じて１万9000円台を回復して、多くの投資家がアベノミクスの再開を信じて疑わない状況でした。著名なストラテジストのレポートを見ていても弱気な人はほぼ皆無で、日経平均の目標値を２万2000円とか２万3000円とする強気な見方ばかりでした。

そんな中で有川さんは、エリオット波動分析によって、日経平均は８月の２万946円でいったん高値を付けて、１万9500円程度まで戻した後は１万4000円台まで下落するという予測をツイッター上で発言し続け、その分析のプロセスまで公開していました。

実際には、日経平均は2万12円まで上昇して、その後、翌年2月に1万4865円まで急落しました。

有川さん自身は1万9500円前後の水準から日経平均の売りポジションを積み上げ、そこから2万12円まで持ち上げられる過程では心理的にも苦痛を味わっていたようです。しかし、その後は鮮やかな暴落劇の中で利益を手にしました。

もちろん、うまくいった事例だけを取り上げてノウハウの有効性を強調するのはフェアではありません。有川さんのエリオット波動原理に基づくトレードがすべてうまくいっているわけではありません。想定が外れて損切りすることだって多々あります。

しかし、エリオット波動分析に習熟することによって想定が当たる確率は高まってくることは事実です。

また、それ以上に重要なのは、「失敗に気づいて損切りすること」、すなわちリスク管理も上達していきます。

予測能力を上げることとリスク管理がうまくなることはトレードを上達させるための両輪です。エリオット波動分析はその両方を高めるためにとても有効な手段です。

先述のように有川さんは10年以上にわたりほぼ毎日、10時間以上も費やし、日経平均、ドル円、ＮＹダウ、金価格、原油価格、そのほかさまざまな指標について、日足や週足はもちろん、何十年にもわたる月足や、細かくは1分足に至るまで数多くのチャートでカウント作業をし続け、エリオット波動原理について研究し続けています。日本においては有力なテキストもなく、教えてくれる専門家もいない中、有川さんは未開の荒野をひとりで進み続ける旅人のようなものでした。しかし、そうした作業の中から生み出される波動のカウントを見せてもらうと、それは芸術的に美しく、そして、その予測能力の高さに驚かされるばかりでした。

もちろん、先述の通り100%当たる予測などありませんが、予測能力を高めていくことは可能ですし、有川さんを間近で見ていて、「エリオット波動に習熟することが予測能力を高めるための有効な手段である」ということを私は感じました。

大波乱の展開でもその乗り切り方を探し当てられる

本書（初版）を作成中の2016年には、6月にブレグジット（イギリスの国民投票によるＥＵ離脱決定）による株価急落が起きたり、11月にはいわゆるトランプショック（米国大統領選挙でのトランプ氏の予想外の当選によるショック安）が起きたりするなど、まさに波乱の連続の年でした。しかし、そのような大波乱が起きても、エリオット波動原理を身につけていれば冷静に分析して対処することが可能になります。場合によっては大きな収益機会を得ることも可能です。実際に有川さんはそうした波乱の局面でも大きなリスクを避けながら収益機会を適宜的確にとらえていました。私自身もエリオット波動分析のおかげでうまく対処できたと思います。

こうした経験から「きちんとしたエリオット波動分析ほど高い予測能力と現実に対応できる柔軟性を持つ分析法はほかにないのではないか」と確信した私は、「きちんとしたエリオット波動分析を学びたい」と思い、有川さんからいろいろと教わり続けてきました。本書はそうした有川さんと私のやり取りをベースにしつつ、研究所のメンバーたちの研究成果も盛り込みながら作成しました。

本書ではエリオット波動の研究や実践の基礎となる事柄を丁寧にま

とめました。本書を繰り返し丁寧に読むことでエリオット波動原理という強力な武器を手に入れられると思います。

　なお、日本エリオット波動研究所のさらなる研究成果や最新の分析などについては公式ホームページで公開していく予定です。

参考図書について

本書はエリオット波動原理の基本的な知識体系については以下の本を参考にしました。

①『The Wave Principle』（1938年の論文）

著：R・N・エリオット

エリオット波動の発案者であるR・N・エリオット本人が、エリオット波動について最初に発表した論文。

②『Nature's Law』（邦訳『エリオット波動は自然の法』 パンローリング刊）

著：R・N・エリオット著

1946年に書かれたエリオットの代表作。

※①と②についてはエリオットの著作集『R.N. Elliott's Masterworks: The Definitive Collection』に収録。

③『The Elliott Wave Principle － A Critical Appraisal』（邦訳『エリオット波動～ビジネス・サイクル』）

著：ハミルトン・ボルトン

エリオット波動の価値を見出し、広めたボルトンによるエリオット波動に関する著作集。

※『The Elliott Wave Principle － A Critical Appraisal』は、ボルトンの著作集『The Complete Elliott Wave Writings of A. Hamilton Bolton』に収録。

④『Elliott Wave Principle: Key to Market Behavior』（邦訳『エリオット波動入門』パンローリング刊）

著：ロバート・R・プレクター、 A・J・フロスト著

エリオット波動に関して現在もっと権威あり幅広く読まれているテキスト。エリオット波動研究の現代の基礎・基準となる本。

※アマゾドットコムで検索すると、2023年4月時点では、2022年度版（第12版）が最新の改訂版となっています。

邦訳の『エリオット波動入門』は1998年度版を翻訳したものですが、その後、2005年版（第10版）2017年版（第11版）、2022年版（第12版）と改訂が重ねられ、内容がところどころ変更されています。本書は『Elliott Wave Principle』の2022年度版の内容まで踏まえたうえで執筆しています。

⑤『Visual Guide to Elliott Wave Trading (Bloomberg Financial)』（邦訳『図解　エリオット波動トレード』パンローリング刊）

著：Wayne Gorman、Jeffrey Kennedy

エリオット波動を使ったトレードの基本的な考え方の解説と実践例が紹介されている本。

本書の中でこれらの本に言及するときに、は、次のように呼びたいと思います。

①………「1938年論文」

②………「自然の法則」

③………「ボルトンの本」

④………「プレクターの本」

これらの本の中で、現在世界のエリオティシャン（エリオット波動の研究者や愛好家）の間で最も標準的なテキストとして読まれているのが④のプレクターの本です。本書では、用語や記号の定義や使い方や各種波動の概念については、この④プレクターの本の原書の最新版の内容を丁寧に検討しながら説明して使用しています。

先述のように、今の日本では、エリオット波動の用語や各種波動の概念については、一般の使用状況、翻訳本、専門家と言われる人たちのレポート、各種テキストでも明らかに誤用されているケースが目立ちます。基本的な用語の定義や波動の概念を誤用していては、有意義な議論や分析はできません。

もちろん、プレクター本に書いてあることがすべて正しいわけではありません。しかし、まずは先人たちの理論や現在の標準的な理論をきちんと理解して、そのうえで自分なりの観察や考察によって反論したり新たな知見を加えたりしていくのが科学的、かつ、生産的な研究・分析につながります。これまでの研究や議論の積み重ねを無視して、なんの根拠もなく自分勝手な用語や概念の使用、分析を行っていては何の意味もないし発展性もありません。そうした意味でも、まずは先人たちの理論や概念を丁寧に理解することからはじめていくべきですし、以上で紹介した本はそうした意味でエリオット波動研究者たちの必読書と言えるものばかりだと思われます。

本書で使用しているチャートについて

本書で使用しているチャートは TradingView 社から提供していただいております。

第1章

波動の基本構造

―― アクション波とリアクション波、波の階層、5つの基本波形（概要）

第2章

5つの基本波形（詳細）

―― インパルス、ダイアゴナル、ジグザグ、フラット、トライアングル

第3章

8つの「ガイドライン」

第4章

エリオット波動のカウントの事例研究
── 日経平均、ドル円、NYダウを分析する

第5章

問題形式で考える「シナリオ想定」の基本

第6章

エリオット波動によるトレード戦略

第7章

エリオット波動の源流を探る

── ダウ理論、フィボナッチ数列、景気サイクル

波動の基本構造

アクション波とリアクション波、波の階層、5つの基本波形(概要)

第１節
エリオット波動を学ぶ前提事項

1）エリオット波動とは

エリオットは莫大な相場観察の結果として、相場の値動きに繰り返し見られる基本パターンを５つ発見しました。

これらのパターンは人間の集団心理を反映して繰り返し現れると言われているもので、数分という時間軸のチャートでも数年という時間軸のチャートでも同じように観察されるパターンです。

そして、それは時代を超えて現代のさまざまな相場でも繰り返されています。

株式市場をはじめ、さまざまな相場はこの基本パターンとそのバリエーション（変形）のパターンを繰り返しながら、小さい波から大きい波までさまざまな階層の波を形成していきます。

エリオットの波動原理の有効性が時代を超えて現代のさまざまな相場でも生きているのは、エリオットが人間心理に根差した相場の基本的な性質や構造を見出したからだと思われます。

そのエリオット波動原理の基本となる３つのコンセプトを本章では解説していきますが、その前にいくつかの前提となることを説明しておきたいと思います。

2)「波の大きさ」とは価格変動率の大きさ

エリオット波動分析でまず大切なのは形（Form）であり、波の大きさ（Size）や階層（Degree）です。

形や階層については後ほど詳しく説明しますが、その前にエリオット波動における「波の大きさ」とは何かということについて、まずはハッキリさせておきたいと思います。

例えば、株価が下図のように動いているとして、太線の部分の波の大きさとは、**①価格、③時間、②「価格＋時間」**のどのことでしょうか（図１－１）。

図１－１

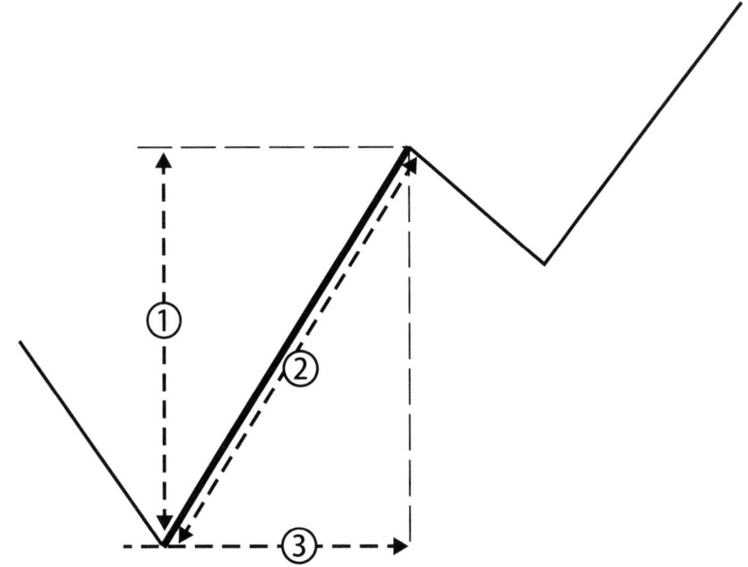

一般的には価格と時間の両方を含んだ②の長さを波の大きさととらえる人が多いと思います。

しかし、エリオット波動原理において「波の大きさ」という場合には、価格変動の大きさである①のことを指します。さらに、エリオット波動における価格的な大きさとは、値幅の大きさではなく、変化率の大きさを指します。「1000円幅上昇して上昇率５％」より、「900円上昇して上昇率６％」のほうが「(波の大きさは) 大きい」と考えます。

３）片対数目盛りのチャートを使う

株価の変動幅ではなく変化率を重視するエリオット波動分析では、基本的に片対数（semilog）目盛りの株価チャートを使います。

片対数目盛りの株価チャートとは、価格を示すチャートの縦軸が対数目盛りになっている株価チャートのことです。対数目盛りでは、変化率が長さとして表示されます。

図１－２ではＮＹダウの長期月足チャートの通常目盛りチャートを上に、片対数目盛りのチャートを下に掲げました。

Ａ、Ｂと記号をつけた部分の値動きに注目してください。Ａはおおよそ900ドルから2700ドルと約1800ドルの上昇、Ｂはおおよそ6000ドルから１万8000ドルと１万2000ドルの上昇であり、通常目盛りのチャートでは、Ｂのほうが大きな上昇として描かれています。

しかし、変化率としてはどちらもおおよそ３倍です。片対数目盛りの株価チャートでは、同じ変化率は同じ長さで示されますので、図１－２の下のチャートではＡとＢの上昇が縦軸ではだいたい同じ長さで示されています。

エリオット波動では、基本的には値動きを変化率で見るので、この両者の動きは同じ大きさの波動であったと考えるわけですが、そうした意味で片対数目盛りのチャートはエリオット波動分析に適した

図1－2　NYダウ（1984年～2017年）

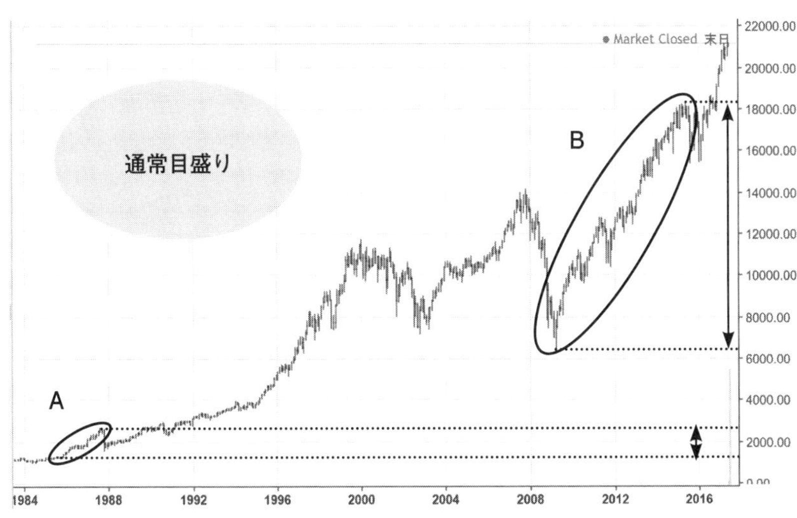

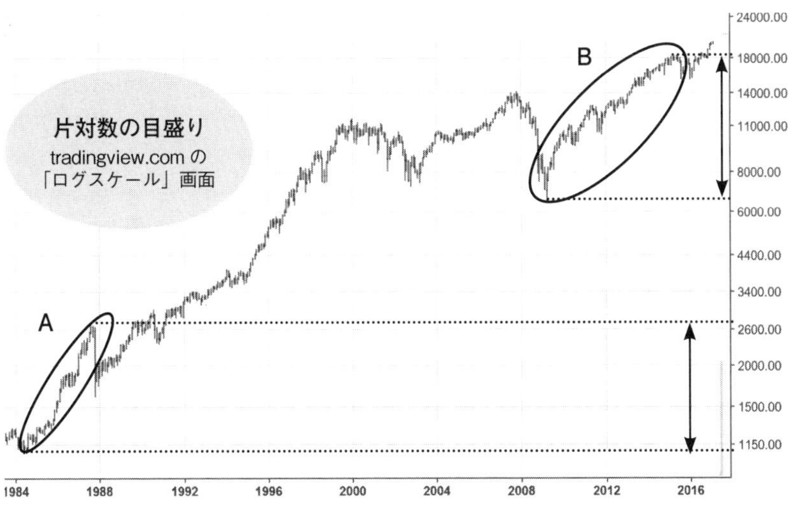

チャートだと言えるわけです。

ただし、エリオットは『エリオット波動は自然の法』の93～94ページにおいて、インパルス（トレンドの方向に推進する波動、53ページ参照）がチャネル内に収まっている限りは算術目盛りチャート（普通目盛りチャート）を使い、チャネルの上値線を大きく超える動きになった場合にのみ片対数目盛チャートを使うべきだと述べています。

チャネルについては200ページで説明している通り、高値と安値をそれぞれ通るようにチャートの上下に引かれた平行線のことです。「インパルスはきれいにチャネルを形成する」というのがエリオット波動の重要なガイドラインのひとつです。そして、エリオットは、このガイドラインを満たす限りは普通目盛りチャートを使うべきだと述べているわけです。

しかし、日本エリオット波動研究所の見解としては、「エリオット波動では原則として片対数目盛チャートを使うべきだ」と考えています。

まず、図１－２のＮＹダウの事例でも明らかなように、数十年におよぶような大きな波動は片対数目盛りで表示しなければ波の大きさが正しく判断できません。

小さな波動についても独立して存在しているわけではなく、すべて大きな波動が細分化されたものであり、大きな波動の一部です。「大きな波動が小さな波動に細分化される」というのがエリオット波動原理の根本概念なのです。したがって、大きな波動が片対数目盛りで表示されるべきものであるならば、その部分である小さな波動も片対数目盛りで表示されるべきだと考えられますし、すべての波動はその大きさにかかわらず、原則として片対数目盛りで表示されるべきだと考えられるわけです。

ただし、同じチャートを片対数目盛りチャートと普通目盛りチャートの両方で表示させてみると普通目盛りチャートで表示させた場合にのみインパルス全体がチャネルに収まる、ということが起きることもあります。そうした場合については、チャネルを使って分析する作業で普通目盛りを使用することが望ましいと言えます。

なお、本書の株価チャートはウェブサイト「tradingview.com」のものを使っています。とても高機能で見やすく、著者はこのウェブサイトを愛用しています。この「tradingview.com」のチャートではチャート画面の右下にある「ログスケール」をクリックするとチャートが片対数目盛りになります。

※ tradingview.com のアドレス：https://jp.tradingview.com

4）エリオット波動にはローソク足チャートが適している

株価チャートにはさまざまな種類があります。日本ではローソク足チャート、米国では終値を結んだだけのラインチャートが一般的です。特に、エリオットの時代は取引時間中の株価の記録が入手できなかったという事情もあり、エリオットの論文や著書の中のチャートはラインチャートになっています。

しかし、さまざまな種類のチャートの中でエリオット波動分析に一番適しているのはローソク足チャートだと思います。

ローソク足チャートの利点は、終値だけでなくて取引時間中につけた高値や安値までもヒゲという細い線で表現しているということです。それに対してラインチャートは次ページの図1－3の破線のように終値を結ぶチャートであるために、ローソク足のヒゲに当たる高値・安値が表現されません。

「一時的につけた高値や安値は無視して大まかな動きを追うことが大切だ」という考え方もあるでしょう。確かに、何か思わぬ要因で一時的なブレとしてつけてしまう高値や安値もあり、そうした動きについては無視したほうがチャートをすっきり分析・解釈できることもあるかもしれません。

しかし、基本的には、取引された価格にはすべて意味があると解釈するのがエリオット波動原理の原則です。すべての高値・安値の値動きを把握して分析したうえで、「やはりこの高値は一時的なブレとして無視したほうがいい」というケースも例外的にはありますが、基本的にはすべての高値・安値を踏まえて分析していくことがエリオット波動分析にとっては大切ですので、そうした意味ではローソク足チャートが適しているといえます。

また、アメリカなどでよく使われるバーチャートでもすべての高値と安値が記録されているので、ローソク足と同様にエリオット波動による分析には適していると言えます。

図１－３　ローソク足チャートとラインチャート

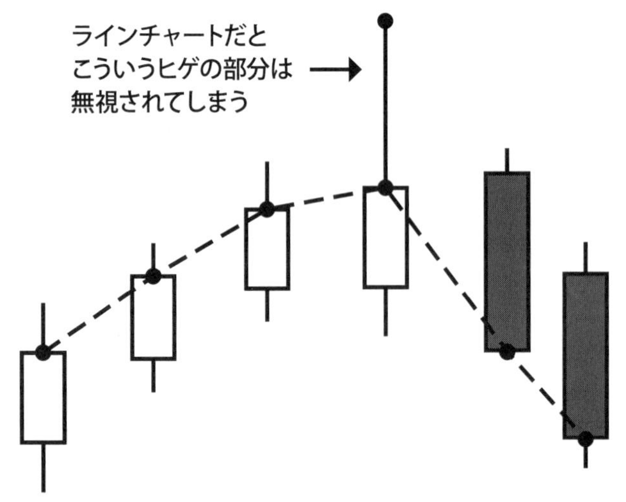
ラインチャートだと
こういうヒゲの部分は
無視されてしまう
破線がラインチャート

5）エリオット波動の３つのコンセプト

さて、おぜん立てがそろったところで本題に入ります。

先述の通りエリオット波動原理は「３つの基本コンセプト」から成り立っています。

ひとつ目は、「５波動で推進し、３波動で修正する」というのが波動形成の基本的なプロセスだということ。

２つ目は、それが幾重にも重なってフラクタル構造になっているということ。

３つ目は、波のパターンが５つの基本波形に集約でき、それらのバリエーションを含めた波形の組み合わせによってさまざまな波動が形成されるということ。

次節以降、これらの基本について、ひとつずつ見ていきましょう。

第2節

エリオット波動の基本①

～5波動で推進し、3波動で修正する～

1）株価の波動の基本形

エリオット波動原理によると、株価の波動には基本形があります。それは、「５波動で推進し、３波動で修正する」（図１－４）というものです。

推進するというのは文字通り進行することですし、修正するというのは波の進行が一時中断したり、逆戻りすることです。

波の進行方向は上昇方向のこともあれば、下落方向のこともありますが、本書では特に断らない限り、基本的に波が上昇方向に進行するケースについて述べていきます。下落方向に進行するケースについては、その逆と考えてください。

2）波の表記法

推進する波（今のケースでは上昇する波）を構成する５つの波については、出てくる順番に１波、２波、３波、４波、５波というように数字を使って名付けます。そして、２波と４波という２回の修正をはさむ形で、１波、３波、５波の３つの波で上昇していきます。

そして、この５波で構成された大きなひとつの上昇波動を（１）波と名付けます（図１－５）。ここでは、「１波」という表記と「（１）波」

図１－４　波の基本形は「５波動で推進、３波動で修正」

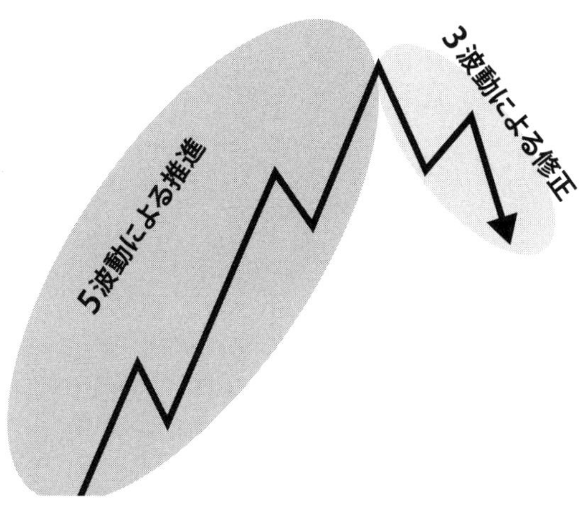

図１－５

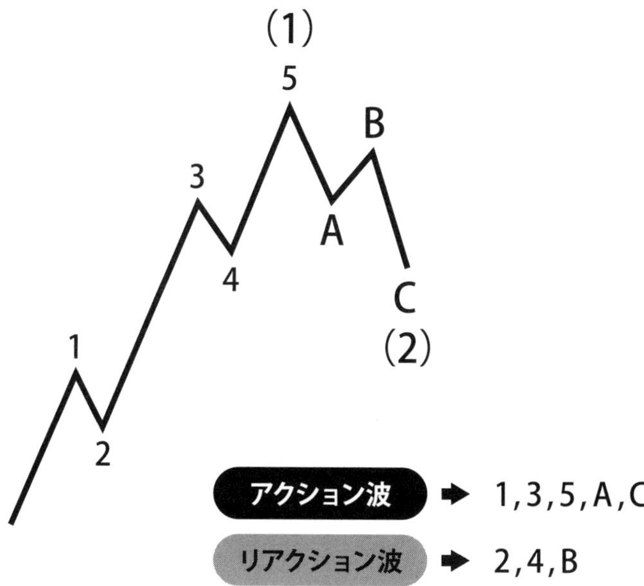

という表記が違うことに注意してください。

ひとつの波を構成する小さい波を副次波（Subwave）と呼びます。（1）波の副次波は1波、2波、3波、4波、5波だということになります。

（1）波全体が推進する波ですが、それを構成する5つの副次波のうち1波、3波、5波は推進する波、2波、4波は修正する波です。

3）アクション波とリアクション波

エリオット波動原理では、一回り大きな波と同じ方向（メジャートレンド）の波をアクション波、その流れを中断し逆方向に揺れ戻す波をリアクション波と呼びます。

今の話の中では1波、3波、5波がアクション波、2波、4波はリアクション波です。（1）波全体が上昇トレンドですから、それと同じ方向の波がアクション波、そのトレンドを中断する波がリアクション波です。

下降波動を構成する副次波については、下落する波動がアクション波、上昇する波動がリアクション波、ということになります。

（2）波は全体としてリアクション波です。（1）波による上昇に対して揺れ戻す動きだからです。リアクション波は基本的に3つの波動で構成され、A波、B波、C波というようにアルファベットで波を数えていきます。

（2）波の副次波のA波は（2）波と同じ方向なのでアクション波、B波はその流れを中断する動きなのでリアクション波、C波は再び（2）波と同じ方向に進む波なのでアクション波ということになります。

株価チャートに波動のカウントを書き込むときには、各波の終点のところに単に1、2、3、4、5、A、B、Cなどと数字やアルファベットだけ書き込んでいくのが通例になっています（図１－５）。

また、推進波、修正波という用語もありますが、これらはアクション波、リアクション波とはやや異なる定義になります。詳細は42ページで述べます。

第3節

エリオット波動の基本②

～フラクタル構造～

1）フラクタル構造とは

「エリオット波動の基本①」では、５波動でひとつの「アクション波（１)」を形成し、次の３波動でひとつの「リアクション波（２)」を形成する、という基本パターンについて述べました。

基本パターンでは、それに続いて同じように１、２、３、４、５の波で構成される５波動で「アクション波（３)」、３波動で「リアクション波（４)」、５波動で「アクション波（５)」と連なり、これで（１）－（２）－（３）－（４）－（５）という５波動からなる「より大きなアクション波①」が形成されます（図１－６)。

そして、①波に続いて、（A）（B）（C）という３つの波によって②波が形成されます（図１－７)。

さらには、「①、②に続いて、③、④、⑤という波動が続き……」というように、どこまでもこうした構造が続きます。

小さな波からどんどん大きな波が構成されていく様子を述べましたが、逆にどんどん小さい波、つまり副次波に分解していくこともできます。

このように、「株価の動きはフラクタル構造になっている」というのがエリオット波動の基本的な考え方です。

フラクタル構造というのは、フランスの数学者であり経済学者

図1－6

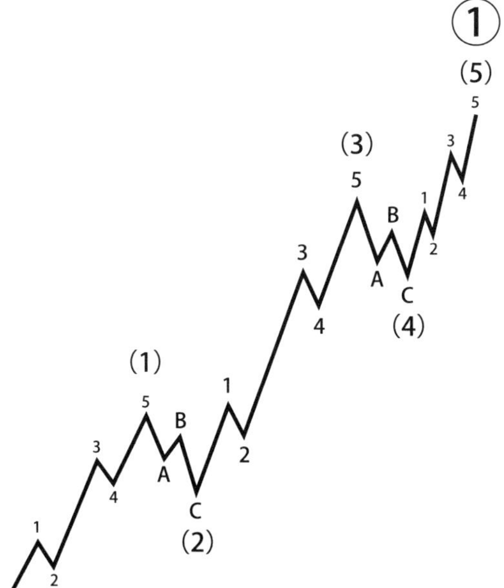

①
(5)
5
(3)
3
5
1
B
4
3
2
A
C
4
(4)
(1)
1
5
B
3
2
A
4
C
(2)
1
2

図1－7

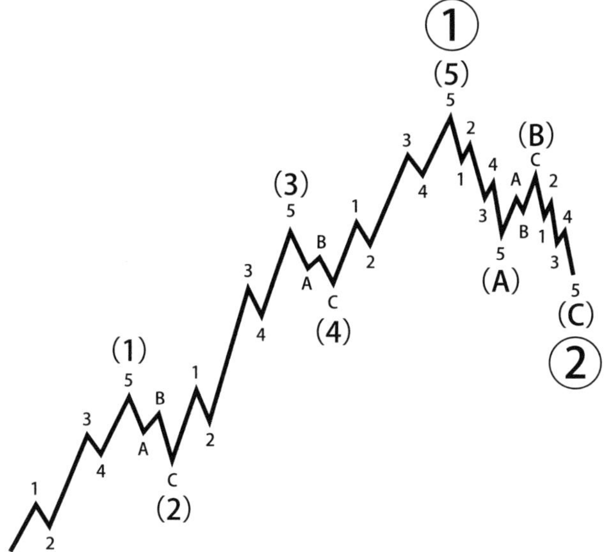

①
(5)
5
2
(B)
3
1
4
C
A
2
(3)
1
3
4
5
4
B
1
3
B
5
3
2
(A)
3
A
C
5
4
(C)
(4)
②
(1)
5
B
1
3
2
4
A
C
1
(2)
2

であったブノワ・マンデルブロが1977 年に『Les objets fractals: forme, hasard et dimension』という論文で発表した概念であり、「全体と部分が同じ形をしている構造」という意味です。実際に、分足チャート、時間足チャート、日足チャート、週足チャート、月足チャートなど、どんなスケールの株価チャートを見ても、同様のパターンが観察できます。目盛りがなければ、月足チャートも分足チャートも同じように見えますし、まったく区別がつきません。このことは、どんな時間軸で見た株価の値動きでも、まったく同じように分析できるということを意味します。

例えば、基本①で述べた「５波動で推進し、３波動で修正する」というパターンは、どんなスケールのチャートでも繰り返し観察されます。

波動の記号としては、１、２、３、４、５、Ａ、Ｂ、Ｃという記号を付けた波動より一回り大きな波動は、それぞれカッコをつけて（１）、（２）、（３）、（４）、（５）、（Ａ）、(B)、(C)、さらにそれより一回り大きな波頭は数字に○をつけて、①、②、③、④、⑤、Ⓐ、Ⓑ、Ⓒと表記するのがエリオット波動の一般的な表記のルールです（図１－８）。45ページの図１－11「波の階層一覧表」もご参照ください。

例えば、図１－８でアの矢印が指している波動は、①の副次波の（３）の副次波の３であり、それを①の（３）の３あるいは①－（３）－３というように表現します。

同じように、イの矢印で示している波動は「③－（５）－3」、ウの矢印で示している波動は「④－（Ａ）－３」ということになります。

同じ３波でも、どの階層に位置する３波なのかがわかります。つまり、①－（３）の中の３なのか、③－（５）の中の３なのか、④－（Ａ）の中の３なのかが、表現上区別できることになります。

(練習問題)

ア、イ、ウの波動の表記にならって、エ、オについても表記してみましょう（解答は下の欄外）。

図1－8

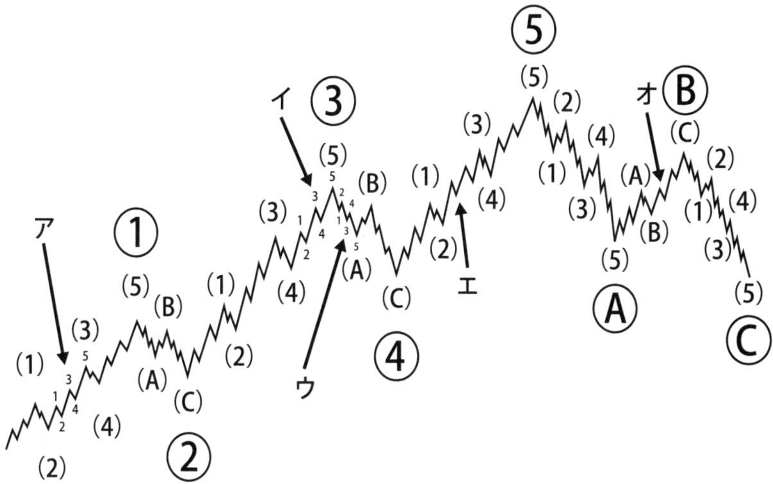

解答：エは「⑤－(3)－２」、オは「Ⓑ－(c)－１」

2）改めて、アクション波とリアクション波について

34ページで説明したように、アクション波はメジャートレンドの方向（一回り大きな波動と同じ方向）の波動のこと、リアクション波はメジャートレンドとは逆方向の波動のことです。

ここで、この２種類の波の区分けについて練習してみましょう。

図１－９のカとキで示した波動はアクション波とリアクション波のどちらでしょうか。

どちらも、それらより一回り大きな上昇波動の副次波ですから、その中で上昇しているカはアクション波、下落しているキはリアクション波、ということになります。

では、ク、ケで示した波動はどうでしょうか。

ク、ケの波動を副次波として含む一回り大きな波動は下落波動ですから、上昇波動のクはリアクション波、下落波動のケはアクション波、ということになります。

「上向きの波動がアクション波で、下向きの波動がリアクション波」ではなくて、あくまでも一回り大きな波動と同じ向きならアクション波、一回り大きな波動と逆向きならリアクション波となります。

図１－９

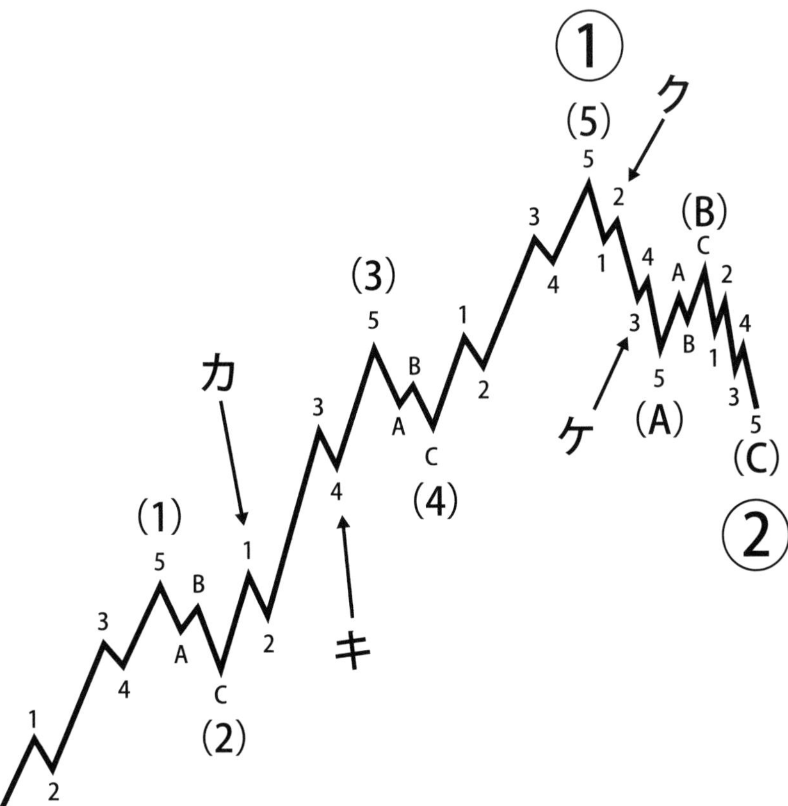

3）推進波と修正波

波の区分けにはアクション波、リアクション波の他にも、推進波（Motive Wave）、修正波（Corrective Wave）という区分けの仕方があり、こちらのほうがよく使われています。『ELLIOTT WAVE PRINCIPLE』は推進波を英語でMotive Waveと表記していますが、以前はImpulsive Waveと表記していました。和訳すればどちらも同じ意味になります。

アクション波、リアクション波は一回り大きな波に対する相対的な波の方向による区分けですが、推進波、修正波というのは波形による区分けです。

◎推進波は５波動構成の波であり、アクション波としてだけ現れます

◎修正波は基本的に３波動構成の波であり、主にリアクション波として現れます

こう述べると、アクション波＝推進波、リアクション波＝修正波と思われるかもしれません。確かに、<u>アクション波はほとんど推進波</u>となりますし、リアクション波についてはすべて修正波となります。しかし、厳密にはアクション波と推進波は同じではありませんし、リアクション波と修正波も同じではありません。

アクション波、リアクション波はあくまでも一回り大きな波に対する波の方向によって定義される区分です。プレクターは『ELLIOTT

WAVE PRINCIPLE』の中で、アクション波、リアクション波というのは「波の機能（Wave Function）」を指す用語だと説明しています。一回り大きなトレンドに対して、それを推し進める機能の波がアクション波、修正する機能の波がリアクション波、ということになります。

それに対して推進波、修正波というのは、あくまでも波の形（Wave Form）による区分です。

実際に、アクション波の一部は修正波の波形となることもあります。「修正波の波形のアクション波」というのが存在するのです（これは結構ややこしい話であり、120ページで詳しく述べます）。

※この点については、テクニカル分析の専門書やテクニカル分析の専門家のレポートなどを読んでいても、推進波とアクション波とインパルスを混同して誤用しているケースがかなり多いです。しかし、これらの概念はエリオット波動の中核的な概念のひとつですし、エリオット波動の分析や議論をするうえでとても重要なものですから、ここでしっかり整理して理解する必要があります。

また、構成する波動の数についても注意点があります。

推進波は５波動構成、修正波は基本的に３波動構成ということなのですが、これはあくまでも基本であって、実際にはその変形が存在します。

例えば、58ページで説明するトライアングルという波形は５波動ですが修正波に分類されます。推進波の場合にはあたかも９波動に見えるケースも多数観察されます。ただし、推進波の場合は、９波動に見えるケースでもあくまでも５波動と考えます。この件については

180ページで説明します。

このように、詳細に説明し始めると複雑な事柄も出てきますが、ここではとりあえず、アクション波は5波動構成の推進波の波形になり、リアクション波は3波動構成の修正波の波形になるのが基本だ、と理解しておいてください（図1－10）。さらなる詳細は徐々に明らかにしていきます。

図1－10　方向と形による波の分類

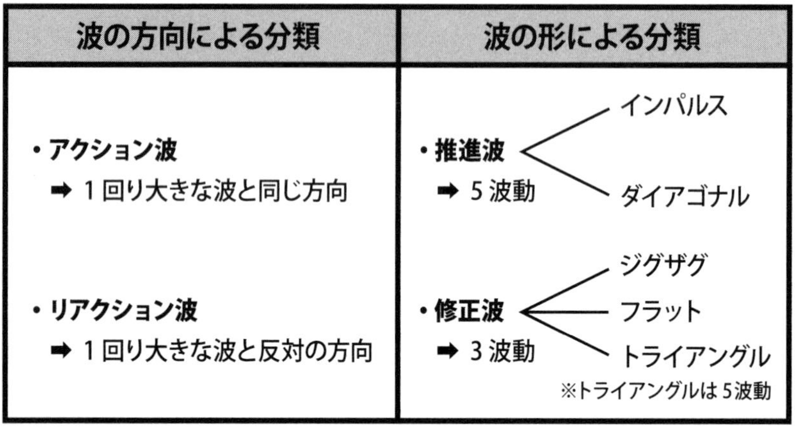

波の方向による分類	波の形による分類
・アクション波 ➡ 1回り大きな波と同じ方向	・推進波 ➡ 5波動 （インパルス／ダイアゴナル）
・リアクション波 ➡ 1回り大きな波と反対の方向	・修正波 ➡ 3波動 （ジグザグ／フラット／トライアングル） ※トライアングルは5波動

4）波の階層（Degree）と表記法

エリオット波動原理によると、株価波動にはさまざまな階層（Degree）があってフラクタル構造になっています。

図1－5の例では、1波、2波、3波、4波、5波は同じ階層の波ですし、この5つの波で構成された（1）波はそれらよりひとつ上の階層の波です。

このような複雑な波動の構造を解き明かすためには、波動の階層をきちんと区別して認識していく必要があります。その際に便利なのが波の階層ごとの名前やカウント記号です。エリオット波動は波の階層ごとに図１－11のような呼び方と記号を使用するのが一般的です。表の上が大きな波、下に行くほど小さな波を示します。

図１－11　波の階層一覧表

波の階層	期間的目安	推進波					修正波		
スーパーミレニアム		①	②	③	④	⑤	Ⓐ	Ⓑ	Ⓒ
ミレニアム		(1)	(2)	(3)	(4)	(5)	(A)	(B)	(C)
サブミレニアム		1	2	3	4	5	A	B	C
グランドスーパーサイクル	2～3百年	Ⅰ⃝	Ⅱ⃝	Ⅲ⃝	Ⅳ⃝	Ⅴ⃝	ⓐ	ⓑ	ⓒ
スーパーサイクル	数十年	(Ⅰ)	(Ⅱ)	(Ⅲ)	(Ⅳ)	(Ⅴ)	(a)	(b)	(c)
サイクル	数年～20年	Ⅰ	Ⅱ	Ⅲ	Ⅳ	Ⅴ	a	b	c
プライマリー	2～5年	①	②	③	④	⑤	Ⓐ	Ⓑ	Ⓒ
インターミーディエット	数か月	(1)	(2)	(3)	(4)	(5)	(A)	(B)	(C)
マイナー		1	2	3	4	5	A	B	C
マイニュート		ⅰ⃝	ⅱ⃝	ⅲ⃝	ⅳ⃝	ⅴ⃝	ⓐ	ⓑ	ⓒ
ミニュエット		(ⅰ)	(ⅱ)	(ⅲ)	(ⅳ)	(ⅴ)	(a)	(b)	(c)
サブミニュエット		ⅰ	ⅱ	ⅲ	ⅳ	ⅴ	a	b	c
マイクロ		①	②	③	④	⑤	Ⓐ	Ⓑ	Ⓒ
サブマイクロ		(1)	(2)	(3)	(4)	(5)	(A)	(B)	(C)
ミニスキュール	分単位	1	2	3	4	5	A	B	C

※１：期間的な目安はあくまでも「目安」であり、絶対的なものではありません。

※２：マイニュートはminuteという綴りのため「ミニット」と訳している本もあります。しかし、この場合のminuteは形容詞で「微小な」という意味で「マイニュート」と発音するのが正解です。

※３：『ELLIOTT WAVE PRINCIPLE』においても1995年の第７版より前の版では、この表とは違う記号が使われていたことが確認されています。また1984年の第４版ではミニュエット級以下の記号は未定であり「ご自由に考えてください」と記述されていました。現在のパソコンやスマホではソフトにもよりますがⅱ⃝のような記号を打つことができないこともあるため、今後、現状に応じた記号へ変更される可能性もあると思われます。

まずは波動を分析するときに階層をしっかり分けていくことが重要で、そのために階層の記号を活用するということが大切なことなのです。この波の階層一覧表に従って、以下の図1－12のように波を分類して記号を付けていくことをラベリング、あるいはカウントと言います。

ただし、実際の波動をどの階層の波動とするのかは明確に決まっているわけではありません。エリオット自身やその理論を発展させた後継者の人たちも、波動の各階層の大きさの目安を明確に示していません。波の階層とは相対的なものであって絶対的なものではないのです。

図1－12　カウント（ラベリング）の例

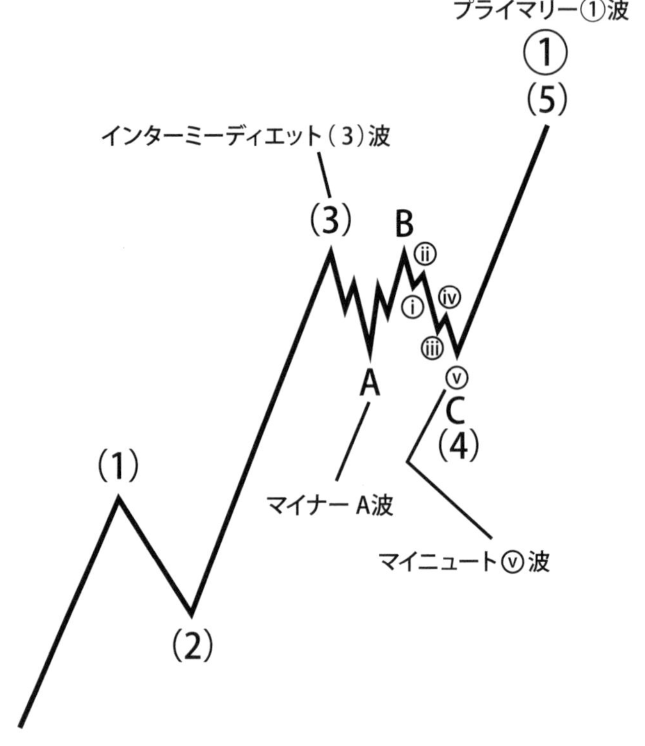

「波の階層は相対的なものである」ということについて少し具体的な事例を交えて補足します。基本的な波形の知識がないとわかりにくい話なので、２章まで読み終えてから、もう一度、ここを読み直していただければと思います。

図１－13の２つのチャートを見てください。ケース１は(iv)波全体がジグザグであり、ケース２は(iv)波全体がトライアングルです。楕円で囲んだ部分はどちらも同じ大きさのジグザグですが、ケース１

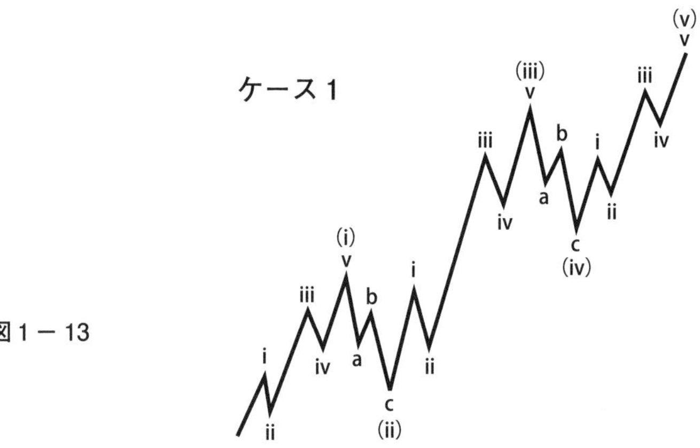

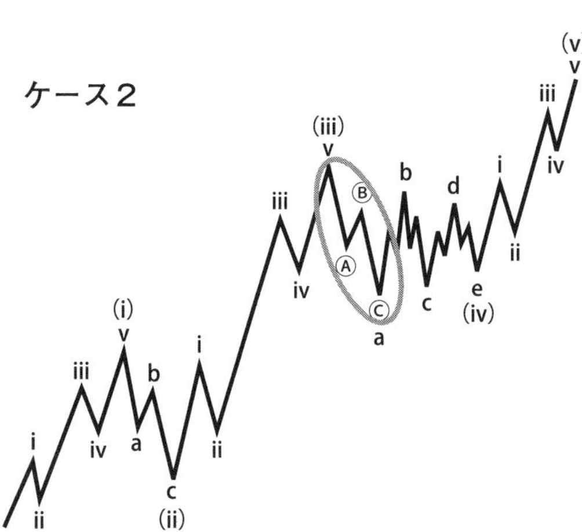

はこのジグザク自体が（iv）波です。それに対して、ケース２ではこのジグザグは（iv）波のトライアングルの副次波のひとつであり、ひとつ下のディグリーのａ波としてカウントされています。

このように、同じくらいの大きさで同じ波形でも波の階層が異なってしまうことがあります。波の階層というのが絶対的なものではなく、あくまでも相対的なものであることを示す典型的な事例といえます。

5）エリオット自身が最初に公表したカウント

エリオット自身は1857年から1928年までのアメリカの株価指数の波動について次ページの図１－14のように分析しました。

エリオティシャン（エリオット波動分析者）の間では、これが波の階層の基準として意識されています。つまり、このエリオットのカウントに続いてアメリカの株価指標をカウントしていって、現在はどの階層のどの位置にいるのかということを考えていくのが一般的です。

この事例では、サイクル波は期間的に４年～33年、スーパーサイクル波は72年ということになっています。

サイクル波のⅤ波は期間が33年と格段に長くて、ほかの期間はおおむね10年前後となっています。この事例を見る限りでは、サイクルの期間的な目処は少なくとも数年程度、長い場合には30年以上になり、一般的には10年前後ではないかと思われます。

また、スーパーサイクル波は一般的には50年前後か、それを超えるような期間にわたるものと思われます。

しかし、これはあくまでも目安です。この目安よりもかなり短いサイクル波やスーパーサイクル波、逆にかなり長いサイクル波やスーパーサイクル波が起こる可能性もあります。

米国株の歴史的な暴落として知られる1929年から1932年までの下

図１－14　エリオットによる最初の波動分析の期間

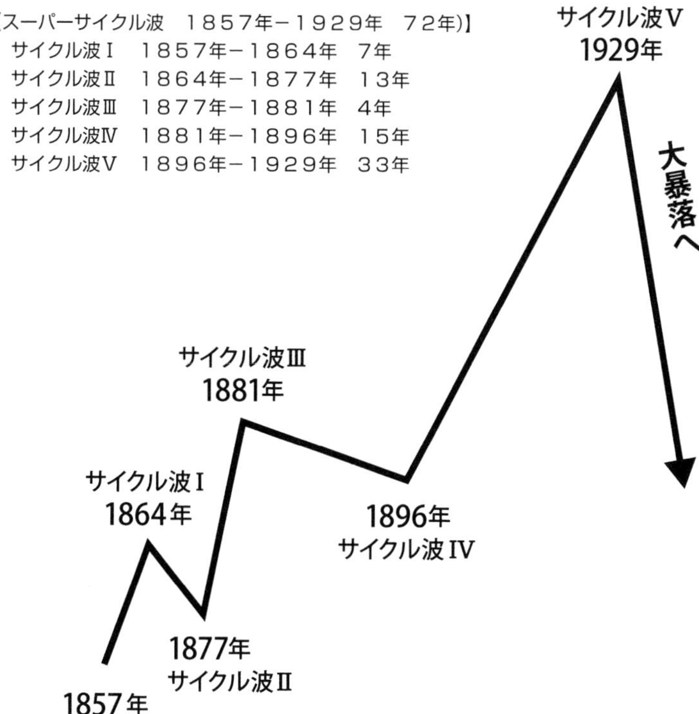

19 世紀にはＮＹダウが算出されておらず、エリオットは当時一般的だったＡｘｅ　Ｈｏｕｇｈｔｏｎ　Ｉｎｄｅｘを対象に分析している。エリオット自身は最初、上図でサイクル波としている波をスーパーサイクル波、スーパーサイクル波としている波をグランドスーパーサイクル波としていたが、現在では上図のようにそれより波の階層を１段下げてカウントするのが一般的になっている。また、サイクル波Ｖの終点をエリオットは 1928 年としていたが、現在では 1929 年を終点とするのが一般的だ。

落はたった３年ですが、その３年間の下落波動は一般的にスーパーサイクル級と言われています。

このように、同じ階層の波でも期間的にはかなり幅があります。期間的な目安はあくまでも目安であり、実際にはかなりばらつきがあるのだという点には留意しておきましょう。

ちなみに、『ELLIOTT WAVE PRINCIPLE』の初版では、波の階層として、小さい波はサブミニュエットまでの用語しか記載されていませんでした。このころはＮＹダウの１時間ごとの値動きがようやく公表されるようになったところでした。プレクターの見解では、サブミニュエットまで想定すれば１時間足によるカウントが可能だということだったのだろうと思います。

しかし、『ELLIOTT WAVE PRINCIPLE』の最新版にはサブミニュエットよりさらに３階層小さな波を表すミニスキュールという用語まで登場しています。現在では、数秒ごとに株価指数が公表されて、１分足チャートの表示もできるようになっています。そして、１分足チャートまで細かく波動分析していくとミニスキュールまで必要になる、というのがプレクターの見解なのだと思います。

もちろん、サブミニュエット＝１時間足で確認できる波動とか、ミニスキュール＝１分足チャートで確認できる波というように決めつけることはできませんが、波の階層の期間的な目処を考えるときのひとつの参考になる話だと思います。

※このアメリカの株価の事例からもわかるように、波の各階層の時間的な長さは本当にバラバラであり、「この階層の期間的目処はこのくらい」と一概に言うのは困難です。図1－11に記した各階層の期間的目安もあくまでも目安に過ぎず、そこで示している期間から大きく外れるケースもあるということを改めて強調しておきたいと思います。

第4節

エリオット波動の基本③

～5つの基本波形と3つの拡大型～

1）基本波形とは

エリオット波動原理によれば、「相場の波動は基本的には５波動構成の推進波と３波動構成の修正波が交互に織りなす形で形成されている」ということです。

推進波、修正波には、ここまで図示してきたような形だけでなくて、いくつかのバリエーションがあります。

推進波はインパルス、ダイアゴナル、修正波はジグザグ、フラット、トライアングルというパターンが基本波形です。

さらに、ダイアゴナル、フラット、トライアングルの３つにはそれぞれ拡大型という派生形があります。より厳密にいうとさらに別のバリエーションもありますが、ごくおおざっぱにいうと基本的な５波形、さらに３つの拡大型を含めて８波形がエリオット波動の基本的な波形と言えます。

エリオット波動原理の大切なポイントのひとつは、株価のさまざまな動きをこの５つの波形（拡大型を入れると８つの波形）に集約することができて、どんな波動もこれら５つ（あるいは８つ）の組み合わせとして捉えることができる、という点です。これはエリオットの重要な発見のひとつです。

各波形については第２章で詳しく述べますが、ここで各波形についてだいたいどんなものかザッと概観しておきましょう。

また、修正波のひとつの種類として、いくつかの波形が合成したような複合修正波という波形もあります。これについても概要を紹介していきます。

図1－15　基本波形の組み合わせの典型例

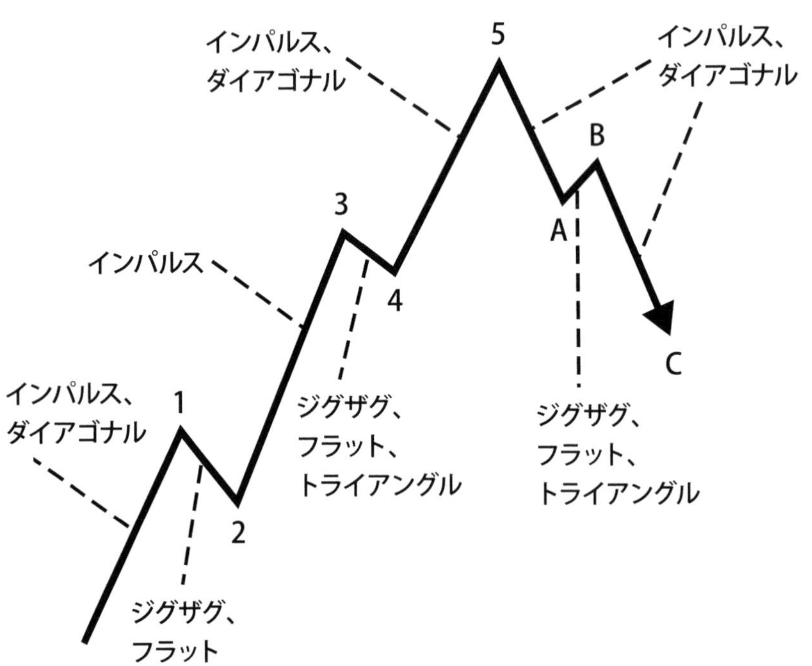

2）推進波の種類

推進波には以下の２つの種類があります。

◆インパルス

５－３－５－３－５の５波動構成（※）であり、以下の条件をすべて満たす波動です（図１－16）。

①２波は１波の始点を割り込まない
②１波、３波、５波の中で３波が一番小さくなることはない
③４波は１波と重ならない

※「５－３－５－３－５」とは、この中の「５」が推進波、「３」が修正波を示し、推進波－修正波－推進波－修正波－推進波という構成の波であることを示しています。推進波は５波動構成なので「５」、修正波は基本的に３波動構成なので「３」と示しています。「３」には５波動構成の修正波であるトライアングルも含まれます。

図１－16　インパルス

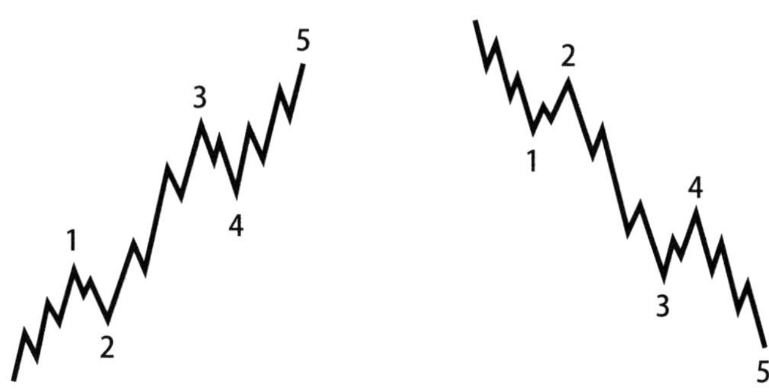

コラム：インパルスについて

インパルスは、日本語で「衝撃波」と訳されることがありますが、ほかの波形は日本語訳されて使われていないのにインパルスだけ日本語訳されて使われているのは不自然なので、本書では「インパルス」と表記しています。

ちなみに、エリオット自身は波の形を現わす用語として「インパルス」という言葉を使っていません。

最初に「impulse」という言葉が出てくるのは、エリオット最初の論文である「The Wave Principle」の第２章「Stock Market Waves」の中の「The first, third and fifth waves represent the forward impulse」という一文です。翻訳すれば「1 波、3 波、5 波は推進の方向に現れる」となります。また、1960 年のボルトンの論文にも「impulse」という言葉は波の形を現わす言葉としては使われていませんでした。プレクターの「Elliott Wave Principle」でも、当初は推進波のことを「Impulse Wave」と呼び、その中にはダイアゴナル（当時はダイアゴナル・トライアングルと記載されていた）も含んでいました。

つまり、「impulse」とは本来は波の形ではなく「推進」または「推進力」という意味で使われていた用語なのです。当研究所で確認できる範囲では、『Elliott Wave Principle 第７版（1995 年）』で、推進波が「Impulsive Waves」と表記され、その中に「impulse」と「diagonal triangles(wedges)」の２つの波形が分類されることになったことがわかっています。ですから、「impulse」を「衝撃波」と訳して使用することは本来の意味から大きく逸脱した誤訳であると言えます。「衝撃波」とは一般的には「音速より早く伝播する、空気中に生じた急速な圧縮波」を意味し、それとの混同を避ける意味からも波形を現わす用語として使うことが適当であるとは言えません。

なお、『Elliott Wave Principle』の最新版である第 12 版では推進波のことを「Motive Waves」と表現しており、その中に「impulse」と「diagonal」の２つの波形が分類されるという記述になっています。

◆ダイアゴナル

3－3－3－3－3ないし5－3－5－3－5という5波動構成で、振幅が徐々に小さくなりながら上下のどちらかに突き出すウェッジ型と呼ばれる波を指します（図1－17）。

通常は4波が1波の範囲に食い込んでおり、この点がインパルスとの大きな違いです。

また、しばしば振幅が大きくなる拡大型ダイアゴナル（エクスパンディングダイアゴナル）も出現します。

ダイアゴナルは1波やA波など最初の波か、5波やC波など最後の波として出現します。インパルスの真ん中の波である3波としては出現しません。

図1－17　ダイアゴナル

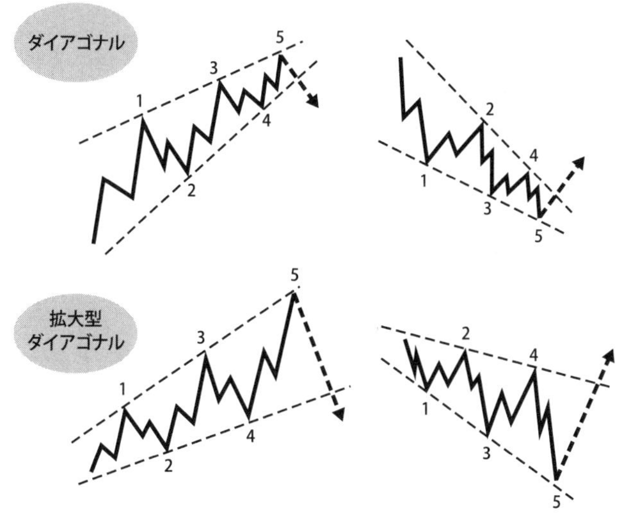

※ダイアゴナルはもともとダイアゴナルトライアングルと呼ばれ、エリオット自身はトライアングルの一種として分類していました。現在、ダイアゴナルは推進波の一種と考えられており、トライアングルの一種とは考えられていません。呼び方もトライアングルをはずして単にダイアゴナルと呼ぶのが慣例になっています。本書でも最近の慣例にならって単純にダイアゴナルと呼びます

3）修正波

修正波には、ジグザグとフラット、トライアングルという３つの基本形と、それらを組み合わせた複合修正波があります。

◆ジグザグ

５－３－５の３波動構成の修正波です（図１－18）。

下落方向のジグザグなら、Ａ波で下落し、Ｂ波で反発するものの、Ａ波の下落分を回復できず、Ｃ波ではＡ波の終点を割り込む、という形になります。

図１－18　ジグザグ（下落方向）

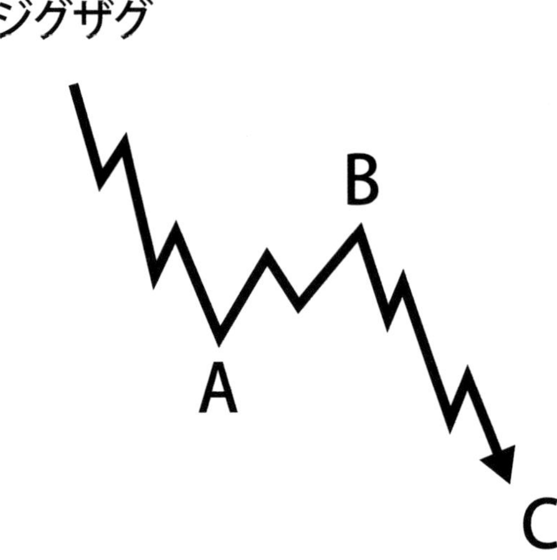

※上昇方向の修正波形はこれらの逆の向きの波形になる

◆フラット

3－3－5の3波動構成の修正波です（図1－19）。

下落方向のフラットの場合、A波で下落した後、B波では基本的にA波の始点付近まで戻ります。「A波始点付近までの戻り」の具体的な目安について、『ELLIOTT WAVE PRINCIPLE』では「A波による上昇または下落の幅の90％以上の戻り」としています。そして、最後のC波は「A波終点を少し超える程度で終わる」という形が基本形と言われています。しかし、実際にはC波がA波の終点を大きく超えていくものも多く観察されています。

B波がA波の始点まで戻すどころか、A波の始点を超えてしまうこともあります。この場合には、C波は大きく下落してA波の終点を大きく超えるところまで進むことが想定されます。結果的に波が徐々に拡大する形になります。これがフラットの拡大型であり、拡大型フラットあるいはエクスパンデッドフラットと呼ばれます。

図1－19　フラット（下落方向）

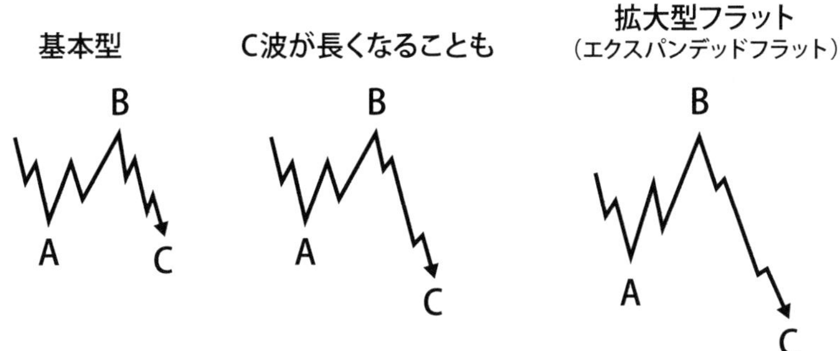

※上昇方向の修正波形はこれらの逆の向きの波形になる

※同じ拡大型でも、ダイアゴナルとトライアングルの場合はエクスパンディング（拡大しつつある）、フラットについてはエクスパンデッド（拡大された）という呼び方をプレクターはしています。これは、ダイアゴナルとトライアングルには、「拡大型」の対概念である「収縮型」の存在があり、それぞれ「Contracting Diagonal」、「Contracting Triangle」と呼ばれているためだと考えられます。

◆トライアングル

３－３－３－３－３の５波動構成の修正波です（図１－20）。

修正波が５つ横に連なり、振幅が徐々に小さくなっていくパターンです。トライアングルは４波やＢ波として出現することが多く、２波として出現することは原則としてありません。

さらに、値動きが徐々に拡大していく拡大型も時々出現します。これを拡大型トライアングルあるいはエクスパンディングトライアングルと言います。

図１－20　上昇波に対する修正波として出現するトライアングル

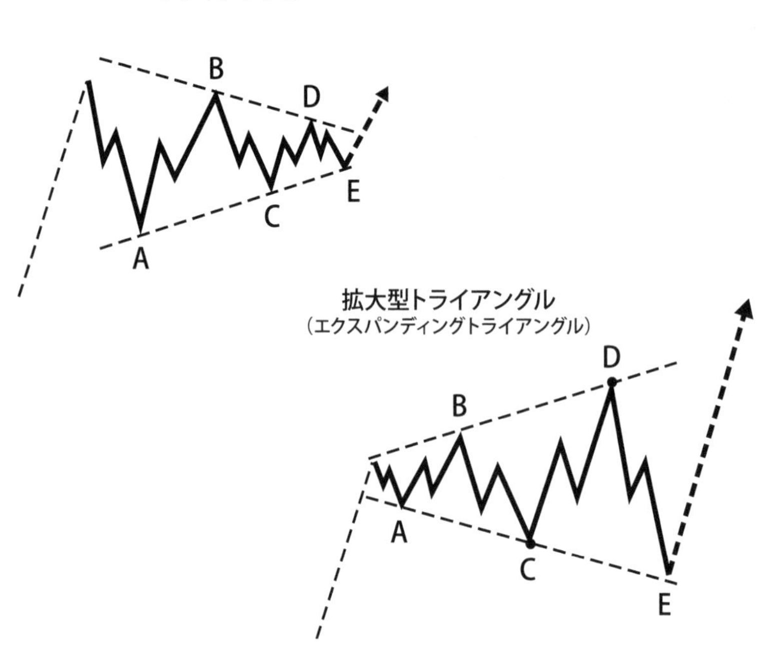

※下落波に対する修正波として出現するトライアングルはこれらと逆の向きの波形になる

◆複合修正波

複合修正波は、ジグザグ、フラット、トライアングルなどの修正波がX波というつなぎの波を介して2つか3つ連なった修正波です。

X波を介して修正波が横に2つ連なったものをダブルスリー、3つ連なったものをトリプルスリーと言います。

X波を介して連結する修正波のうち最初のものをW波、2つ目をY波、3つ目をZ波と呼びます。W 波も、Y 波も、Z 波もその波形はそれぞれシングルの修正波のみであり、複合修正波になることはありません。

X波も修正波であり、基本的にはジグザグですが、その他あらゆる修正波になる可能性があり、複合修正波になることもあります。

図1－21の左図はダブルスリーの一例ですが、この図からもわかるように、「ダブルスリーはX波を含めて修正波が3つ横に連なった波形」ともいえます。同様に、「トリプルスリーは2つのX波を含めて修正波が5つ横に連なった波形」ともいえます。

図1－21　ダブルスリー＆ダブルジグザグの例

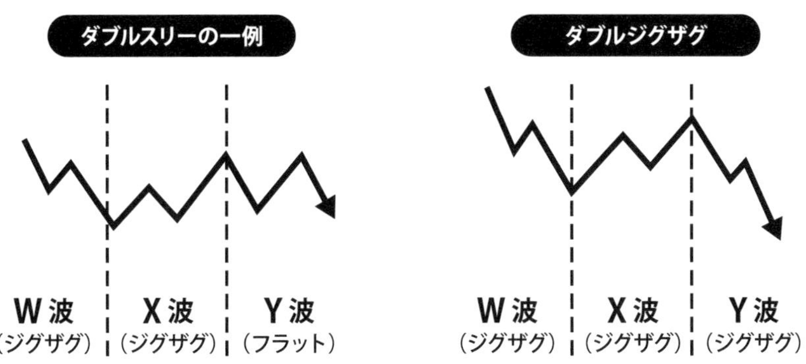

ジクザグがX波を介して２つ連なったダブルジグザグや、３つ連なったトリプルジグザグという波形も複合修正波の一種と考えられます。

しかし、ダブルスリーやトリブルスリーなどの複合修正波が基本的に横向きに展開する修正波であるのに対して、ダブルジグザグやトリブルジクザクは斜め向きに動いて価格修正を進める修正波です。そうした意味で、ダブルジグザグやトリプルジグザグはダブルスリーやトリプルスリーとは性質が異なる修正波であり、分類としてはジグザグの変形であると考えたほうが適切だと思われます。ダブルジグザグとトリプルジグザグについての詳細は106ページを参照してください。

２章以降をスムーズに読み進めるためのＱ＆Ａ

エリオット波動の初心者の方がよく疑問に思う点、わかりにくいと思われる２つの事柄をＱ＆Ａ形式で説明します。第２章以降をスムーズに読み進めるためにぜひご参照ください。

Ｑ１　推進波の副次波は「推進波─修正波─推進波－修正波－推進波」ということですが、ここで、最初に出てくる「推進波（太い下線）」と、その副次波として出てくる「推進波（波線）」は名前が同じなので混乱します。この２つの「推進波」はどう違うのですか？

（Ａ１）

エリオット波動では株価の値動きをいくつかの種類の波動に分類していますが、波形によって大きく推進波と修正波の２種類に分けることができます。この２種類の波動がいくつか連なって一回り大きな波動を形成します。その波動がまた推進波もしくは修正波のどちらかの種類の波動になります。

このように、エリオット波動は大きい層から小さい層まで何層もの構造になっていて、どの大きさの層を取っても、同じような波形が繰り返し現れるという、いわゆる「フラクタル構造」をしているのです。

したがって、質問の中で最初に出てくる「推進波」と後から出てくる「推進波」は、階層という点では異なりますが、波形という点では同じ種類の波といえます。

このように、エリオット波動は、ひとつの波の中にそれと同じ種類の波を内包する形になっているのです。

Q２ 「インパルスの２波は１波の始点を割り込まない」という説明の中の「１波」や「２波」と、「マイナー１波や２波、ミニスキュール１波や２波」は、同じ「１波」や「２波」という表記ですが、意味が違うのですか。

（A２）

「インパルスの２波は１波の始点を割り込まない」というような説明の中で使う「１波」「２波」というのは、インパルスの副次波の「ひとつ目の波」「２つ目の波」という一般的な意味で使われているものです。

それに対して、マイナー１波や２波、ミニスキュール１波や２波というときの「1波」や「2波」は、「波の階層一覧表」にあるディグリーを示す記号としての「1」波や「2」波のことで、例えば、これがプライマリー波なら、「①」波や「②」波というように記号が変わります。

たまたま、マイナー波やミニスキュール波では、一般的な順番を表す「１」とディグリーの記号としての「１」が同じ表記となるため、混乱しやすいので注意が必要です

また、ジグザグやフラットなどの修正波に関しては、ひとつ目の波という意味で「Ａ波」、２つ目の波という意味で「Ｂ

波」という言い方をしますし、複合修正波はひとつ目の波という意味で「W波」、2つ目の波という意味で「X波」という言い方をします。これらは、マイナー波やミニスキュール波などの特定の階層の波を示す「A」波、「B」波、あるいは「W」波、「X」波とは意味合いが異なりますので、本書を読み進めていただくうえで、きちんと理解しておいていただければと思います。

5つの基本波形（詳細）

インパルス、ダイアゴナル、ジグザグ、フラット、トライアングル

第１節
エリオット波動の基本波形について～推進波と修正波～

本章では、前章のエリオット波動の基本③で見た「５つの基本波形」のひとつひとつについて、以下のポイントを中心により詳しく述べていきます。

・基本的な波形とそのバリエーション（変形）
・副次波の構成
・一回り大きな波の中での位置関係

エリオット波動原理では、波の種類として、大きく**「推進波」**と**「修正波」**に分類しています。その概要は以下の通りです。

１）推進波とは

推進波は５波動構成の波でアクション波としてだけ出現するものです。５波動を構成する副次波の中の１波と４波の重なりがなく、スッキリ推進していく形の**インパルス**と、副次波同士の重なりが多くてスッキリ推進しない**ダイアゴナル**の２種類があります。

◆２－１　基本波形の種類の図

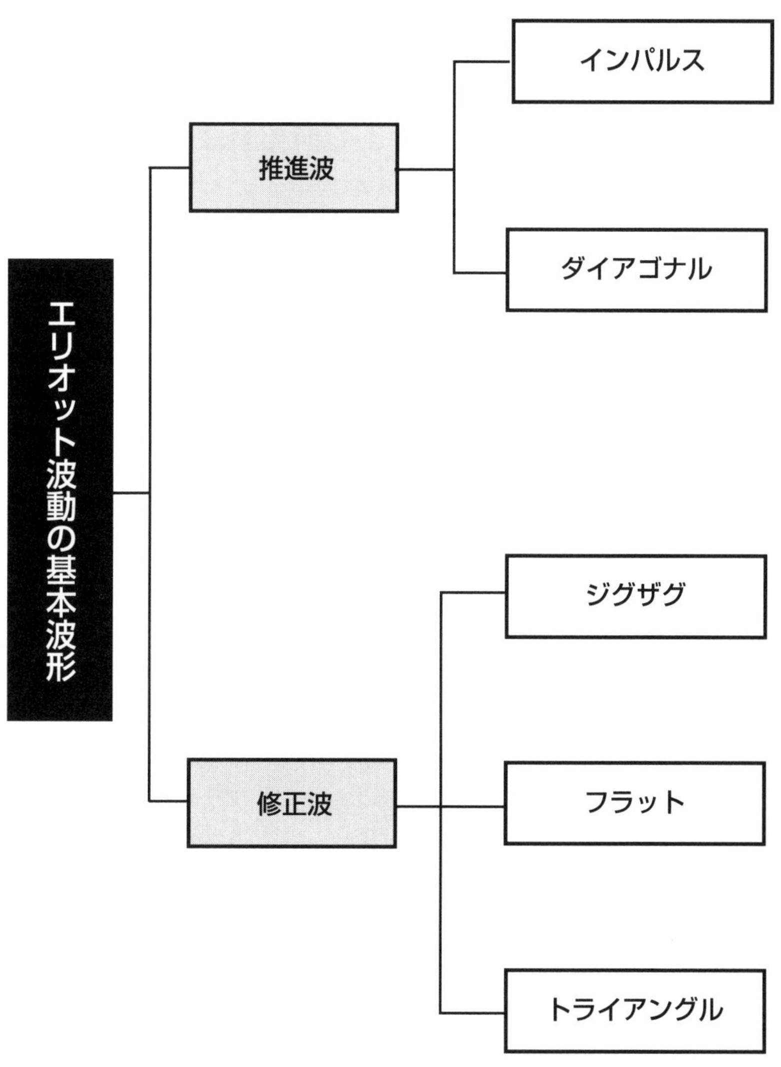

2）修正波とは

①概要

修正波は主にリアクション波として出現する波形ですが、アクション波として出現することもあります（120ページ参照）。逆に、リアクション波はすべて修正波です。

修正波の多くはメジャートレンド（一回り大きな波の進む方向）と逆行しながら動く波なので、複雑な形になって進行していく傾向があります。その結果として、かなり多様な波形が存在します。

具体的には、**ジグザグ、フラット、トライアングル**という基本形に加えて、それらの変形である拡大型フラット、ランニングフラット、拡大型トライアングル、ランニングトライアングル、さらに、これらの修正波が複雑に組み合わさった複合修正波があります。複合修正波には修正波の組み合わせによってさまざまなパターンがあります。

◆2－2　修正波の種類

	急こう配な修正	横ばい修正
機能（意味合い）	価格修正	時間調整
波の種類	ジグザグ ダブルジグザグ トリプルジグザグ ※C波巨大化フラットや拡大型フラットはこちらに分類させる性質のものと思われる。	フラット トライアングル ダブルスリー トリプルスリー

こうしたことから、修正波の場合、進行中にはどのような波形を形成しているのか、今どの位置にいるのかということが判定できず、今後の予測も困難です。修正波の波形がすべて完了した後に、やっとその形が判定できるというケースがほとんどです。

また、スッキリと進行しづらいため、トレードも難しく、トレードで成功しても大きな利益が取りにくい傾向があります。

ですから、修正波においては、分析者としてもトレーダーとしても粘り強く柔軟に観察・分析していく必要があります。実際のトレードに際しては慎重な姿勢が必要であり、場合によっては休んで観察に徹するということも必要になります。

②急こう配な修正波と横ばいの修正波

修正波は大きく分けると、急こう配な修正波（Sharp Corrections）と横ばいの修正波（Sideways Corrections）に分けられます。

株価の修正には価格修正と時間調整（時間的修正）という２つの要素がありますが、急こう配な修正波は価格修正の要素が強く、横ばいの修正は時間修正の要素が強い修正だといえます。

急こう配な修正は比較的推進力が強くてあまり複雑でない比較的スッキリした修正であり、波形としてはジグザグやダブルジグザグ、トリプルジグザグがそれに相当します。

インパルスの２波の位置に、急こう配の修正波であるジグザグが多く観察されます。

横ばいの修正は横向きに膠着したような修正で、その直前のアクション波の終点を一時的に超えてしまうこともあります。

トレーダーの間で「ヨコヨコ」と呼ばれるような横ばいのときは、ここでいう横ばい修正が起きていると考えてまず間違いありません。横ばい修正の波形はフラットやトライアングル、複合修正波のダブルスリーやトリプルスリーです。しかし、フラットについては、後述するＣ波巨大化フラットのように価格修正の要素が強い形になることがあります。

インパルスの４波は比較的横ばいの修正になりやすい傾向があります。ただし、インパルスの４波でも急こう配の修正であるジグザグが出現することは珍しくありません。一般的には、２波に比べれば４波のほうが横ばいの修正になることが多いです。

第2節
基本波形①　インパルス

1）インパルスとは

インパルスは５－３－５－３－５という構成の推進波で、以下の「ルール」がすべて当てはまる波動です。

①2波は１波の始点を割り込まない
②１波、３波、５波の中で３波が一番小さくなることはない
③4波は１波に重ならない

2）インパルスの副次波の構成

インパルスの構成は５－３－５－３－５という、推進波と修正波が交互に織りなす形です。「インパルスは必ず５－３－５－３－５という構成になる」というのは、エリオット波動原理の根幹と言える重要な原則です。インパルスの副次波の中で１波が3波動構成になったり、2 波が5 波動構成になったりすることはありません。

副次波の中の推進波の１波と５波は、インパルスにもダイアゴナル

図２－３　　インパルスの典型的なパターン

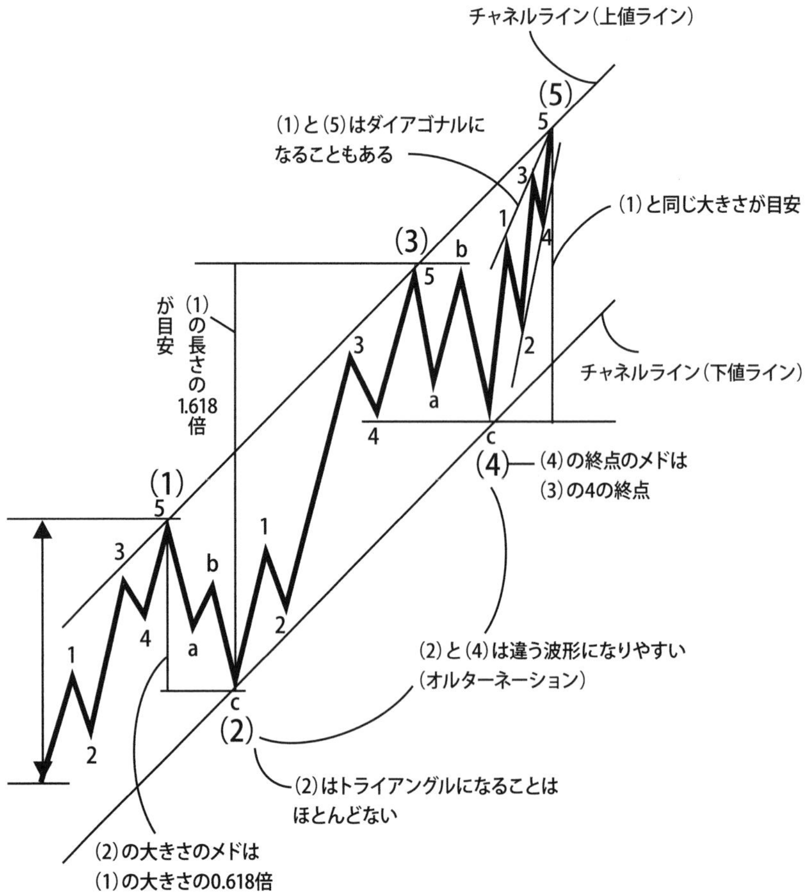

※これは典型的特徴をすべて記載したものであり、実際にはこのようにきれいに揃った波動になることは稀です

にもなります。しかし、3波はインパルスのみです。1波や5波がインパルスまたはダイアゴナルと認識できない波形であるとか、3波がインパルスと認識できない波形であるという場合には、全体として「インパルスではない」と判断できます。その場合には、その概観がインパルスに見えたとしても、ダブルジグザグなどの修正波である可能性が高いと考えられます。

つまり、「副次波3波がインパルスである」というのは、先に紹介した3つのルールと同様にインパルスという波であることの必要条件といえます。

また、2波と4波はジグザグ、フラット、トライアングル、複合修正波のいずれかの修正波になりますが、2波には原則としてトライアングルは出ません。2波がトライアングルに見えるときは、Y波がトライアングルのダブルスリーであることがほとんどです。さらに、2波と4波には別の波形になりやすいという習性があります。典型的なパターンは、2波がジグザグで、4波がそれ以外の修正波、という形です。しかし、2波がジグザグ以外の修正波になることもありますし、4波がジグザグになることもあります。

3）一回り大きな波の中でインパルスが出現する場所

インパルスが出現する場所については以下の通りです。

- インパルスの1波、3波、5波
- 5－3－5－3－5型ダイアゴナルの1波、3波、5波
- ジグザグのA波、C波
- フラットのC

エリオット波動原理には、波動の習性や特徴を描いたもので波動分析上の手がかりとなる「ルール」と「ガイドライン」があります。ルールはほぼ絶対的に守られなければいけない波動分析の基本原則であり、ガイドラインは「そうなることが多い」という波動分析のための目安です。本書ではそれらの中で最も大事なものとして３つのルールと８つのガイドラインについて紹介します。その他のルールやガイドラインに該当すると思われる波の習性についても、本書の随所に盛り込んであります。

4）インパルスの３つのルール

３つの主な「ルール」はインパルスに関するものです。

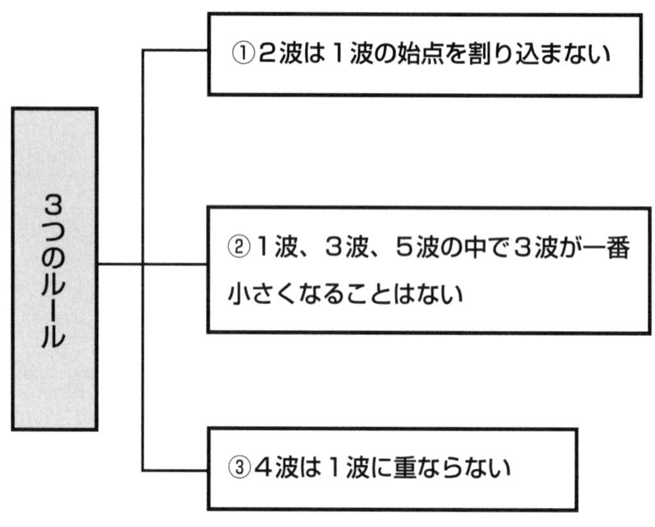
3つのルール
①2波は1波の始点を割り込まない
②1波、3波、5波の中で3波が一番小さくなることはない
③4波は1波に重ならない

【ルール①を確認】

ルール①「２波は１波の始点を割り込まない」は、まさに絶対的と言える法則

例えば、下落トレンドが続いた後に、上昇転換の可能性を感じさせる上昇波動が出現して、これをインパルスの１波と考えたとしましょう。

しかし、次の下落で１波と思われた波動の始点を割り込んでしまったら、その上昇波動は上昇波動の最初の波ではなかった、という決定的な根拠になります。

図２－４

ルール①　2波は1波の始点を割り込まない

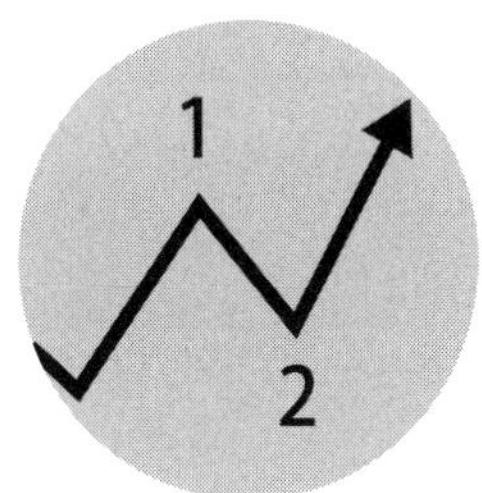

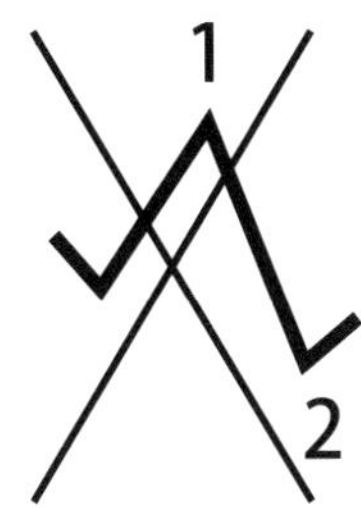

2波が1波と想定される波の始点を
割り込んだらその想定は破たん。
その場合、別のシナリオを探すこと。

こうした場合には別のシナリオを探る必要があります。具体的にどのようなシナリオがありえるでしょうか。少し考えてみましょう（ここの部分の話はややレベルが高くなります。初めて読む方はここを飛ばして78ページから読んでいただいてもいいと思います。しかし、実践上はとても役立つ話なので、再読の際にはぜひここも読んでください）。

一回り大きな下落波動が続いているわけですから、１波と想定していた上昇波は修正波か、その一部であることになります。

まず、１波と想定していた波が５波動構成だと判断していたけど、実は３波動構成の波だったというケースが考えられます。「明らかに５波動構成だ」とか、「明らかに３波動構成だ」というケースもありますが、実際の波の動きは複雑であり、どちらにとれるケースも存在します。

では、１波と想定していた波が明らかに５波構成であって３波構成ではない、というケースの場合はどうでしょうか。

その場合は、図２－５の太線部分のように、上昇波動の１波目のインパルスと思っていたところが、実は拡大型フラットのＣ波であったというケースなどが考えられます。

このケースでは、図２－５のＢ波としているところが３波動か５波動かというのが重要な判断ポイントになっています。もしこの部分が３波動にもカウントできる場合には、太線部分全体については拡大型フラットではないかという想定をしておくべきところだといえます。

図2－5

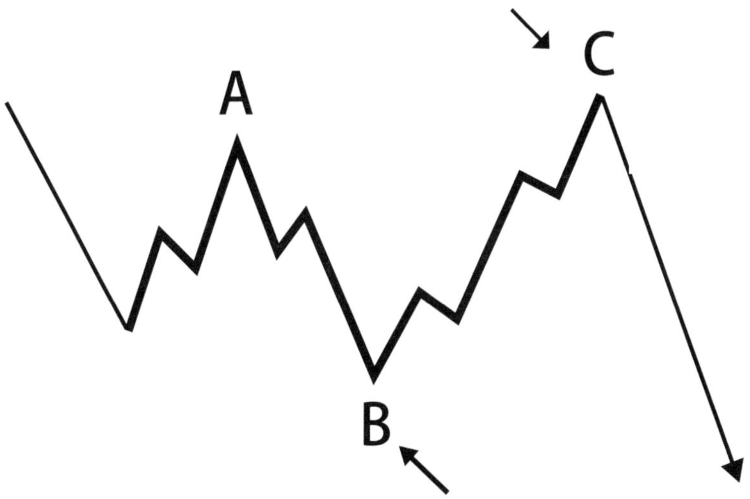
ここは上昇波動1波目の
インパルスではなく、拡大
型フラットのC波だった！
A
B
C
このB波を5波動構成と間
違い、一回り大きな下落波
動の終点と判断してしまっ
た。

【ルール②を確認】

ルール②「１波、３波、５波の中で３波が一番小さくなることはない」はほぼ絶対的な法則

このルールから考えると、図２－６のア、イ、ウのケースはその波形がインパルスとして成立します。しかし、エの場合は３波が１波や５波よりも短くなってしまっているので（＝インパルスとしての想定は破たんしているので）、別の形を想定する必要があります。

この場合、図２－７のように３波～５波と想定していた部分は３波の副次波のⓘ波～ⓘⓘⓘ波とするカウントが有力になります。この想定通りなら、破線で示した部分を含めて５波動で３波が完成し、その後、さらに４波で下落したあと５波による上昇が起こると予測されます。カウントをしていくうえでの心構えとして、基本的にインパルスの３波は延長する可能性が高い（182ページ参照）という点に留意しておくとスムーズにいくことが多々あります。

ここで、ひとつ注意すべきことがあります。**一見、ルール②に違反するように見えて、ルール②に適合するケース**です。例えば、80ページの図２－８のようなケースを考えてみましょう。

この場合では１波、３波、５波の中で１波が1000円と一番長くて、３波が750円、５波が800円と、値幅的には３波が一番短くなっています。

しかし、ルール②の「１波、３波、５波の中で３波が一番小さくなることはない」という原則において、波の大きさは基本的に変化率で見るべきものです。その点をよく頭に入れておきましょう。

変化率で見た場合には、１波は100％、３波は約43％、５波は約

図２－６

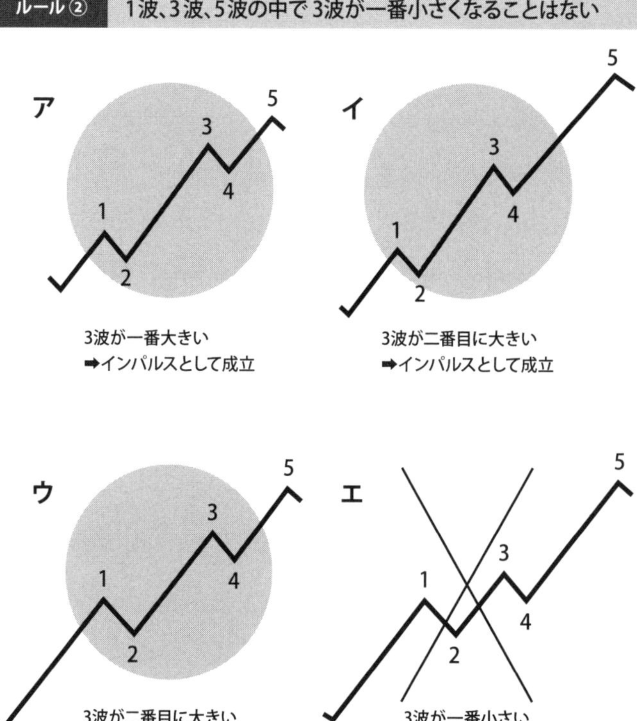

図２－７　エの波動の別のカウント

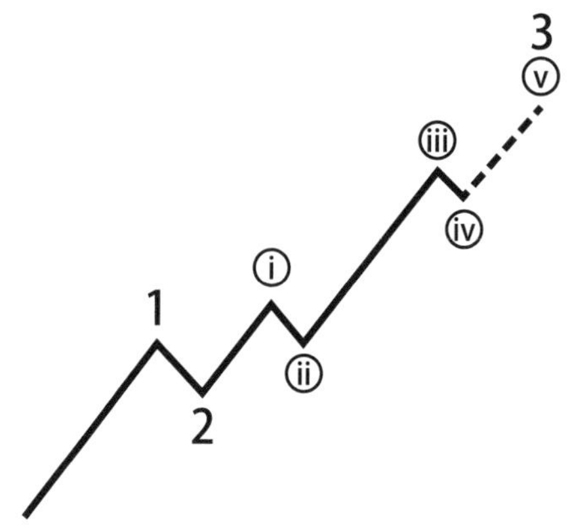

35％と、実は３波は一番小さくはありません。つまり、変化率で見ると、この事例はルール②に適合するのです。

特に、数年にわたる大きな上昇波動になると、どうしても後の波になるほど値幅という点では大きくなりがちです。小さな波動の場合には近似的に値幅で見てもよいと思われますが、変化率の点で大きな波動の場合にはあくまでも変化率で判断していく必要があります。

このように、実際にはインパルスとして成り立っていても、通常目盛りのチャートではインパルスの形ではないように見えてしまうことがあります。

これが片対数目盛りのチャートであれば、変化率が大きければ視覚的にも大きな波として表示されるので波動分析には適しています。

図２－８

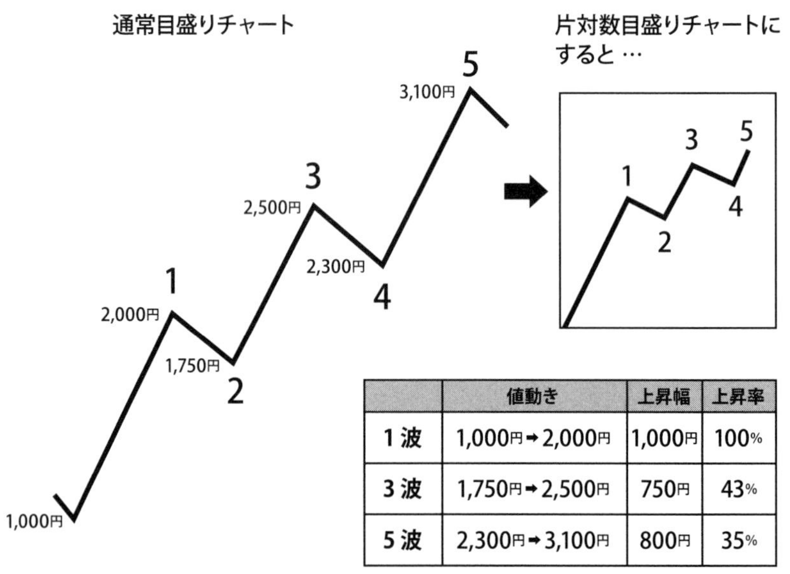

	値動き	上昇幅	上昇率
1 波	1,000円➡2,000円	1,000円	100%
3 波	1,750円➡2,500円	750円	43%
5 波	2,300円➡3,100円	800円	35%

【ルールの例外について】
ルールに対する規律性の大切さと、ルールを逸脱する必要性が生じる例外的ケースについて

変化率で見ても値幅で見ても３波は１波、３波、５波の中でかすかな差で一番小さいというケースは、惜しくもルール②に反するのでほかのカウントを探すべきです。

しかし、前後の波や一回り大きな波との関係から、他のルールやガイドラインに照らして考えても、３波が１波、もしくは５波よりかすかに小さいという点を除けばこのカウントが成立することが一番全体的な収まりもよく、それ以外によい選択肢がないという場合には、「ほぼルールを満たしている」と判断してこのカウントを認めていいのではないか、というケースもあります。

もちろん、基本的にルールは厳密に守られるべきもので、安易に例外を認めるべきではありませんし、安易に例外を認めていては波動の判断を間違える可能性が高まると思われます。

しかし、相場は機械ではなくて生き物であり、一時的な行き過ぎなど、ルールから外れる動きも多少あり得る、ということも考えておく必要はあります。

特に先物やFXなどレバレッジをかけた取引が多い取引対象の場合、その１分足や５分足などの動きは「行き過ぎ」となることが比較的多くなりがちですので、波動分析においても、ある程度、柔軟に考えていく必要もあるでしょう。

ただし、上記のような例外は５分足や１分足チャートなどの微細な波動に関して「誤差と認められる動きがある可能性も排除できない」という程度の意味合いのものです。原則として、１時間足以上のチャートやサブミニュエット級以上の波動ではルールを厳格に守るべきです。

例外的にルールから逸脱して考える必要性があるケースがあることも事実ですが、改めてルールを守る規律性がエリオット波動において大切であることも強調しておきたいと思います。

「なぜ、エリオット波動原理で分析するのか」という目的を考えれば、ルールを順守することの大切さは明らかです。今後の相場の進行可能性が無限にある中から、進行想定をいくつかに絞っていくのがエリオット波動の分析の本質です。そして、ルールやガイドラインに厳密に適合させていくからこそ進行想定を絞っていけるわけです。合理的な理由もなくルールを破ったカウントをしてしまうと、進行想定が無限になってしまいエリオット波動原理による分析をする意味がなくなってしまいます。

【ルール③を確認】

ルール③「４波は１波に重ならない」はほぼ絶対的なルール。しかし、いくつか例外もあり

このルール③もほぼ絶対的な原則であり、図２－９のイのように、４波と想定されている修正の動きが１波の領域に食い込んで来たら、その想定が間違っている可能性が高く、図２－10のように想定をし直して、波を数え直す必要があると考えられます。

しかし、先述のように先物市場など、レバレッジを利かせてトレードしている投資家の割合が大きくて値動きの変動率が高いマーケットでは、１波と４波が瞬間的に少しだけ重複しても、インパルスと認定するのが妥当と思われるケースがあります。これはプレクターの本でも指摘されています。

図２－９

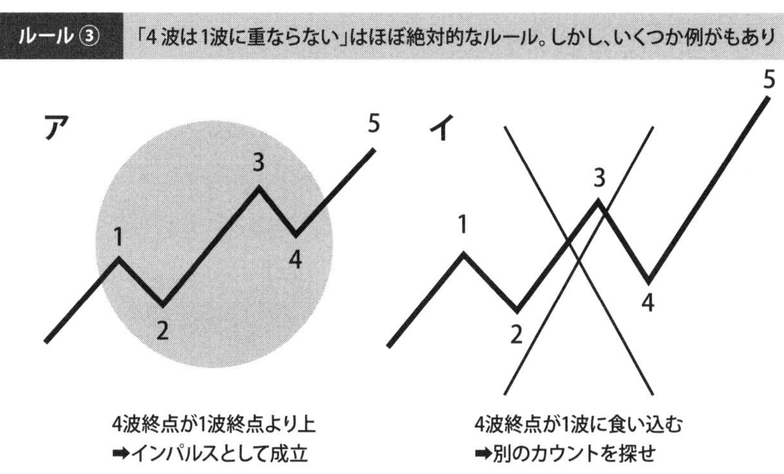
ルール③
「4 波は1波に重ならない」はほぼ絶対的なルール。しかし、いくつか例がもあり
ア
1
2
3
4
5
イ
1
2
3
4
5
4波終点が1波終点より上
➡インパルスとして成立
4波終点が1波に食い込む
➡別のカウントを探せ

図２－10　イのケースの別のカウント

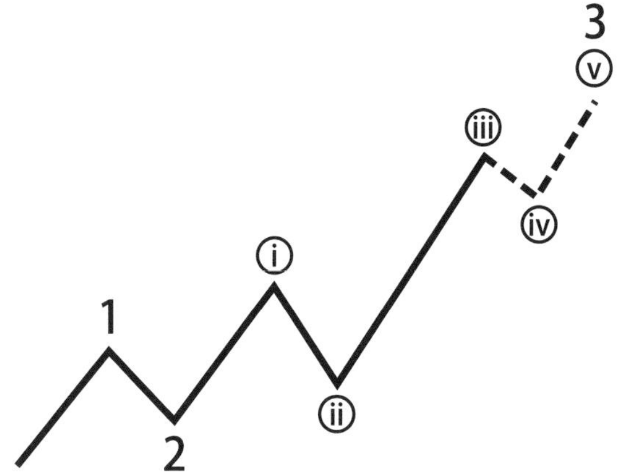
1
2
ⓘ
ⓘⓘ
ⓘⓘⓘ
ⓘⓥ
ⓥ
3

もう少し具体的に言うと、4 波がトライアングルになった時に、その副次波の（a）波がその他の副次波に比べて相対的に大きくなり過ぎた場合に限り、（a）波の一部がごく僅かに 1 波と重なってしまうという事例がまれに観察されています。

特に、金融政策や経済指標などのサプライズ、地震などの天変地異などによって株価が一時的にブレたと思われるときには、このルール③についてもある程度柔軟性をもって考えてよいと思われることもあります。

ただし、原則としては、やはり１波と４波が重なってしまうのはインパルスとしてはあまり良くない形です。あくまでもほかに良い選択肢がない場合の例外的な選択肢として考えておきましょう。

なお、著者のこれまでの観察結果によると、４波がトライアングルになった場合、その４波の（a）波が１波の領域に食い込むというケースがまれに確認されています。

厳密に言えば、４波の（a）波が１波の領域に食い込んでしまうとそれはルールに反しますので別のカウントを模索するべきです。

しかし、その他のルールやガイドラインに照らして、トライアングルとして進行中の４波の（a）波［※この場合の（a）波は修正波の最初の副次波のことで、図２－11では⒜波のこと］が１波の範囲に少し食い込んでいること以外は、波動としてきれいに整合性が保てているというケースは、それは全体としてインパルスと認定してよいのではないかと思います。

また、（a）波だけでなく、（c）波終点が１波に食い込む場合にはそのカウントはかなり厳しくなってきますし、（e）波の終点が１波に食い込んだらカウントは完全に破たんしたと考えるべきです。

※エリオットの著作では、4 波終点が 1 波と重なっていなければイ

ンパルスの波形として「セーフ」とされています。しかし、『ELLIOTT WAVE PRINCIPRE』では、「4 波は決して 1 波終点を割り込んで動くことはない」と書かれています。現在では後者がエリオティシャンの標準的な見解になっています。

図2－11

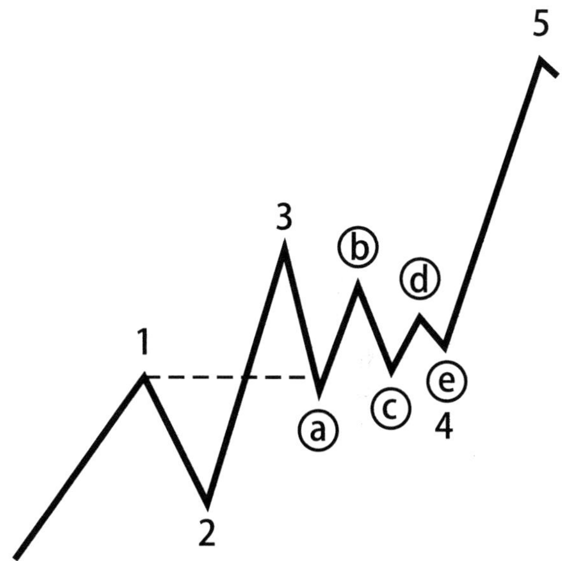

４波のトライアングルの副次波ⓐ波が１波に少しだけ食い込んでいるのはインパルスのカウントとしてセーフの場合もある。しかし、ⓒ波終点も１波に食い込んでしまうとこの図のカウントの成立はかなり厳しくなり、４波終点（＝ⓔ波終点）も１波終点を下回るとインパルスとしてのカウントは破たんしたと言わざるを得ない

以上までで検討した「ルール」を改めて図2－12にまとめておきます。

図2－12　インパルスの3つのルール

①2波は1波の始点を割り込まない
②1波、3波、5波の中で3波が一番小さくなることはない
③4波は1波に重ならない

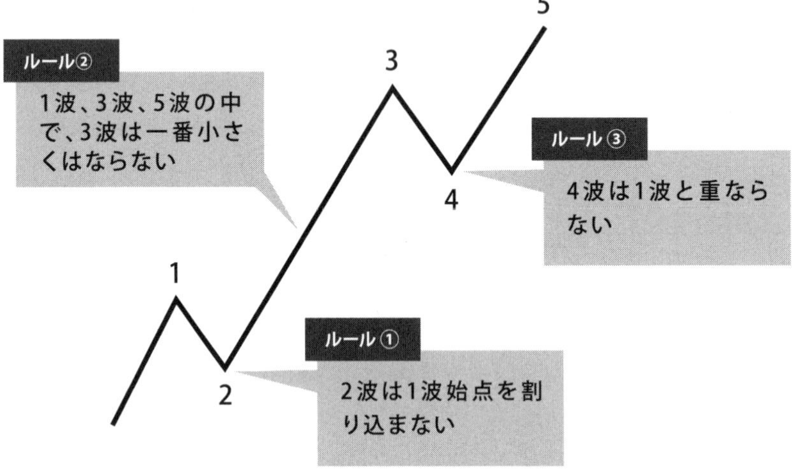

ここで改めて強調しておきたいことは、インパルスという波形は絶対に5－3－5－3－5という構成であるということです。インパルスの波形であると確認するためには、その波動を構成する副次波が、本当に「推進波－修正波－推進波－修正波－推進波」となっているのか、また3波自体がインパルスとなっているのかを確認する必要があります。エリオット波動のカウントで一番間違いが多いのはこの

点です。インパルスでもダイアゴナルでもない波動をインパルスの 1 波とカウントしたり、インパルスではない波動をインパルスの 3 波とカウントしたりしてしまうと、その後の進行想定が全く違うものになってしまい正しい分析ができません。図2 − 12のルールを踏まえ、以上の点に十分留意しながら波動をカウントしてみてください。

5）インパルスの８つのガイドライン

先ほども述べましたが、エリオット波動原理では波動を判定するための「ガイドライン」がいくつも示されています。これらは絶対的ではないものの、そうなるケースが多いという波動の習性を示したものです。主なものは以下の８つです。

①波の延長（エクステンション）
②波の均等性
③オルタネーション
④チャネリング
⑤出来高
⑥比率関係
⑦修正波の深さ（前の波の副次波４波が目処に）
⑧波の個性

この８つのガイドラインはインパルスに関するものであると同時に、インパルスの副次波に関するものです。インパルスの副次波にはあらゆる波形が出現しますので、結局、このガイドラインはすべての波形に関わりがあるものでもあります。

ガイドラインについては３章で詳細を解説しますが、ここではその概要をざっと眺めておきましょう

波の延長とはインパルスの１波、３波、５波のいずれかが巨大化することです。３波が延長することが多いのですが、その場合は１波と５波が同じくらいの大きさか、１：0.618あるいは0.618：１の比率になる習性があるといわれており、この習性を**波の均等性**と呼びます。

２波と４波はどちらも修正波ですが、異なる形になりやすい習性があります。例えば、２波がジグザグなら、４波はフラットやトライアングルなどの形になる習性があります。こうした習性を**オルタネーション**と言います。２波が単純な波形なら４波は複雑な波形になるというのもオルタネーションです。例えば、２波がジグザグで４波がダブルジグザグといった場合もオルタネーションに該当します。

チャネリングはインパルスの１～５波の各終点が平行線内に収まる傾向があるという習性です。４波や５波の終点の予測や、ある波がインパルスであるのかどうかを判定するのに役立ちます。１波～５波が比較的きれいに平行線におさまっていると、それはインパルスである可能性が高まるということです。

出来高に関するガイドラインは、プライマリー級より小さな波動では３波より５波の出来高が少なくなる傾向があり、５波の出来高が３波の出来高を超えるときは、５波がチャネル（インパルスを挟む平行線）を超えて終了するサインになるというガイドラインです。

比率関係のガイドラインは、ひとつの波動の副次波どうしがフィボナッチ比率（７章参照）になりやすいという習性についてです。

修正波の深さに関しては、４波の修正の終点に関して有効なガイドラインがあります。それは、３波の副次波の４波の終点がその目処とし有効性が高い、というものです。

２波に関しては深い修正になりやすく、１波の副次波の２波終点近辺まで修正してしまうケースも珍しくありません。

波の個性は１～５波、Ａ～Ｃ波、さらにはトライアングルのＤ～Ｅ波の各波について、波の階層の大きさにかかわらず、よく見られる特徴を記述したものです。

以上のガイドラインは波の波形や段階や位置の判定にきわめて役立つものです。詳細は第３章で述べます。

第３節
基本波形②　ダイアゴナル

1）ダイアゴナルとは

ダイアゴナルは５波動構成の推進波です。

ダイアゴナルの副次波の構成は３－３－３－３－３か、５－３－５－３－５です。波の大きさが徐々に小さくなりながら、上下どちらかに突き出る形（ウェッジ型＝くさび型）になるのが特徴です。波の大きさが徐々に大きくなる逆ウェッジ型（拡大型）もあります。

また、通常、４波が１波に重なります。この点がインパルスとの大きな違いです。

「４波が１波に重なる」という特徴からもわかるように、インパルスに比べるとすっきりした推進波とは言えず、躊躇しながら推進していくような、修正波の性格を帯びた推進波です（図２－13）。

１波終点と３波終点を結んだ線と、２波終点と４波終点を結んだ線は同じ方向に向かいつつ、徐々に近づいて交差する形になります（図２－13）。拡大型の場合にはこれら２つの線は徐々に離れていきます。５波の終点の目処は１波と３波の終点を結んだ線上です（図２－14）が、その線を越えていくスローオーバーという形にしばしばなります（図２－13）。

１波、３波、５波の大きさについては、基本的には１波＞３波＞５

図２－13　ダイアゴナルの典型的なパターン

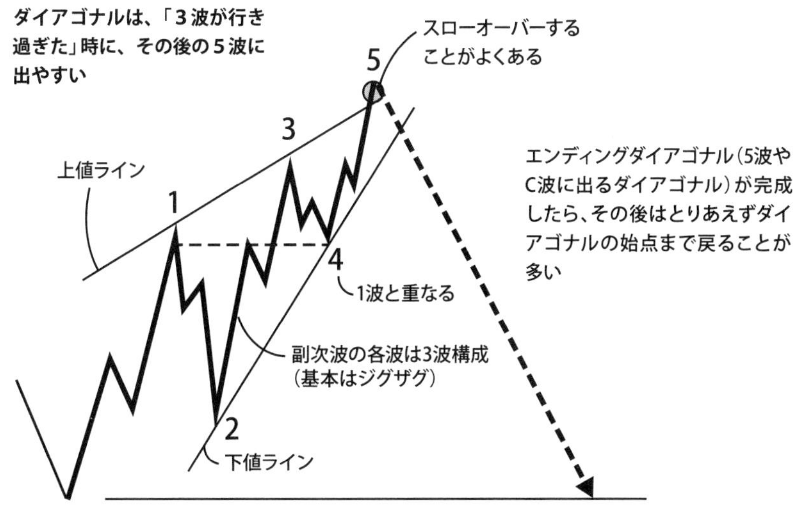

（注）１波終点と３波終点を結んだ線と、２波終点と４波終点を結んだ線のうち、上に位置する線を upper boundary、下に位置する線を lower boundary とプレクターの本では呼んでいますので、その直訳に近い言葉として「上値ライン」「下値ライン」という用語を本書では使いたいと思います。実際のダイアゴナルでは、上値ラインや下値ラインが必ずしも１波終点と３波終点あるいは２波終点と４波終点を結んだ線にはならないことがあります。ラインを引くときは波動の終点に固執するのではなく全体がウェッジ型になるように引くことを心がけてください。

波というように徐々に小さくなっていきますが、３波が１波より大きいパターンも比較的よく現れます。ダイアゴナルの副次波の大きさの順序に関しては「緩いガイドライン」と捉えていいでしょう。また、プレクターの本では、「５波の大きさは３波の大きさを超えない」という記述もありますが、図２－15のように、５波がスローオーバーして３波よりも大きくなるケースを著者はしばしば観察しています。つまり、ダイアゴナルはインパルスに関する３つのルールのうち、③の「４波は１波に重ならない」というルールについては通常守られず、②の「１波、３波、５波の中で３波が一番小さくなることはない」というルールについても必ずしも守られません。

また、図２－16のように１波、３波、５波の中で１波が一番小さくなるケースも、まれにですが観察されています。

このことに関して、「ダイアゴナルでは３波が１波より絶対に大きくならない」という主張をよく目にしますが、プレクターの本の中でもダイアゴナルの３波が１波より大きくなる事例が出ています（『エリオット波動入門』53ページの図１－18参照）。以上のように、ダイアゴナルの副次波の大きさの順序に関しては、基本的に１波＞３波＞５波ではあるもののそれは絶対的なルールとは言えません。

２）ダイアゴナルの副次波

ダイアゴナルは３－３－３－３－３か５－３－５－３－５という副次波の構成になります。

３－３－３－３－３の場合には、各副次波は原則としてジグザグまたはジグザグの複合形です。例外的に２波や４波にフラットが出ることも観察されていますが、その場合でもＢ波がＡ波始点をわずかに超えるものがほとんどです。ちなみに、『エリオット波動入門』の図１－18にあるエンディングダイアゴナルの２波はフラットになっています。

図２－14

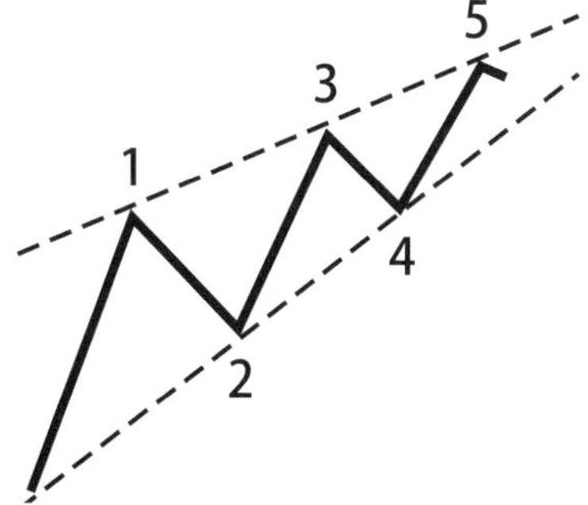

図２－15

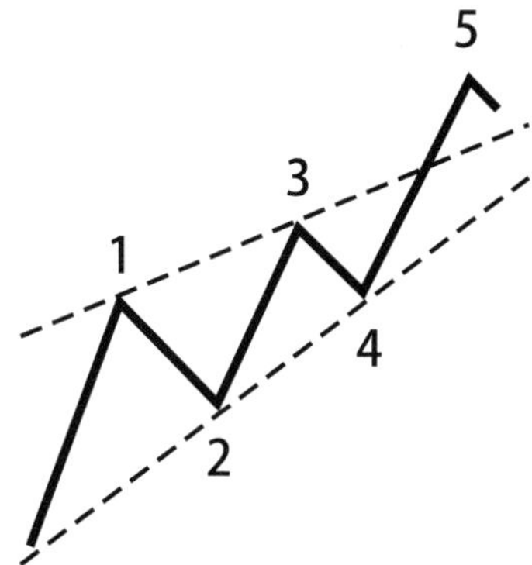

図２－16

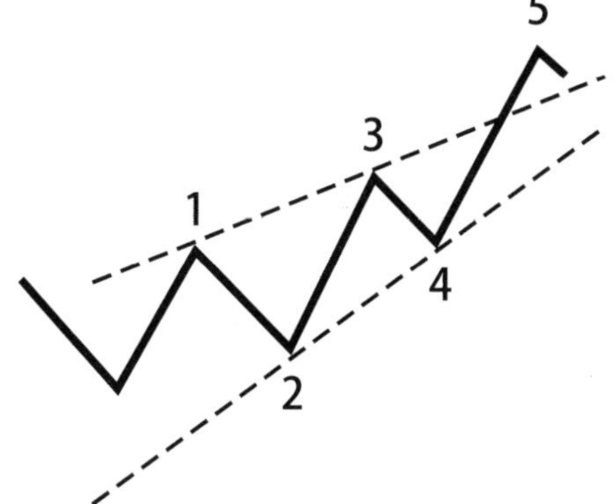

ダイアゴナルの副次波にトライアングルが出現した事例はこれまで観察されていませんが、ダブルスリーとカウントしたほうが適切だと思われる波形が２波や４波に出現した事例は、ごくまれに観察されています。ダイアゴナルの２波と４波に出る波形については今後もサンプルを採集して再現性の確認を進めていく必要があると考えています。

５－３－５－３－５ の場合はインパルス－ジグザグ（複合型を含む）－インパルス－ジグザグ（複合型を含む）－インパルスとなります。５－３－５－３－５ 型ダイアゴナルの１ 波や５ 波自体がダイアゴナルになることはありません。２ 波と４波には３－３－３－３－３型と同じくまれにフラットが出現することもあります。

３－３－３－３－３型のダイアゴナルは副次波がジグザグまたはジグザグの複合形となるため、図２－17の❶のように５ 波まで完成したように見えても、実際には❷のように３ 波がダブルジグザグとして完成したに過ぎず、まだ４波と５波が残っていたということもよくあります。また、「今度こそ５波まで完成したのではないか」と思われても、❸のように５波もダブルジグザグになる可能性もあります。

さらに、図２－18の❶のようにダイアゴナルの上値ラインを抜けることでダイアゴナルが完成したことを確認できるといった説明も見かけますが、実際には❷のように拡大型ダイアゴナルに発展する可能性も十分にあります。このように、どこで終わったのかをリアルタイムでは判断するのが難しいのもダイアゴナルの特徴と言えます。

ダイアゴナルの２波と４波のリトレース率に関しては、どちらも先行する波（１波や３波）を 66%から 81% リトレースすると言われていますが、これは「およその目安」であり、こうならないケースも多々見られます。

図２－17

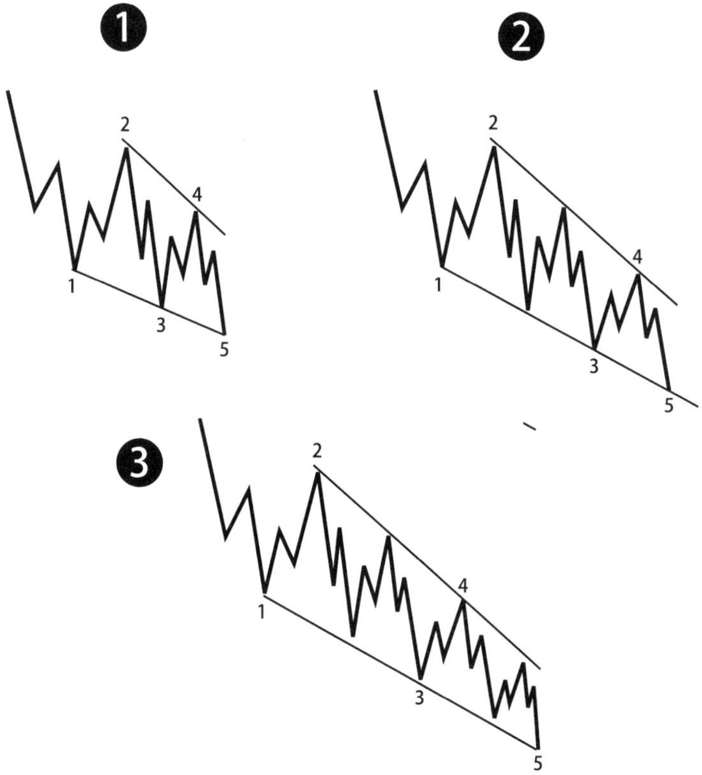

図２－18

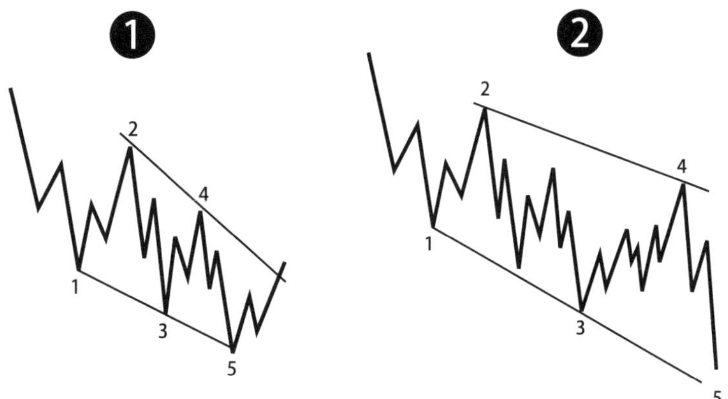

3）一回り大きな波動の中でのダイアゴナルの出現位置

ダイアゴナルは、一回り大きな副次波としては最初か最後の波として出現します。具体的には、以下の通りです。

インパルスの１波、５波
ジグザグのＡ波、Ｃ波
フラットのＣ波

プレクターの本ではダブルスリーのＷ波の副次波のｃ波にダイアゴナルは出現しないと述べられています。また、トリプルスリーのＷ波、Ｙ波、Ｚ波の中では、Ｗ波やＹ波の副次波のｃ波としてダイアゴナルが出現することはないとも述べられています。そして、ダブルスリーやトリプルスリーの副次波の副次波としては、ダブルスリーのＹ波のｃ波や、トリプルスリーのＺ波のｃ波などのように、最後の最後（複合修正全体から見ると２つ下の階層の最後の波）にはダイアゴナルが出現する可能性があるとプレクターは述べています（※この話は入り組んでいて難しいと思います。154ページからの複合修正波の説明を理解してから再読してみてください）。

しかし、「ダブルジグザグではＷ波の(c)波にダイアゴナルの出現が認められているのにダブルスリーのＷ波の(c)波にはそれが認められない」ということついては、その合理的な理由が分かりません。筆者のこれまでの観察ではダブルスリーのＷ波の(c)波をダイアゴナルと認識した方がきれいなカウントができるという事例にしばしば遭遇しています。この件については引き続き観察と研究を続けていきたいと思います。

4）ダイアゴナルの上値ライン・下値ライン

ダイアゴナルの副次波の１波と３波の終点を結んだラインと２波と４波の終点を結んだラインは両線とも上向きで交差する形か、両線ともに下向きで交差する形になります。

最後の５波については、１波と３波を結んだ線のライン上に来ることが多いですが、そのラインを突破する形（スローオーバー）になることもしばしばあります（図２－19のア）。

また、時々、５波がそのラインに到達しないこともあります（同ウ）。特に拡大型ダイアゴナルでは５ 波がそのラインに到達せずに終わることが多いです。

ごくまれなケースですが、５波が３波の終点を超えられずにフェイラー（188ページ参照）になることもあります（同エ）。ただし、リーディングダイアゴナルや拡大型ダイアゴナルにはフェイラーは原則として認められていません。

図２－19

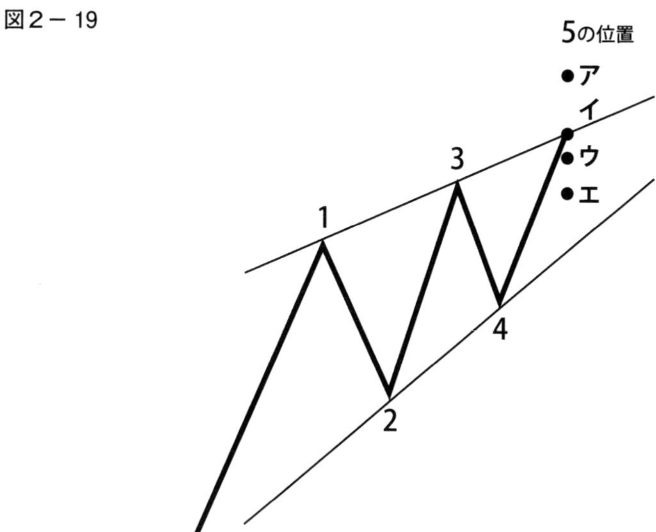

また、ダイアゴナルの条件を満たしながら上下ラインが収束せずに平行になったり拡大してしまったりするケースもあります。

これらはダイアゴナルの変形と考えられ、上下線が拡大する形は拡大型ダイアゴナル、あるいはエクスパンディングダイアゴナルと呼ばれます（図２－20）。

図２－20　拡大型ダイアゴナル

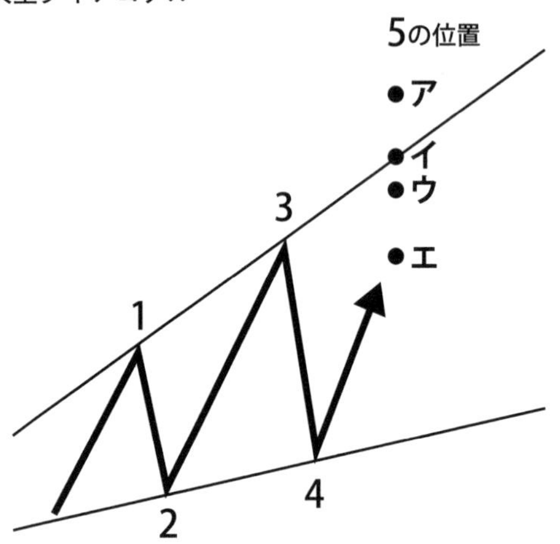

拡大型ダイアゴナルの終点はア～ウのいずれの可能性もある。ただし、図２－20のエのように３波の終点を超えられずにフェイラーで終わることはない。

5）リーディングダイアゴナル

１波やＡ波として現れるダイアゴナルであり、トレンドの開始サインとなる波動です。

かつてはリーディングダイアゴナルの基本は５－３－５－３－５という構成になると考えられていましたが、実際にはほとんどが３－３－３－３－３という構成になっています。日本エリオット波動研

図２－21　ＮＹダウ　５分足チャート　2022 年６月 17 日～６月 23 日

５－３－５－３－５型のリーディングダイアゴナルである可能性がある波動。ただし、この事例ではダイアゴナルの第１波（上のチャートでは「i」と表記）自体もリーディングダイアゴナルになっており、アクション波すべてがインパルスになるというリーディングダイアゴナルのルールを満たしていません。５－３－５－３－５型のリーディングダイアゴナルにおいて「１波、３波、５波のすべてがインパルスになる」というのは『エリオット波動トレード』252 ページの記述を基にしていますが、『ELLIOTT WAVE PRINCIPLE』ではダイアゴナルについての「ガイドライン」の欄に同様の記述があります。しかし、実際にチャートに現れた５－３－５－３－５型のリーディングダイアゴナルを観察する機会がないため、リーディングダイアゴナルの１波や５波にダイアゴナル出現することがないのかどうかはわかっていません。

究所は2018年1月から2022年11月の間の225CFDのチャートをミニスキュール級の波動まで精緻に確認しましたが5－3－5－3－5型のリーディングダイアゴナルは一度も出現していません。同期間のダウにおいても2022年6月17日から6月23日にかけての波動が5－3－5－3－5型のリーディングダイアゴナルである可能性がある波動が見つかったという事例（図2－21）以外には5－3－5－3－5型のリーディングダイアゴナルは見つかっていません。

『ELLIOTT WAVE PRINCIPLE』においても、1995年発行の第9版までは、リーディングダイアゴナルの構成を5－3－5－3－5としていましたが、2005年発行の第10版からは3－3－3－3－3型の存在を認めています。

以上のような観察結果から、「リーディングダイアゴナルは3－3－3－3－3型が基本であり、5－3－5－3－5 型は例外的に出現することがある」というのが本書の見解です。

また、サブミニュエット級より小さな波動ではインパルスの1波がリーディングダイアゴナルとなることがとても多いことも観察の結果分かってきました。

さらに、インパルスの1波の位置にリーディングダイアゴナルが出現すると、3波が延長することが多いこともわかっています。

リーディングダイアゴナルは、インパルスやリーディングダイアゴナルの1波やジグザグのA波など「最初の波」として出現しますので、上昇局面の後に下落のリーディングダイアゴナルが現れれば、その後に2波やB波の修正が起きたあと、3波－4波－5波という波動の下落や、C波の下落が続くと想定されます。

逆に、下落局面の後に上昇のリーディングダイアゴナルが現れると、2波やB波の修正の後、3波－4波－5波という波動の上昇や、C波の上昇が続くと想定されます。

つまり、リーディングダイアゴナルが確認されたら、その後、戻り売りや押し目買いの戦略が有効になる、と考えられます（図２－22）。

図２－22　リーディングダイアゴナルのトレード機会

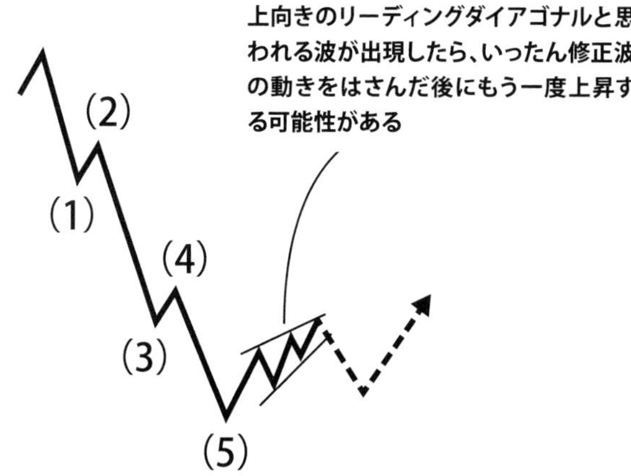

上向きのリーディングダイアゴナルと思われる波が出現したら、いったん修正波の動きをはさんだ後にもう一度上昇する可能性がある
(2)
(1)
(4)
(3)
(5)

６）エンディングダイアゴナル

基本的に３－３－３－３－３という５波動構成であり、インパルスの５波目、ジグザグやフラットのＣ波など“最後の波”として出現します。

エンディングダイアゴナルは推進波ではありますが、４波が１波に食い込むことに加えて副次波がすべて修正波であるということで修正波的な性格を強く帯びています。これらのことは、トレンド方向に推進するエネルギーが尽きてきていることを示します。

エンディングダイアゴナルは「最後の波」として出現しますから、下落が続いた末に下向きのエンディングダイアゴナルが出現すれば、それが下降トレンド終了のサインとなると考えられます。

逆に、上昇が続いている状況で上向きのエンディングダイアゴナルが出現すれば、それが上昇トレンド終了のサインとなります。

以上のように５波あるいはＣ波と想定される位置でエンディングダイアゴナルの形を見つけたら、それはその後の相場転換を予測する有効な手がかりとなります。

エンディングダイアゴナルが完成したら、「その後は比較的早い動きで反転し、少なくともエンディングダイアゴナルのスタート地点まで戻る」と解説されていることが多いですが、実際には急速な反転はエンディングダイアゴナルの副次波の２波の終点付近までで終わることもしばしばあります。『ELLIOTT WAVE PRINCIPLE』の図1.17や、『エリオット波動トレード』の図5.1はエンディングダイアゴナルの事例を取り上げたチャートですが、これらのエンディングダイアゴナルが完成したあとの急反転の動きは、エンディングダイアゴナルの２波終点付近で終わっています（図２－23）。また、拡大型のエンディングダイアゴナルが完成した後には、急速な反転の動きが見られないという事例も観察されています。。

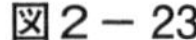
図２－23

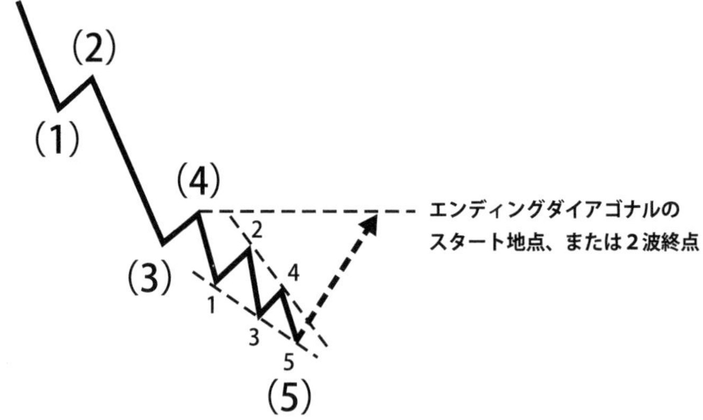

第４節
基本波形③　ジグザグ

１）ジグザグとは

ジグザグは５－３－５という３波動構成の修正波です。

ジグザグは修正波の最も基本的な形であり、一般的には修正波の中では最も修正のエネルギーの強い波形だと考えられます。

下落方向のジグザグの場合、通常はＢ波の終点はＡ波の始点よりもハッキリと下の位置になり、Ｃ波の終点はＡ波の終点をハッキリと下回る形になります（105ページの図２－24参照）。

２）ジグザグの副次波の構成

ジグザグの副次波の構成としては、インパルス－ジグザグ－インパルスというのが最も基本的で最も出現頻度が高いものといえます。しかし、Ａ波とＣ波はダイアゴナルになることもあります。

また、Ｂ波にはあらゆる修正波が出る可能性があります。

プレクターの本では、Ａ－Ｂ－Ｃの中でＣ波が最も破壊的な波動になることが多いと説明しています。

しかし、時間足や分足などで確認する比較的小さな波の場合には、Ｃ波があまり大きくならないケースも多々あります。

また、著者の観察によると、C波の終点がA波の終点を超えられないで終わってしまうフェイラー（188ページ参照）になるケースも時折見られます。特にダイアゴナルの副次波や複合修正波のX波として出現するジグザグではそのようなフェイラーが起きることがあります。

ただ、これはあまりきれいな形ではなく、出現頻度は低いです。ジグザグは原則として「C波終点がA波終点を超える形」と考えておいてください。

3）ジグザグの出現位置

ジグザグが出現する可能性がある位置は、修正波が出現する可能性のある箇所のすべてです。

インパルスの中では、2波に比較的出現しやすいです。インパルスの4波はフラットやトライアングルや複合修正波など横ばいの修正になりやすいといわれていますが、ジグザグになるケースも珍しくありません。

3－3－3－3－3型のダイアゴナルの各波、5－3－5－3－5型のダイアゴナルの2波と4波は原則として、ジグザグまたはジグザグの複合形になります。ジグザグの複合形についてはあとで説明します。

トライアングルの副次波もジグザグやジグザグの複合形になることが多いです。

プレクターによると複合修正波の中ではX波はジグザグになることが多いとされており、ダブルスリーやトリプルスリーのW、Y、Zのいずれかひとつがジグザグになることもあります。

図2－24　ジグザグの典型的なパターン

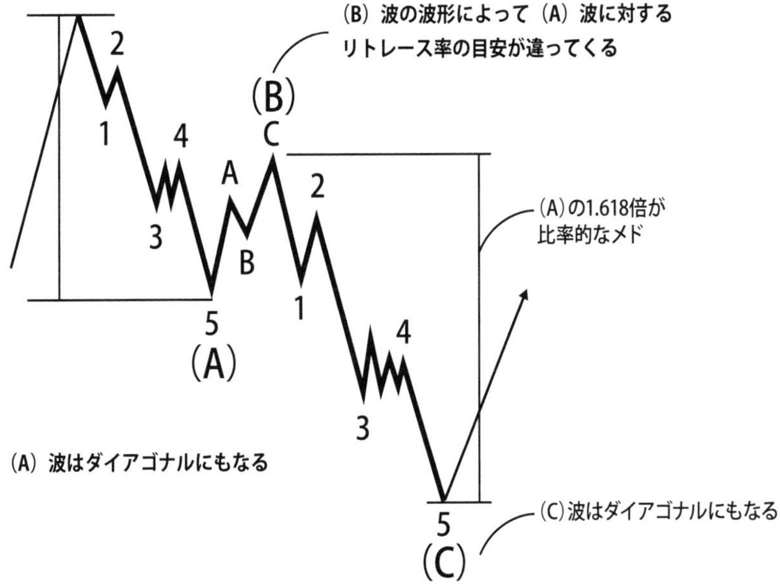

(B) 波の波形によって (A) 波に対する
リトレース率の目安が違ってくる
(B)
C
A
B
2
1
4
3
5
(A)
2
1
4
3
5
(C)
(A)の1.618倍が
比率的なメド
(A) 波はダイアゴナルにもなる
(C)波はダイアゴナルにもなる

4）ジグザグの複合形

ジグザグが２つまたは３つ連結した波形をジグザグの複合形と言います。これは複合修正波の一種と考えることができますが、ダブルスリーやトリプルスリーといった複合修正波とは性質が異なるので、ここではジグザグの変則パターンとして分類したいと思います。

ジグザグの複合形は、２つまたは３つのジグザグが、Ｘ波を介して連結した形です。ジグザグが２つ連結した波形をダブルジグザグ、ジクザグが３つ連結した波形をトリプルジグザグと言います。

図２－25　ダブルジグザグ

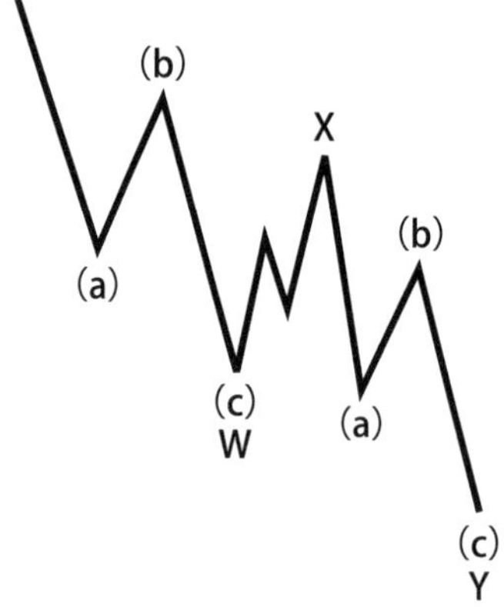

ダブルジクザグは、２つのジグザグ(a)-(b)-(c)がＸ波を介して連結した形。連結した１つ目のジグザグをＷ波、２つ目のジグザグをＹ波と呼ぶ。

図２－26　トリプルジグザグ

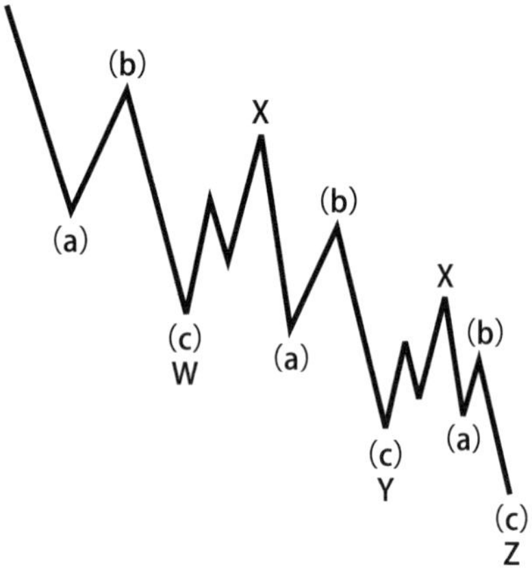

トルプルジグザグは３つのジクザクがＸ波を介して連結した形。ひとつ目のジクザクをＷ波、２つ目のジクザグをＹ波、３つ目のジグザグをＺ波という。

トリプルジグザグは図２－27のように波動構成がダイアゴナルと同じになることがよくあります。また全体がウェッジ型になることも多く、ダイアゴナルとも見分けが困難になることも珍しくありません。

しかし、トリプルジグザグは修正波である一方、ダイアゴナルは推進波であり、それぞれの波の意味は全く違いますし、出現する位置も違います。

なお、トリプルジグザグはめったに出ない波形です。

図２－27　ダイアゴナルと波動構成が同じになったトリプルジグザグ

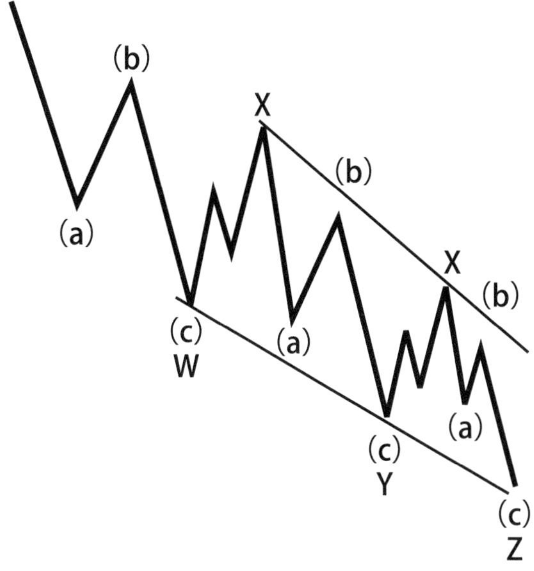

ダブルジグザグの副次波はW－X－Yという記号で表しますが、これは本質的にはジグザグのA－B－Cと同じだと考えられます。つまり、ダブルジグザグのW波はジグザグのA波に、ダブルジグザグのX波はジグザグのB波に、ダブルジグザグのY波はジグザグのC波に該当しますし、そう考えると波形の特徴を理解しやすいです。

ダブルジグザグのX波は基本的にジグザグになりやすいとされていますが、あらゆる修正波になることがあります。また、X波はジグザグのB波に該当するので、X波の波形によって、W波に対するリトレース率の目安は変わります。

ちなみに、ジグザグにおけるA波に対するB波によるリトレースメントの目安は図2－28の通りです。

図2－28

ジグザグにおける A波に対するB波による リトレースメントの目安	
B波	正味リトレースメント（%）
ジグザグ	50–79
トライアングル	38–50
ランニングトライアングル	10–40
フラット	38–79
複合修正波	38–79

ダブルジグザグが出現する位置は、ジグザグが出現する位置と同じです。ダブルジグザグはジグザグの代わりに出現する波形であることを考えると、これは当然のことと思われます。ただし、ダブルスリーやトリプルスリーのアクション波にはダブルジグザグは出現しません。

ダブルジグザグがジグザグの代わりに出現するのは、ひとつのジグザグだけでは十分なリトレースができなかった場合であると考えられます。例えば図２－29のようにインパルスの１波が完成した後に、反対向きのジグザグ(a)－(b)－(c)が出たとします。この場合、このジグザグだけではインパルスの１波を十分にリトレースしているようには見えません。このようなときに、２波が図２－30（次ページ）のようにダブルジグザグに発展することがよくあります。

図２－29　ジグザグの価格修正が小さいケース

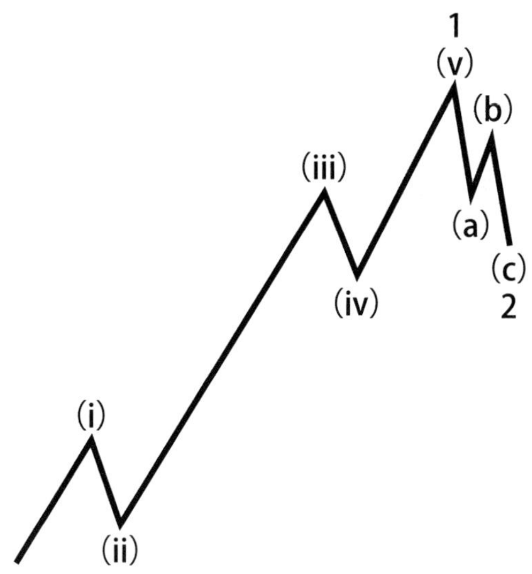

ジクザクからダブルジクザグに展開した場合には、図２－29で（a）－（b）－（c）という構成の２とカウントしたジグザグが、図２－30では１ひとつ下のディグリーのａ－ｂ－ｃという副次波の（w）波と書き換えられていることにも注目してください。

図２－30　ジクザグがダブルジクザグに発展してリトレースが進むケース

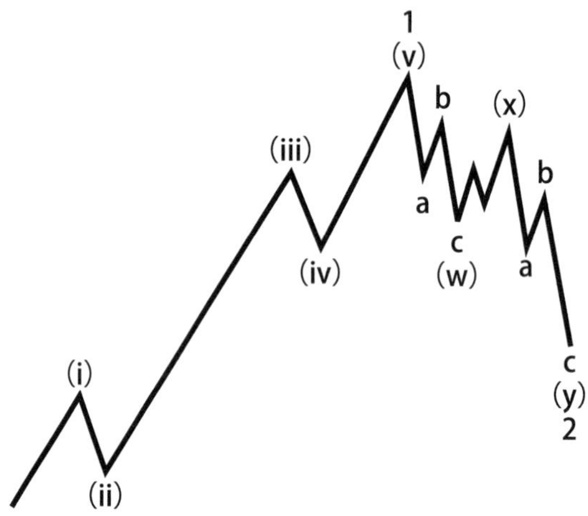

5）多重型のダブルジグザグ（二重のダブルジグザグ、三重のダブルジグザグ）

さて、ここまでに「ジグザグの複合形はジグザグの代わりに出る」と説明してきました。

では、ダブルジグザグのＷ波の位置にあるジグザグの代わりにダブルジグザグが出現することはないのでしょうか。

そのような波形はプレクターの『エリオット波動入門』には記述がありませんし、エリオット自身の著作やボルトンの著作にも取り上げられていません。

また、プレクターは『エリオット波動入門』で、「われわれはエリオットの手法では満足にカウントできないサブミニュエット級以上の波動を見つけることはできない」と言っています。

しかし、1分足までのチャートが誰にでも入手できるようになった現在、小さな波動をカウントしようとすると、従来の波形だけでは満足にカウントできない波動が頻繁に見つかるようになってきました。1分足のチャートで確認できる波動とは、具体的にはサブマイクロ級やミニスキュール級、あるいはまだ正式名称すら与えられていないさらに小さなディグリーの波動になります。

それに対応するため、日本エリオット波動研究所で波動データの収集と観察および分析を重ねた結果、ダブルジグザグのW波の位置にジグザグの代わりにダブルジグザグが出現することもある、ということが分かってきました。それを二重のダブルジグザグと呼びたいと思います。

図2－31　二重のダブルジクザグ

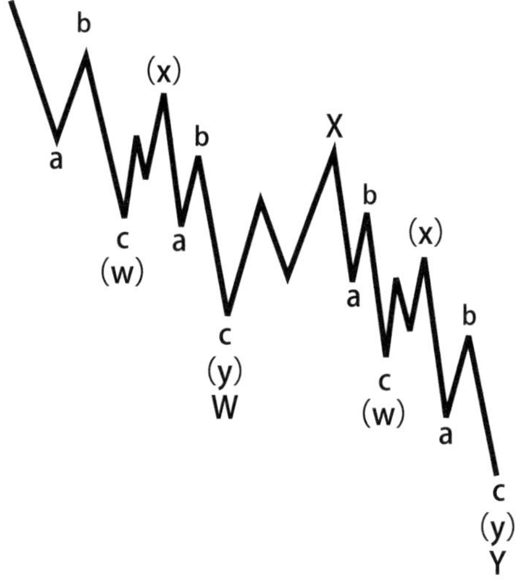

さらに研究を重ねると、三重のダブルジグザグも存在することが分かってきました。三重のダブルジクザグというのは、図２－32のようにW波の位置とＹ波の位置に二重のダブルジグザグが出現する形です。二重のダブルジグザグが完成した後、Ｘ波を経て、もう一度二重のダブルジクザグが形成される形です。３つの階層にわたってダブルジグザグが繰り返されているわけです。

現在までの観察では、多重型ダブルジグザグは、二重のダブルジグザグと三重のダブルジグザグの２種類があるようです。二重のダブルジクザグや三重のダブルジグザグを多重型ダブルジグザグ、あるいはMultiple Zigzagと呼ぶことにします。

図２－32　三重のダブルジクザグ：W波とＹ波が二重のダブルジクザグとなる形

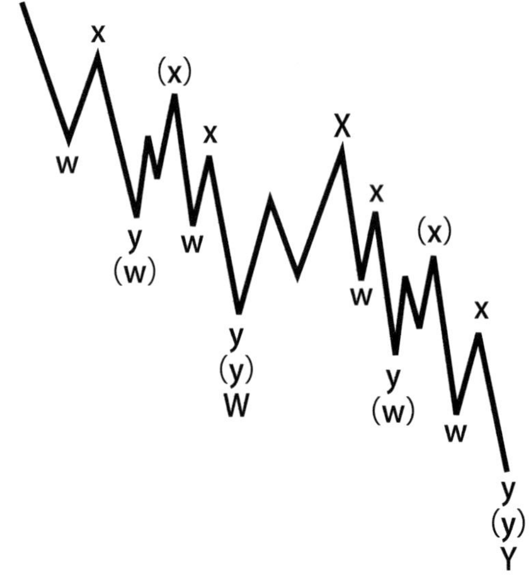

多重型ダブルジグザグの特徴は、図２－31や図２－32のようにＷ波とＹ波が同じ波動構成となっているということです。

つまり、次の図２－33のようにＷ波がダブルジグザグで、Ｙ波が（シングルの）ジグザグといった波形は存在しません。図２－33のような波動が出現した場合は、図２－33とは別のカウントを探るべきです。

図２－33　多重型ジグザグの誤ったカウント例

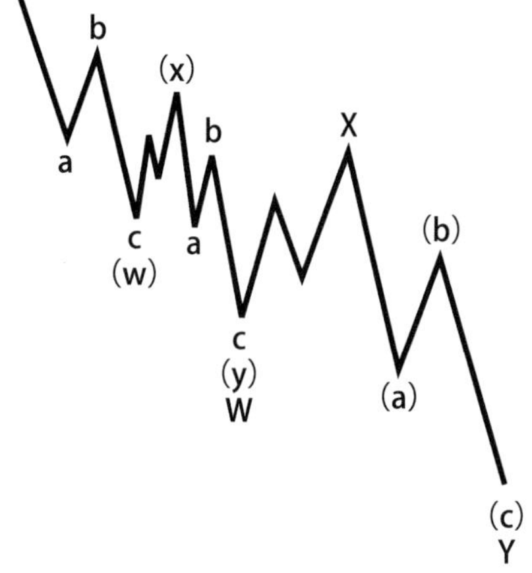

多重型ダブルジグザグはＷ波とＹ波が同じ波形にならなければならない

以上のように、１分足のチャートで確認できるサブマイクロ級やミニスキュール級、あるいはまだ正式名称すら与えられていないさらに小さなディグリーの波動では多重型ダブルジクザグが観察されることがありますし、サブミニュエット級以上の波動であっても多重型ダブルジグザグとカウントした方がルールやガイドラインにより適合する波動であるというケースも確認されています。

しかし、ジグザグ系の波形の基本はあくまでもジグザグ、ダブルジグザグ、トリプルジグザグの 3 つです。多重型ダブルジグザグは、それら従来のジグザグ系波形ではどう頑張ってもカウントできないときに持ち出す最終手段と捉えた方がいいでしょう。また、二重のトリプルジグザグや三重のトリプルジグザグといった波形が再現性の確認できる波形として存在するのかどうかについては、現在もサンプルを採集して研究している段階です。

6) ジグザグにおけるガイドライン

①Ｃ波の大きさは、Ａ波と同じ大きさか、Ａ波の 0.618 倍、または 1.618 倍が目安のひとつになる。

②インターミーディエット以上のＣ波は、一般的に大きな下落になりやすい。それまで市場にまん延していた楽観的な見かたが打ち砕かれるような急落になることもある。

③５分足以下のチャートで確認する波動のＣ波はＡ波と同程度か小さくなるケースが多く、ごくまれだがフェイラーになることもある。

④Ａ 波の傾きに比べ、Ｃ 波の傾きが緩やかになることがよくある。これはリアクション波としてのモメンタムが次第に低下していることを意味する。
※進行中の波動がジグザグなのかインパルスなのかを判断する際、３番目の波（３波かＣ波）の傾きが緩やかならジグザグ、急なら３波の可能性が高い、という判断ができます。

⑤Ａ 波に対するＢ波のリトレースは 38% から 79% が目安であり、Ｂ波の波形によって次ページ上段の図２－ 34 のような目安となる。

図２－34

B 波がジグザグの場合	50 ～ 79%
B 波がフラットの場合	38 ～ 79%
B 波が複合修正の場合	38 ～ 79%
B 波が収縮型トライアングルやバリアー型トライアングルの場合	38 ～ 50%
B 波がランニングトライアングルの場合	10% ～ 40%

なお、リトレースの比率はＢ波の最大リトレース地点で測定する。
※この⑤のガイドラインについては、実際のチャートへの適合確率はそれほどは高いとは言えず、参考程度に考えておきましょう。

⑥Ａ波始点とＢ波終点を結んだ線と、Ａ波終点とＣ波終点を結んだ線が平行になることがよくある（図２－35参照）。

図２－35

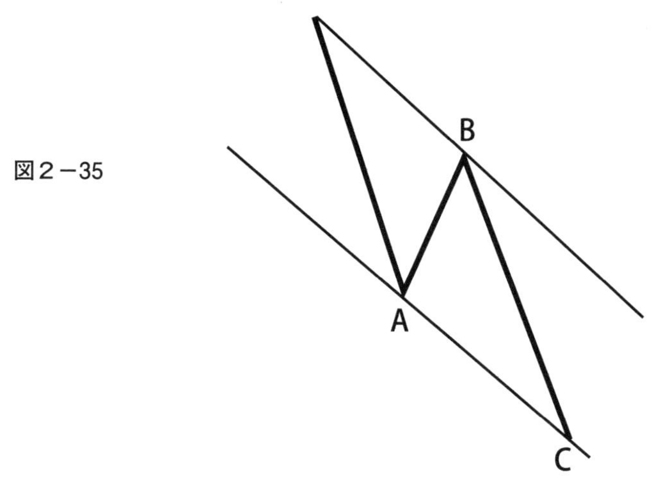

第5節
基本波形④　フラット

1）フラットとは

フラットは3－3－5という3波動構成の修正波です。

図2－36のように、A波は修正波、B波も修正波でA波の始点近辺まで戻り、C波は推進波でその終点はA波終点を少し超えるという形が基本形です。図2－36では（A）－（B）－（C）がフラットになり、その副次波（B）もA－B－Cというフラットになっています。

このように基本形がA波、B波、C波ともに同じくらいのレンジを行き来して横に進むような形になるのでフラットという名前になっています。この形を特にレギュラーフラットと呼びます。『ELLIOTT WAVE PRINCIPLE』によると、フラットのB波は最低でもA波を90％以上はリトレースすることがルールとされています。

ただし、C波がかなり長くなり、A波終点を大きく超える「C波巨大化フラット」になることもしばしばあります（図2－38）。

C波巨大化フラットは、インパルスの3波が延長するのと同じようにC波が延長したものといえますが、この形もよく観察されます。しかし、この形になるともはや「フラット」という名称はふさわしくない感じがしますし、「横ばいの修正波」に区分するのは無理があると思います。このC波巨大化フラットはジグザグに近い性質のものであ

図２－36　フラットの典型的なパターン

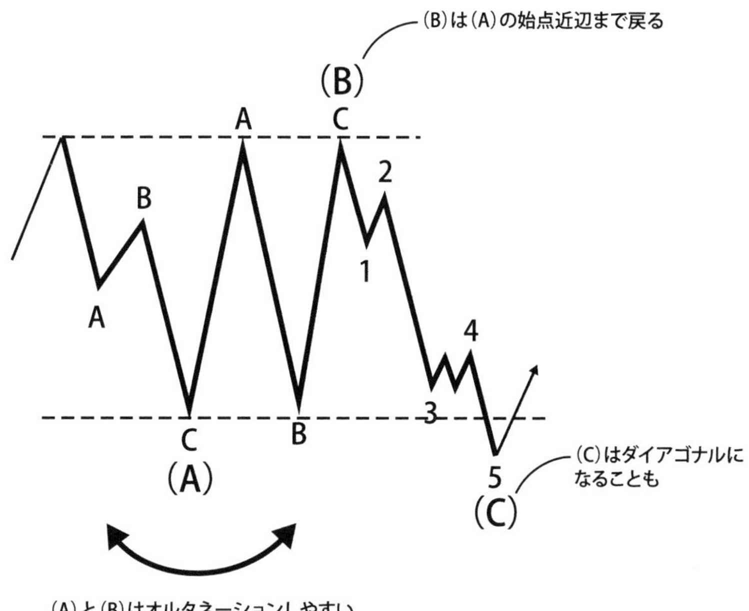

図２－37　レギュラーフラット

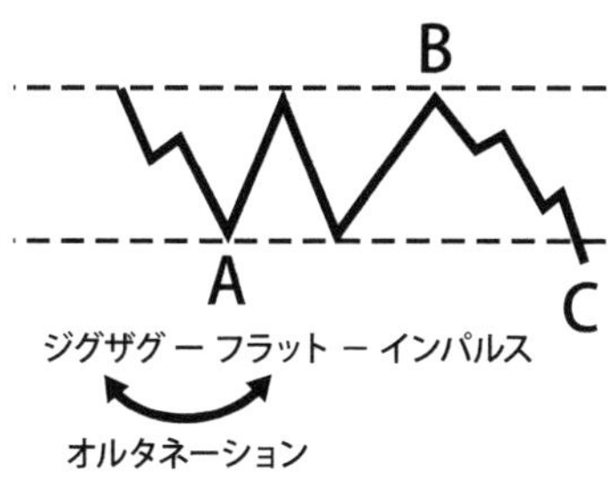

図２－38　Ｃ波巨大化フラット

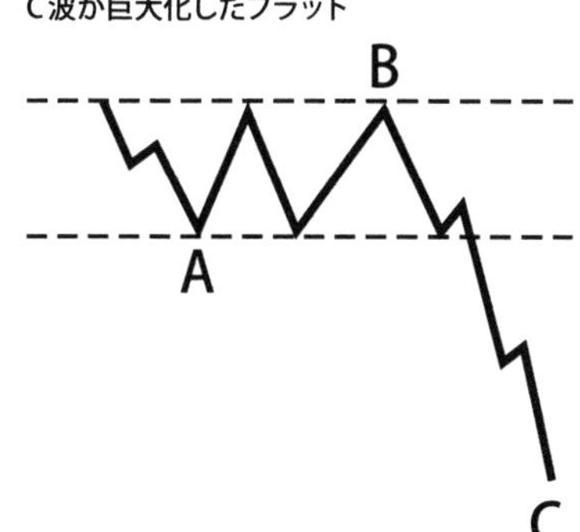

後述するように、フラットのＡ波とＢ波にはオルタネーションの習性が見られることが多い

り「急こう配の修正波」と考えたほうがよいと思います。このC波巨大化フラットは、エリオットの本でもボルトンの本（『エリオット波動――ビジネスサイクル』、次ページの図2－39）でも図とともに紹介されていますが、プレクターの本ではなぜかまったく触れられていません。しかし、実際にはよく観察される波形です）。

また、B波終点がA波始点を超え、C波終点がA波終点を超えるというように（図2－40）、A波＜B波＜C波と波がどんどん大きくなる形になるケースもあります。これを拡大型フラットあるいはエクスパンデッドフラットと言います。拡大型フラットは実はレギュラーフラットよりも多く出現することが知られています。ですから、本来は拡大型フラットのほうがレギュラーフラットという名前にふさわしいとも言えます。

拡大型フラットの成立の要件はB波がA波を105％以上リトレースしていることであり、A波に対するB波のリトレースが90％以上105％未満であるものは、C波終点がA波終点を超えて終わっていても拡大型フラットとは判定しません。

さらに、図2－41のように拡大型フラットになりかけて、最後のC波終点がA波終点を超えることに失敗する形になることもあります。この形をランニングフラットと言います。

このランニングフラットは、メジャートレンドの方向への圧力が強い中での修正のため、そのC波は5波動ながらもあまり大きくならないのだと考えられます。

2）フラットの副次波

フラットの副次波はA波とB波が修正波でC波が推進波です。

図２－39　ボルトンが図示したＣ波巨大化フラット

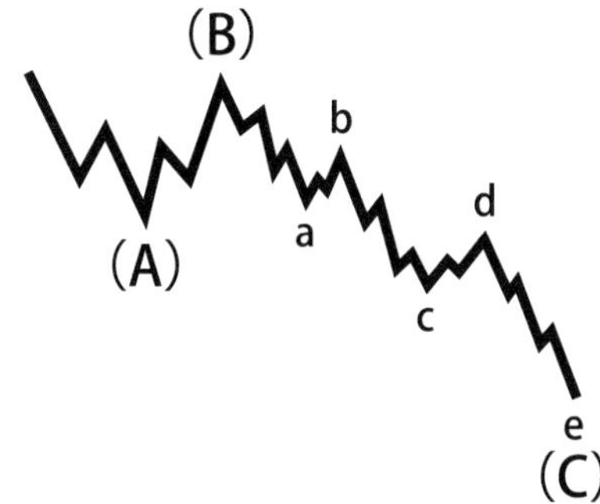

『エリオット波動—ビジネス・サイクル—』
（A・ハミルトン・ボルトン著）より

（Ｃ）の副次波についてはａ、ｂ、ｃ、ｄ、ｅと書いてありますが、プレクターの本の基準に従えば１、２、３、４、５というラベリングが正しいということになります。ボルトンの時代にはまだ波のカウントの記号の基準として意識されるものがなく、このようなラベリングになったのだと思われます

図２－40

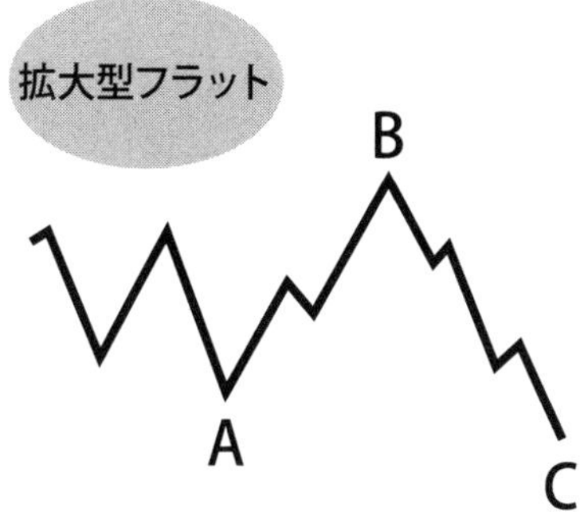

図２－41

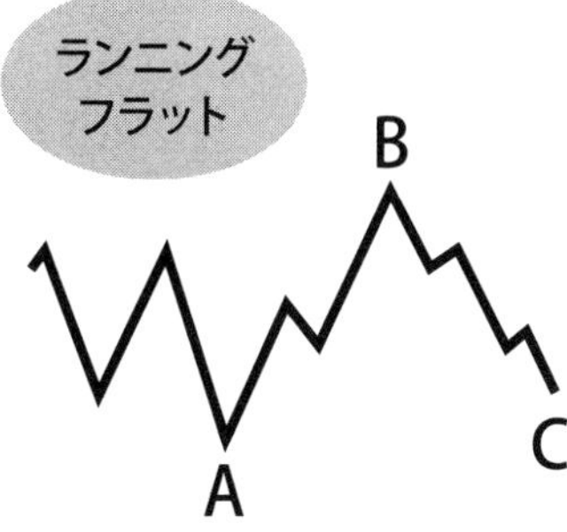

A波にはトライアングルを除くあらゆる修正波が出現しますが、一回り大きな波（フラット全体）と同じ方向なのでアクション波ということになります。少しややこしいですが、「修正波の波形のアクション波」という言い方をします。エリオット波動を解説した本やサイトで「一回り大きな波動と同じ方向の波は推進波」という説明をよく見かけますがこれは誤りです。一回り大きな波動と同じ方向の波はアクション波であり、そのアクション波は修正波の波形であることもあるわけです。

B波にはあらゆる修正波が出現します。

B波はA波との間でオルタネーションの関係になりやすいという習性があります。例えば、A波がジグザグならB波はフラット、A波がフラットならB波はジグザグになることが多いです。

A波がジグザグで、B波もジグザグになるケースはありますが、その場合、A波がシンプルなシグザグ、B波が複雑なジグザグというようにオルタネーションの習性が見られることもあります。

C波についてはインパルスだけでなくて、ダイアゴナルになることもあります。

フラットは難解な波形と言われています。副次波のA波またはB波自体がフラットになることがあり、そうした場合にはとてもカウントが難解になるからです。

例えば、図2－42のような波動が形成されることがあります。これは図2－43のようにA波がリーディングダイアゴナルのジグザグのように見えますが、B波がA波始点を超えているためジグザグの要件を満たしていません。

図２－42　この波動のカウントは？

図２－43　間違ったカウント例

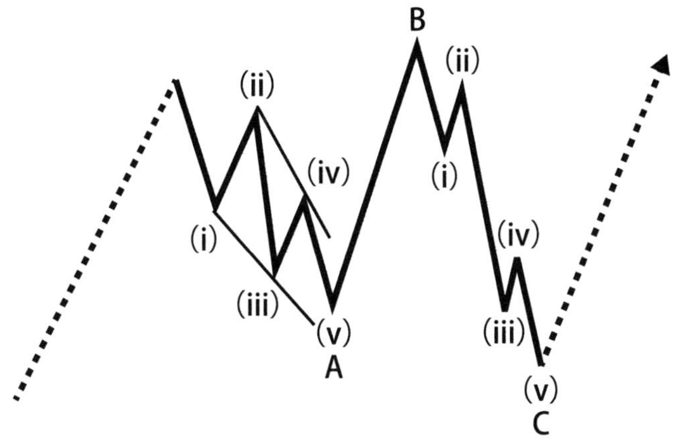

Ｂ波終点がＡ波の始点を超えてしまっているので、ジクザグとはカウントできない

妥当なカウントは図２－44のようにＢ波自体が(a)－(b)－(c)という拡大型フラットで、全体もフラットであるというものです。

図２－44

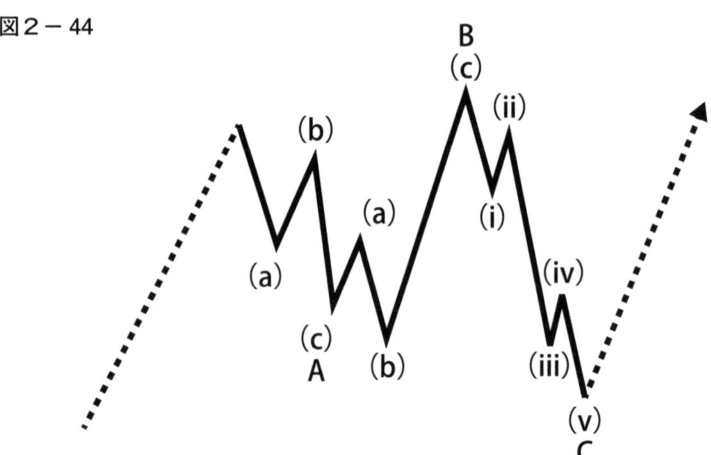

また、複雑な形をした横這いの波動は、フラットであるというケースがよくあります。例えば、図２－45の波動はどうカウントできるでしょうか。

図２－45

図２－46がそのカウント例です。

図２－46

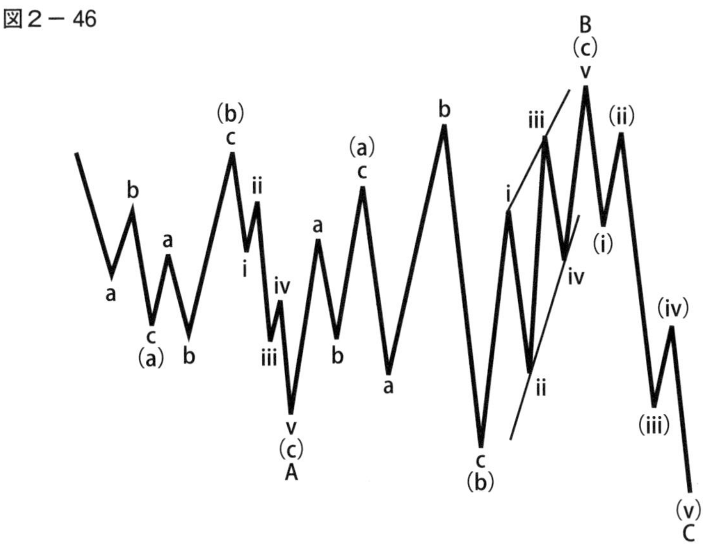

ここでは、A 波も B 波もフラットになっています。また、A 波の副次波 (b) 波や B 波の副次波 (b) 波もフラットになっています。

フラットはこのように副次波の構成が複雑になることも珍しくありません。こうした複雑な波形の場合も、すべての波形がルールを満たすようなカウントを探すことが大切です。

3）一回り大きな波動の中でフラットの出現する場所

一回り大きな波動の中でのフラットが出現する可能性がある場所はジグザグと同じで、修正波の波形が出る可能性のある箇所のすべてです。

インパルスの中では２波よりも４波に出現しやすく、フラットの中ではA波かB波のどちらかがフラットになることが多いとされています。

4）拡大型フラットとオーソドックスな高値について

図２－47のように、上昇するインパルスの（４）波に出現する拡大型フラットは、その副次波のＢ波の終点が（３）波の終点を超えてしまうという点でトリッキーな形といえます。その他の位置に出現する拡大型フラットでも同様のことが言えます。

図２－47において、フラットの前の上昇波動の高値よりもＢ波の終点のほうが高くなっていますが、上昇波動自体はその前の高値のところで終わっており、こちらのほうを上昇トレンドの終点という意味で「オーソドックスな高値」と呼びます。

図２－47　拡大型フラットとオーソドックスな高値

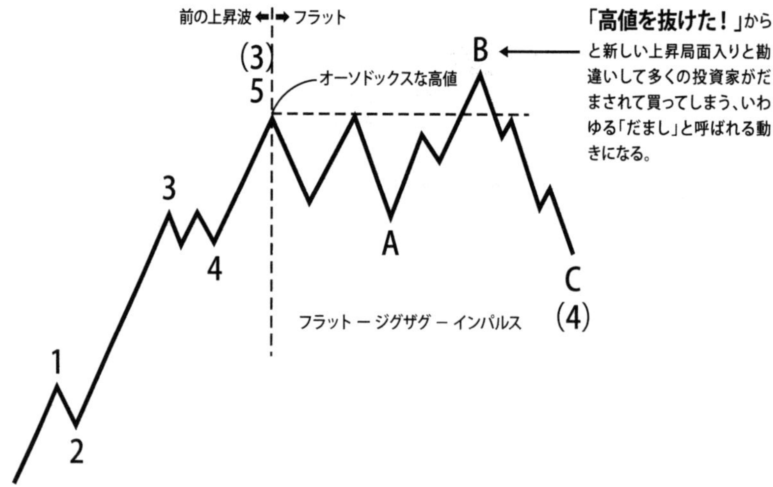

このようなオーソドックスな高値を超えるB波は前の高値を超えるので多くの投資家が強気になり、また空売りをしていた人たちが音をあげて買い戻しに走るような雰囲気になりますが、そのあとは比較的大きな下落である5波動構成のC波が起こります。

このように、投資家たちがかなり振り回されてしまうのが拡大型フラットの局面です。

5）拡大型フラットにおけるB波の大きさ

『ELLIOTT WAVE PRINCIPLE』には、「B波はA波の大きさの100～138%になる」と書かれています。

しかし、これはガイドラインであって、ルール上はB波に大きさの制限はありません。

ラルフ・ネルソン・エリオットは『Nature's Law』のなかで、図2－48のようなフラットを提示しています（原典通りに普通目盛りで表示）。

このフラットでは、普通目盛りで計算してもログスケールで計算しても、Ⓑ波がⒶ波の約2.9倍（290%）になっています。

最近の日経平均やNYダウのチャートにもB波がA波の2倍程度あるフラットがしばしば観察されています。

ちなみに、NYダウの2018年10月4日からコロナショック安値をつけた2020年3月23日までの波形がフラットであることはエリオティシャンの間ではコンセンサスになっていますが、このフラットでは(B)波は(A)波の約150%になっていてガイドラインの値を大きく超えています（127ページの図2－49）。

図２－48　ＮＹダウ　週足チャート

図２－49　ＮＹダウ　４時間足チャート　2018 年９月～ 2020 年８月

2018 年 10 月 4 日から 2020 年 3 月 23 日までの形はフラットになっている

6）B 波の大きさをどこで測るのか

フラットの成立要件のひとつに「Ｂ波がＡ波を90%以上リトレースしている」というものがあります。

例えば、図２－50のようにフラットのB 波がジグザグの場合は、Ｂ波の大きさはその終点で測ればよく、「B波がＡ波を 90% 以上リトレースしている」というのは、「Ｂ波の終点がＡ波を90%以上リトレースしている」というのと同じ意味となります。

図２－ 50　フラットかどうかの判定

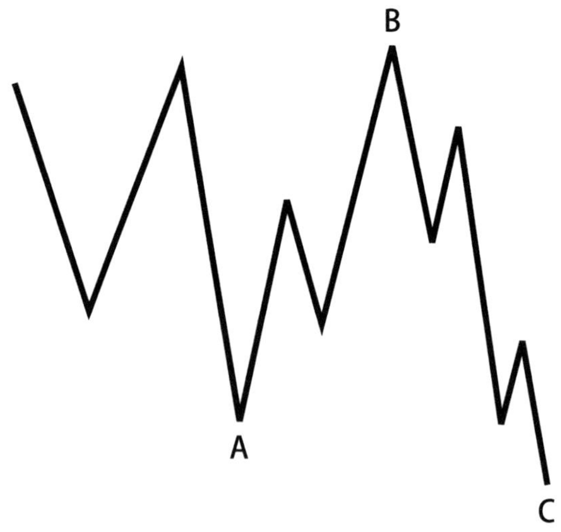

Ｂ波がジグザグなら、Ｂ終点がＡ波をどのくらいリトレースしているかを見ればいい

では、図２－51のようにB波がトライアングルの場合はどうでしょうか。

Ｂ波のトライアングルの終点は副次波(e) 波の終点となりますが、この事例では（ｅ）波終点の位置ではＡ波を90%未満しかリトレースしていません。しかし、フラットの成立要件である「B波がA波を90%以上リトレースしている」というのは、Ｂ波がＡ波を最大にリトレースしている位置での判断になります。つまり、このＢ波のトライアングルの例では、トライアングルの副次波（ａ）波の終点の位置がＡ波を90% 以上リトレースしていればよいのです。

Ｂ波がランニングフラットの場合（図２－52）にも同じことが言えます。Ｂ波の終点ではなく、Ｂ波が最大にＡ波をリトレースしている地点［(ａ）波終点］の位置でＡ波を90% 以上リトレースしていればよいことになります。

Ｂ波が複合修正の場合も同様の判定の仕方となります。

図２－51
Ｂ波がトライアングルの場合の
フラットの判定

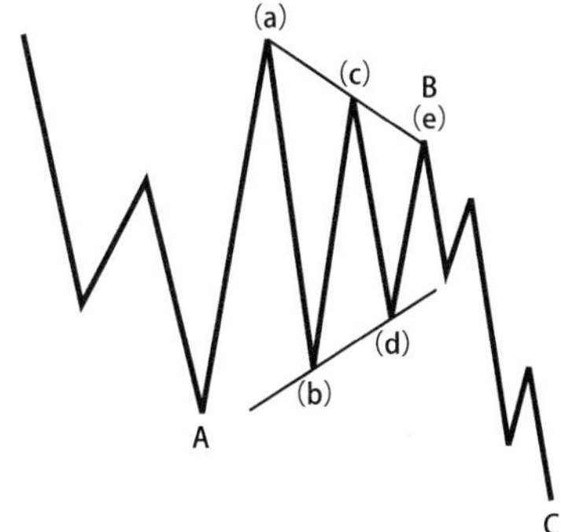

図２－52
Ｂ波がランニングフラットの場合の
フラットの判定

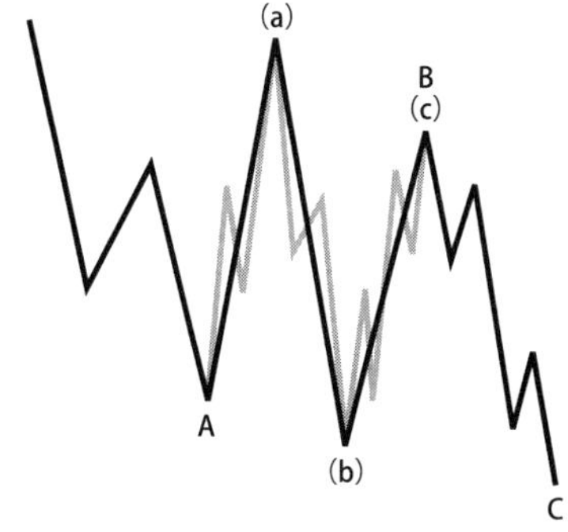

7）極端なB波の想定は失敗しやすい。

図2－53のフラットのカウントではB波がA波を約150％リトレースしていて、B波の中では（b）波が（a）波を約200％リトレースしています。

これまで説明したようにフラットの副次波B波がA波を200％程度リトレースすることはあるのでそれ自体は問題ではありません。しかし、この図では本来はA波と反対方向に動くはずのB波がその副次波（b）でA波と同じ方向に大きく動いています。これから起きる波の進行を想定する際に、このようなフラットを想定するとほとんどの場合それは実現しません。

図2－53

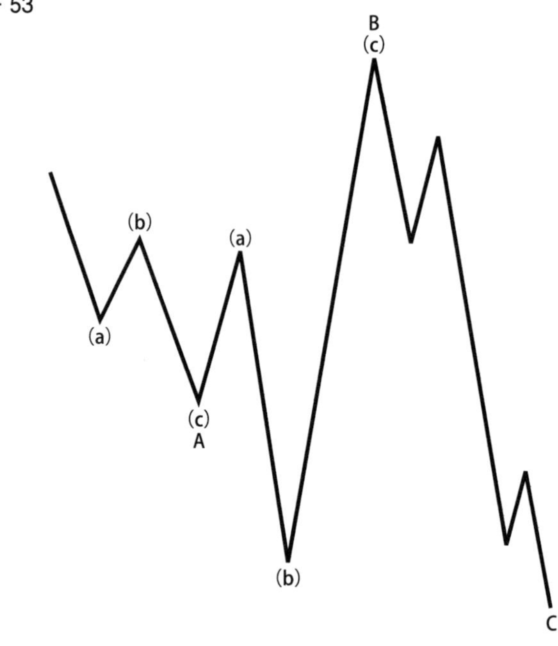

B波の副次波がA波と同じ方向を向くことはあっても、A波を修正するという本来の役割を考えるとA波終点を大きく超えていくことはB波の役目に反していると言えます。波動にはそれぞれ役割があり、役割に背くような動きにはなりにくいという性質があります。実際に波動をカウントする際や進行想定を立てる際は「その波の役割は何か」という視点を忘れないようにしましょう。

8）フラットにおけるガイドライン

①フラットのB波のA波に対するリトレース率は通常は100～138％程度であるが、90％以上であればフラットとしての要件を満たす。138％超であるケースもあり、上限はない。

②通常、フラットのC波はA波の100～165％の大きさになるとされているが、C波がA波の2.168倍以上になる「C波巨大化フラット」も珍しくはない。

③通常、フラットのC波はA波の終点を超えて終わる。

④A波とB波はともに修正波であるが違った波形になりやすい。

⑤フラットのA波またはB波の波形がフラットの時、その副次波（c）波はダイアゴナルになりやすい。

⑥フラットのB波が拡大型フラットやトライアングルの場合でも、通常はその副次波はフラットのA波終点を大きく超えていかない。

第6節
基本波形⑤　トライアングル

1）トライアングルとは

トライアングルは3－3－3－3－3という5波動構成の修正波で、波の大きさが徐々に小さくなり三角形のような形になる「収縮型トライアングル」、波の大きさが徐々に大きくなる「拡大型トライアングル」、上辺または下辺のどちらか一方が水平で波が徐々に小さくなる「バリアー型トライアングル」の3種類があります。トライアングルは修正波ですから、これら5つの副次波はA波、B波、C波、D波、E波とアルファベットで数えます（図2－54）。

5波動構成ではありますが、「収縮型トライアングル」と「バリアー型トライアングル」では、A波で価格的な修正は終了し、B波以降は時間的な修正となります。修正波の分類としては「横ばいの修正波」とされます。一方、「拡大型トライアングル」では時間の経過に伴い徐々に価格的な修正が進行していきます。

トライアングルの分析をする場合には、通常、Aの終点とCの終点を結んだトレンドライン（A－Cライン）と、Bの終点とDの終点を結んだトレンドライン（B－Dライン）という2つのトレンドラインを引きます。

「収縮型トライアングル」では、上値ライン（A－Cライン）が下落し、下値ライン（B－Dライン）が上昇する形になります。

図２－54　トライアングルの典型的なパターン

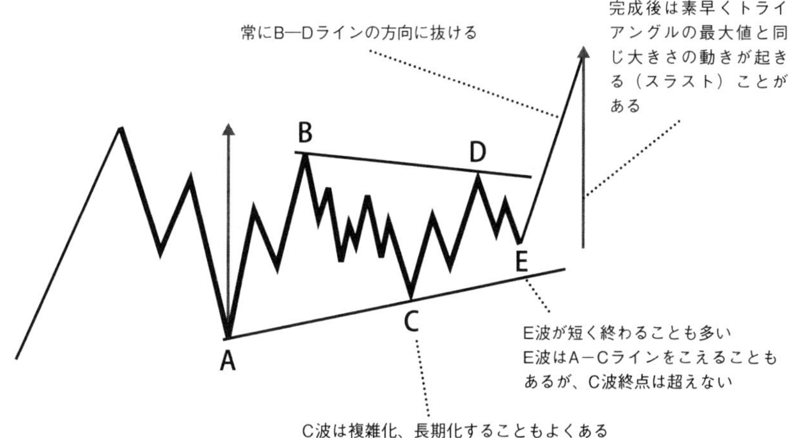
常にB―Dラインの方向に抜ける
完成後は素早くトライアングルの最大値と同じ大きさの動きが起きる（スラスト）ことがある
B
D
E
A
C
E波が短く終わることも多い
E波はA－Cラインをこえることもあるが、C波終点は超えない
C波は複雑化、長期化することもよくある

副次波は基本的にジグザグまたはジグザグの複合形
C波、D波、E波のいずれかがトライアングルになることもある
副次波がフラットになることもあるが、それはA波に起こりやすい
収縮型トライアングルの約４割はB波がA波始点を超える（ランニングトライアングル）

図２－55　通常のトライアングル（収縮型トライアングル）

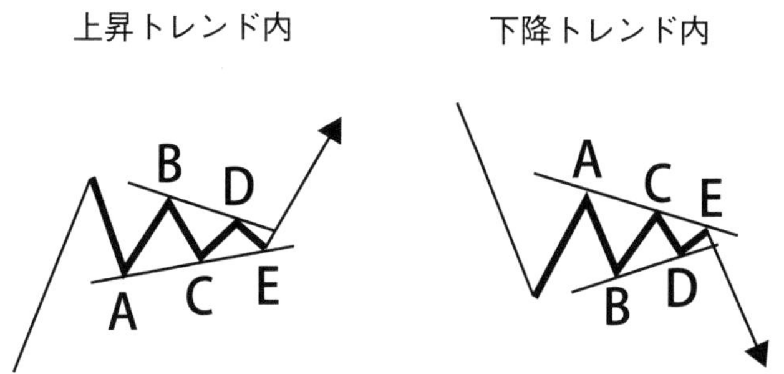
上昇トレンド内
下降トレンド内
B
D
A
C
E
A
C
E
B
D

2）バリアー型トライアングル

トライアングルの上値ラインまたは下値ラインのどちらか一方が水平になっているトライアングルを「バリアー型トライアングル」と言います。

図２－56や図２－57のように、通常はＢＤライン（Ｂ波終点とＤ波終点を結んだライン）が水平になり、トライアングル完成後はトレンドラインが水平になっている方向に株価が抜けて動いていきます。

まれにＡＣライン（Ａ波終点とＣ波終点を結んだライン）が水平になり、水平でないＢＤラインの方向に株価が抜けて動いていく形になることがありますが、それはきわめて例外的です。

どちらにせよ、トライアングル完成後に株価が動いていくのはＢＤラインを抜けていく方向です。

一般的なテクニカル分析の用語では、上値ラインが水平の三角形を「アセンディング・トライアングル 」、下値ラインが水平の三角形を「ディセンディング・トライアングル」と言いますが、これらはエリオット波動原理の「バリアー型トライアングル」と同じものと捉えることができます。

また、「収縮型トライアングル」では、Ｃ波はＡ波終点を、Ｄ波はＢ波終点を、Ｅ波はＣ波終点を超えて動かないというのが絶対的なルールですが、「バリアー型トライアングル」では、Ｄ波がわずかにＢ波終点を超えることがあります。これはＤ波とＢ波が0.1円の違いもなくぴったりと同値になることは滅多にないためです。Ｄ波終点が僅かにＢ波終点に届かなかったり、反対にＤ波終点が僅かにＢ波終点 を超えて終わったりしても、トライアングル全体の形（概観）として、Ｂ 波とＤ波が同じ位置で終わっていれば「バリアー型トラ

図２－56　上昇型のバリアー型トライアングル

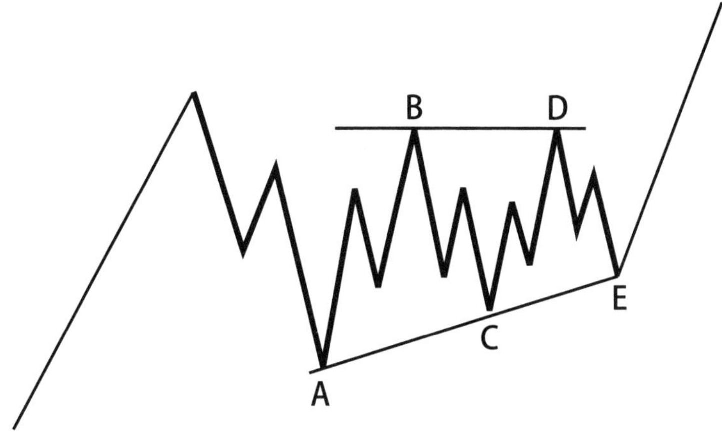

図２－57　下降型のバリアー型トライアングル

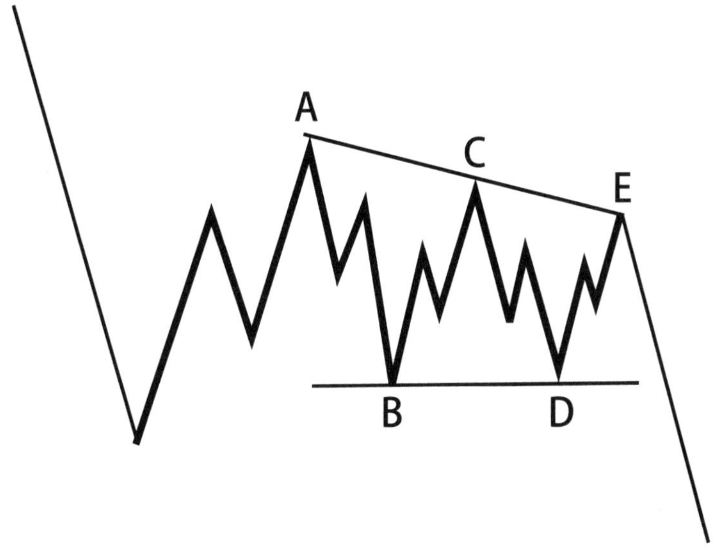

イアングル」と見なすことができます。

また、「バリアー型トライアングル」では、図２－58のようにＡ波が他の副次波に比べて突出して大きくなる事例もしばしば観察されています。

図２－58　バリアー型トライアングルの特長

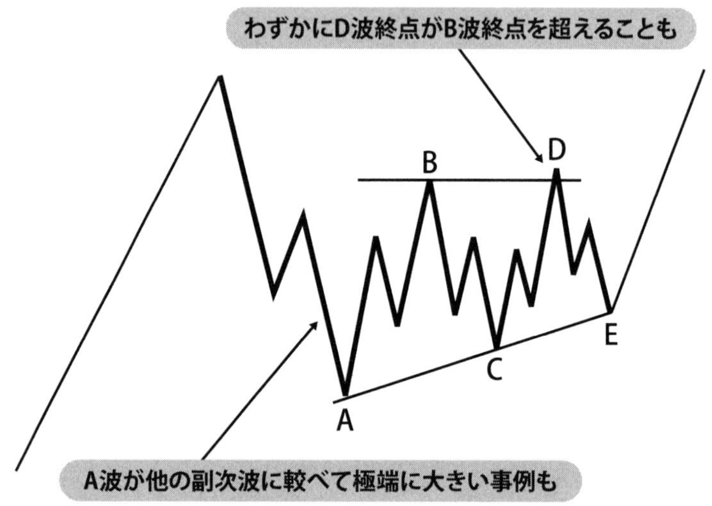

３）拡大型トライアングル（エクスパンディングトライアングル）

振幅が拡大する形になる拡大型トライアングルは、収束型トライアングルよりは出現頻度が低いですが、ときどき出現します。

図２－59の左図のように、上昇トレンド内の副次波として出現する拡大型トライアングルでは、多くの場合でそのＢ波終点やＤ波終点がオーソドックスな高値を上回りますが、Ｅ波終点はオーソドックスな高値を下回る形になります。

一方、図２－59の右図のように、下降トレンド内の副次波として出現する拡大型トライアングルでは、多くの場合でそのＢ波終点やＤ波終点がオーソドックスな安値を下回りますが、Ｅ波終点はオーソドックスな安値を上回る形となります。

図２－59　拡大型トライアングル

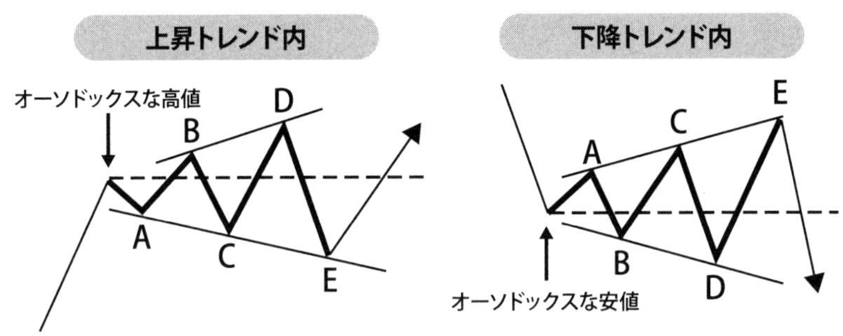

拡大型トライアングルでは、Ｃ波、Ｄ波、Ｅ波は１つ前の波の始点を必ず超えて終わりますが、Ｂ波はＡ波始点を超えずに終わることがあります。

また、拡大型トライアングルでは副次波にトライアングルは出現しません。

一見すると拡大型トライアングルに見える波動であっても、実際には別の波形であることもしばしばあります。フラットの項で例示した図２－46のパターンがその例です。

図２－60は、全体の波形はフラットで、Ａ波もＢ波もフラット波になっています。

図２－61は、全体の波形はフラットで、Ａ波はジグザグ、Ｂ波は

フラットになっています。

図2－62は、全体の波形はダブルスリーで、W波はジグザグ、Y波はフラットになっています（ダブルスリーは154ページ参照）。

この他、B波がフラットでA波がジグザグのフラットや、W波がフラットでY波がジグザグのダブルスリーの場合も全体が拡大型トライアングルに見えることがあります。

このように、全体の形が同じように見えても副次波の波動構成によって違った波形になるので、副次波がどのような波形になっているのかを慎重に見極めることが大切です。

図2－60　トライアングルに見えるけれど、他の波形である例　その①

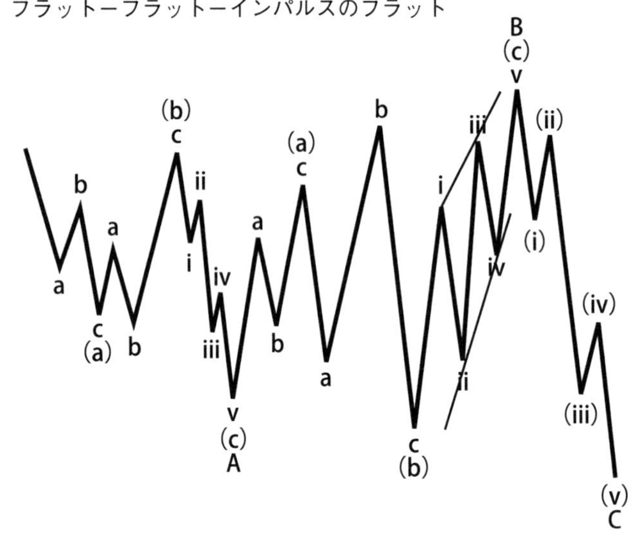

図2－61　トライアングルに見えるけれど、他の波形である例　その②

ジグザグーフラットーインパルスのフラット

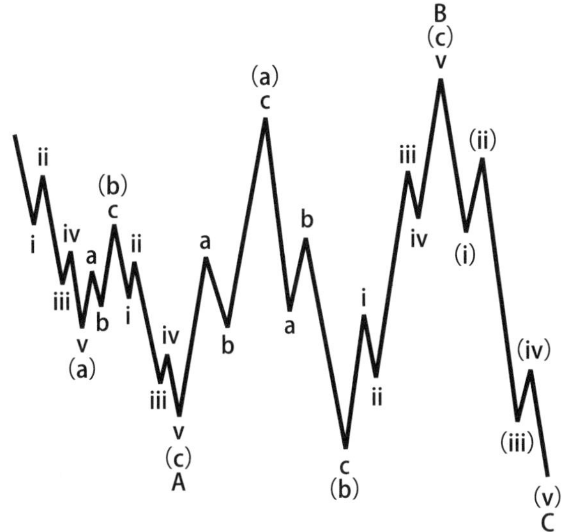

図2－62　トライアングルに見えるけれど、他の波形である例　その③

ジグザグーXーフラットのダブルスリー

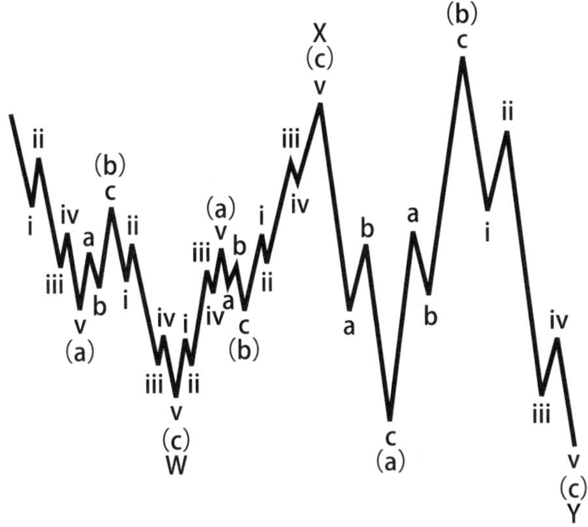

4）ランニングトライアングル

さらに、B波がA波の始点を超えて拡大するものの、C波以降が収縮するランニングトライアングルという形もしばしば観察されます（図2－63）。

図2－63　ランニングトライアングル

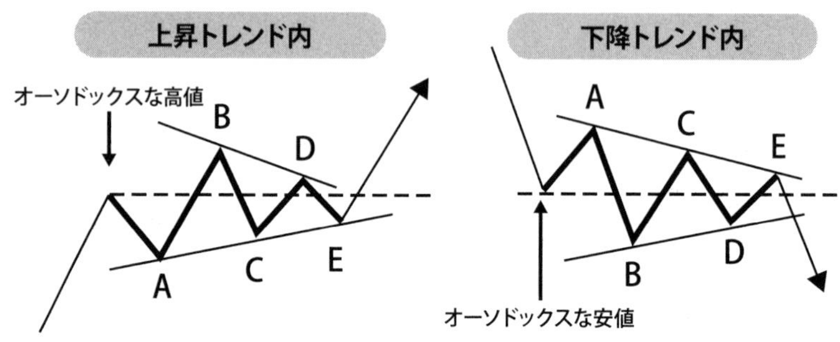

上昇波動内の副次波として出現するランニングトライアングルにおいては、B波の終点がオーソドックスな高値（前の波の高値）を超えてしまいます。ランニングトライアングルのカウントが成り立つためには、E波終点がオーソドックスな高値を下回る必要があります。そうでない場合にはカウントは破たんしたと判断して、別の波形のカウントを探します。

下降トレンド内の副次波として出現するランニングトライアングルにおいては、B波の終点がオーソドックスな安値（前の波の安値）を下回ってしまいます。ランニングトライアングルのカウントが成り立つためには、E波終点はオーソドックスな安値を上回る必要があります。そうでない場合にはカウントは破たんしたと判断して、別の波形のカウントを探します。

5）副次波のひとつだけ複雑化する傾向がある

トライアングルの基本的なパターンは、図２－64のようにジグザグまたはジグザグの複合形がきれいに５つ並んだ形ですが、『ELLIOTT WAVE PRINCIPLE』には、「トライアングルの副次波にはジグザグの複合形やトライアングルといった複雑な波形はひとつしか出現せず、少なくとも４つは単純なジグザグになる」と書いています。

図２－64　トライアングルの最も基本的な形

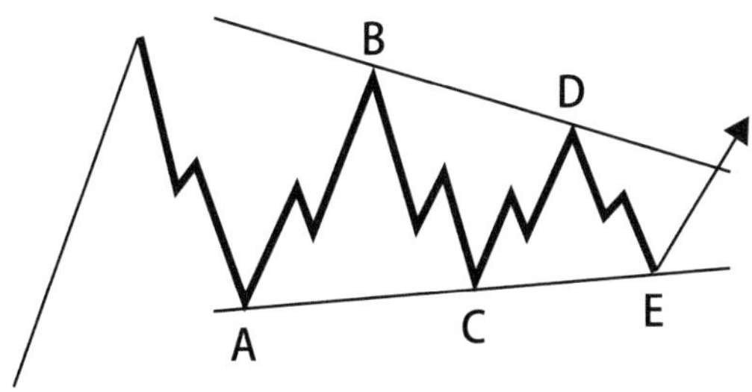

しかし、日本エリオット波動研究所のこれまでの観察によると、単純なジグザグが４つも出ることは非常に稀であり、大半の副次波にジグザグの複合形が出現することの方が多い、というのが結論です。

トライアングルの副次波の中でも特にＣ波やＤ波の位置に単純なジグザグ以外の波形が出現することが多いこともわかっています。このときＣ波やＤ波は継続時間も長くなる傾向があります。また、Ｃ波やＤ波にダブルジグザグが出現するとき、そのダブルジグザグはＸ波によるリトレースが大きなものになる傾向があります。

トライアングルの副次波に出現する複雑な波形は、そのほとんどがジグザグの複合形ですが、トライアングルもしばしば出現します。このとき出現するトライアングルは原則として収縮型トライアングルかバリアー型トライアングルであり、拡大型トライアングルは出現しません。トライアングルが特に出現しやすいのはＥ波です（図２－65）。

図２－65

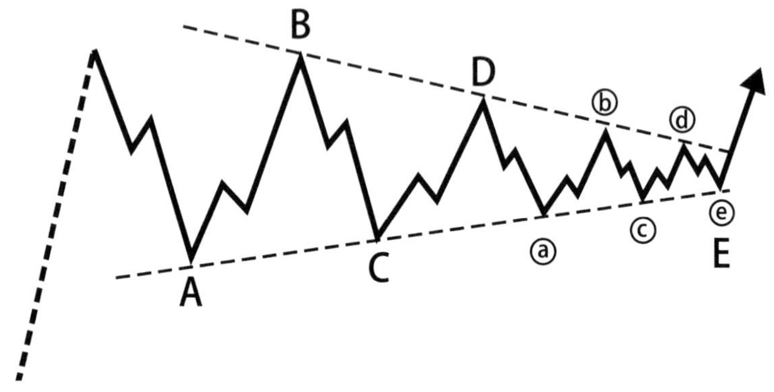

「トライアングルの副次波にトライアングルが出現するのは副次波のうちのひとつだけ」ということがルールである。ということが世界中のエリオティシャンの間でコンセンサスになっています。ただし、トライアングルのＤ波とＥ波が共にトライアングルと見られる波動も観察されています（次ページ上段の図２－66）。こうした波形が再現性あるものかどうか、当研究所としては現在研究中です。

また、ごく稀ですが、トライアングルの副次波にフラットやダブルスリーが出現することも観察されて います。例えば、図２－67（次ページ下段）のトライアングルのＣ波はⓦ－ⓧ－ⓨという３波による構成ですが、ⓦの部分だけでＣ波が完成したと思いきや、そのあとⓧ波、ⓨ波が表れてダブルスリーとなり、やっとＣ波が完成しています。

図2－66　ハイイールド社債 ETF　2時間足

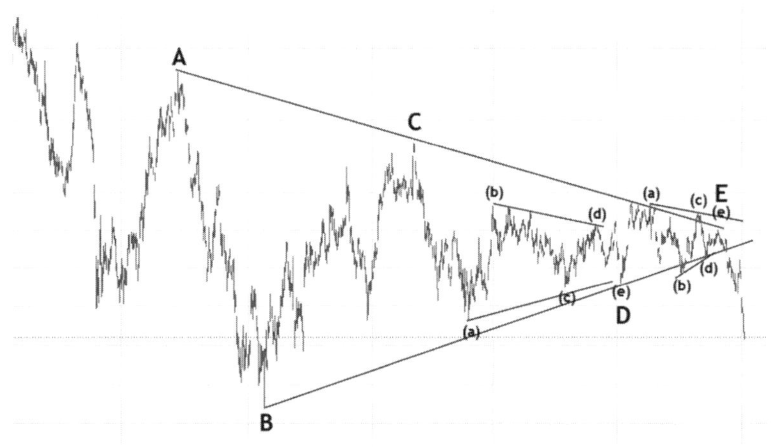

図2－67　トライアングルのC波が複雑化

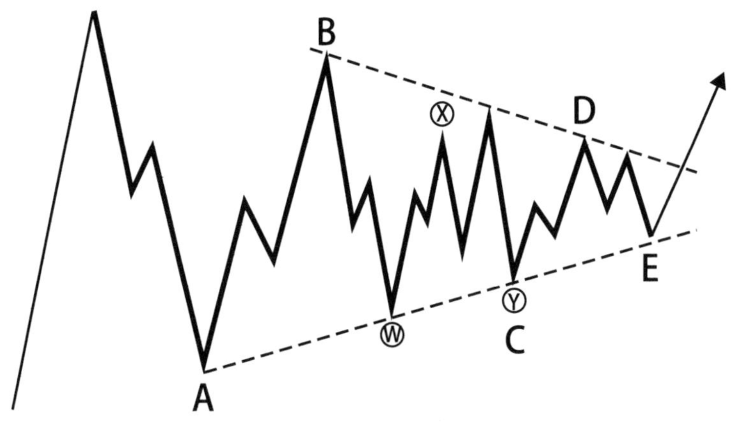

6）トライアングルＥ波はしばしばスローオーバー、ときおり延長する

Ｅ波終点がどこになるのかについてはＡＣラインが目処になりますが、その線に到達せず短く終わってしまうことも珍しくありません（図２－68のア）。逆に、出現頻度は低いですがＡＣラインを超えて終わることもあります。ただし、Ｅ波と想定される波の終点がＣ波終点を超えたら、そのカウントは破たんです。

また、Ｅ波がトライアングルになることもしばしばありますが、図２－69のように明らかにＣ波がトライアングルになっているケースもあります。Ｂ波やＤ波がトライアングルになった事例も観察されています。

7）トライアングルの出現位置は４波であることが多い

トライアングルの出現位置については、プレクターの本では以下のように説明されています。

A triangle always occurs in a position prior to the final actionary wave in the pattern of one larger degree.
（トライアングルはいつもひとつ大きな階層の波の最後のアクション波の直前の位置に出現する）

「always（いつも）」というかなり強い表現が使われていますので、これはルールとして解釈されていると思われます。

確かに、実際に相場を観察していても、トライアングルがこの位置に出現する習性についてはかなり当てはまるものと思われます。

まれにではありますが、ゴールドなどのコモディティのチャートでは、インパルス２波など、最後のアクション波のひとつ前の波で

図2－68

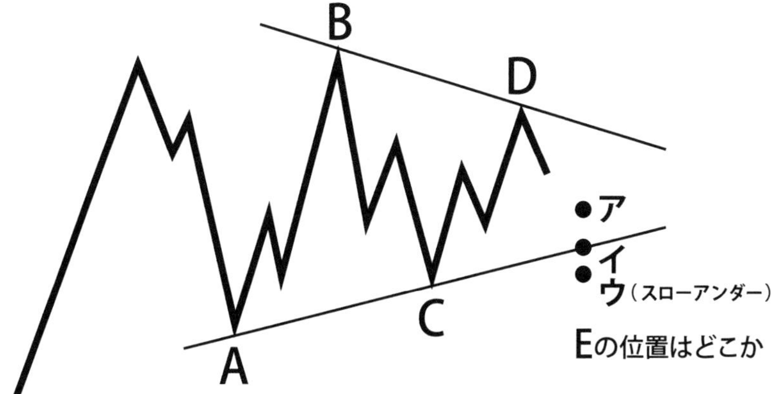

図2－69

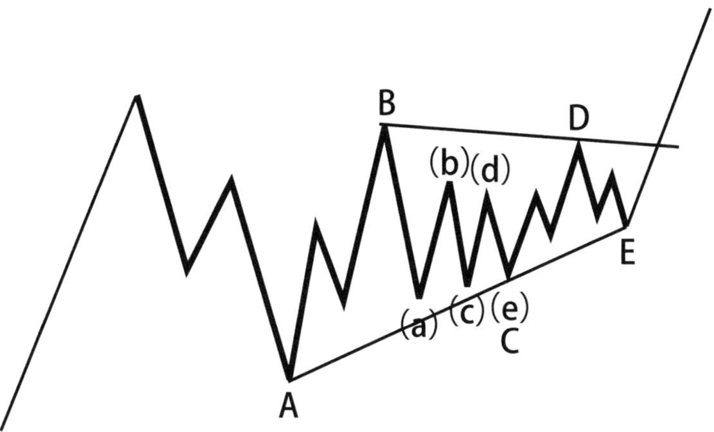

はないところにもトライアングルは観察されます。また、インパルスの２波がダブルスリーのとき、そのＹ波がトライアングルになることがあり、そのことはプレクターも本の中で指摘しています。ですから、always ではなくて、usually（通常は）とか、almost always（ほとんどいつも）などの表現のほうが適切だと思います。

しかし、「トライアングルは、通常は、いつもひとつ大きな段階の波の最後のアクション波の直前の位置に出現する」ということは言えるので、トライアングルは波動の全体構造を解き明かす重要なヒントを与えてくれる波動と言えます。例えば、インパルスが進行中と想定される波動の中でトライアングルのような形を見つけたら、そこが4波ではないかと見当をつけることができます（図２－70）。

図２－70

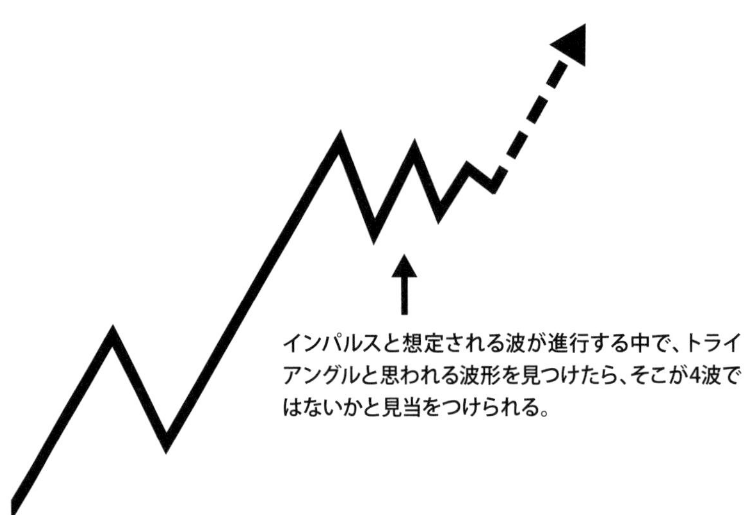
インパルスと想定される波が進行する中で、トライアングルと思われる波形を見つけたら、そこが4波ではないかと見当をつけられる。

トライアングルが出現する可能性がある位置は、以下の通りです。

・インパルスの4波（2波にはほとんど出現しない）
・ジグザグのB波
・フラットのB波（かなり珍しいが観察されている）
・トライアングルのB波、C波、D波、E波
・ダブルジグザグやトリプルジグザグのX波
・ダブルスリーのX波やY波
・トリプルスリーの2つ目のX波やZ波

※拡大型トライアングルはダブルスリーやトリプルスリーのアクション波として出現しません

先述したようにトライアングルは一部の例外を除き、基本的には一連の波の連なりの中で「最後のアクション波のひとつ前の波として出現する」という重要な特徴があります。インパルスの4波は5波というアクション波のひとつ前ですし、ジグザグのB波はC波というアクション波のひとつ前です。

ダブルスリーの中では、X波かY波の位置にトライアングルが出現する可能性があります（次ページの図2－71、72）。

ダブルスリーのX波は、ダブルスリーの中のY波という最後のアクション波のひとつ前の波です。Y波は修正波の波形ですが、一回り大きな波動と同じ方向の波なのでアクション波ということになります（34ページ参照）。

図2－72のようにダブルスリーのY波がトライアングルの場合、このY波のトライアングルはダブルスリーの中の最後の波ですが、そ

図２－71　ダブルスリーのＸ波がトライアングルになるパターン

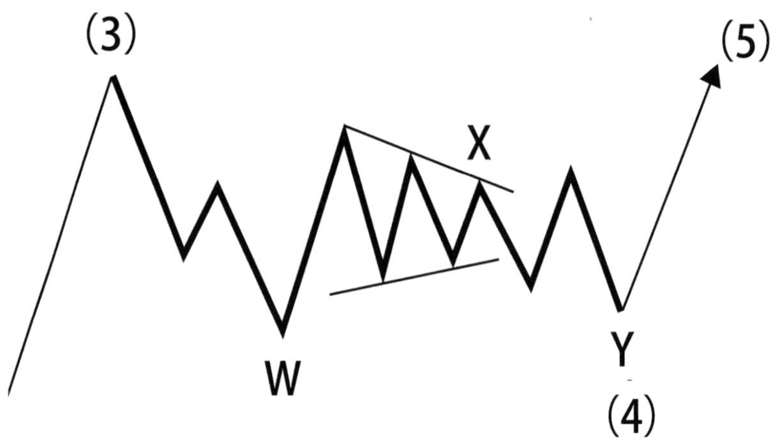

図２－72　ダブルスリーのＹ波がトライアングルになるパターン

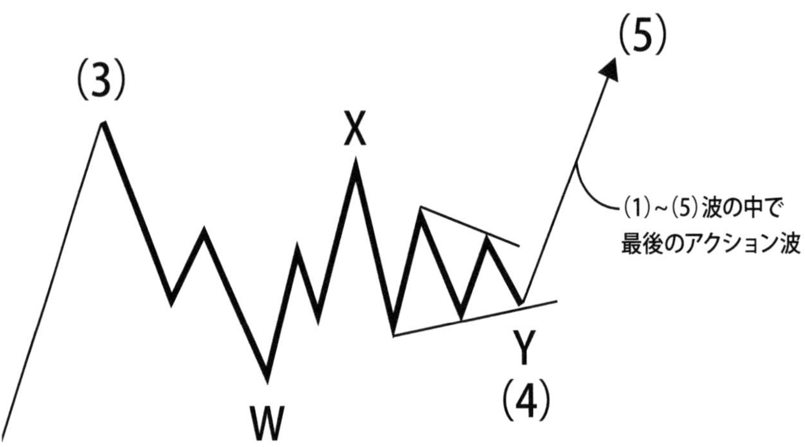

れに続いてダブルスリーと同じ段階の５波かＣ波が続くのであれば、そのトライアングルは最後のアクション波のひとつ前の波とも言えます。トリプルスリーの場合も、それに準じて考えることができます。

しかし、前述したように、“Ｙ波がトライアングルになっているダブルスリー”が（２）波に出れば、トライアングルの次には（３）波が出現することになります。この場合にはトライアングルは「最後のアクション波のひとつ前」という位置ではなくなります（図２－73）。

図２－73　Ｙ波がトライアングルのダブルスリーが（２）波に出るパターン

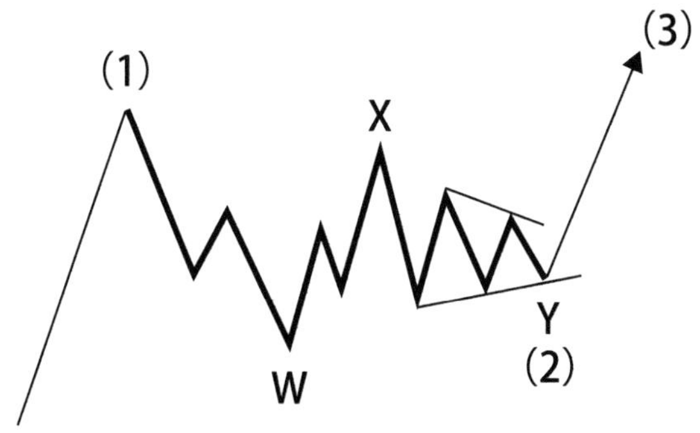

８）トライアングル完成後の動き

トライアングルの典型的な出現場所はインパルスの副次波４波ですが、それに続く５波は、しばしば短期的で素早い動きの「スラスト」と呼ばれる波となります。波形としてはインパルスにもダイアゴナルにもなります。このスラストは、通常、トライアングルの一番大きな副次波の大きさと同程度進みます（次ページの図２－74）。

しかし、非常に強い相場の中では、トライアングル完成後に出現する推進波はスラストではなく延長波になることがあります。つまり、トライアングルに続く５波がスラストを超えるような動きになれば「５波が延長する可能性が高い」ということになります。商品相場ではこうなるケースが比較的多いとプレクターは指摘しています（図２－75）。

図２－74

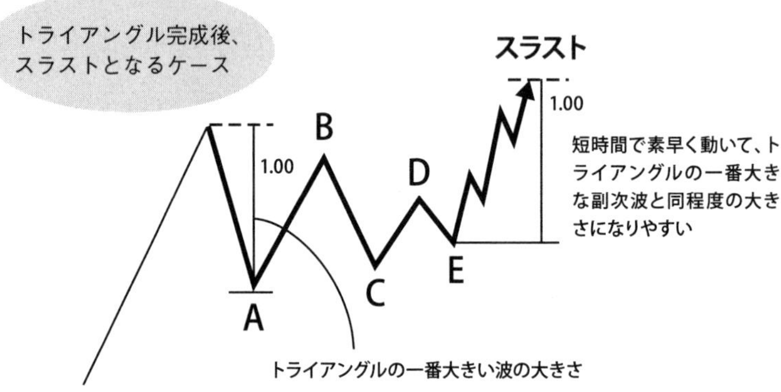

図２－75

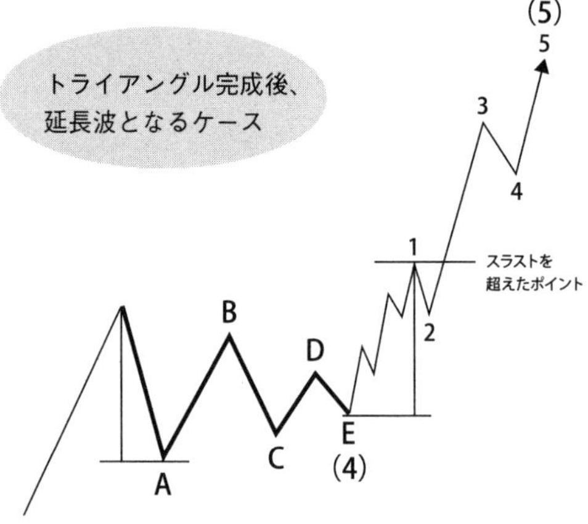

また、トライアングルでは通常、ＢＤラインの傾きの方がＡＣラインの傾きに較べ緩やかになる傾向があります。トライアングルが出現したら、トレンドラインの傾きが緩やかな方向に抜けると、直感的に捉えることもできます。

さらに、トレンドラインを延長させた交点がトレンドの転換点になりやすいという特徴もあります（図２－76）。

図２－76　トライアングル完成後の株価の方向とピークアウトのタイミング

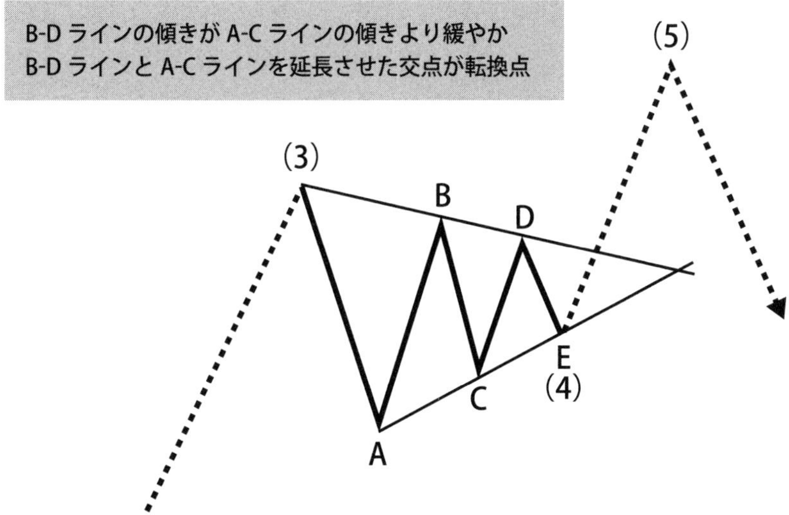

図２－77の225CFDの事例では、4波にトライアングルが出現した場合、5波が終点を付けるタイミングが、トレンドラインの交点と同じになっていることがわかります。

図２－77　225CFD　8時間足

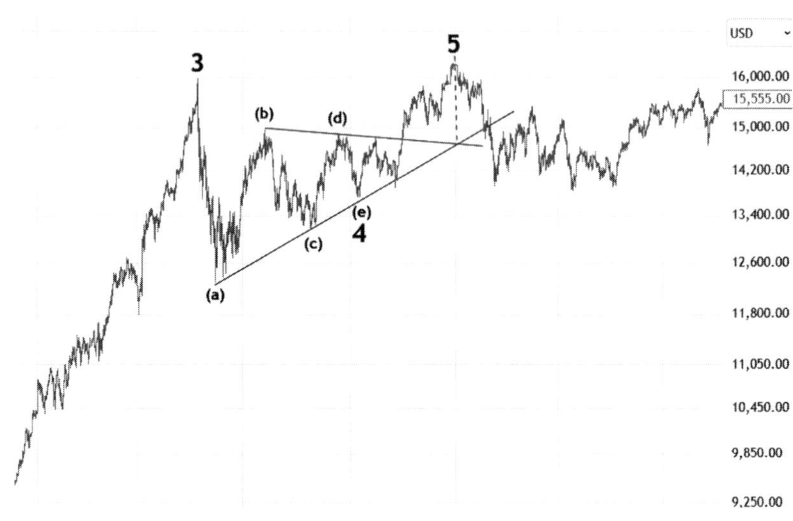

9）トライアングルのガイドライン

①収縮型トライアングルのうち4割程度はランニングトライアングルである

②同じ方向を向いている副次波同士のうち一組以上は大きさの比率が1：0.618かそれに近い比率となることが多い

③トライアングルの上値ラインを延長させた線と下値ラインを延長させた線の交点付近がトレンドの転換点となりやすい。

④B－Dラインの方がラインの方がA－Cラインより傾きが緩やかになることが多い。

⑤C 波またはD 波が複雑化しやすく、ダブルジグザグになったときはX 波のリトレースが大きくなりやすい。

図2－78　修正波の基本3波形のまとめ

ジグザグ	フラット	トライアングル
・5-3-5という構成 ・B波終点はA波の始点を超えず、C波終点はA波終点を超える。	・3-3-5という構成 ・B波終点はA波始点近辺まで戻す。 ・C波終点はA波終点を少し超えるのが基本だが、大きく超えることも。 ・B波終点がA波始点を超えると、C波終点がA波終点を超える拡大型フラットになる可能性がある。C波終点がA波終点を超えられないランニングフラットになることもある。	・3-3-3-3-3という構成 ・上値ラインと下値ラインは逆向きであり、収縮する形になるが、拡大する形になることもある。 ・上値ラインと下値ラインのどちらかが水平になることもある。 ・E波はしばしばスローオーバーする。
 ジグザグ ダブルジグザグ トリプルジグザグ	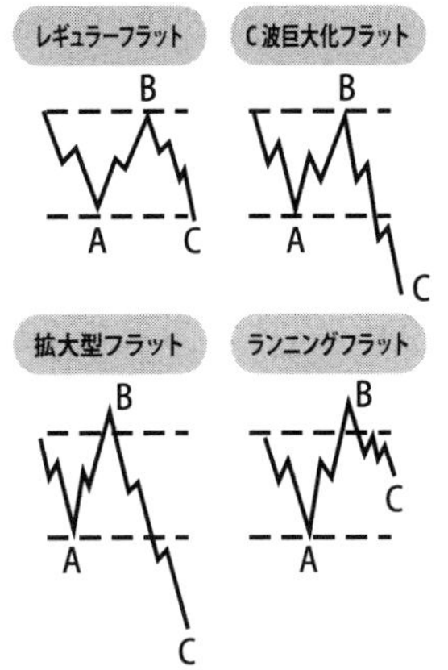 レギュラーフラット C波巨大化フラット 拡大型フラット ランニングフラット	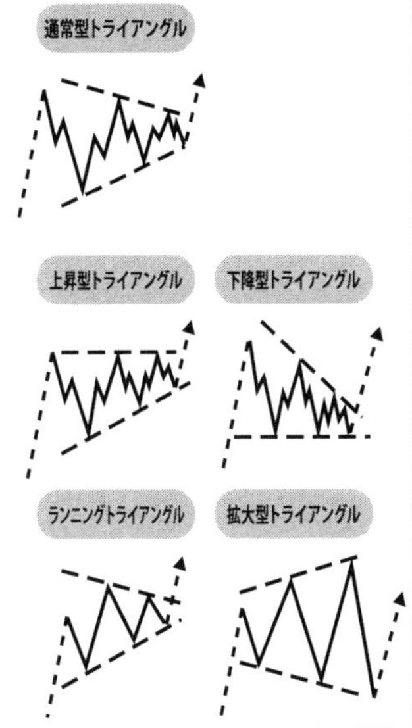 通常型トライアングル 上昇型トライアングル 下降型トライアングル ランニングトライアングル 拡大型トライアングル

第7節
複合修正波（コンビネーション）

1）複合修正波とは

複合修正波は、ジグザグ、フラット、トライアングルなどの修正波がX波というつなぎの波動によって2つないし3つ連結した形の修正波です。複合修正波における修正波の連結は、経験上、最大で3つまでと言われています。

複合修正波はに大きく分けて、急こう配の複合修正波と横ばいの複合修正波の2種類あります（図2－79、80）。

急こう配の複合修正波とはダブルジグザグとトリプルジグザグのことですが、これらは波の性質からしてジクザグの変種として分類するのが妥当だと思われます（106ページ参照）。

横ばいの複合修正波はX波を介して修正波が横向きに連なった形です。W波である程度価格修正した後は、原則、横ばいの動きが続いて価格修正が進まない形になります。価格修正が多少あることもありますが、全体としては横ばいの動きとなります。横ばいの修正波は性質も形もフラットに似たものであり、フラットの代わりに出る波形であると考えられます。

X波を介して修正波が2つ連結する形をダブルスリー、2つのX波を介して修正波が3つ連結する形をトリプルスリーと言います。

図２－79

急こう配の複合修正波

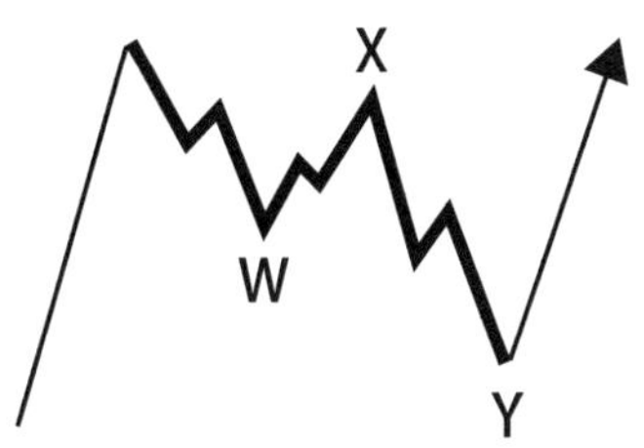

Y波がW波による価格修正をさらに更新するというのが、ダブルジグザグの特徴

図２－80

横ばいの複合修正波

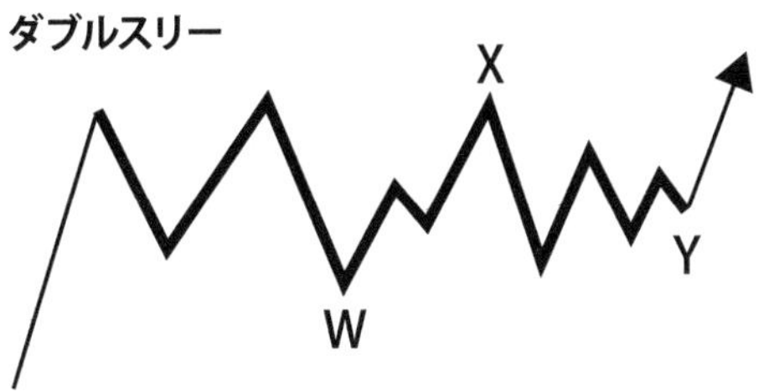

この事例はフラットージグザグートライアングルという構成。W波に対して、Y波は基本的に価格修正を更新しない。価格修正しても大きくはしない

連なる修正波W、Y、Zは、いずれも複合修正波にはならず、ジグザグ、フラット、トライアングルなど単純な修正波となります。ただし、トライアングルは最後のアクション波にしか出現せず、ジグザグはW、Y、Zのうちどれかひとつにしか出ないというルールがあります。また、W、Y、Zは拡大型トライアングルにはならないというルールもあります。

つなぎのX波は修正波で、ジグザグとなることが多いですが、ほかのあらゆる修正波形になる可能性もあります。ただし、トリプルスリーの場合は、最初のX波はトライアングルにはなりません。

また、ダブルスリーやトリプルスリーはフラットの代わりに出ることから、X波はフラットのB波に該当する波と考えられます。このため、多くの場合、X波はひとつ前のアクション波の始点付近まで戻ります。ただし、フラットと違い、「90%以上リトレースしなければならない」といったルールはありません。

ダブルジグザグやダブルスリーの波動構成は３－３－３、あるいはW－X－Y、トリプルジグザグやトリプルスリーの波動構成は３－３－３－３－３、あるいはW－X－Y－X－Zということになります。

※プレクターは、複合修正波そのものに対して、W波、Y波、Z波はひとつ下の階層、X波は２つ下の階層の波と考えているようです。つまり、プレクターはダブルスリーは３－１－３という構成で２つ下の階層の波の数は７波、トリプルスリーは３－１－３－１－３という構成で２つ下の階層の波の数は11波と考えているようです。

しかし、プレクターはX波の表記をW波、Y波、Z波と同じ階層としていますし、著者の観察でも、X波がW波、Y波、Z波よりひとつ下の階層の波というほど小さいものになることはあまりなく、同等の階層の波と考えるのが妥当ではないかと判断しています。

したがって、本書としては、ダブルスリーは３－１－３ではなくて３－３－３、トリプルスリーは３－１－３－１－３ではなくて、３－３－３－３－３と表記しました。

2）Y波がW波の動いた範囲を大きく超えて動いたかどうかがカウント上重要

ダブルスリーやトリプルスリーは修正波が２つか３つ連結した形であるという点で、ダブルジグザグやトリプルジグザグと構造的に似ている面があります。しかし、ダブルジグザグやトリプルジグザグは価格修正の要素が強い波であるのに対して、ダブルスリーやトリプルスリーは横ばいで時間調整の要素が強い波であるという点で性質的に違う波動であるといえます。

ダブルジグザグやトリプルジグザグなど急こう配の複合修正波と、ダブルスリーやトリプルスリーなど横ばいの複合修正波の波形上の大きな違いは、X波のアクション波に対するリトレースの大きさと、Y波がW波終点を大きく超えて動くかどうか、またZ波がY波を大きく超えて動くかどうかという２点にあります。

ダブルスリーやトリプルスリーはフラットの代わりに出る波形と考えられることから、フラットでC波がA波終点を超えて終わることがあるように、Y波がW波終点をまたZ波がY波終点を大きく超えて終わること自体は問題ありません。ただし、そうした場合、X波でW波やY波を100パーセント近くリトレースしていることが必要条件になります。また、Y波がW波を、Z波がY波を大きく超えて終わらないときはX波による先行するアクション波に対するリトレースが小さくても問題はありません。

X波が先行するアクション波を大きくリトレースしていないのにY波がW波終点をあるいはZ波がY波終点を大きく超えた場合は他のカウントや想定を探すべきでしょう。

逆に、ダブルジグザクかトリプルジグザクを想定してカウントしていたのにY波終点がW波終点を超えられない場合には想定が破綻した可能性が高いです。この場合は別の想定でカウントを探るべきです。

ダブルジグザクやトリプルジグザクでもＹ波終点がW波終点を超えられないというフェイラーのような現象が起こることもありますが、それは例外的な現象です。

3）ダブルスリーとトリプルスリーのルール

ダブルスリーとトリプルスリーの副次波に関すルールは以下の通りです。

①アクション波であるW波、Ｙ波、Ｚ波はいずれもシングルの修正波になり、ダブルジグザグやダブルスリーなどの複合修正波にはならない。

②ジグザグはアクション波のうち、ひとつにしか出ない。

③トライアングルは、W 波、Ｙ波、Ｚ波のうち最後のアクション波にしか出ない。

④アクション波に拡大型トライアングルは出ない。

⑤リアクション波であるＸ波はあらゆる修正波になる可能性があるが、トリプルスリーにおいてトライアングルは１つ目のＸ波には出ない。

4）ダブルスリーの５つのパターンとトリプルスリーの７つのパターン

ダブルスリーとトリプルスリーのルール、「ジグザグはアクション波のうち、ひとつにしか出ない」「トライアングルは最後のアクション波にしか出ない」に照らして考えると、ダブルスリーは５つのパターンに、トリプルスリーは７つのパターンに整理することができます。実際に、日本エリオット波動研究所の観察結果でも、ダブルスリーとトリプルスリーとして観察されているのはこれらのパターンです。

ダブルスリーの W 波と Y 波の組み合わせとして考えられる５つのパターンは以下の通りです。

図２－81　ダブルスリーの５つのパターン

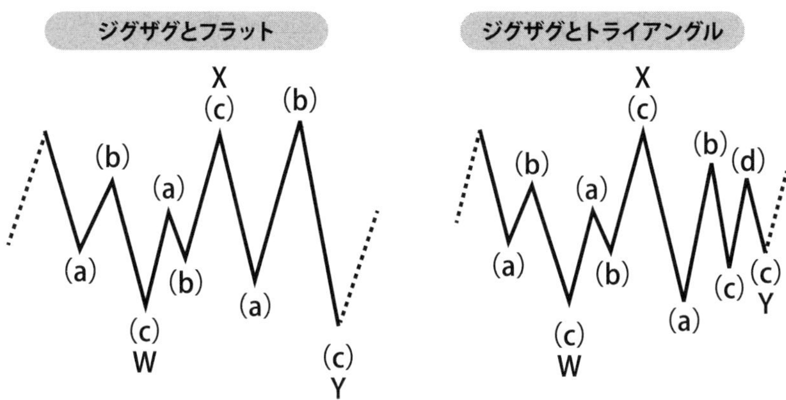

図2－81　ダブルスリーの5つのパターン　続き

フラットとジグザグ

(b)
X
(c)
(a)
(b)
(a)
(b)
(a)
(c)
W
(c)
Y

フラットとフラット

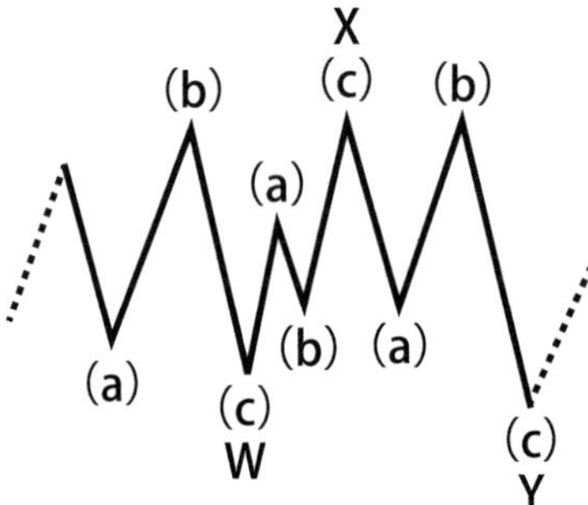

フラットとトライアングル

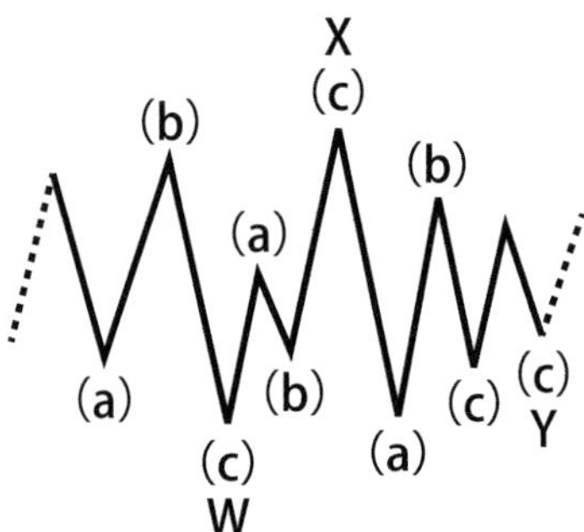

トリプルスリーの W 波、Y 波、Z 波の組み合わせは図2－82で示した通りです。

図2－82　トリプルスリーの7つのパターン

ジグザグとフラットとトライアングル

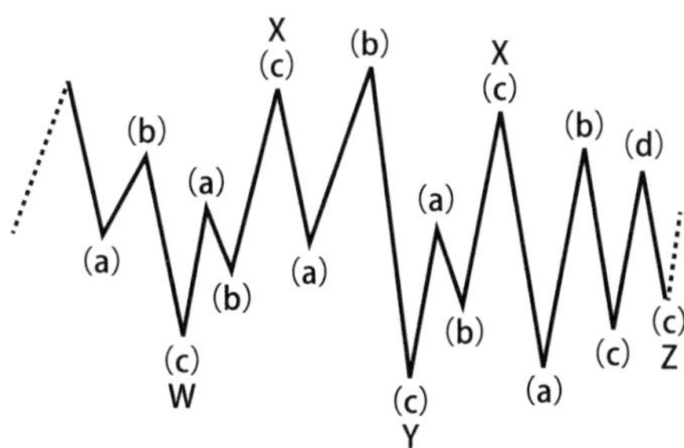

フラットとジグザグとトライアングル

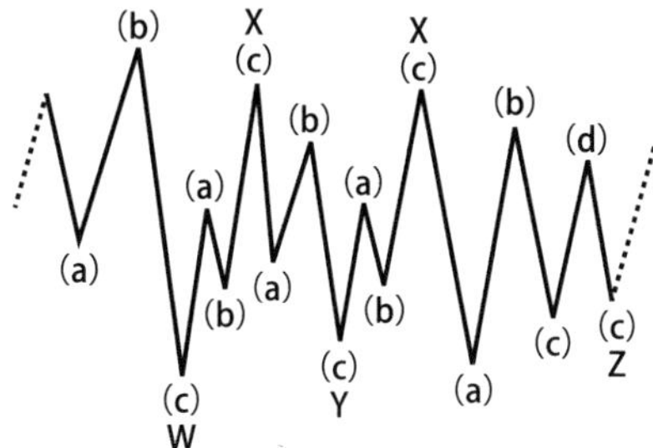

フラットとフラットとフラット

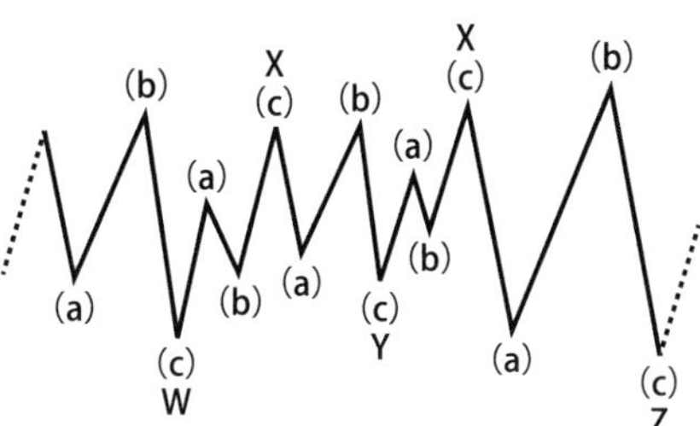

図２－82　トリプルスリーの７つのパターン　続き１

フラットとフラットとトライアングル

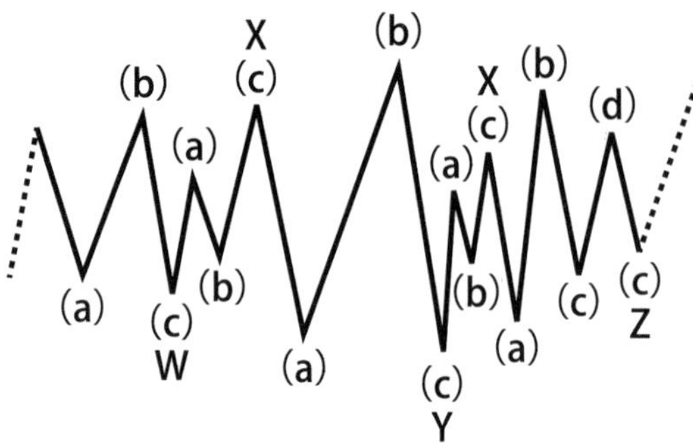

ジグザグとフラットとフラット

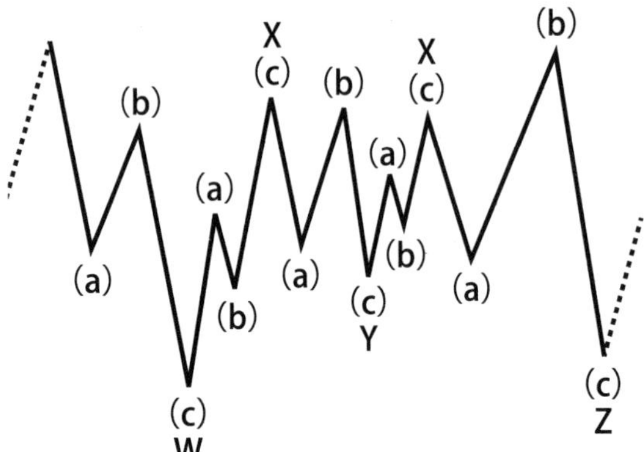

図2－82　トリプルスリーの7つのパターン　続き2

フラットとジグザグとフラット

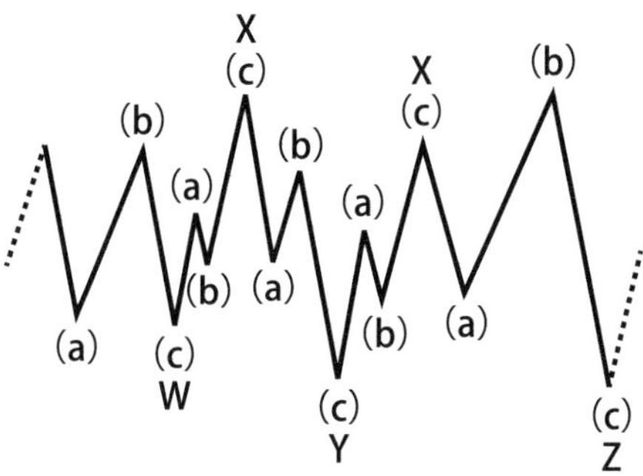

フラットとフラットとジグザグ

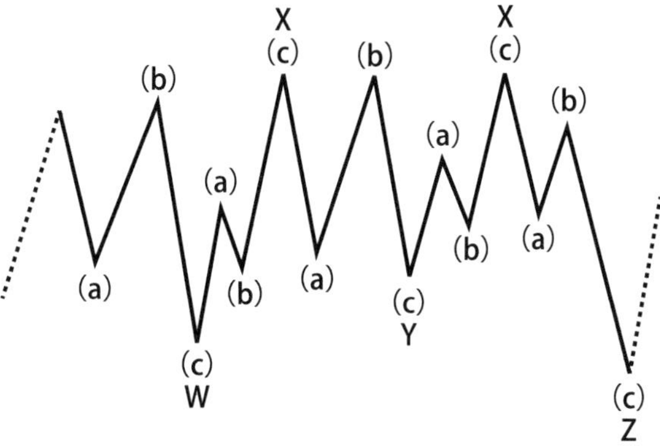

なお、トリプルスリーの説明として図２－83のような図解を見かけることがよくありますが、現実的にはこのようにきれいな横這いが続くことはほとんどありません。トリプルスリーであっても副次波の大きさや継続時間はばらばらであることが多いです。また、X 波自体が複合修正波になることも多いですし、実際のチャートに現れるトリプルスリーを正確にカウントするにはかなり熟練を要します。

図２－83　現実にはほとんど出現しないトリプルスリーの形

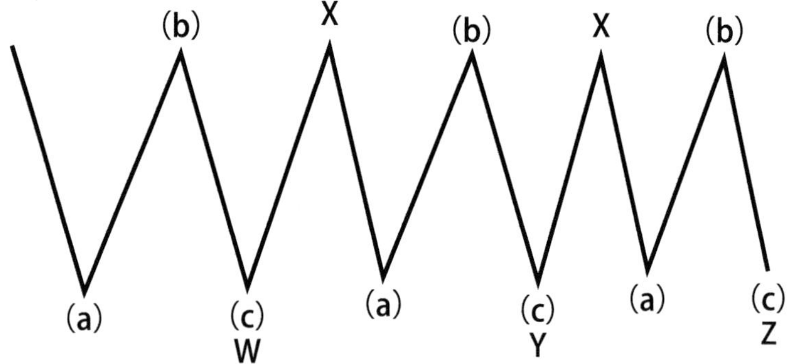

5）複合修正波の知識の確認問題

以下の４つのケースで、複合修正波のカウントとして適当と思われるものには○、間違っていると思われるものには×を付けてください。

図２－84

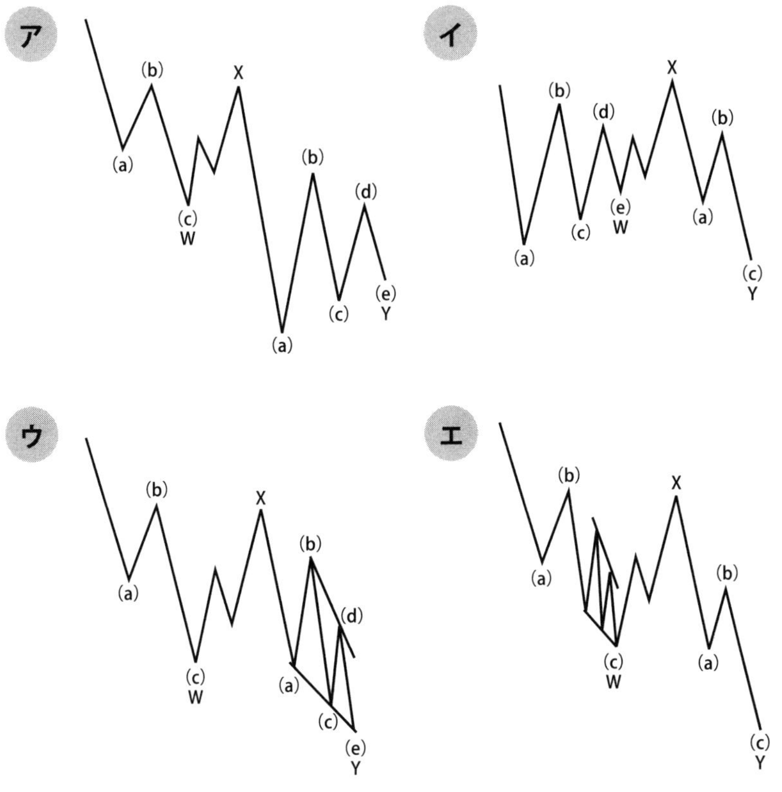

数分間、考えてから次ページに進んでください

なかなか難しい問題だと思います。解答は以下の通りです。

解答：ア×　イ×　ウ×　エ○

アについて。ダブルスリーはフラットの代わりに出現する波形ですから、フラットのC波に相当するY波の終点がフラットのA波に相当するW波終点を超えて終わること自体は問題ではありません。全体として横ばいの動きであることがダブルスリーの特徴になります。この図では、ジグザグの W 波で価格修正をしたあとも、Y 波は W 波が動いた価格帯よりも下の価格帯でトライアングルを形成していて、全体として横ばいの動きになっていません。また、ダブルジグザグであれば、Y 波は必ずジグザグであるはずです。したがって、このカウントは何らかの別の波形の形成途中である可能性が高く、波動の進行を待ってカウントし直す必要があります。

イについては、トライアングルが先頭に来てしまっています。ダブルスリーのW波にトライアングルが来るというカウントは間違いです。ダブルジグザグでもありませんから、別のカウントを探すべきでしょう。

ウは（Y）全体がダイアゴナルになってしまっています。複合修正波というのはあくまでも修正波が連結した形です。（W）波も（Y）波も推進波であるインパルスやダイアゴナルになることはありません。そのようなカウントは明らかに間違いであり、別のカウントを探すべきです。また、ダイアゴナルは推進波ですから副次波のカウントは数字を使うべきです。 基本的なことが理解できていないと、このような複合的な間違いを犯しかねません。

最後にエについて。W 波の (c) 波がダイアゴナルになっていますが、ダブルジグザグにおいてW波の (c) 波がダイアゴナルになることに問題はありません。よって○となります（『エリオット波動入門』図1.28 参照）。

図2－85　複合修正波のまとめ

複合修正波には2種類ある		
波形の種類	急こう配の複合修正波	横ばいの複合修正波
調整の種類	価格修正	時間調整
具体的な特徴	Y波終点がW波終点を超え、 Z波終点がY波終点を超える	価格修正はW波で終わり Y波終点、Z波終点はW波終点を大きく超えない。
具体的な波形	ダブルジグザグ  X W Y トリプルジグザグ  X W X Y Z	ダブルスリー （一例）  X Y W フラット－ジグザグ－トライアングル トリプルスリー （一例）  X X Z W Y ジグザグ－ジグザグ－フラット－ジグザグ－トライアングル

章末資料　各波形の副次波の図解

◎インパルスの副次波

インパルスの１波はインパルスになることが多いですが、ダイアゴナルになることもあります。

２波はすべての修正波になる可能性がありますが、急こう配の調整であるジグザクになることが多いです。ジグザグの代わりにダブルジグザグになることもあります。２波はフラットになることもありますし、ダブルスリーやトリプルスリーになることもあります。原則として２波はトライアングルにはなりませんが、コモディティのチャート

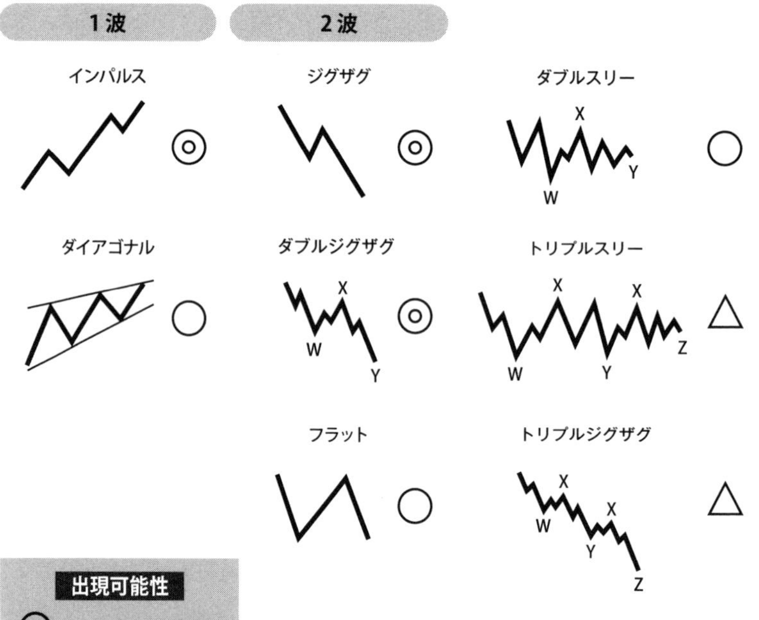

トライアングルは原則として２波には出現しない。ただし、ゴールドなどのコモディティでは、ミニュエット級以下の小さな波動の２波にトライアングルが出現することが確認されている

などには例外的に2波がトライアングルになっている事例も観察されています。2 波にジグザグとトライアングルのダブルスリーが出現すると、それに続く 3 波は延長した大きな波動になることが多いことが観察の結果分かってきました。特に、暴落と言える動きは、2 波がジグザグとトライアングルのダブルスリーとなり、それに続く 3 波に起こりやすいようです。

3波はインパルスにしかなりません。

4波はすべての修正波になる可能性がありますが、2波に比べると横ばいの修正になることが多いです。ジグザグやジグザグの複合形になることも珍しくはありません。

5波はインパルスかダイアゴナルです。

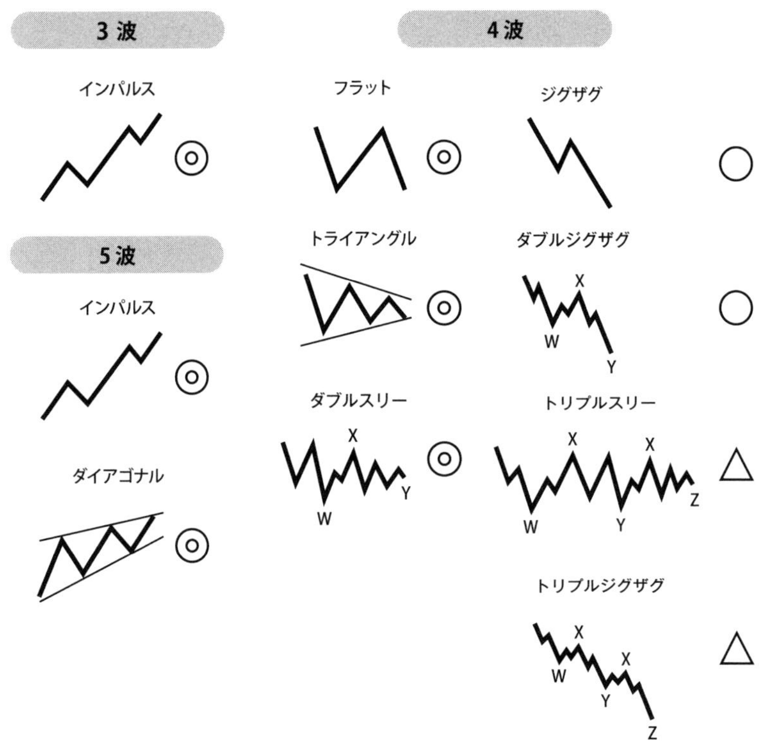

◎3－3－3－3－3型ダイアゴナルの副次波

各副次波は原則としてジグザグまたはジグザグの複合形となります。

2波と4波はまれにフラットになることもありますが、その時のフラットはB波終点が大きくA波始点を超えるような拡大型フラットにはなりません。

トライアングは原則として出現しません。

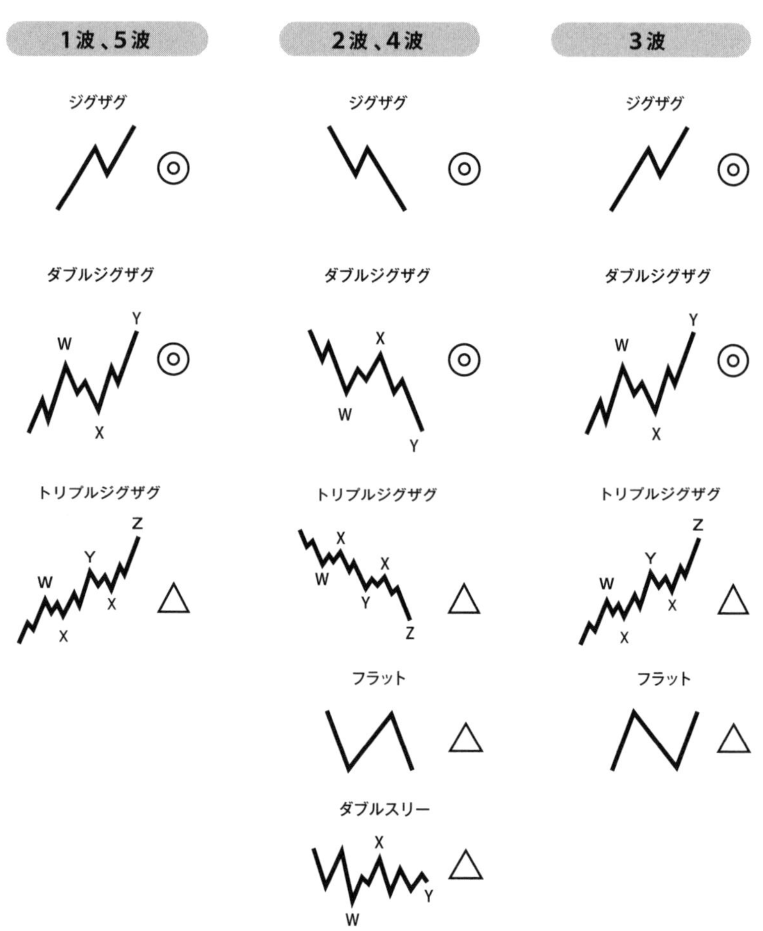

◎5－3－5－3－5型ダイアゴナルの副次波

1 波、3 波、5 波は原則としてインパルスになりますが、5 波はダイアゴナルになる可能性もあります。

2 波と 4 波は原則としてジグザグまたはジグザグの複合形になりますが、例外的にフラットになることもあります。そもそも5－3－5－3－5型のダイアゴナルはめったに観察されないレアな波形です。

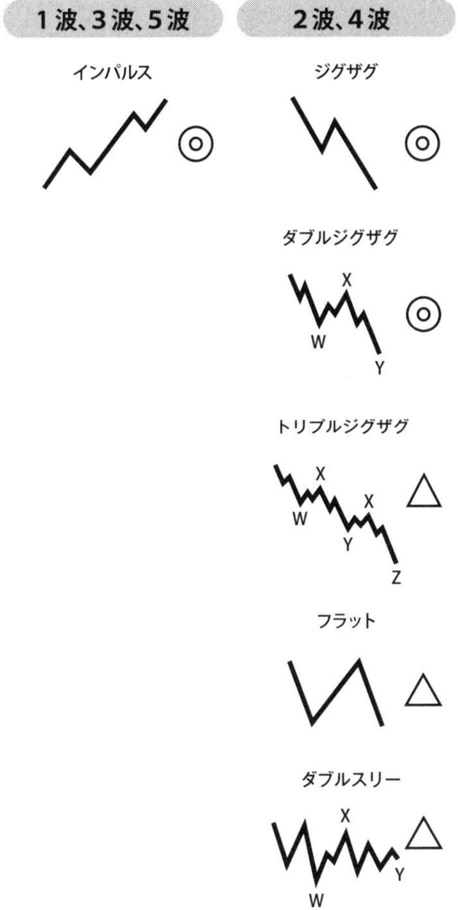

◎ジグザグの副次波

Ａ波とＣ波は一般的にはインパルスですが、ダイアゴナルになることもあります。

Ｂ波はジグザグ、ダブルジグザグ、トライアングルになることが多いですが、その他にもあらゆる修正波になる可能性があります。

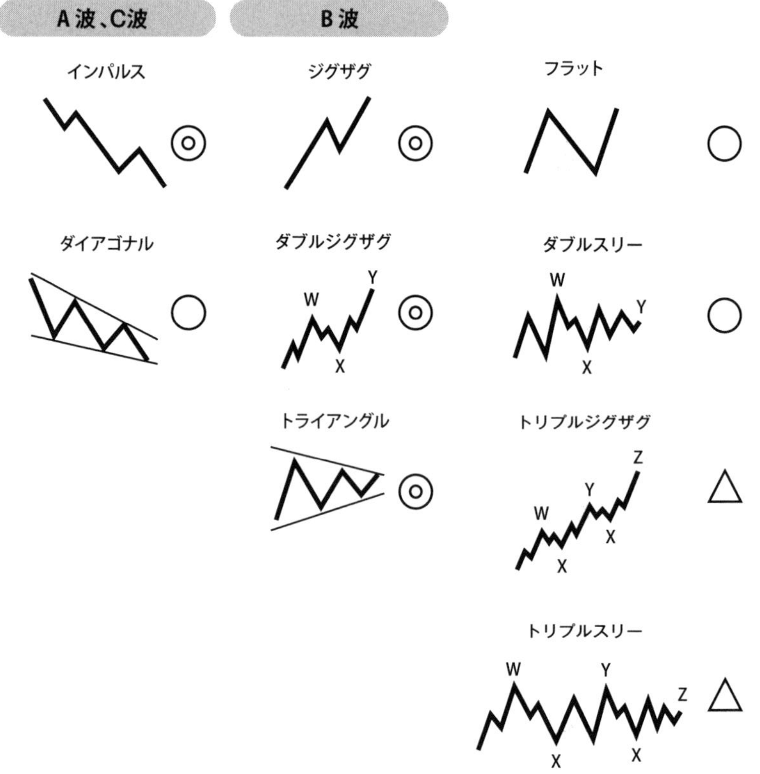

◎フラットの副次波

フラットはA波がジグザグ、B波がフラットになる形が一般的ですが、両方ジグザグになったり、両方フラットになったり、A波がフラット、B波がジグザグになる形もあります。

フラットのC波はインパルスになるのが一般的ですが、ダイアゴナルになることもあります。

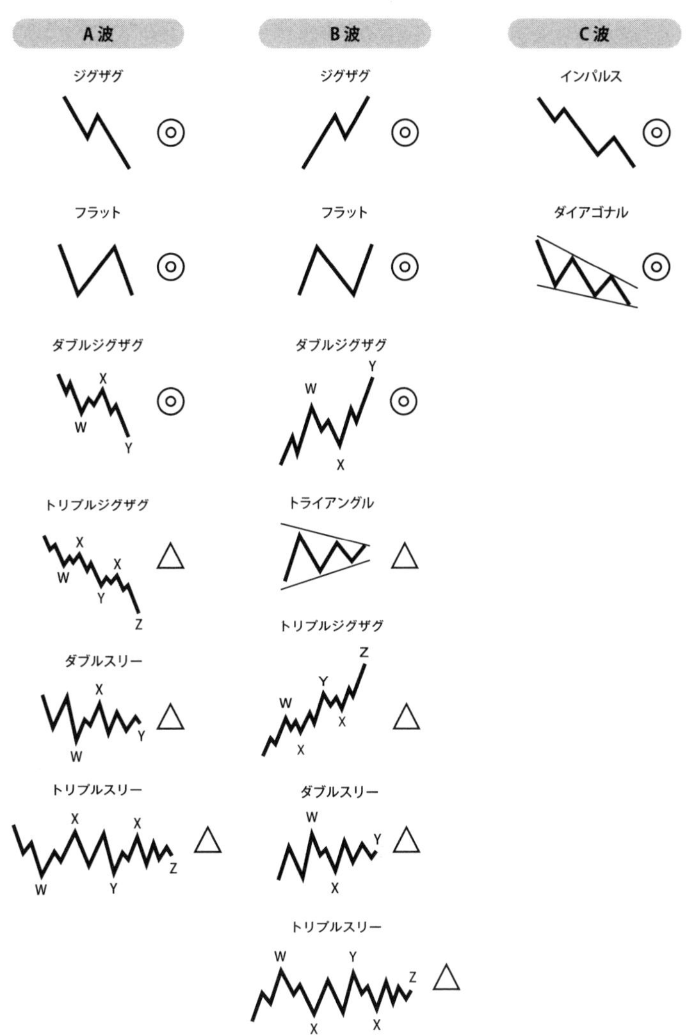

◎トライアングルの副次波

各副次波とも原則としてジグザグかダブルジグザグですが、A波はトライアングル以外の全ての修正波に、B～E波はトラ

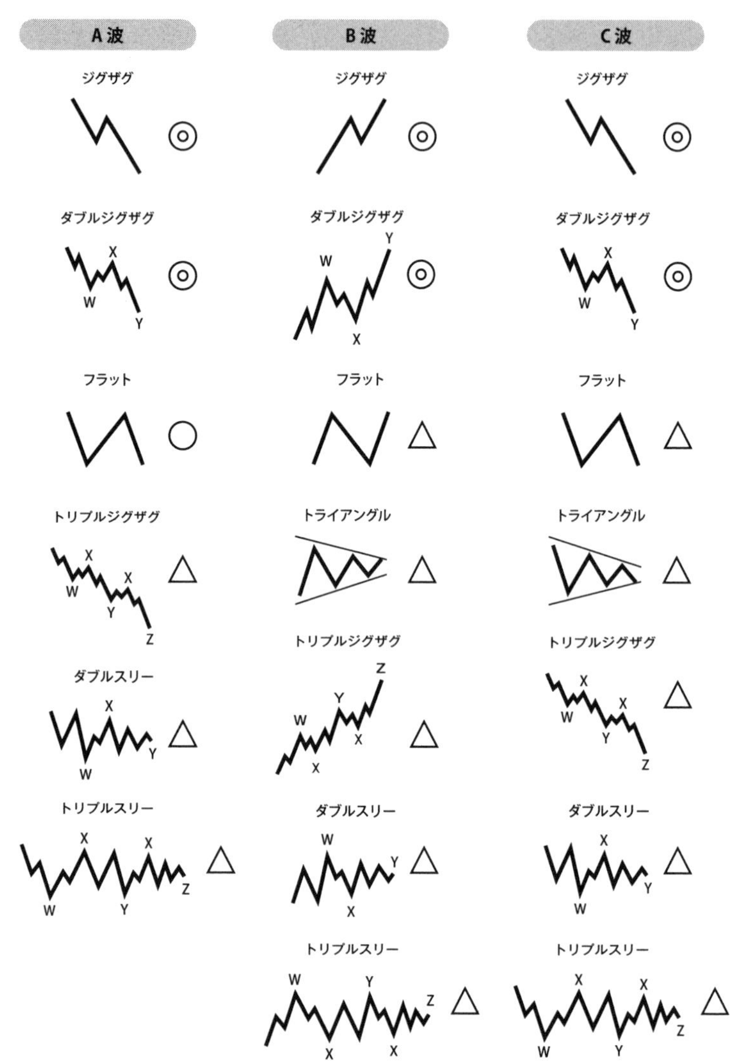

イアングルを含めてすべての修正波になる可能性があります。

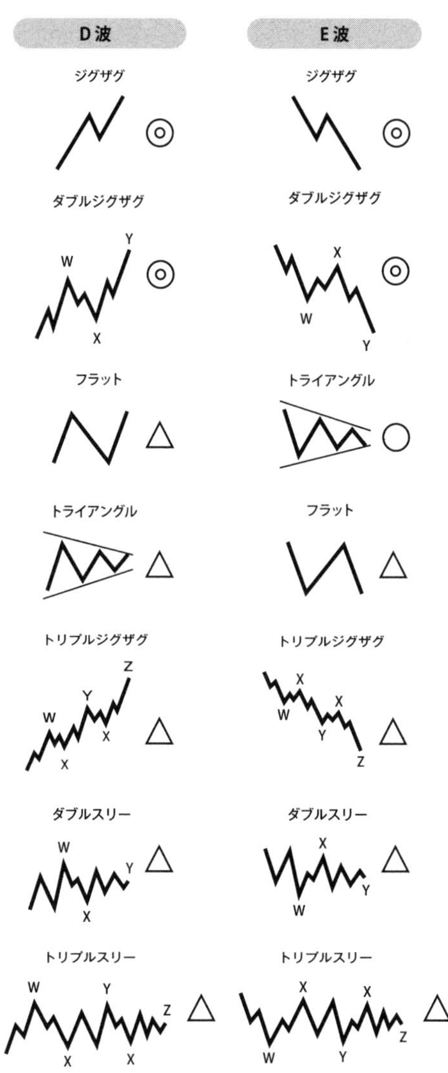

第3章

8つの「ガイドライン」

第1節
エリオット波動の主な8つのガイドライン

エリオット波動原理では波動の主な習性が「ルール」と「ガイドライン」としてまとめられています。ルールは、波動形成上、守られている基本原則（あるいは、波動分析上、ほぼ守るべき基本原則）であるのに対して、ガイドラインは必ずとは言えないけれどそうなることが多い習性であり、波動のカウントをしたり今後のシナリオを考えたりするときの手がかりとなるものです。波動の分析をしていく際にはルールを順守しつつ、ガイドラインも意識してそれができるだけきれいに当てはまるように、波動のカウントと今後のシナリオを探すように心がけましょう。経験上、ガイドラインに適合する想定ほど、実現する確度が高まると言えます。

ルールには主なものが3つあり、それについては第2章で詳しく紹介しました。

ガイドラインはたくさんありますが、本章では主にプレクターの本『ELLIOTT WAVE PRINCIPLE』の内容を参照しながら、主なものを8つに整理して解説していきたいと思います（次ページ参照）。

【エリオット波動の主な８つのガイドライン】

波の延長	インパルス1波、3波、5波のいずれかひとつが巨大化しやすいという習性。
波の均等性	インパルス1波、3波、5波のうちいずれか2つの波が変化率の点でも時間的長さの点でも同程度になりやすいという習性。
オルタネーション	同じインパルスの副次波の2波と4波が別の波形になりやすい、あるいは、同じフラットの副次波のA波とB波が別の波形になりやすいという習性。
チャネリング	インパルスが2本の平行線の間に挟まるように形成されやすいという習性。
出来高	プライマリーより小さな階層の波では5波の出来高は通常は3波の出来高よりも小さくなり、5波の出来高が3波の出来高と同じくらいか、それ以上になるときは5波が延長する可能性を示唆する。
比率関係	インパルスの1波、3波、5波の大きさがお互いに0.618や1.618などのフィボナッチ比率の関係になりやすいという習性。
修正波の深さ	インパルスの4波による価格修正は、3波の副次波の4波がメドになりやすいという習性。
波の個性	1波～5波、A波～E波の各波ごとに特有な波の習性。

第2節
ガイドライン①　波の延長

1）波の延長（エクステンション、Extention）とは

インパルスにおいてはしばしば、副次波の３つのアクション波、つまり１波か、３波か、５波のうちのどれかひとつが延長します（図３－１）。

延長というのは、その波が他の２つのアクション波に比べてかなり大きくなる現象です。その各副次波は巨大化して他の２つのアクション波と同じ階層の波と考えても遜色ないほどの大きさの波になり、比較的クッキリとカウントしやすい波形になる傾向があります。

基本的に延長はひとつの波だけで起こります。つまり、アクション波のうちのひとつが延長したら残りのアクション波は延長しないと考えられます。

これはあくまでもガイドラインですから、現実的には３つのアクション波のうち２つが延長するケースも見受けられます。しかし、確率的には３つのアクション波のうち延長するならひとつだけであることが多く、これは相場予測をするうえで有効性の高いガイドラインです。

例えば、１波が延長せず３波が延長したら、５波は延長せずに１波と同程度の波動になることが予想されます。これはのちほど紹介する波の均等性という習性です（193ページ参照）。

また、１波と３波が延長しなければ５波で延長する可能性があると

図３－１　波の延長の４つのパターン

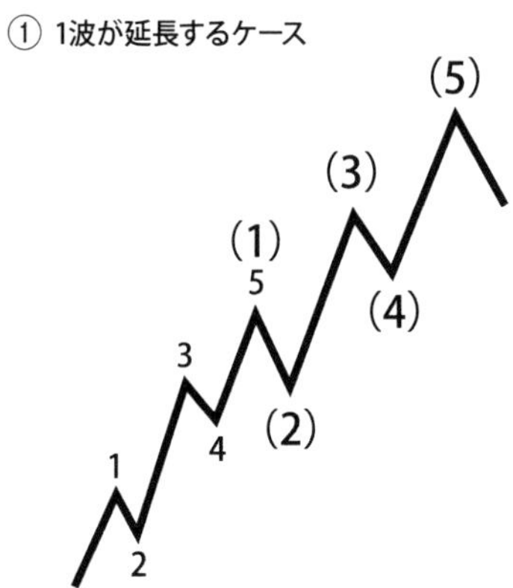
① 1波が延長するケース
(5)
(3)
(1)
5
(4)
3
(2)
4
1
2

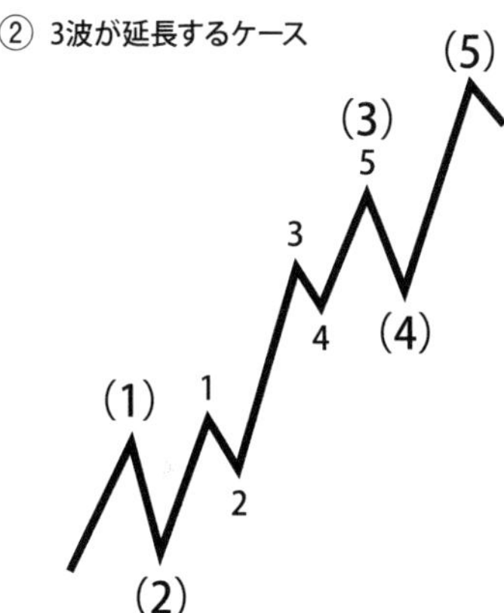
② 3波が延長するケース
(5)
(3)
5
3
4
(4)
(1)
1
2
(2)

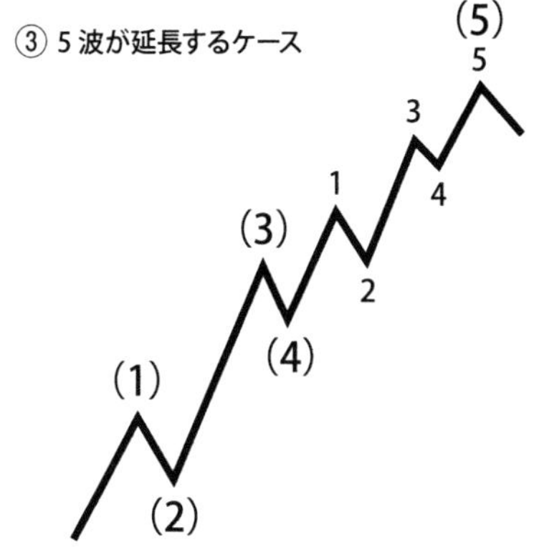
③ 5 波が延長するケース
(5)
5
3
4
1
(3)
2
(4)
(1)
(2)

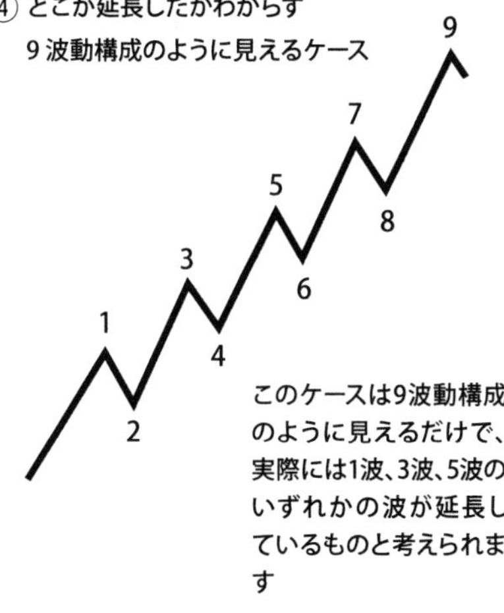
④ どこが延長したかわからず
9 波動構成のように見えるケース
9
7
5
8
3
6
1
4
2
このケースは9波動構成
のように見えるだけで、
実際には1波、3波、5波の
いずれかの波が延長し
ているものと考えられま
す

考えられます。

延長は1波、3波、5波のどこでも起こりえますが、延長した波の中の副次波が他のアクション波と同じくらい大きくなってしまい、結果的にどの波が延長したか判断できず、あたかも9波動構成のようになってしまうケースもあります（図3－1④）。ただし、こうした場合も、1波、3波、5波のどれかが延長したものであり、全体としては5波動構成であると考えられます。

1波、3波、5波のうち最も延長しやすいのは3波です。次に延長しやすいのは5波で、1波が延長することは極まれにしかありません。また、そのインパルスが一回り大きなインパルスの5波に位置しているときは、比較的5波が延長しやすくなります。

延長した波の副次波は一般的にリトレースが小さいため、はっきりとしたリトレースもなく長く伸びたように見えることがあります。

また、延長した波自体の副次波については同じ位置のアクション波も延長することが多いです。例えば、図3－2のように⑶波が延長すると、その副次波の3波も延長する傾向があります。

アクション波のうち2つの波が延長することもありますが、その場合は通常3波と5波が延長します。

ちなみに、このように2つのアクション波が延長することについてプレクターは、「小さい階層の波で起きることはほとんどなく、一回り大きな波動の5波の位置に出たサイクル級やスーパーサイクル級の波動で起きる」と言っていますが、ダウのように歴史の長い株価指数のチャートであっても「一回り大きな波動の5波の位置に出現したスーパーサイクル級インパルス」自体がこれまで一度もチャート上に現れたことがないことから、当研究所としてはこのプレクターの見解は憶測に基づいたガイドラインと言わざるを得ないと考えています。

図３－２　延長した波の特徴

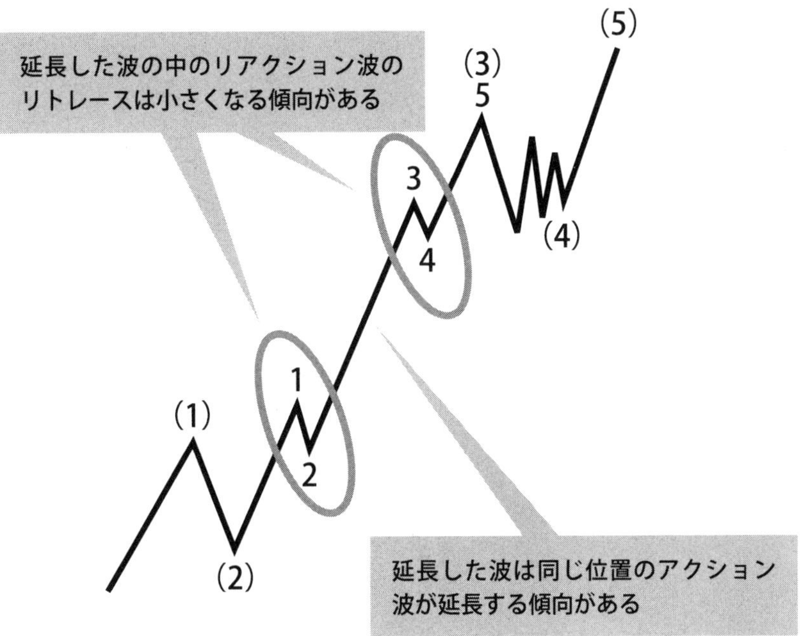
延長した波の中のリアクション波の
リトレースは小さくなる傾向がある
(5)
(3)
5
3
4
(4)
1
(1)
2
(2)
延長した波は同じ位置のアクション
波が延長する傾向がある

延長した波はリトレースも小さくなることが多い。⑶波が延長すると、その副次波の３波も延長しやすい。

2）「３波の３波」は大きな動きになりやすい

１波、３波、５波の中で最も延長しやすいのは３波です。

そして、３波が延長するとそのアクション波中の副次波の３波がさらに延長するケースもしばしば見られます（図３－２）。

インパルスの副次波の中では３波が一番大きな波動になりやすいという習性がありますが、特に３波の中の副次波の３波（３波の３波、the third wave of a third wave）は大きな動きになりやすく、最もトレードチャンスを得やすい波として、エリオティシャンが注目しています（図３－３）。

図３－３

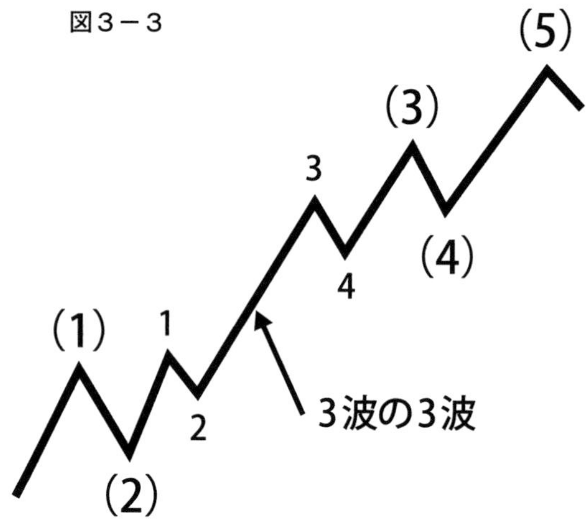

※「３波の３波」はエリオティシャンにとっては格別な収益機会になることが多く、特別な響きのある言葉でもあります。日本のエリオティシャンの一部では「サード・オブ・サード」という呼び名も使われていて、ある程度浸透しています。正確には「the third wave of a third wave」であり、かなり省略された表現で「third of a third」はアメリカでも使われることがあるようです。「サード・オブ・サード」は「third of a third」にかなり近いですが、本書では正確を期すために「３波の３波」や「３－３」という呼び方を使用したいと思います

３波の次に延長しやすいのは５波です。５波延長という現象は商品相場が強気相場のときによく見られます。

５波が延長する場合には、その副次波の５波も延長するケースがしばしば見られます（図３－４）。また、５波の５波の５波がさらに延長する……というように、アンテナペンがどんどん伸びていくように延長していくことがあります。

波動をカウントしていて、そろそろ５波目も終わりそうだからと判断して見切り発車的に空売りなどをしてしまうと、このアンテナペンのような延長の動きに引っ掛かってしまい、大きな失敗につながりかねません。また、5波にアンテナペンのような延長が現れたときは、このあと相場が大きく急反転する合図となることがしばしばあります。

図３－４　（５）波がアンテナペンのように延長するパターン

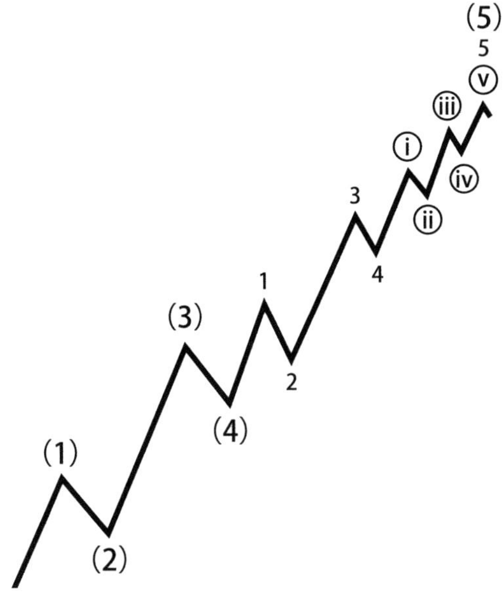

5波延長は商品相場が強気のときによく見られると言われています。確かに、小麦や大豆のように値動きに季節性がある農産物系の商品にはその傾向が確認できます。しかし、原油やゴールドなど値動きに季節性がない資源系の商品にはそうした傾向が確認できません。

プレクターはゴールドについても5波が延長する傾向があると述べていますが、当研究所の観察ではそうした傾向は確認できていません。このことは、プレクターが「商品のチャートは片対数目盛りではなく普通目盛りで表示させるべきだ」と主張して、本来片対数目盛りで表示させるべきチャートを普通目盛りで表示させることに固執したために起きた誤解ではないかと思います。

例えば、ゴールドのチャートの1999年7月安値から2011年9月までのインパルスを図3－5のように普通目盛りで表示すると⑸波が延長した形になり、一見プレクターの主張が正しいように感じられます。

しかし、図3－6のように片対数目盛りで表示するとインパルス全体がチャネルにほぼ収まります。ガイドラインに照らしてもインパルスはチャネルに収まるのが本来の形であり、こうした例から考えても、ゴールドのチャートも片対数目盛りで表示すべきであると思われます。そして、片対数目盛りで観察すると、「ゴールドも5波が延長しやすい」という傾向は認められません。

3）修正波における延長

以上のように延長は基本的にはインパルスにおいて見られる現象ですが、ときに、修正波でも延長と思われる現象が見られます。

トライアングルの場合にはB～E波のいずれかがトライアングル

図３－５　ゴールド（金）ＣＤＦの２種類のチャート（1997 年～ 2011 年）

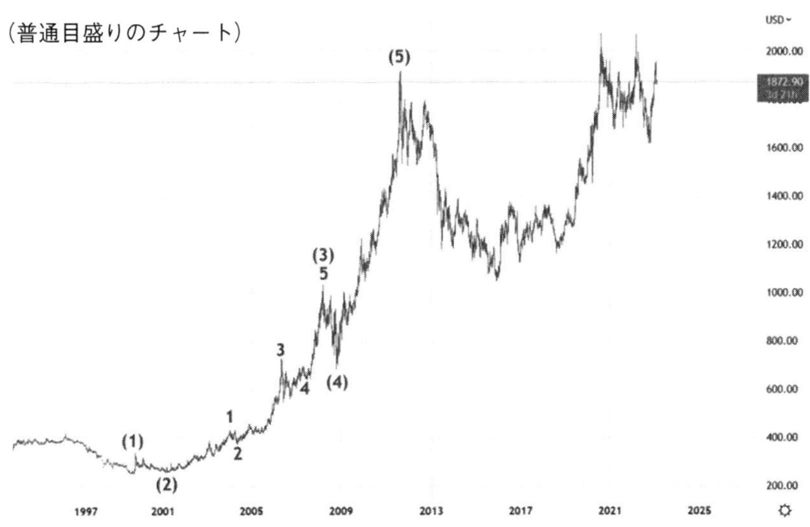

図３－６　ゴールド（金）ＣＤＦの２種類のチャート（1997 年～ 2011 年）

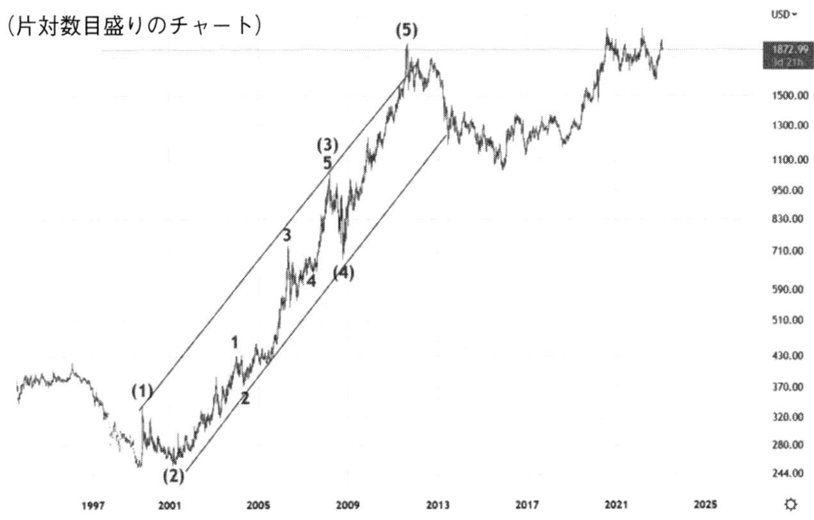

普通目盛りでは延長しているように見えても、片対数目盛にするとチャネルにほぼ収まっている

になることで、結果的に９波動構成のトライアングルのような形になることがあります（142ページ参照）。

ジグザグの場合、ひとつのジグザグが完成しても修正幅が不十分な場合には、ダブルジグザグやトリプルジグザグという形になり、価格的な修正が進むことがあります（106ページ参照）。

修正が時間的に足りない場合には、横向きに修正波が連なりダブルスリーやトリプルスリーが形成されます（154ページ参照）。

これらの現象は、いずれも波の延長の一種と捉えることができます。

４）フェイラー（Failure）という現象について

インパルスでは５波にフェイラーという現象が起きることがあります。

フェイラーとは、インパルスにおいて副次波の５波の終点が３波の終点を超えられないで終わってしまう現象であり、時々見られます。この現象をトランケーション（Truncation）と呼ぶこともあります。

フェイラーというのは「失敗する」とか「〜し損なう」という意味ですが、これはまさに、本来超えるべき３波終点を超えることができなかったことを示す名前です。

フェイラーは基本的に３波が延長するなど大きな値幅になった後の５波で起こりやすい現象です。とりわけ、何らかのショックで３波が大幅な急落になった場合に、５波がフェイラーとなることがよくあります。

４波が終了したあと、５波動構成の推進波が出現したものの３波の終点を超えられない場合には、その５波動構成の推進波の完成で５波目がフェイラーとして完成したのか、５波の副次波の１波目が完成したに過ぎないのか、その判断はなかなか難しいところです。

しかし、３波が延長するなど大きな波になった場合には、５波はしばしばフェイラーになりますので、その想定はしておきましょう。

特に、５波と想定される波が５波動完成したときに１波と同程度の大きさになった場合には、波の均等性のガイドラインからも、そこで５波がフェイラーとなって完成した可能性が高くなります。

５波がフェイラーで完了したのかどうかを完全に確認するには、それに続く波の動きによります。

４波完了後、最初に５波動構成の波を確認した後、３波動構成の波による修正をはさんで、前の５波動構成の波の終点を超えてきたら５波動はまだ継続していると判断できます。

一方、４波終了後に５波動構成のフェイラーの可能性がある推進波が出現して、その後、次ページの図３－７のように４波終点を割り込む動きになったら、これは「５波がフェイラーで完成して、その後、下降トレンドに転換した」ということがほぼ確定したといっていいでしょう。

５）インパルス以外で見られるフェイラー

以上のようにフェイラーは基本的にインパルスの副次波の３波が巨大化した後の５波で起こるものですが、その他の波でも起こることがあります。

ダイアゴナルの５波でフェイラーが起こることはあまりないといわれていますが、収縮型エンディングダイアゴナルでは、５分足や１分足などの株価チャートでしばしばそれが起こります。

しかし、ダイアゴナルでフェイラーが認められるのは収縮型エン

図３－７　５波がフェイラーになるパターン

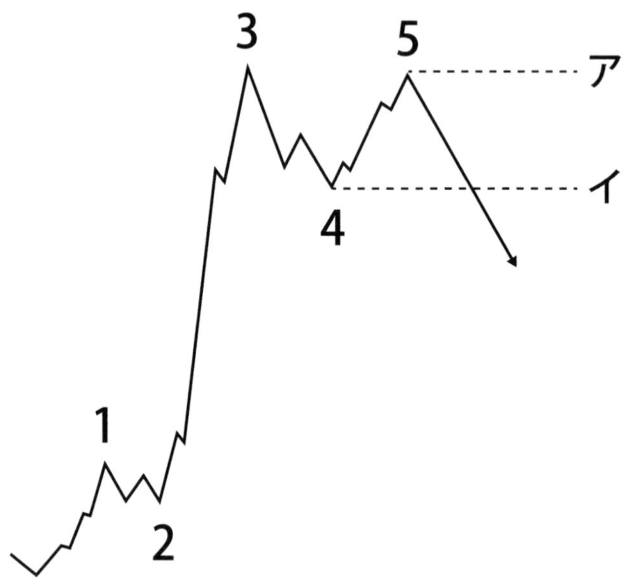

ア：３波が大きな上昇となり、５波と思われる上昇は５波動を描いたうえに、１波と同じくらいの大きさになったので、これでフェイラーで終了の可能性も。しかし、まだ５波の副次波の１波にすぎず、この５波がさらに続く可能性も、この段階では否定できない……

イ：株価がここを割り込んだら、５波がフェイラーであることがほぼ確定ディングダイアゴナルに限られ、拡大型ダイアゴナルやリーディングダイアゴナルでは原則としてフェイラーは起こりません。フェイラーと解釈して、拡大型ダイアゴナルやリーディングダイアゴナルとカウントすることはルール違反となります。

修正波では、ランニングフラットのＣ波はフェイラーということができる現象です。ランニングフラットはＢ波までは拡大型フラットと同じ形であり、その時点では「Ｃ波がＢ波よりも大きな波になってＡ波終点を超える」と想定されます。実際に、ランニングフラットより拡大型フラットが出現する頻度がはるかに高いです。

しかし、Ｃ波方向に行く力が弱く、それとは逆方向、つまりメジャートレンド（一回り大きな波の方向）の力が強い場合には、Ｃ波終点がＡ波終点を超えることに失敗する形で終わり、ランニングフラットの形になることもあります。

このように、Ｃ波終点がＡ波終点を超えられずにランニングフラットで終わった場合には、メジャートレンドの推進力が強いと判断され、メジャートレンドにおいて残された（この後に起こると想定される）アクション波が力強いものとなることが想定されます。

ジグザグのＣ波終点はほとんどのケースでＡ波の終点を超えます。そういう形になることこそジグザグであることの必須条件とさえ言えるほどです。しかし、著者の経験では、ごくまれにですがＣ波の終点がＡ波の終点を超えられずに終わるケースも観察されます。

５－３－５という構成になり、それが修正波と想定される箇所に出現し、それをジグザグと判定する他ないというケースでは、ジグザグのＣ波がフェイラーで終わった形と理解されます。

ただし、Ｃ波終点がＡ波終点を超えるというのはジグザグという波動のルールと言えるほどの要件であり、Ｃ波終点がＡ波終点を超えていないのにジグザグと判断するのは「なるべくそうは判断したくないけど……」という苦肉の判断ともいえます。

こうした場合には、ジグザグと想定した波動がダブルスリーとカウントできないかを考えてみるべきであることは言うまでもありません。

第3節
ガイドライン②　波の均等性

インパルスの副次波の1波、3波、5波のうち2つについて、波の大きさ、時間的な長さの2つの点でお互いに同程度の波になる傾向があります。

特に、3つのアクション波のうちのひとつが延長すると、他の2つのアクション波はいっそう均等化しやすくなります。

また、延長した波以外の2つの波が同じ大きさにならない場合には片方がもう片方の0.618倍ないし1.618倍になりやすい、とされています。

「波の大きさ」については25ページで述べたように原則として変化率で考えます。しかし、変化率がそれほど大きくない場合には値幅で考えても変化率で考えてもそれほど大きな差は出ないので、簡易的に値幅で考えてもよい、と言えます。

例えば、1波が10%動いて、3波が延長して30%動いたら、5波は1波と同じく10%程度の変化率となることが予想されます。変化率が小さい場合には、値幅で計算しても変化率で計算してもあまり大きな違いは出ませんが、変化率がある程度大きくなってくると、値幅で計算する場合と変化率で計算する場合とでは、ある程度食い違いが出てきますので、なるべく変化率で考えていきます。

ここで少し実際の数字を出しながら例を考えてみましょう。

1波が10％の変化率で1000円幅動いて、5波が1万3000円からスタートして1波と均等になると想定される場合の5波終点の目標値を考えましょう。

◎1波と同じ変化率10％で計算したケース
1万3000円×1.1＝1万4300円……目標値1

◎1波の0.618倍になるケース（変化率は6.18％となる）
1万3000円×1.0618＝1万3803円……目標値2

◎1波の1.618倍の波になるケース（変化率は16.18％となる）
1万3000円×1.1618＝1万5103円……目標値3

上記のように3つの目標値が出てくることになります。

3つも目標値が計算できるので、1万3803円前後から1万5103円前後のいずれかの株価になっていれば、「だいたい当たった」ということになってしまいます。それではとても「的中した」とはいいがたいです。

当然ですが、そもそも実際に5波がどこで終わるかについての予測は難しく100％当たる予測法はありません。

ここで述べた計算方法で求めた目標値も、あくまでもひとつの目安として考え、チャネリング、比率関係などその他のガイドラインを併用して、これらのガイドラインのいずれからもそれほど大きく外れないシナリオや目標を考えるというのが現実的な方法といえます。

図３－８

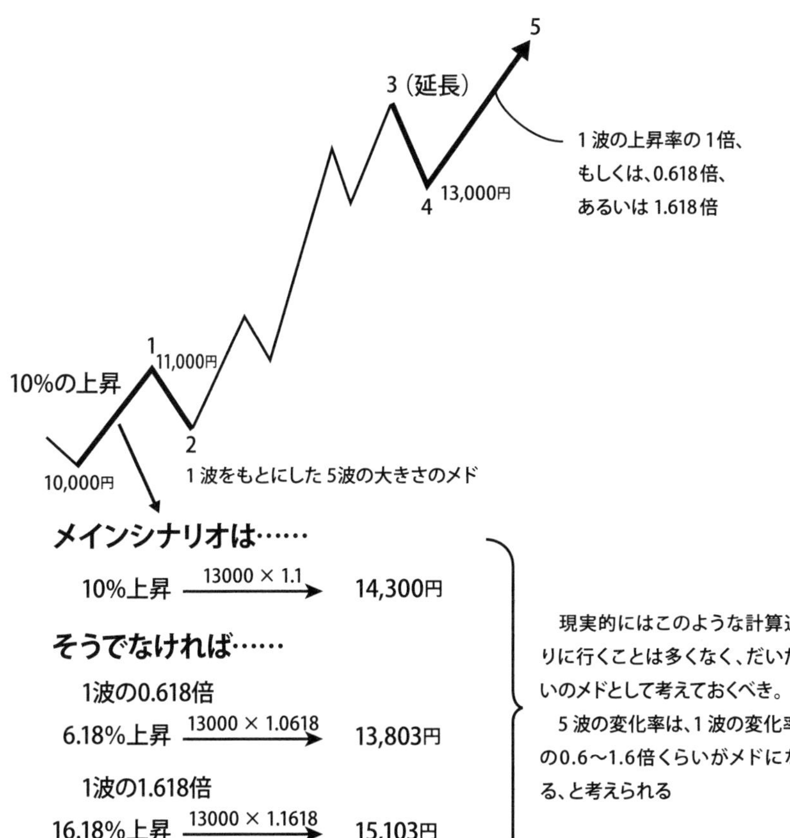
5
3（延長）
1 波の上昇率の 1倍、
もしくは、0.618倍、
あるいは 1.618倍
4
13,000円
1
11,000円
10%の上昇
2
10,000円
1 波をもとにした 5波の大きさのメド
メインシナリオは……
10%上昇
13000 × 1.1
14,300円
そうでなければ……
1波の0.618倍
6.18%上昇
13000 × 1.0618
13,803円
1波の1.618倍
16.18%上昇
13000 × 1.1618
15,103円
現実的にはこのような計算通りに行くことは多くなく、だいたいのメドとして考えておくべき。
5 波の変化率は、1 波の変化率の0.6～1.6倍くらいがメドになる、と考えられる

第4節
ガイドライン③　オルタネーション

1）オルタネーションとは

オルタネーションは同じ波の副次波の修正波同士が別の形になりやすいというガイドラインであり、主にインパルス内のオルタネーションとフラット内のオルタネーションが挙げられます。それぞれについて説明します。

2）インパルス内のオルタネーション

インパルスの２波と４波はともに修正波であり、ひとつの大きなトレンドの中の２回目の修正波である４波については、人間の心理としては「また前回と同じような修正波になるのではないか」と考えてしまいがちになります。しかし、実際にはそうした多くの人の予想を裏切って４波は２波とは異なる波形になることが多い、というのがこのガイドラインです。

一般的にインパルスの２波は比較的大きな変化率の修正（急こう配な修正）になりやすく、波形としてはジグザグ、またはジグザグの複合型になることが多いです。一方、インパルスの４波は横ばいの修正になることが比較的多く、波形としてはフラットやトライアングル、あるいは複合修正波などジグザグ以外の波形になることが２波に比べて多いです。

エリオットはこうしたオルタネーションという習性は、ほとんど法則(ルール)と言ってもいいくらいのものであると言っていますし、「オルタネーションの法則」という表現を使う人もいます。確かに著者のこれまでの観察でもインパルスの２波と４波は異なる波形になるか、同じ波形でも片方がシンプルな形でもう片方が複雑な形になるなど、見た目の印象が異なるものになりやすいと思います。

しかし、２波、４波とも、同じような形のジグザグになるというようなケースも決して珍しくありません。同様に、２波、４波がともにフラットになることもあります。こうしたことからも、オルタネーションはやはりルールというよりはガイドラインとするのが適当だと思います。

ところで、エリオットは『Nature's Law』（『エリオット波動は自然の法』）の中で波の数に関して以下の図３－９の表を提示しています。

図３－９　エリオットが示した波の数

波の数	強気相場	弱気相場	合計（完全なサイクル）
メジャー	5	3	8
インターミーディエット	21	13	34
マイナー	89	55	144

しかし、２波と４波がオルタネーションになって、例えば、２波がジグザグ、４波がフラットとなる場合には波の数は以下の図３－10のようになります。

エリオットは「オルタネーションは必ずと言っていいほど起きるもの」と言っていますが、オルタネーションが起きるならば波の数はエリオットが示した図３－９の波の数とは合致しなくなってしまいます。これは、エリオット自身が波動原理をブラッシュアップしきれなかった点のひとつです。

図３－10　２波がジグザグ、４波がフラットの場合の波の数

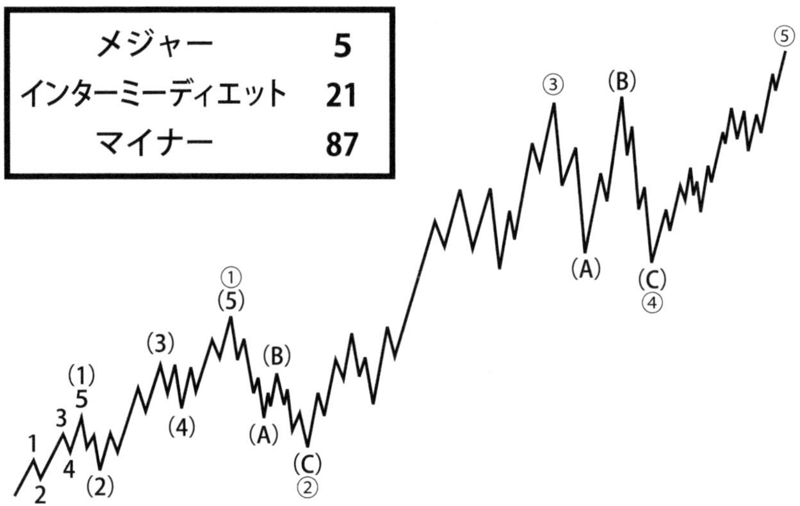

オルタネーションが起きた場合、エリオットが示した波の数とは合致しなくなる

3）フラット内のオルタネーション

フラットはA波とB波がともに3波動構成の同じくらいの大きさの波になることが多いですが、波形は異なる形になることが多いです。

フラットのA波とB波はジグザグかフラットですが、A波がジグザグならばB波はフラット、A波がフラットならB波はジグザグになりやすいという習性があります（図3－11）。

また、A波とB波が同じ波形の場合でも、A波がシンプルな形で、B波が複雑な形になる、というようにオルタネーションの性質を発揮することもあります（図3－12）。

図3－11

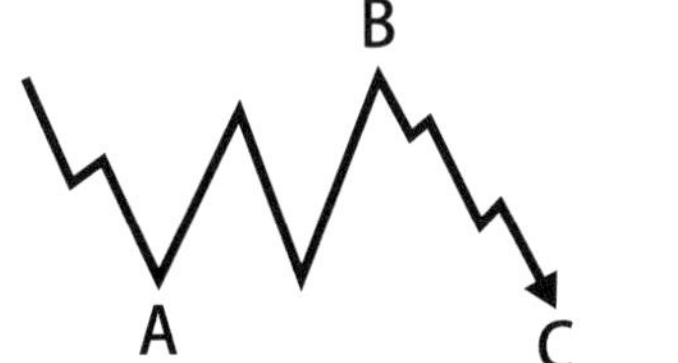

ジグザグ － フラット － インパルス

フラット － ジグザグ － インパルス

図3－12　フラットのA波・B波がともにジグザグの例

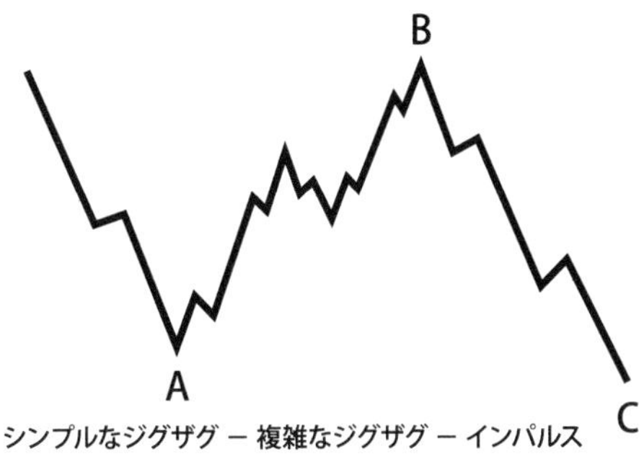

シンプルなジグザグ － 複雑なジグザグ － インパルス

第５節

ガイドライン④　チャネリング

1）チャネリング（Channeling）とは

エリオットは、「インパルスはしばしばきれいなチャネルを形成する」と言っています。

これは、インパルスの１～５波の各終点が２本の平行線にきれいに乗る形になる、ということです。

それをもう少し具体的に表現すると、「インパルスはしばしば、１波終点と３波終点を結んだトレンドラインと、２波終点と４波終点を結んだトレンドラインが平行になってきれいなチャネルを形成し、５波終点は１波終点と３波終点を結んだトレンドライン上にほぼ乗る形になる」ということになります（図３－13）。

この通りだとすると、３波終了段階で、１波終点と３波終点を結んでトレンドラインを描き、２波終点からそれと平行な線を引けば、４波終点と５波終点はだいたい想定できるということになります。

ただし、４波終点と想定されるポイントができても、それが１波終点と３波終点のトレンドラインと平行な線上にない場合も多々あります。その場合には、２波終点と４波終点を結んでトレンドラインを作り、それと平行な線を３波終点から引いて新たなチャネルを作ってみます。５波終点の位置がどこになるかは、その３波から延びたライン上がひとつの目処になります（図３－14）。

図3－13

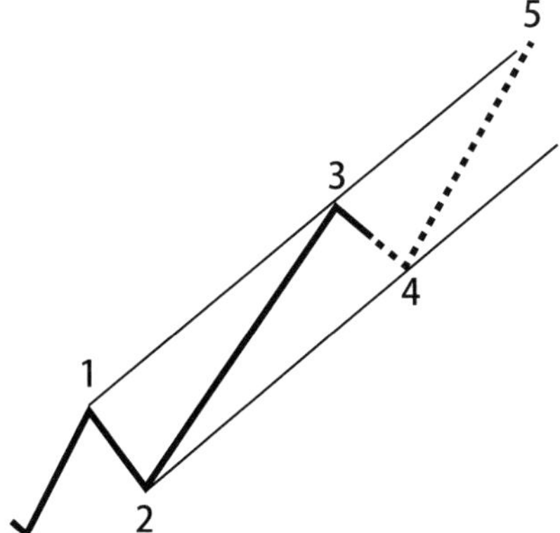

チャネリングのガイドラインが当てはまるとすると、3波まで完了した後、4波、5波は点線のように推移すると想定される

図3－14

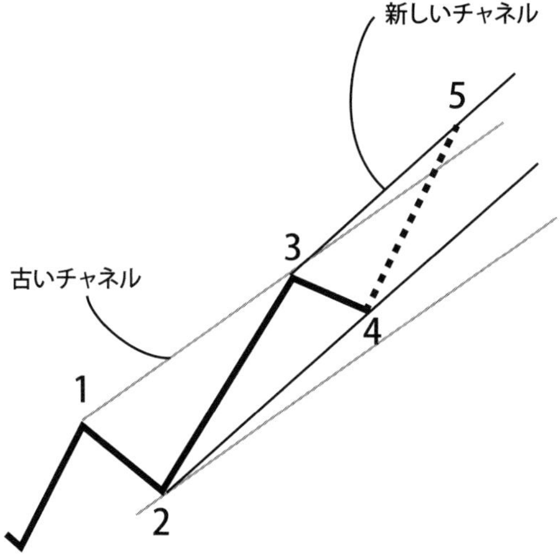

また、必ずしも１波終点と３波終点を結んだトレンドラインと、２波終点と４波終点を結んだトレンドラインの２つのトレンドラインで構成されるチャネルではなくとも、インパルス全体がおおまかに２本の平行線（チャネル）に収まれば、「インパルスがチャネルを形成した」と見なすこともできます。

２）スローオーバー（Throw-over）

インパルスの副次波５波が終了する目処はチャネルラインがひとつの候補になりますが、実際にはチャネルラインに達せずに終わることもありますし、逆にチャネルラインを超えて終わることもあります。５波がチャネルラインを超えていくことをスローオーバーと言います。

５波がチャネルラインに達しないで終わるか、スローオーバーするかについては、いくつか前兆があるとプレクターの本では解説されています。

そのひとつは出来高による前兆です。チャネルラインが近づくにつれて出来高が減少すれば、チャネルラインに達せずに５波が終わる可能性が高く、チャネルラインに近づくにつれ出来高が増加するとスローオーバーする可能性が高まる、ということです。

もうひとつの前兆は４波の動きです。

具体的には、“４波終点がチャネルラインを超える動き（図３－15では下値ラインを下回る動き）”が５波のスローオーバーする前兆になると考えられます。

特に、図３－15のように、４波終点が一時的にトレンドラインを割った後、急速にトレンドラインに戻す動きになると、それは５波がスローオーバーする有力な前兆になると考えられます。

トレンドラインは、平行線で挟まれたチャネルだけでなく、ダイアゴナルやトライアングルでも必ず必要な分析ツールです。

トレンドラインは２つのポイントがあれば引けますし、４つのポイントがあれば２本のトレンドラインが引けます。

２本のトレンドラインが平行ならチャネルになりますし、２本のトレンドラインが上下同じ方向ならダイアゴナル、２本の線が逆方向ならトライアングルということになります。もちろん、２本の線の間隔が拡大していくようなら拡大型ダイアゴナルや拡大型トライアングルということになります。

図３－15

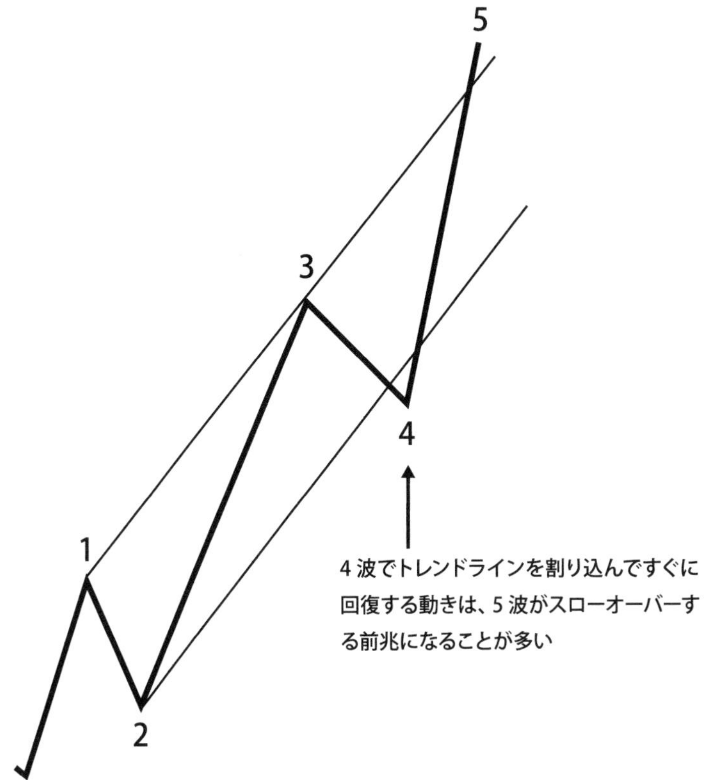
5
3
4
1
2
4 波でトレンドラインを割り込んですぐに
回復する動きは、5 波がスローオーバーす
る前兆になることが多い

いずれの場合でも、５波終点やＥ波終点の水準の目安は、１波終点と３波終点を結んだ線やＡ波とＣ波を結んだ線になります。そして、５波やＥ波の終点はトレンドラインに達しないこともあるし、スローオーバーすることもあります。

ダイアゴナルでもトライアングルでも収縮型のケース（拡大型ではないケース）ではスローオーバーはしばしば起こりますが、これはいかにもスローオーバーした方向にトレンドがスタートしたように見せかけて、その後、その逆のトレンドがスタートするという極めてトリッキーな動きであり、投資家を欺くような動きといえます。

3）２つのディグリーのチャネルでトレンド転換を探る

図３－16はプライマリー⑤波と、その副次波であるインターミーディエット（５）波が同時にチャネルラインに到達しています。

このように２つのディグリーの５波が同時にチャネルラインに達する場合には、そこでプライマリー⑤波もインターミーディエット（５）波も完成して、トレンドが転換する可能性がいっそう高くなる、と考えられます。

図３－17はプライマリー⑤波がスローオーバーしていますが、このプライマリー⑤波の副次波のインターミーディエット（５）波がチャネルラインに到達しています。こうしたケースもこれでプライマリー⑤波、インターミーディエット（５）波ともに完成してトレンドが転換する可能性が高くなると考えられます。

図３－16

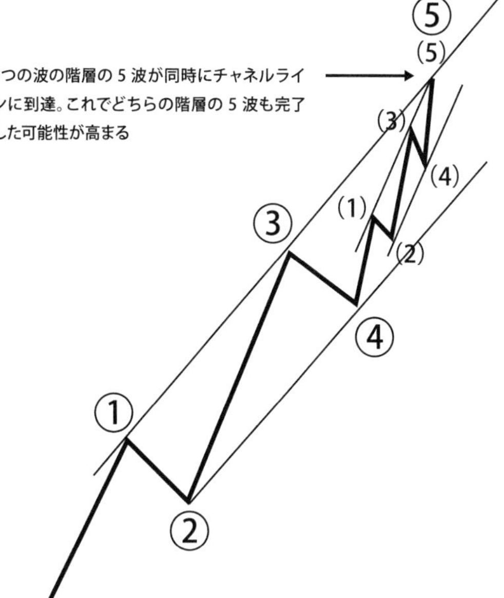
⑤
(5)
2つの波の階層の５波が同時にチャネルラインに到達。これでどちらの階層の５波も完了した可能性が高まる
(3)
(4)
(1)
③
(2)
④
①
②

図３－17

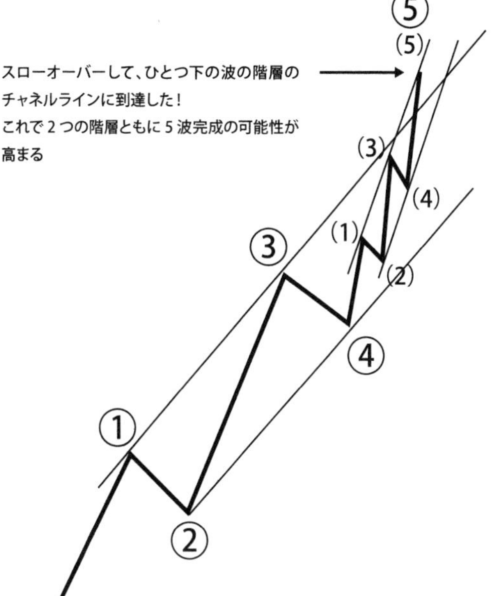
⑤
(5)
スローオーバーして、ひとつ下の波の階層のチャネルラインに到達した！
これで２つの階層ともに５波完成の可能性が高まる
(3)
(4)
(1)
③
(2)
④
①
②

第6節

ガイドライン⑤　出来高

エリオットは出来高も波動の判断に役立つことがあると言っており、いくつかのポイントを挙げています。

ひとつ目は修正局面における出来高の特徴について。一般的に修正局面における出来高は時間とともに減る傾向があり、出来高が最低水準となった地点が修正の完了地点となることが多いということです。出来高の最低水準がどこかはリアルタイムでは判断できませんが、修正局面で出来高がかなり細ってきた場合には、そろそろ修正完了が近いというサインのひとつと考えられる、ということです（図３－18）。

２つ目はインパルスの３波と５波の出来高の変化についての特徴です。プライマリー級以上の波については、一般的に３波よりも５波の出来高が増加する傾向があります。長い時間軸の中では相場参加者が増加トレンドをたどることで、出来高は必然的に増えていくと考えられるからです。それに対してプライマリーより小さな階層の波動については、一般的に３波に比べて５波は出来高が減少する傾向があるということです（図３－19）。

しかし、プライマリーより小さい階層の波のケースで、もし５波の出来高が３波と同じくらいか上回るようなら、５波が延長する可能性が高い、ということです（208ページの図３－20）。

図３－18

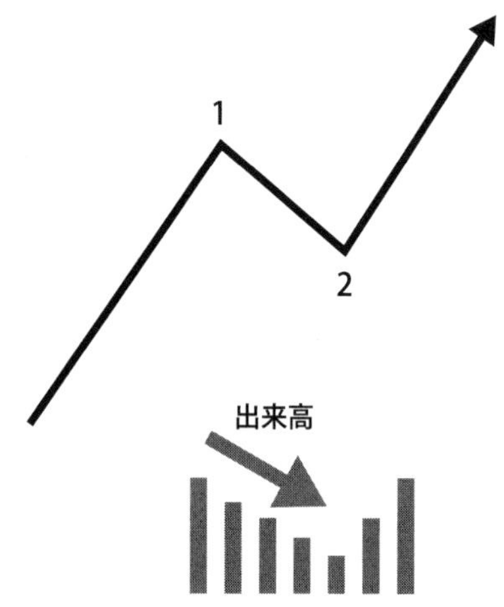

図３－19　プライマリーより小さな階層の波の出来高　その１

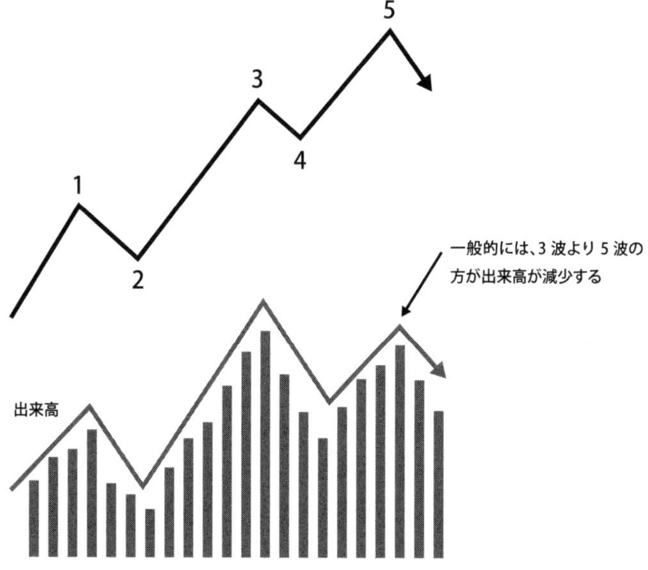

この図では１～５の各波がプライマリーより小さな階層

出来高に関する３つ目のガイドラインは「インパルスの５波がチャネルラインに近づくときに、出来高が減少するか増加するかで５波の終点がある程度判断できる」というものです。インパルス５波がチャネルラインに近づくときに出来高が減れば５波はチャネルラインに達しない可能性が高く、出来高が増えればスローオーバーする可能性が高い、ということです。

出来高に関する４つ目のガイドラインは、「小さな階層のエンディングダイアゴナルでは波が進行するにつれ出来高が減少するが、スローオーバーするときには出来高が急増し、価格が突出高あるいは突出安する」というものです。

図３－20　プライマリーより小さな階層の波の出来高　その２

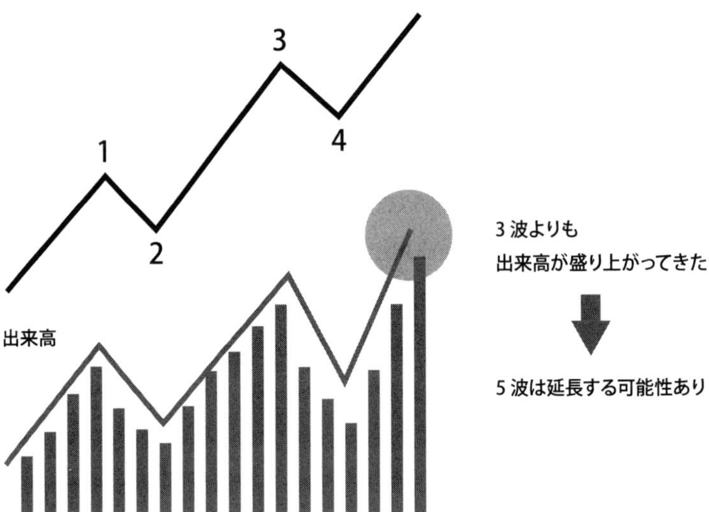

第7節

ガイドライン⑥　比率関係

1）比率関係とは

同じ波の副次波同士、特にアクション波同士がフィボナッチ比率の関係になりやすい、というのがこの比率関係のガイドラインです。

フィボナッチ数列やフィボナッチ比率は自然界の成長や生成のプロセスで現れやすいといわれています（第7章参照）。そして、エリオットはフィボナッチ数列やフィボナッチ比率がエリオット波動原理とも関係が深いのではないかと考えて研究をし、プレクターなどの後継者たちがその研究を引き継ぎ、比率関係をガイドラインとしてまとめました。

フィボナッチ比率というのはフィボナッチ数列の数字同士の比率のことです。フィボナッチ数列の隣同士の数字で小さいほうを大きいほうで割った比率が0.618、大きいほうを小さいほうで割った比率が1.618であり、この２つが最も基本的で重要なフィボナッチ比率です。株価形成でもこの２つの比率がよく現れるのではないかというアイデアがこの比率関係の中心的なコンセプトとなっています（※フィボナッチ数列の隣り合う数字同士の比率は正確に0.618、1.618になるわけではありませんが、数列が進むに従ってこれらの比率に収れんしていきます。この収れんしていく数字をフィボナッチ比率と呼んでいます。詳細は434ページ）。

また、2つ離れたフィボナッチ数同士の比率は2.618あるいは0.382、3つ離れた数同士の比率は4.236あるいは0.236という比率に収れんします。これらの比率もフィボナッチ比率です。他にもフィボナッチ比率はたくさんありますが、以上に紹介したものが主なものであり、エリオット波動分析で比較的よく使われるものです。

フィボナッチ比率同士の関係としては以下のことが言えます。

まず、1.618 × 0.618 = 1になります。

そして、0.618 ÷ 0.382 = 1.618、あるいは、0.382÷0.618 = 0.618となります。さらに、0.618 + 0.382 = 1となります。

1.618、0.618と並んで、0.382も重要なフィボナッチ比率であり、これら3つの比率は上記のような関係にありますのでよく覚えておきましょう。これらを含めてフィボナッチ数列やフィボナッチ比率に関するさまざまな性質は7章で説明します。

なお、0.764、0.786、1.236、1.382、3.618などをフィボナッチ比率として解説しているテキストやレポートなどがありますが、これらは明らかに間違いです。この点も434ページ以降で詳しく説明します。

2）比率関係のガイドラインは本当に当たるのか？

比率関係のガイドラインには多くの項目があり、いずれも後から起きる波の大きさの想定を前の波の大きさから計算できる形になっています。そのため、予測ツールとして非常に便利に感じられるところですし、投資家から関心を持たれやすいところですが、実は今から紹介する比率関係がきれいに相場に現れることはそれほど多くありません。プレクターの本の比率関係のガイドラインの記述では「しばしば(often)」という表現がよく使われますが、実際相場を観察してみると本当にそのような頻度で比率関係のガイドラインが現れるとは思え

図3－21

フィボナッチ比率とは…… フィボナッチ数どうしの比率	
最重要なフィボナッチ比率	0.382、0.618、1.618
その他の主なフィボナッチ比率	0.236、2.618、4.236
※フィボナッチ比率でないもの……	0.764、0.786、1.236、1.382、3.618

なお、フィボナッチ数どうしの関係の主なものは以下になります。

① 0.618 × 1.618 ＝ 1

② 0.618 ÷ 0.382 ＝ 1.618

あるいは 0.382 ÷ 0.618 ＝ 0.618

つまり、0.382：0.618 ＝ 1：1.618 ＝ 0.618：1

③ 0.382 ＋ 0.618 ＝ 1

ません。

では、なぜ比率関係のガイドラインを本書でも扱うかというと、現実には正確には当てはまらないとしても、以下の点ではある程度参考になるものだと思われるからです。

①波動の終点のだいたいの目処を考えるのにはある程度参考になる
②波形の美しさを判断するときに手がかりのひとつになる
（波の全体のバランスを見るという意味で）

実際に波動のカウントをするときに、自分がインパルスと判断した部分が本当にインパルスで正解なのかどうかは、その波形の美しさである程度判断できます。

波形の美しさを判断する重要な基準は全体のバランスであり、218ページで紹介するガイドラインのようにインパルス全体を4波終点で0.618対0.382（あるいは0.382対0.618）に近い比率で分けられれば、それはバランス的に美しいと言えますし、そのカウントや波形の判断が正しい可能性が高まる、ということが言えます。この比は434ページ以降でも説明しますが、黄金比とも言われて、非常に見た目にもきれいで自然界でもよく出現し、建造物などでも古代からよく使われてきた比率と言われているのです。

逆に、あまりにも比率関係のガイドラインからかけ離れたバランスの場合には、波形としてきれいではなく、波形の判断が誤りである可能性が高くなります。

3）比率関係のガイドラインは研究途上のガイドライン

比率関係のガイドラインについてもうひとつ言えることは、それがまだ研究途上のガイドラインであるということです。つまり、まだいろいろな仮説が出されているところで、どれがどの程度有効なのか、どういうときに有効で、どういうときに有効でないのか、ということの整理がついていません。

「まだ仮説段階であり、検証や研究が必要」という点についてはエリオット波動原理全体についても言えることですが、比率関係のガイドラインについては仮説としての色合いが特に強く、今後の検証・研究が必要であるテーマです。

プレクターの本の中でも、「フィボナッチ比率関係の分析からは多く学ぶことができ、将来の研究者がそこから有効な知見やノウハウを引き出す可能性があるのでここでそれを紹介する価値がある」ということを述べています。

さらに、プレクターは、エリオット波動分析では比率関係の分析よりも波形の分析を重視するべきであるということ、そして、比率関係については今後研究を重ねていくべき課題である、ということを強調しています。

エリオティシャン（エリオット波動分析家）にはえてして、たまたまフィボナッチ比率がきれいに当てはまった例だけを取り上げて比率関係のガイドラインを正当化してみせようとする傾向が見受けられます。そうした例は非常に鮮やかに見えて、エリオット波動分析の有効性をアピールできるからです。

しかし、実際にこの分析法を使ってトレードや投資をして成果を上げようとする実践家にとっては、たまたま当たった事例でこの分析法の有効性をアピールすることよりも、どの部分が使えて、どの部分が使えないのかということを正当に評価するほうが大切です。

そうした意味で私たちにとって大切なのは、まず、比率関係についてはどのようなガイドラインが仮説として出されているのかを整理すること、そして、これらのガイドラインのどの部分の有効性が高く、どの部分の有効性が低いのか、どういうときに有効で、どういうときに有効でないのか、このガイドラインをどのように使っていったら高い有効性が得られるのか、ということについて研究と実践的ノウハウを積み重ねていくことです。

このあたりの研究についても、日本エリオット波動研究所の今後の課題としたいと思いますし、公式サイトなどで随時成果を発表していきたいと思います。

そうしたことを踏まえて、本書ではとりあえず、現状としてプレクターの本などで比率関係のガイドラインとして紹介されている項目を整理していきたいと思います。

あくまでも検証途上で完成途上のガイドラインであるという点を踏まえて読んでいただければと思います。

4）多岐にわたる比率関係のガイドライン

比率関係のガイドラインにはいろいろな内容が含まれていますが、主に３つに大別できます。

①アクション波同士の比率関係
②インパルスが４波で分割されたときの比率関係
③修正波の深さの比率関係

このうち③については、主に「修正波の深さのガイドライン」の節（225ページ）で述べます。ここでは主に①と②の比率関係について説明していきます。

まず、「アクション波同士の比率関係」について、同じインパルスでも1波、3波、5波の比率はさまざまで、結果的に多様な形が発生します。特にどの波が延長するのかによって比率関係が変わり、ケースごとに比率関係のガイドラインがあります。

5）3波が延長するケースの比率関係

3波が延長する場合のガイドラインは以下の通りです。

3波の大きさの目処は1波の1.618倍か、別のフィボナッチ比率である2.618倍、それを超えると4.236倍になる

つまり、3波の第1の目処は1波の1.618倍、第2の目処は2.618倍、第3の目処は4.236倍、ということです。例えば、1波が10%の上昇なら、3波の上昇目処は以下のようになります。

第1の目処　10%× 1.618倍=16.18%、あるいは1.1618倍
第2の目処　10%× 2.618倍=26.18%、あるいは1.2618倍
第3の目処　10%× 4.236倍=42.36%、あるいは1.4236倍

※ここで「波の大きさ」とは価格変動の値幅ではなく、変化率のことを指します。つまり、「大きさ」とはログスケール（対数の線分図）上の長さのことになります。詳しくは26ページを見てください。

５波については、波の均等性のガイドラインにより、３波が延長している場合には１波と同じ大きさになるというのが第１の目処になります。そうでない場合には、５波の大きさは１波の大きさの0.618倍か1.618倍が第２の目処になります。

また、２波や４波の修正の深さについては225ページで説明する「修正波の深さのガイドライン」によると、２波は１波の大きさの0.618倍か0.5倍、４波は３波の0.382倍というのがひとつの目処となります。

以上から、３波が延長する場合の比率関係のガイドラインを当てはめた典型的なインパルスのイメージは図３－22のような形になります(※)。

※ただし、この修正波の深さに関する比率関係のガイドラインは、アクション波どうしの比率関係のガイドラインよりは現実には当てはまりづらい、ということがプレクターの本では述べられています。

実際に、２波が１波を何％リトレースするかはさまざまです。61.8％よりも大きいケースもあるし、かなりリトレースの率が低くて38.2％、23.6％くらいになることもあります。４波についても同様です。

ですから、修正の深さの比率に関するガイドラインは、あくまでもひとつの目安として柔軟に考えていくことが特に必要だと思われます。

図３－22

３波延長の場合の、比率関係のガイドラインを当てはめたインパルスのイメージ

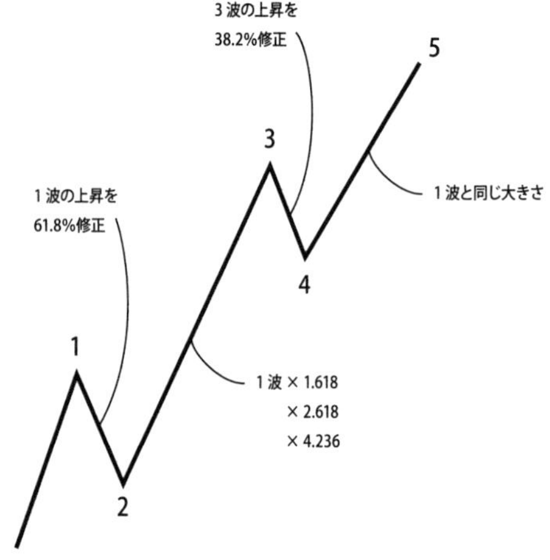

6）５波延長、１波延長の場合の比率関係のガイドライン

インパルスの５波が延長するケースでは、５波の大きさは、１波始点から３波終点までの大きさの1.618倍が目処になります（図３－23）。

また、１波が延長する場合には、２波終点から５波終点までの大きさは１波の大きさの0.618倍が目処になります（図３－24）。

※１波が延長する場合には、２波のリトレースが61.8％になると、この図３－24で示したガイドラインが成り立たなくなります。このガイドラインが成り立つためには、２波のリトレースはガイドラインで示されている61.8％よりもかなり小さくなる必要があります。そうした意味でプレクターの本で示されているガイドラインはまだ検証が不十分で矛盾を秘めている面がありますし、ケースバイケースで柔軟に使っていく必要があるとも言えます。

図３－23

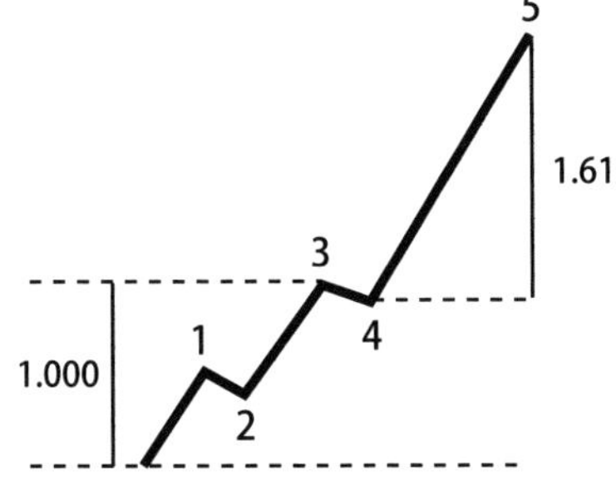

図３－24

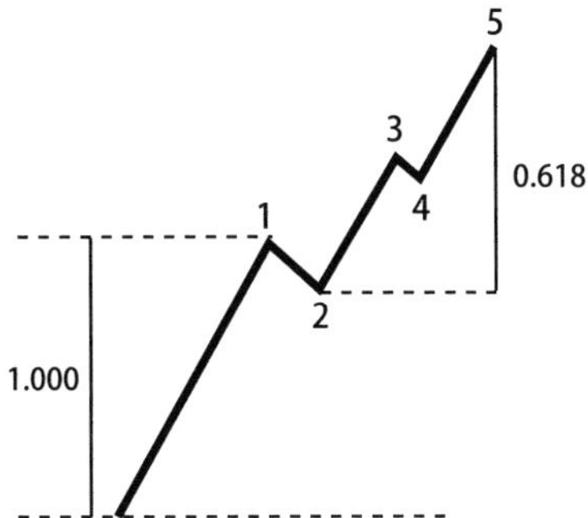

7）インパルス全体は４波で黄金比に分割できる

３波が延長するケース、5波が延長するケース、1波が延長するケースに分けて比率関係のガイドラインを見てきましたが、その他にプレクターは図3－25のように、「インパルス全体は４波で黄金比に分解できる」という比率関係のガイドラインを示しています。

この比率関係は1波が延長しないという前提で、5波が延長しないケースと5波が延長するケースに分けて示されています。

黄金比というのはフィボナッチ比率のうち、0.382：0.618あるいは1：1.618という比のことです。

「４波で分割できる」というのはとてもあいまいな表現ですが、基本的には４波終点が分割点になります。しかし、この分割点はハッキリ決められるものでなく、４波始点と４波終点の範囲で変化する、ということをプレクターは言っています。つまり、インパルスは４波の始点から終点の範囲のどこかが分岐点となって黄金比に分割される傾向がある、ということを言っているわけです。

このくらい幅のあるガイドラインなら、これまで紹介してきた比率関係のガイドラインともあまり矛盾せずに併用できると思います。

442ページでも述べますが、黄金比とはとてもバランスよくきれいに見える比率だと言われています。インパルスの形状のバランスを判断するのにも、４波の終点でおおよそ黄金比に近い比率で分割できるか、それがダメなら４波のどこかの地点で黄金比に近い比率で分割できるかを意識してみるといいでしょう。波形の判断における決定的なポイントにはなりませんがひとつの判断材料になると思われます。

さて、以上ではインパルスの副次波のアクション波同士の比率関係について述べてきました。

図3－25　インパルス4波による分割比率

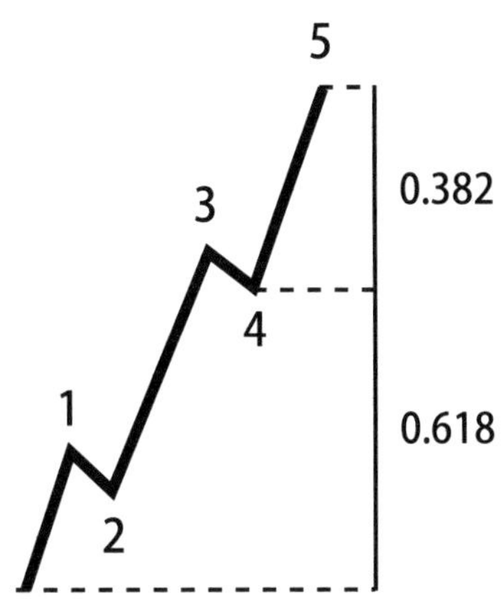

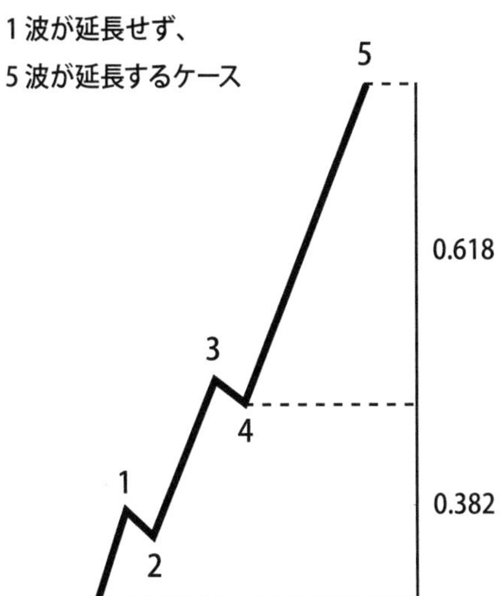

修正波内のアクション波同士にも比率関係のガイドラインがありますので、次はそれを紹介していきます。

8）ジグザグ、ダブルジグザグの副次波の比率関係

ジグザグのA波とC波の比率関係については、C波の大きさはA波の大きさの1倍が目処、そうでない場合には0.618倍か1.618倍が目処、ということです。

ダブルジグザグの最初のジグザグと2番目のジグザグも同様の関係になります（図3－26）。

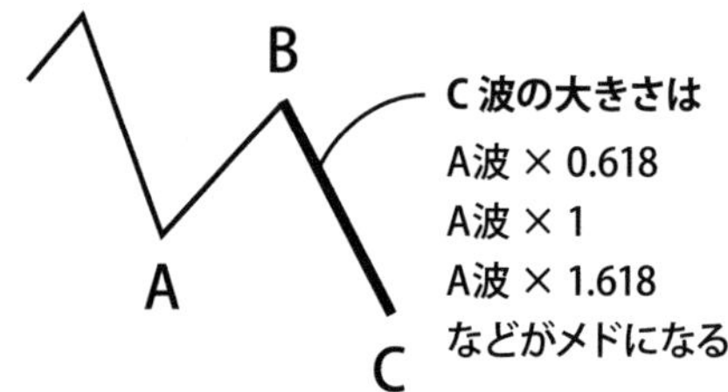

図3－26

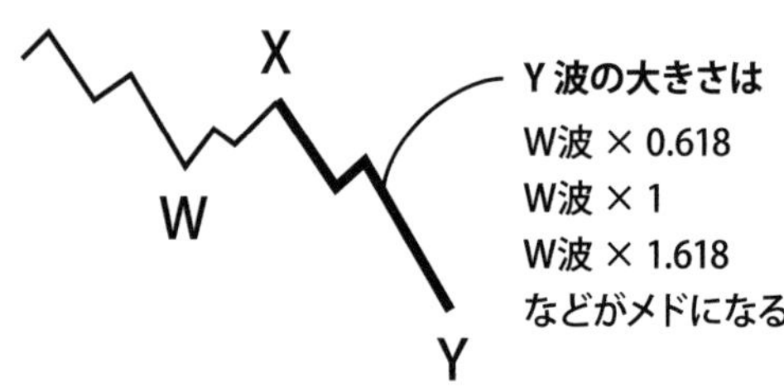

9）エクスパンデッドフラットの副次波の比率関係

エクスパンデッドフラットの副次波の比率関係については、ガイドラインによると「B波はA波の1.236倍や1.382倍が目処に、C波はA波の1.618倍や2.618倍が目処になる」ということです（図3－27）。

※210ページでも述べたように、0.236や0.382はフィボナッチ比率ですが、1.236や1.382はフィボナッチ比率ではありません。このガイドラインを本で紹介しているプレクターは、B波はA波よりフィボナッチ比率である0.236倍あるいは0.382倍だけ長くなるというように解釈しているようです。

図3－27　エクスパンデッドフラットのB波とC波の目処

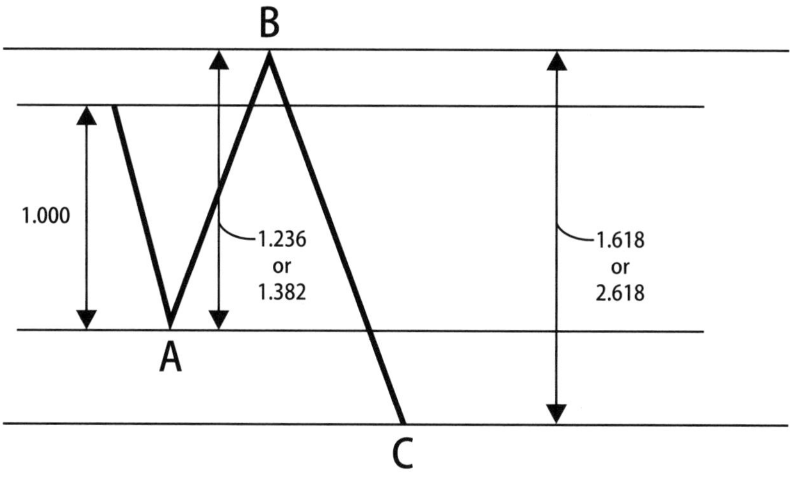

10）トライアングルの副次波の比率関係

トライアングルの副次波の大きさについては、ガイドラインによると、「C波はA波の0.618倍、E波はC波の0.618倍が目処になりやすい」「D波はB波の0.618倍が目処になりやすい」、あるいは「そのうちのどれかが当てはまる」ということです。なお、拡大型の場合は、この比率が1.618倍になります（図3－28）。

図3－28　トライアングルのC波、D波、E波の目処

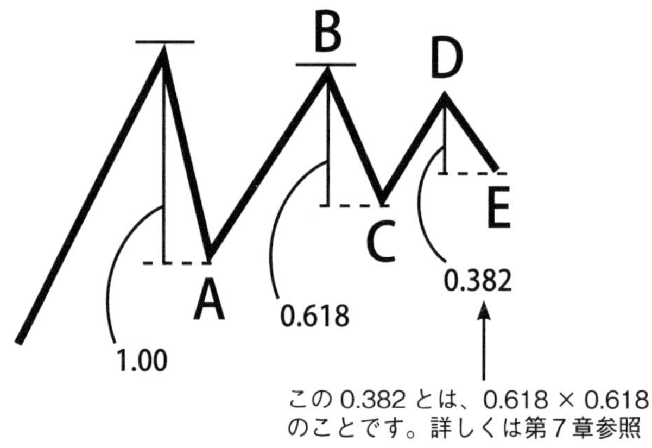

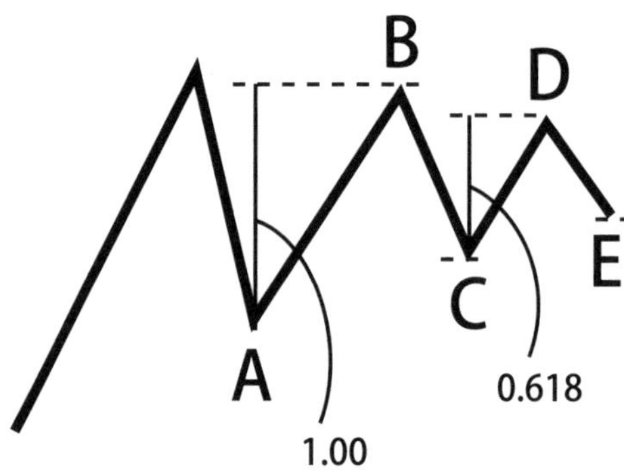

11）比率関係が重なる地点は相場の転換点になりやすい

比率関係のガイドラインはすでに述べたようにまだ検証・研究途上であり、その信頼性はあまり高くないといえますが、経験上、比率関係が複数重なる地点は転換点になる確率が高まると考えらます。

例えば、図３－29の（２）－Ｃの終点と想定しているポイントは２つの比率関係が重なることから、転換点となる可能性が高いと考えられます。

図３－29

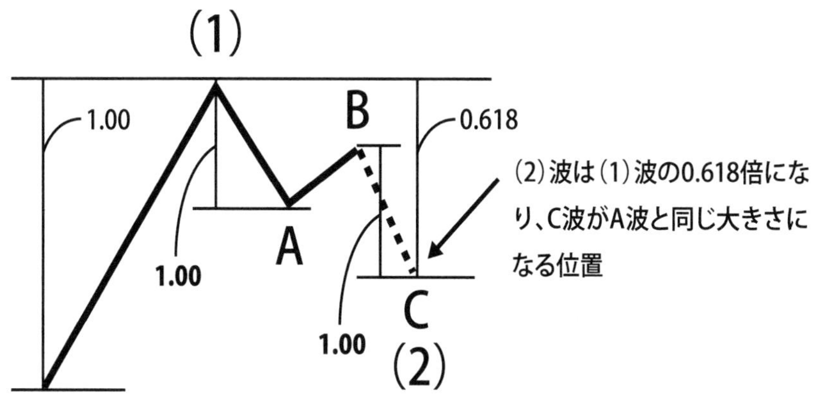

12) 改めて比率関係のガイドラインの使い方について

以上紹介したように比率関係のガイドラインはとても興味深いものがたくさんあり、魅力的に感じます。

しかし、この比率関係のガイドラインは仮説としての色合いが強く、このまま実践して使ってもズバリ的中するということはあまりない、ということを思い出してください。あくまでも、判断材料のひとつとして、他のガイドラインと合わせて使うべきです。

また、ひとつの波のすべての副次波に各波の比率関係のガイドラインを当てはめようとしても、それはかえって非現実的になってしまうことが多いです。というのは、すべての波にこの比率関係のガイドラインを当てはめても、比率関係のガイドライン全体が決して整合性の取れた形にはなっていないからです。例えば、217 ページで紹介した１波延長のインパルスのケースで２波以降に各波のガイドラインを当てはめていくと、インパルスとして成立しなくなるという例を見ました。

比率関係のガイドラインは、あくまで、ひとつひとつの波についての判断材料であり、波ごとに当てはまったり、当てはまらなかったりするような緩いガイドラインだということであり、基本的にはそのようなスタンスでこのガイドラインと付き合っていくべきです。

比率関係のガイドライン自体は、それを実際にどう使ったらいいのかということは大変興味深いテーマですし、当研究所は今後も継続して研究していこうと思っています。

第8節
ガイドライン⑦　修正波の深さ

1）修正波の深さ（Depth of Corrective Waves）とは

これは主に、インパルスの4波の修正が水準的にどこまで進むかということに関してのガイドラインです。「4波による修正波の深さはその前の波である3波の副次波の4波の範囲で、最も一般的には副次波の4波の終点近辺になる」というものです。

なお、「4波の範囲」というのは、4波の始点から終点までの範囲、ということです。

2波による修正はその前の波である1波の副次波の4波を超えて、副次波2波の終点近くまで調整してしまうこともしばしばあります。

しかし、4波として出現する修正波については、その前の波である3波の副次波の4波の終点［次ページの図3－30では（3）波の副次波の4波］が目処になります。この法則は著者の経験からしてもかなりよく当てはまりますし、押し目買いや戻り売りの目処として有効性が高いと言えます。

※かつて日本のエリオティシャンの間で、このガイドラインは「レッサーディグリー4波」と呼ばれることがありました。レッサーディグリーには「ひとつ小さな段階の」という意味がありますが、前の波のひとつ小さな段階の波の4波（副次波の4波）

が修正の水準的な目処になるということで、このように呼んでいたようです。ただし、英語での正確な表現は the previous fourth wave of one lesser degree であり、省略するなら「プリービアス４波」（前の波の４波）のほうが適当であることから現在では「プリービアス４波」という呼び方が一般的になっています。

図３－30 「プリービアス」４波のガイドライン

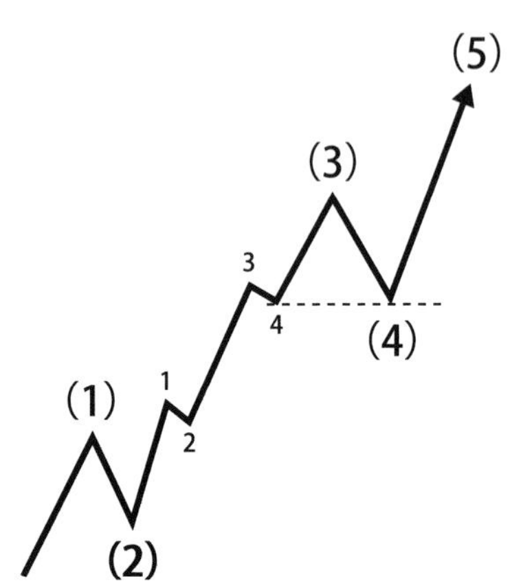

２）５波が延長した場合、それに続く修正の目処

また、５波が延長した場合には、次のようなガイドラインがあります。それは、「５波が延長した場合、それに続く修正の目処は延長波の副次波２波終点近辺になる」というものです。

図３－31は（５）波が延長しているケースです。この場合、この延長した（５）波の副次波の２波終点が修正の株価的な目処になります。この図を見ていただくとわかるように、（５）波が延長した場合の２波終点というのは、（４）波の始点から終点の範囲か、それの近くの水準に位置する可能性が高いです。ですから、このガイドラインは、先に述べた「その前の波の副次波の４波の範囲」という目処とほ

ぼ符合することを言っていることになります。

このケースのリトレースには、図３－31のように、主に２つのパターンが考えられます。リトレースのパターン１は、修正波の終点である（C）波終点の目処が（５）波の２波終点付近になる、というものです。

リトレースのパターン２は、修正波が（A）－（B）－（C）と展開する中で、（A）波終点の目処が（５）波の２波の終点付近になり、修正波の終点である（C）波終点の目処が（４）波終点付近となる、というものです。

図３－31　延長した（５）波に続く修正波の２つのシナリオ

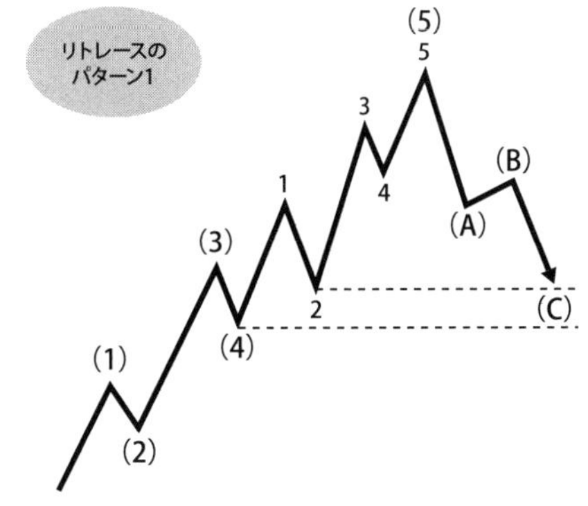

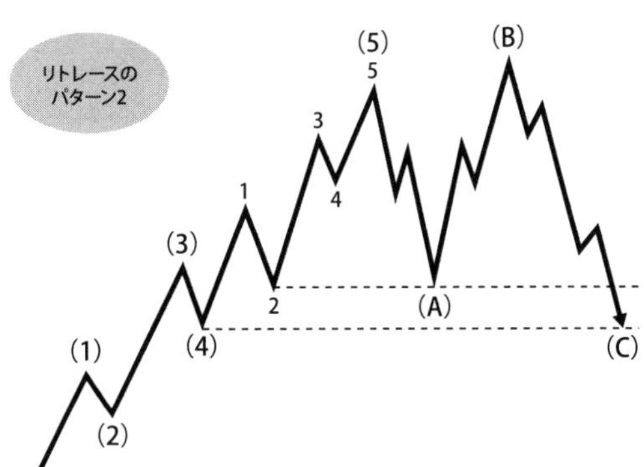

3）修正波の深さ（リトレース）の比率関係のガイドライン

前のアクション波に対して修正がどのくらい進むか（どのくらいリトレースするか）に関する比率関係のガイドラインもあります（図2－32）。このガイドラインでは、インパルスの2波については、1波の値幅の61.8％か50％、インパルスの4波については3波の値幅の38.2％というのがリトレースの目処とされています。

※この修正の比率関係のガイドラインについては、本来は対数目盛り（ログスケール）で示した価格の線分上で考えるべきものだと思われます。対数目盛りというのは、26ページで説明したように変化率を長さとして示したものです。

ただし、210ページでも述べたように、修正の比率関係のガイドラインはもともと厳密なものでなく、あくまでも目安として見ていくものですし、変化率が何倍にも及ぶものでない限り、通常のトレードでは前の波の値幅に対する率で考えてもよいのではないかと思われます。例えば、「2波によるリトレースの目処は1波の値幅の61.8％ないし50％」というように、です。

しかし、変化率が数倍にも及ぶような価格変動の株価チャートで修正の比率関係のガイドラインを当てはめるときには、やはり片対数目盛りのチャートを使い、対数目盛りで価格を示した線分上の長さにこの比率を当てはめるべきだろうと思います。

また、ジグザグのB波やジグザグの複合形（ダブルジグザグ、トリプルジグザグ）のX波もインパルスの2波に準じたリトレースの比率が目処になるとされています。

ジグザグのB波のA波に対するリトレース率については、B波の波形によって違ってくるというガイドラインもあります。詳しくは第

２章の第４節「基本波形③ジグザグ」の項を参照ください。

さらに、通常、拡大型トライアングルにおいては、Ｂ波、Ｃ波、Ｄ波はそれぞれ直前の波を105％から125％リトレースするというガイドラインもあります。

ただし、これらの比率はあくまでも目処に過ぎず、現実にはケースごとにかなりバラバラなリトレース率になります。ですから、このリトレースの比率のガイドラインについては特に他のガイドラインの項目も参照しながら、併せて波動の判断をしていく必要があります。

図３－32

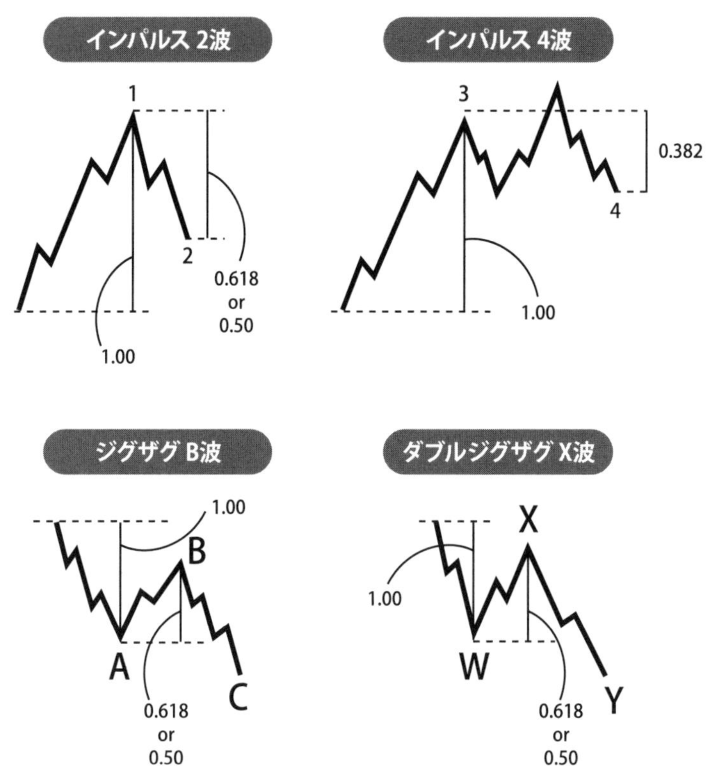

第9節
ガイドライン⑧　波の個性

推進波の１波～５波、修正波のＡ波～Ｃ波、さらにトライアングルの場合はＤ波とＥ波という各波にはそれぞれの個性があり、その個性が具体的にどのようなものかを示したのが「波の個性」（Wave Persona lity）のガイドラインです。

それぞれの波の個性は、相場に参加する人たちが各局面で抱く悲観や楽観などの群集心理によってもたらされるものであり、時代や波の段階にかかわらず、それぞれの波の個性が繰り返し現れます。その結果、同じような波形が繰り返し出現します。

波動についていくつかのカウントがあり得るとき、波の個性に照らすことでより有力なカウントがどちらなのかの判断に役立ちます。

以下、各波の個性について紹介します。上昇トレンドにおける推進波とそれに続く修正波の各波を想定して記述します。それと反対に下降トレンドにおける推進波とそれに続く修正波の各波については、すべて上下の方向を逆にして考えてください。

ただし、このガイドラインは小さなディグリーの波動には当てはまりません。目安としては、プライマリー級以上の波動によく当てはまるガイドラインと言えます。また、日足チャートでインパルスが確認できる波動のディグリーがマイニュート級程度の大きさの波であることもしばしばあるので、日足チャートで波動をカウントしたり、進行想定を立てたりする際のガイドラインとして参考にするといいでしょう。

◆1波

1波は投資家の大半が「まだ下降トレンドが続いている」と信じている中で起こる波で、ファンダメンタルズ的にも悪材料が続いている状況の中で「一時的な上昇に過ぎず、どうせまた下落トレンドに戻るだろう」という投資家たちの弱気が続く中で起きる波です。多くの投資家が「戻り売り」スタンスを取ります。

上昇が本格化する前の「土台作り」とも言える波でありますが、2波によって大きく修正されてしまうことも多いです。

しかし、直前の下降波動の中の修正波による上昇に比べると、出来高が増加したり、上昇銘柄数が多くなったりというように、全体的なトレンド転換の兆候もちらほら見られます。

また、直前の下落波動が非常に大きな急落の場合や、大きな下落の後のフェイラーの場合などは、その後のこの1波の上昇はいきなりダイナミックで本格的な波になることもあります。

急落の後に上昇転換して最初に出現する1波の場合は、下げすぎの反動や溜まっていた空売りの買い戻しなども上昇に弾みをつけるという面もあると思われます。

急落の後のフェイラーに続く上昇転換直後の1波の場合には、フェイラーの波が安値更新しなかったことで投資家の間で底打ち感が強まるとともに安心感も広まり、上昇相場に参加する投資家が増えることによってダイナミックな上昇になることがあるのだと思われます。

このように、フェイラーの波が本格的な上昇波動開始の土台作りの役割をしている面もあると思われます。

◆2波

投資家の間ではまだ弱気な見方をしている人が多く、2波の動きによる下落に入ると「また安値を更新してしまうのではないか」という恐怖心が投資家の間で広まります。

その結果、２波は価格的に深い修正になりやすく、場合によっては１波による上昇幅のほとんどを打ち消すような修正になることもあります。波形としてはジグザグによる比較的急こう配な修正波になりやすいです。

◆３波

通常、１波、３波、５波というアクション波の中で一番力強く、一番大きな規模になることが多く、最も延長することが多い波でもあります。

ギャップを伴う上昇、大きな出来高、ダウ理論によるトレンドの確認など、テクニカル的に上昇トレンドを確認するさまざまなサインがそろい、ファンダメンタルズ的な裏付けも増えて、誰の目にも上昇トレンドを疑う余地のないものになります。

個別銘柄もほとんどすべてが上昇し、投資家やトレーダーにとってはトレンドに乗って利益を狙いやすい局面です。特に、「３波の副次波の３波」（the third wave of a third wave）は最も大きな動きになりやすく、投資家にとって最大の注目の局面となることが多いです。

また、株価の上昇を後押しするような大きなニュースが飛び出してくるのも３波の特徴です。市場参加者の多くはそのニュースによって株価が上昇したと解釈しますが、その前にすでに３波による上昇相場に入っていることから、エリオティシャンにとっては「出るべくして出たニュース」ということになります。

◆４波

４波は横ばいの修正波になりやすく、波形としてはフラット、トライアングル、複合修正波などに比較的なりやすいです。ジグザグになることも多いですが、２波に比べるとその確率は低いです。

オルタネーションの習性によって２波とは異なる波形になりやすい

です。修正が終了する水準は３波の副次波４波の始点から終点までの範囲、特に４波の終点が有力な目処になります。

４波はしばしば複雑化、長期化します。その場合には「ジグザグで修正完了かと思ったらフラットを形成する途中だった」とか、「フラットが完成したと思ったらダブルスリーを形成する途中だった」というように、かなりしつこく、複雑に展開していくというパターンになります。そうした意味でリアルタイムでの波形特定が一段と難しくなりがちな波といえます。

また、トライアングルはインパルスにおいては原則として４波にしか現れません。トライアングルはそのオーソドックスな終点では先行する３波を僅かにしかリトレースしないことがほとんどですがその特徴的な横這いの波形によって最後の上昇に備えた時間調整をすることになります。

◆５波

５波の上昇局面は投資家心理がかなり強気に傾きやすくなります。１波以降上昇相場が続いてきて、「株価が下がっても待っていればそのうち高値更新する」「とにかく買えるだけ株を買って持っているのがいい」という安易な強気に多くの投資家が陥りやすくなります。しかし、実際の相場の動きは投資家の期待よりも弱くてじれったい動きになりがちであり、個別銘柄によっては一足早く下げトレンド入りしてしまうものも増えてきます。

３波が延長した場合、５波は１波と同程度の大きさになりやすく、３波がかなり大きくなった場合には５波はフェイラーすることもあります。

１波も３波も延長しない場合、５波が延長することがあります。その場合に、５波の副次波の５波がさらに延長し、その副次波の５波がさらに延長し……というようにアンテナペンの先が延びるようにグングン延びていくこともあります。

出来高は、プライマリー段階以上の連続した波では一般的に５波で最大になる傾向があるようです。しかし、それよりも小さな階層では一般的に５波の出来高は３波の出来高よりも減少し、もし５波の出来高が３波を超えるとしたら５波が延長する可能性が高い、ということです。

◆A波

一般的に下落波動としてのＡ波の局面では投資家心理はまだ楽観が大勢を占めていて多くの投資家は「上昇トレンド内の単なる修正」に過ぎないと考えています。

景気指標や企業業績などファンダメンタルズ面でも好材料が続いて出てくることが多く、株価下落によって割安局面あるいは押し目買い局面と判断して買いに走る投資家が多く存在する状況です。

しかし、５波がダイアゴナル、フェイラー、延長など天井を示唆する形を形成してから下落し始めた場合、それは下降トレンドの最初のＡ波に突入した可能性が濃厚となります。

Ａ波は３波動で終わるケースと５波動を形成するケースがあります。

Ａ波がジグザグやフラットなどの３波動で終わる場合には、それに続くＢ波が３波動、Ｃ波が５波動となりＡ－Ｂ－Ｃ全体としてはフラットになるか、３波動のＢ波、Ｃ波、Ｄ波、Ｅ波と連なって５波動のトライアングルになるか、あるいは複合修正波になる可能性が考えられます。

Ａ波が５波動の場合には、Ｂ波が３波動、Ｃ波が５波動というＡ－Ｂ－Ｃ全体としてはジグザグになるシナリオが考えられます。

また、最初の波がジグザグやダブルジグザグであった場合は、それがＡ波としてのリーディングダイアゴナルに発展する可能性もあるので、波の大きさをしっかりと確認しながら慎重に波形の判断をする必要があります。

◆B波

Ｂは「まやかしの波」と言われています。投資家に判定を誤らせるような性質を強く持っているからです。

例えば、Ｂ波が上昇波動の場合、多くの投資家は「修正局面が終わって、上昇トレンドが再開した！」と思ってしまいます。

多くの投資家はＡ波の下落局面でも、まだ相場が下降トレンドに入ったことを認識せずに楽観的な見方をしており、Ｂ波のスタートを見て「やはり上昇トレンドは続いている」と思うわけです。

特に、Ａ－Ｂ－Ｃがフラットになる場合、Ｂ波はＡ波始点近辺まで上昇するか、場合によってはそれを超えて高値更新する形になってしまいます。こうなると、余計に「上昇トレンドは継続している」という判断を多くの投資家がしてしまうところとなります。しかし、Ｂ波に続いて起きる動きは強烈な下落になりやすいＣ波です。

Ｂ波の上昇局面というのは、他の株価指数で上昇転換が確認できなかったり、個別株で下降トレンド入りする株が増えたり、指数の上昇に寄与する値上がり銘柄が一部に偏っていたり、各種テクニカル指標が弱気のサインを点灯していたり、テクニカルアナリストにとってはすっきりしない局面です。このように、相場観察者あるいはテクニカルアナリストが「この相場では株価指数は上昇しているけど、何かスッキリしない」と感じるような状況なら、それはＢ波である可能性が高いです。

出来高については、一般的にプライマリーより小さい階層のＢ波では減少する傾向があります。

また、以上のようなB波の特徴は、ダブルジグザグを含む複合修正波のX波や、拡大型トライアングルのD波にも同様に見られます。

◆C波

インターミディエット以上のC波は、一般的に大きな下落になりやすいです。B波まで投資家を支配していた楽観的な見方が完全に打ち砕かれるような動きになります。

ただし、著者のこれまでの観察によれば、特に5分足以下のチャートで観察される波動においては、これらのC波はそれほど大きくならないことも多く、A波と比べても同程度か小さいというケースも珍しくありません。ごくまれなケースですが、C波がフェイラーとなりB波を超えられないケースもあります。

トライアングルにおけるC波はしばしば複雑化したり長期化したりすることがあります。その際、波形としてはX波によるリトレースの深いダブルジグザグになることがよくありますし、フラットになることも珍しくはありません。

◆D波

D波とE波はトライアングルの副次波の4波目、5波目として出現する波です。そのトライアングルが上昇波動内の修正波である場合、D波は上昇波動となります。

トライアングルのC波は破壊的な下落というよりは複雑化・長期化した横ばいの波であることが多く、投資家の多くはまだ「相場はやがて上昇トレンドを再開して高値を抜くだろう」と考えています。そうした中で起こる上昇波動のDでは、投資家心理が再度強気に傾きます。

しかし、D波による上昇局面では一般的に株価指数は上がるものの、個別銘柄では上昇銘柄数が絞られ、値動きの停滞する銘柄が多くなります。「日経平均は上がっているのに、自分の持ち株は動かないな」

という状況になりやすい局面です。

◆E波

Ｅ波では、その動きの方向を裏付けるようなファンダメンタルズ的な材料が出てくることが多く、株価がその方向への動きを続けるという投資家の確信を強めがちになります。

例えば、Ｅ波が下落方向の波の場合、その方向の動きを裏付けするような悪い材料が出てくることが多いです。

おまけに、Ｅ波では下値支持線を一時的にブレイクすることもあり、その場合、多くの投資家は新しい下降トレンドのスタートかと判断してしまいがちになります。

しかし、実際にはＥ波は修正の最終局面であり、新たな上昇波動の開始が近づいている局面になります。

次ページの図３－33は本節の話をまとめた図になります。

図３－33　各波の個性

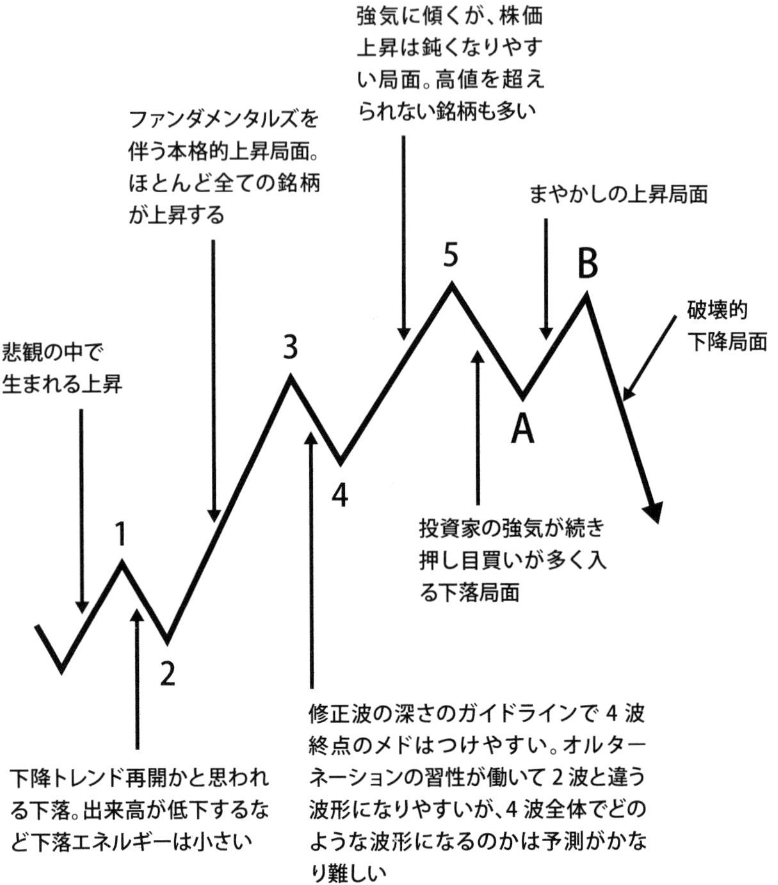
投資家心理はかなり
強気に傾くが、株価
上昇は鈍くなりやす
い局面。高値を超え
られない銘柄も多い
ファンダメンタルズを
伴う本格的上昇局面。
ほとんど全ての銘柄
が上昇する
まやかしの上昇局面
5
B
破壊的
下降局面
3
悲観の中で
生まれる上昇
A
4
1
投資家の強気が続き
押し目買いが多く入
る下落局面
2
修正波の深さのガイドラインで 4 波
終点のメドはつけやすい。オルター
ネーションの習性が働いて 2 波と違う
波形になりやすいが、4 波全体でどの
ような波形になるのかは予測がかな
り難しい
下降トレンド再開かと思われ
る下落。出来高が低下するな
ど下落エネルギーは小さい

第4章

エリオット波動のカウントの事例研究

日経平均、ドル円、ＮＹダウを分析する

第1節
カウントの手順

1）日経平均やドル円をカウントしてみよう

第１章〜第３章ではエリオット波動原理の体系を詳細に述べました。本章では実際にその知識を使ってどのように現実の相場を分析するのか、より実践的に説明します。

最終的には相場トレンドや転換点などを探り投資やトレードに活かしていきたいわけですが、そのためにもまずは対象となる指数の過去の値動きについてエリオット波動で分析してカウントすることが大切です。本章ではナスダック100、日経平均、ドル円、ＮＹダウのカウントを試みます。

また、本書に記載しているカウントは、あくまでも2023年10月時点での著者の見解であり、今後の相場展開によってはカウントと想定を変更する可能性があります。著者の今後のカウント＆想定の最新情報については、日本エリオット波動研究所の公式ウェブサイト（http://jewri.org）をご参照ください。

なお、本書の実例で使っている日経平均の値動きは図４－19以外は225CFDの値動きで代替しています。225CFDは日経平均と連動する派生商品ですが、原則として24時間取引されていますので連続性という点で分析するのには優れています。もちろん、実際の日経平均のチャートでもエリオット波動分析は可能です。期間が数カ月とか数年、あるいはそれ以上と長期になればどちらも結論はそれほど変わりません。ただし、短期の分析においては連続性のある225CFDの値動きのほうがよりきめ細かく有効な分析ができると思われますので、著者は225CFDを使った日経平均分析をしています。

2）まず、大きな値動きを見て波を大ざっぱに区切る

エリオット波動分析では、「今、株価が波動のどの階層で、どのような波形を形成中なのか」を探ることで、「今後どのような展開になる可能性が高いのか」というシナリオを考えていきます。そのために、まずは現在の位置を確認します。そのうえで今後の進路を想定する、という手順になります。

波動の現在位置を確認するには、各値動きの波形とその連なりを確認していくことが大切です。

どんな波動もそれよりも大きな波動の一部分（つまり、副次波）として展開していますから、より大きな波動がどのような展開になっているのかを確認することが必要です。

著者としては、サイクルくらいの段階から波動を確認していくのがいいのではないかと思っています。サイクルというのはだいたい10年程度の長さ（数年から場合によっては20年以上）の波動です。なるべく期間の長い株価チャートを確認してみましょう。例えば、日経平均やNYダウであれば2008年のリーマンショックの後につけた2009年の安値からの波動を、ドル円であれば2011年10月末につけた安値75円55銭からの波動を確認してみましょう。

そして、まずは際立った高値と安値を確認しましょう。その際立った高値・安値はサイクルの高値や安値など波動の区切りのポイントになっている可能性があります。

もちろん、波動はフェイラーで終わる可能性もありますし、拡大型フラットなどのように直前のアクション波の終点を一時的に超えるリアクション波が出現することもありますから、際立った高値・安値がオーソドックスな高値・安値であるとは限りません。しかし、まずは暫定的に際立った高値・安値で区切って波動分析を始めていきましょう。そして、副次波を検討していくなかで、オーソドックスな高値・安値を判断するという手順で分析を進めていくのがいいでしょう。

3）推進波か修正波か、どんな波形かを想定し、副次波を点検する

次に際立った高値・安値で区切った波動について、上昇－下落－上昇－下落－……というような連なりを確認します。

その連なりの全体的な方向が上向きならば上昇波動がアクション波、下落波動がリアクション波なのではないかと見当がつけられます。メジャートレンド（一回り大きなトレンド）と同じ方向ならアクション波、反対方向ならリアクション波、という原則を思い出しましょう。以上のように、分析対象の波について、アクション波－リアクション波－アクション波－リアクション波－……という連なりである、というように想定できます。

アクション波は修正波になることもありますが、だいたいのケースは推進波です。リアクション波は必ず修正波です。

ですから、全体の波の構成は図４－１に示したように推進波－修正波－推進波－修正波－……というような連なりになっている可能性が高い、と考えられます。

繰り返しになりますが、アクション波は修正波のこともありますから、推進波と想定しているところが修正波である可能性もあります。しかし、とりあえずはこのように想定して分析を進めましょう。各波

図4－1

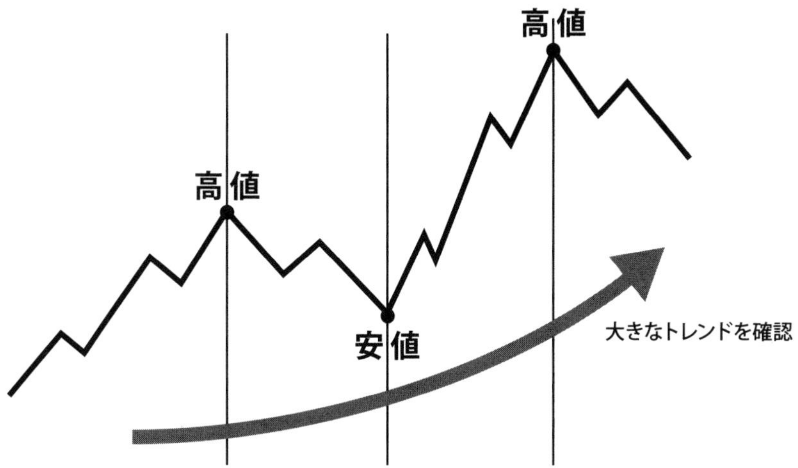

まずは株価の大きな動きを確認し、その中で際立った高値・安値で波動を区切ってみる。上の図の場合、「上昇→下落→上昇→下落」というように大きなトレンドは上昇なので、「アクション波→リアクション波→アクション波→リアクション波」と想定できる。さらに、暫定的に、「推進波→修正波→推進波→修正波」と想定できる

の副次波を確認して、それが修正波の可能性が高いなら、そのときに判断を修正していけばいいです。

波の始点や終点、それから推進波や修正波などの判断は、とりあえずおおざっぱに想定していって、副次波を確認することで波動分析を厳密化していく、という流れにすると頭が整理できて作業を進めやすいと思います。

第2節

実際にカウントしてみよう
～ナスダック100を例に～

1）コロナショック安値を起点にカウントを考えてみる

カウントの事例を見てみましょう。

下の図4－2はナスダック100の日足チャートです。このチャートで2020年3月のコロナショックの安値から2021年11月の高値までの波形は何か、考えてみてください。

図4－2　ナスダック100　日足チャート　2017年～2022年

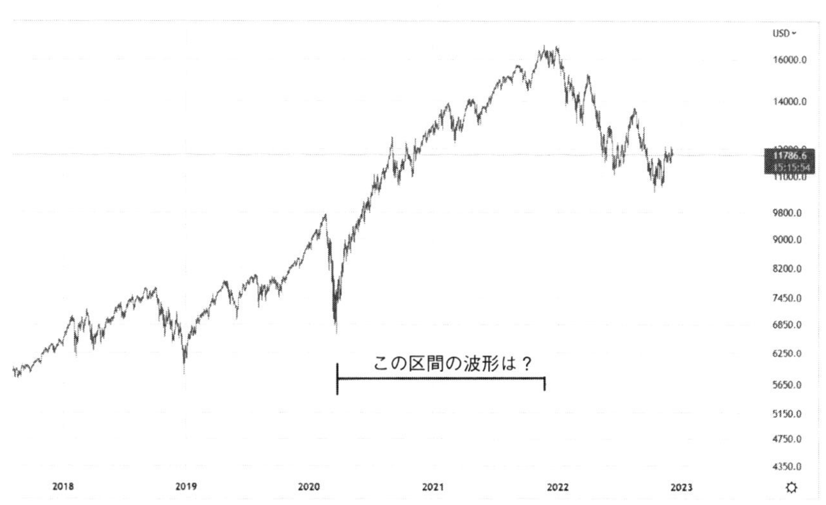

画像提供：tradingview.com

図４－３はカウント案のひとつです。問題の部分を含めた一回り大きなトレンドが上昇なので、問題の部分をインパルスとカウントしてみました。このカウントは正しいでしょうか。

図４－３　ナスダック 100　日足チャート　2017 年～ 2022 年

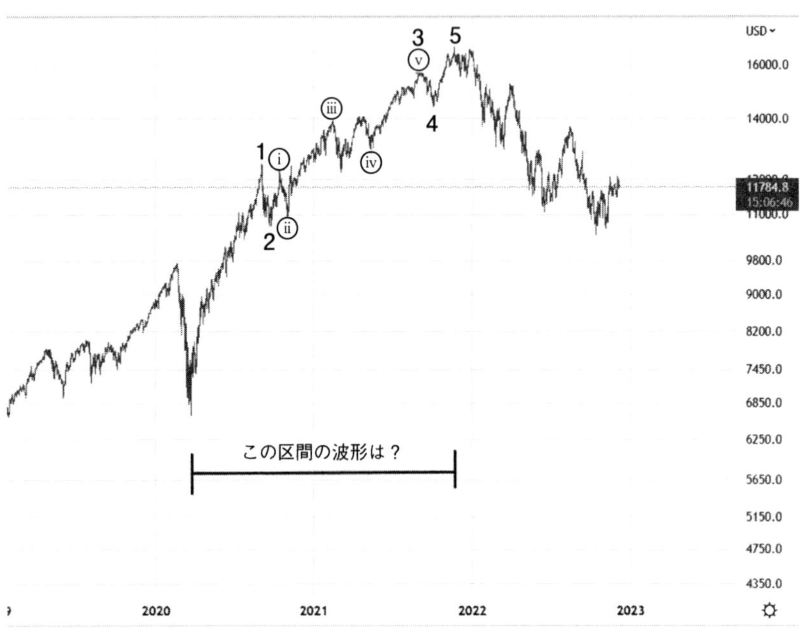

画像提供：tradingview.com

このカウントが正しいのかどうかを確認するために、次の図４－４の丸で囲んだ３つの箇所を精査してみます。

図４－４　ナスダック100　カウントの検証ポイント

インパルスになっているか？
このような修正波はあるのか？
インパルスまたはリーディングダイアゴナルとカウントできるのか？
この区間の波形は？

画像提供：tradingview.com

2）副次波の検証１　１波の副次波iii波はインパルスとカウントできるか

まず、１波の部分ですが、次の図４－５のようにカウントすると、一見、インパルスになっているように見えます。インパルスの３波は必ずインパルスになるというのが絶対的なルールですが、この１波の第３波部分（ⓘⓘⓘ波）も一見インパルスとカウントできるように感じられます。

図４－５　ナスダック100　検証部分１（１波の詳細とカウント）　その１

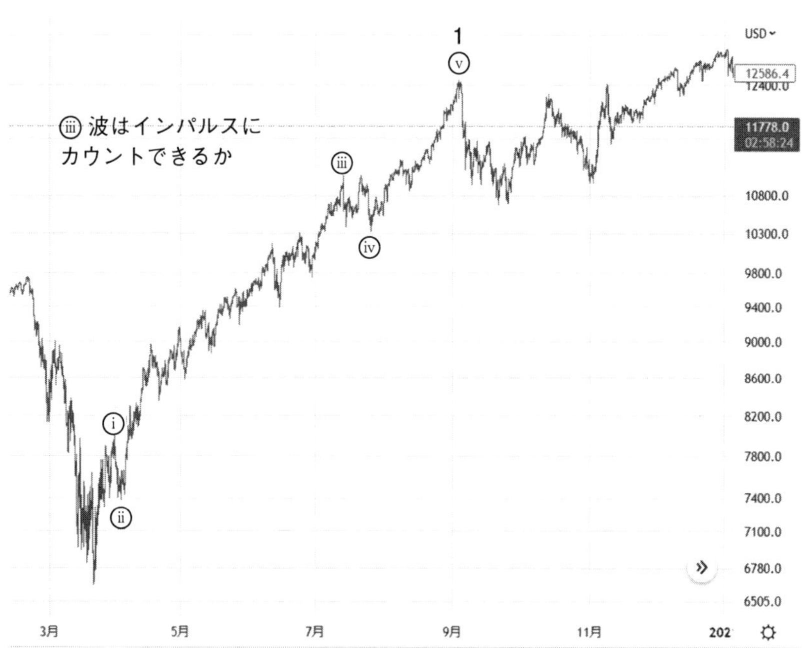

画像提供：tradingview.com

しかし、次の図４－６のようにさらに細かくカウントすると、ⅲの中の (iii) 波部分は波の重なりが多くてインパルスとカウントできるようには見えません。

図４－６　ナスダック100　検証部分１（１波の詳細とカウント）　その２

画像提供：tradingview.com

3）副次波の検証２　３波の副次波ⅲ波はインパルスか

次に、２つ目の検証部分である３波の副次波３波の部分を見てみましょう。次の図４－７を見てください。３波の副次波３波（③波）は、一見、(i) － (ii) － (iii) － (iv) － (v) というインパルスにカウントできそうにも見えます。しかし、(iii) 波の部分をよく見るとやはり波の重なりが多く、この部分はインパルスではなさそうです。

図４－７　ナスダック 100　３波のⓘⓘⓘ波の詳細とカウント　その１

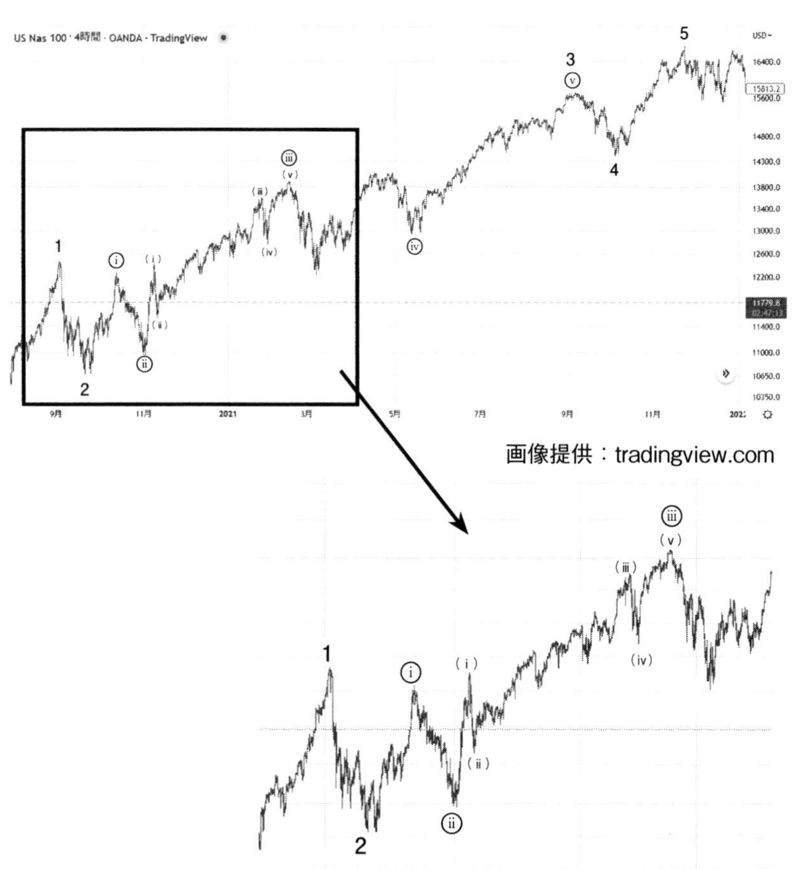

画像提供：tradingview.com

しかし、図４－８のように、(iii) 波の部分はｖ波をダイアゴナルとするインパルスとカウントできることがわかりました。

図４－８　ナスダック１００　３波のⓘⓘⓘ波の詳細とカウント　その２

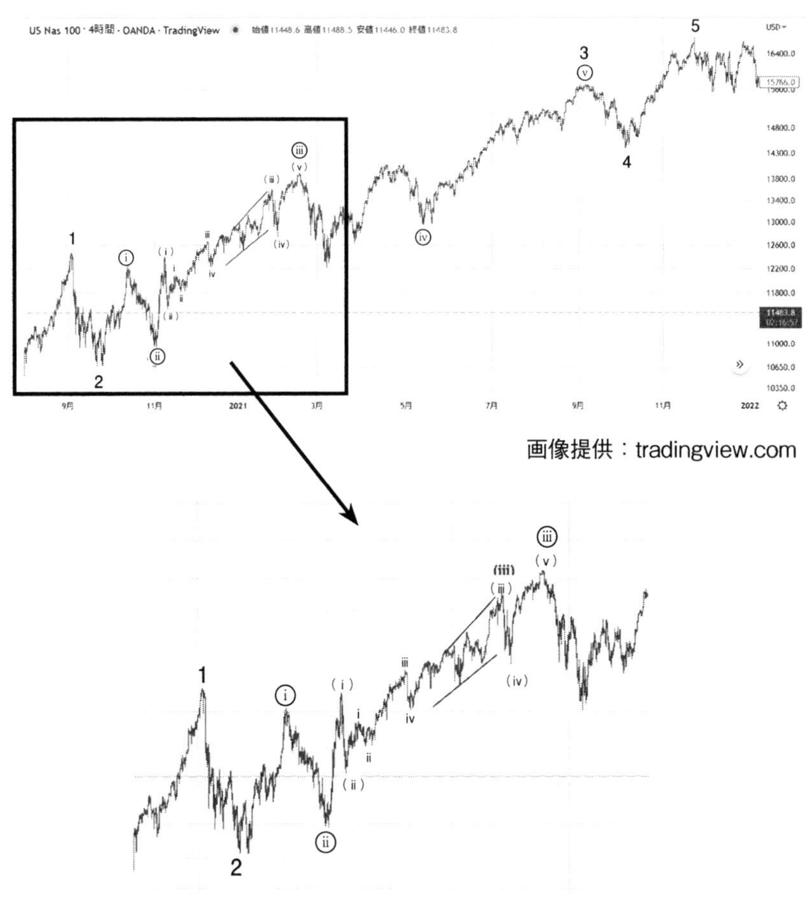

画像提供：tradingview.com

３波のⓘⓘⓘの（iii）波はｖ波をダイアゴナルとする
インパルスとカウントできる

4）副次波の検証３　修正波の波形は？

３つ目の検証箇所である３波の副次波ⓘⓥ波を見ていきましょう。「この部分は修正波としてカウントできるのか」ということですが、次の図４－９のようにランニングフラットとカウントできそうです。

図４－９　ナスダック100　３波のⓘⓥ波の詳細とカウント

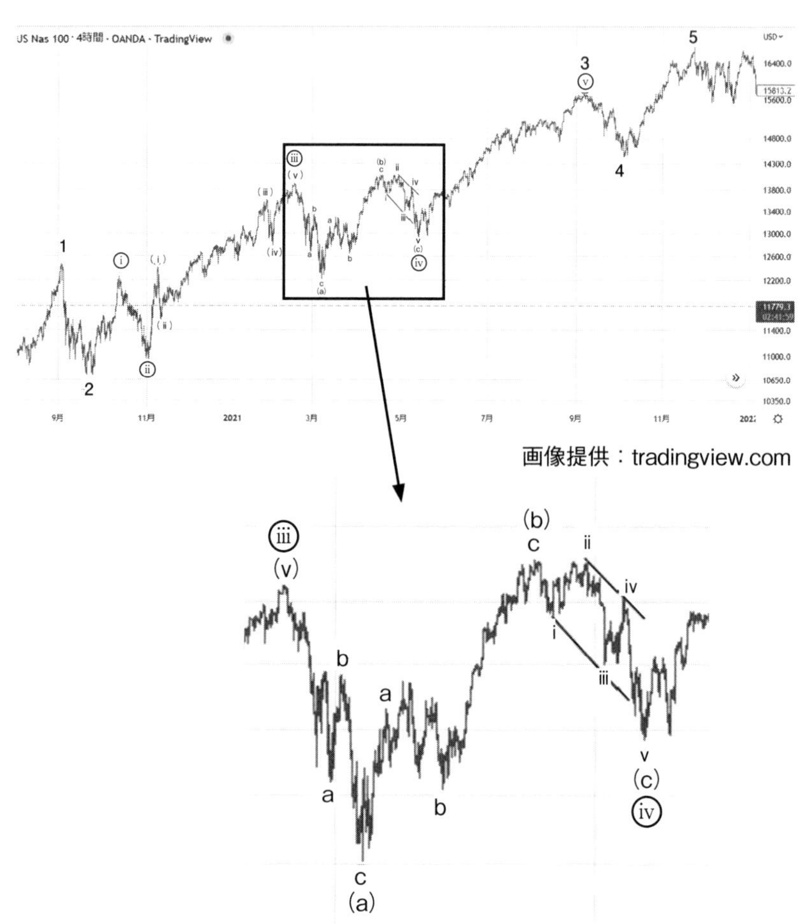

5）「副次波の検証１」を再検討

以上のように、３つの検証箇所のうち、３波のⓘⓘⓘ 波の部分と、３波のⓘⓥ 波の部分はクリアできました。

しかし、先ほど見たように１波については、ⓘⓘⓘ の（iii）の部分がインパルスに見えないという問題についてはクリアできていません。このことがネックとなり、１－２－３－４－５とカウントした部分がインパルスとカウントし切れていません。１波がインパルスかダイアゴナルでないと、それを含めた１波から５波で構成する全体の波形をインパルスと認めるわけにはいきません。

そこでもう一度１波部分のカウントを見直してみます。副次波の位置をすべて見直し、図４－10のようにカウントし直すことで、この１波部分がインパルスとカウントできることが分かりました。図

図４－10　ナスダック100　４時間足　2020年２月～2021年３月

画像提供：tradingview.com

4－6の１波のカウントと比べて、副次波のⓘ、ⓘⓘ、ⓘⓘⓘ、ⓘⓥ波の位置が変わっている点に注目してください（図４－10）。

以上のように検討してきた結論として、2020年３月のコロナショックの安値から2021年11月の高値までをインパルスとカウントすると図４－11のようなラベリングになります。

図４－11　ナスダック100　８時間足チャート　2020年２月〜2021年12月

画像提供：tradingview.com

6）ガイドラインに照らしてカウントの有効性を検討する

次に、このカウントの有効性をガイドラインに照らして検討してみます。

まず、インパルスにおいて、「2波は1波を深くリトレースする」というガイドラインとの適合性を見てみましょう。このガイドラインは特に2波がジグザグ系の修正波の場合に適用されるものです。

次の図4－12のチャートでは、2波がジグザグ系の修正になっている波動を楕円で囲みました。

図4－12　カウントの検証1　インパルスの2波のリトレースは深いか

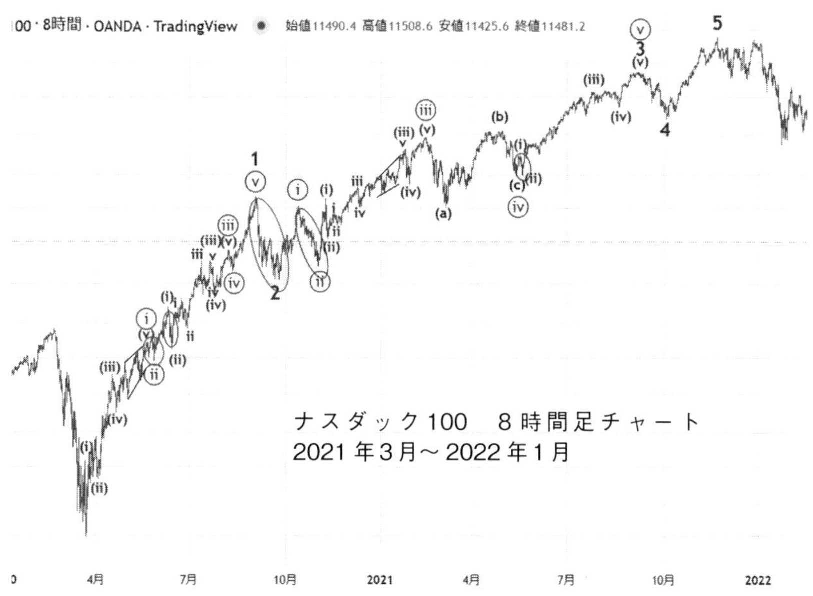

画像提供：tradingview.com

これを見ると一番大きなディグリーである２波と、１波の副次波２波についてはリトレースが浅く、ガイドラインから大きく逸脱していることがわかります。

次にオルタネーションのガイドラインへの適合を見てみます。

これは主に「インパルスの２波と４波が性質の異なる波形になる」というガイドラインですが、次の図４－13のように、２波と４波はともにジグザグ系の修正波であり､オルタネーションは見られません。

図４－13　カウントの検証２　インパルスの２波と４波は異なる波形か

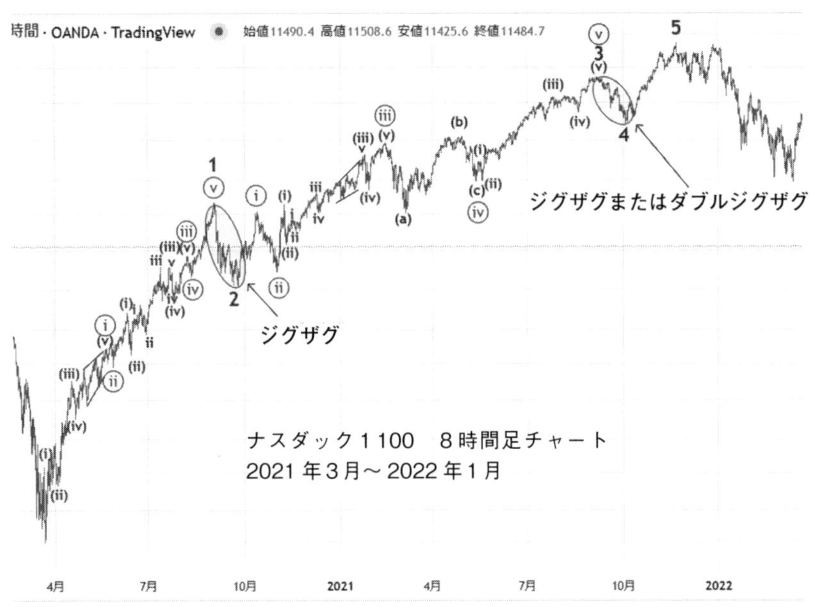

画像提供：tradingview.com

次に「4波は3波の副次波4波が動いた範囲まで修正する」というガイドラインについて確認すると、次の図4－14のように、まったく修正が足りていません。

また、3波のⓘⓘⓘiiの(iii)のv波はエンディングダイアゴナルですが、完成後に僅かなリトレースしか見られない点もガイドラインから逸脱しています。

3波のⓘⓥはランニングフラットというカウントですが、それに続く波の勢いがそれ以前の波の勢い（傾き）より弱っていて、本来のランニングフラットの性質からは逸脱しています。

図4－14　カウントの検証3　4波のリトレースはどうか

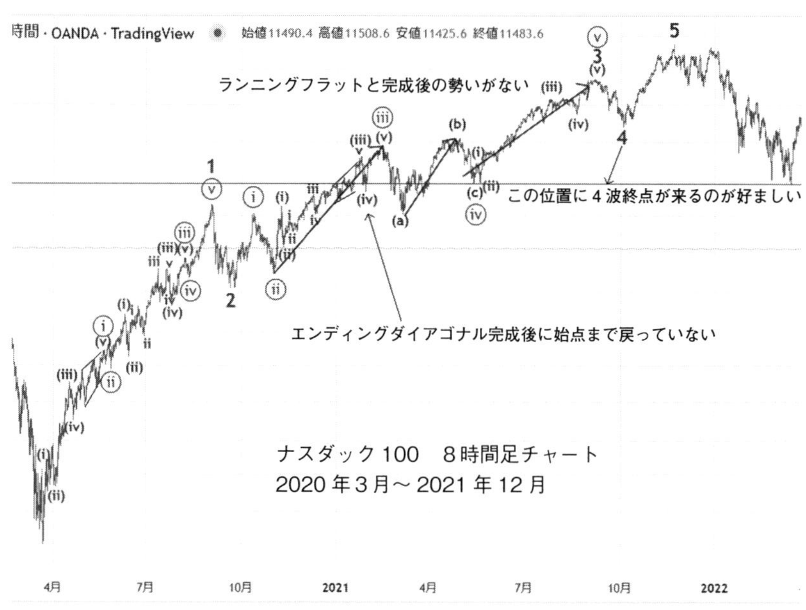

画像提供：tradingview.com

さらに、全体の波の傾きに注目すると、次の図４－15ように２波完成以降はモメンタムの低下が確認できます。これは、本来はジグザグ系の波形に見られる特徴です。

図４－15　カウントの検証４　全体の傾きはインパルスにふさわしいか

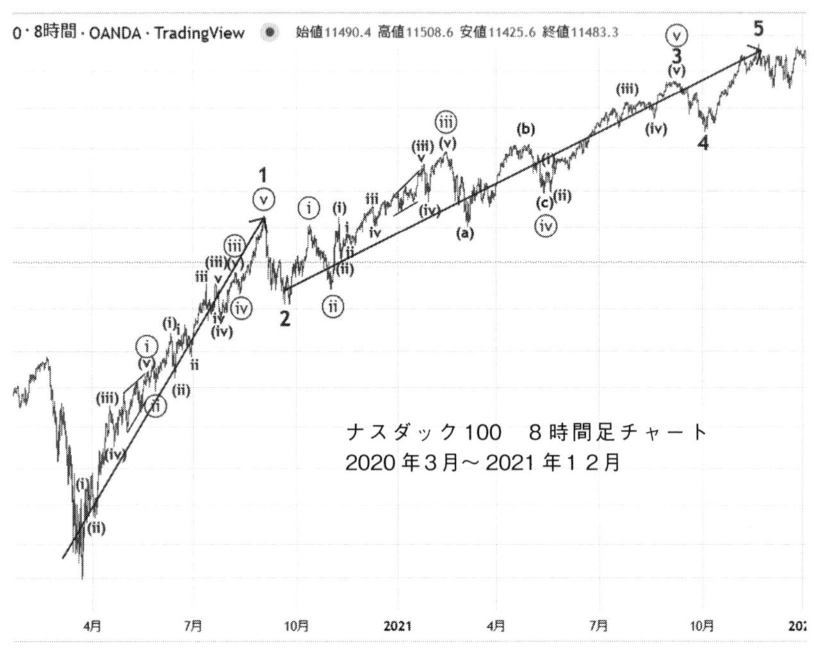

画像提供：tradingview.com

また、次の図4－16のように、四角で囲んだ部分がインパルスであるように見えます。

図4－16　カウントの検証5　部分の確認

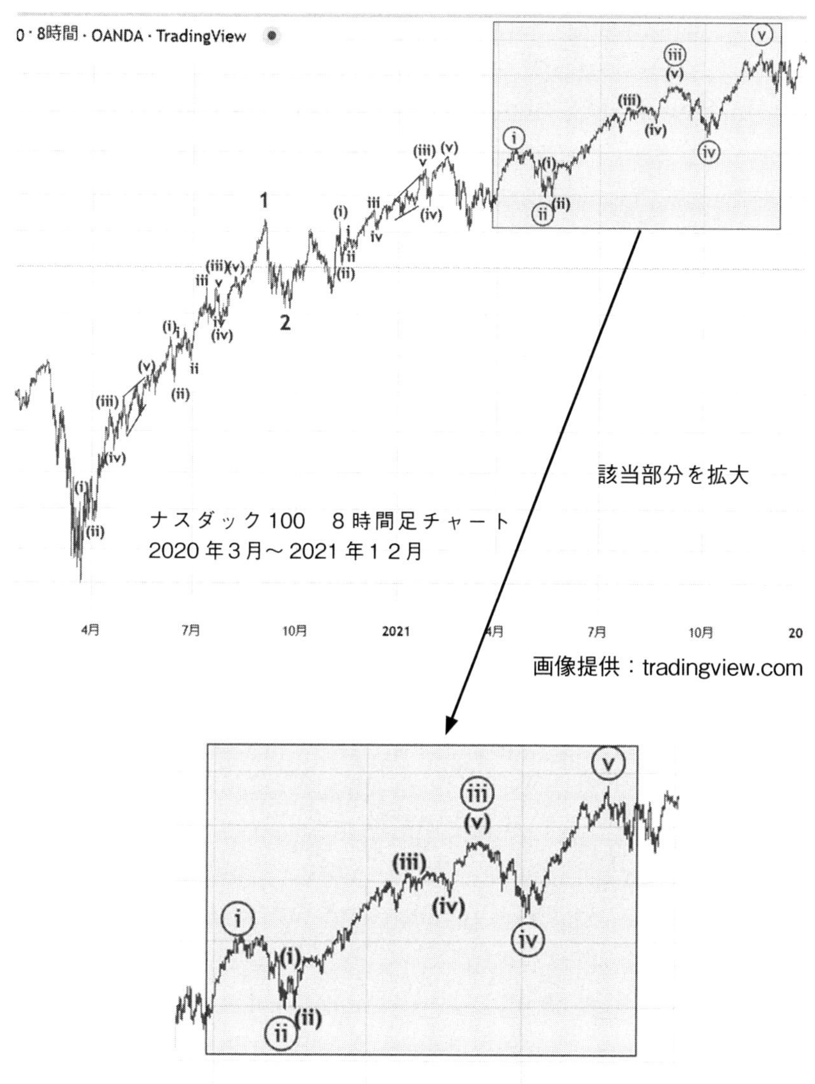

画像提供：tradingview.com

以上のことに加えて、このインパルスとカウントした波形は、チャネルを形成しているとはいいがたく、チャネルのガイドラインからも逸脱していると判断できます。

このように、コロナショック安値から2021年11月21日高値までの波動をインパルスとするカウントは、ガイドラインとの不適合が数多く認められます。そのことから、「絶対にインパルスではないとは言い切れないが、インパルスと認めるには疑いが多すぎる」と評価すべきではないかと思います。

7）他のカウントの可能性を探す

では、ナスダック 100 の2020年3月コロナショックの安値から2021年11月の高値までの波動は、他にどんな波形とカウントできるのでしょうか。

次ページの図4－17のチャートは、全体をダブルジグザグとカウントしてみた場合のカウント例です。(w) 波は a 波がインパルス 、b 波がジグザグ、c 波がインパルスのジグザグ、(y) 波は a 波がリーディングダイアゴナル、b 波がダブルスリー、c 波がインパルスのジグザグ、というカウントです。

これらのうちインパルスとカウントされている波動は、インパルスの3大ルールである「1波と4波が重ならない」、「2波が1波始点を割り込まない」、「3波がアクション波の中で一番小さな波とならない」をすべて満たしています。また、インパルスの3波はインパルスとなっています。

このように全体をダブルジグザグとカウントすれば、全ての部分がルール通りにカウントできることが分かりました。

図4－17　他のカウントの検討1　ダブルジグザグ案

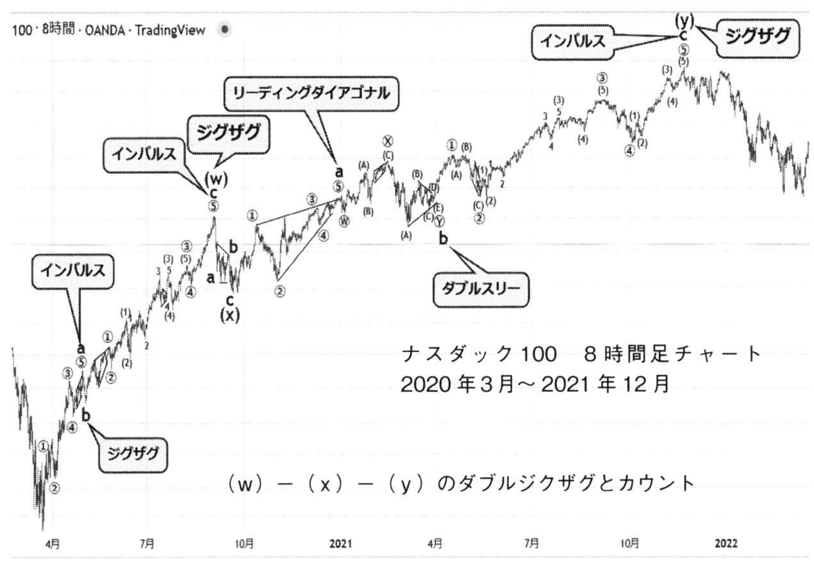

画像提供：tradingview.com

また、コロナ安値から2021年11月の高値までをひとつの修正波と捉えるのではなく、2021年9月6日までの波動を図4－18のようにトリプルジグザグとカウントするという方法もあります。

つまり、コロナショックをボトムとする上昇波動は、インパルスである可能性が残るものの、それよりもダブルジグザグまたはトリプルジグザグなどの修正波である可能性がある、という結論になります。

図4－18　他のカウントの検討2　トリプルジグザグ案

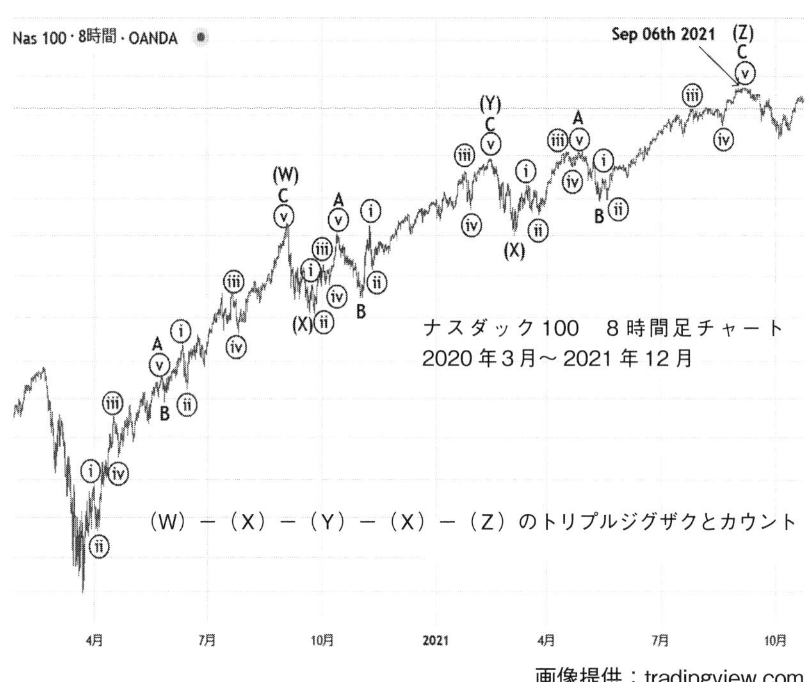

画像提供：tradingview.com

第3節
戦後の日経平均の動きを見てみよう

1）戦後から現在までの動きを概観する

日経平均の動きを最も長期にわたりさかのぼったのが、265ページの図4－19です。これは戦後に東京証券取引所が再開して日経平均が算出され始めた1949年からの値動きです。225CFDにはそこまでさかのぼれるデータがないので、ここは日経平均そのもののチャートを使っています。ここで最も際立った動きになっているのは1989年12月につけたバブル相場のピークです。ここを境目に、日経平均の長期トレンドが上昇波動から下落波動に転じたと考えられます。

1949年～1989年の動きは、日本経済が戦後に立ち直って成長していく様子を反映した上昇トレンドになっていると思われます。しかし、終戦時の1945年8月から1949年に東証が再開され、株価が算出され始めるまでに4年ほどブランクがあります。この間にも経済の戦後復興の動きはあったわけですが、それに相当する経済の動きはこのチャートには反映されていません。

戦後からバブルピークまでの長期的な株価チャートをエリオット波動分析するとどうなるかは興味深いところですが、肝心の「上昇の開始地点」が不明です。1989年のピークで終了したと思われる長期的な上昇波動の始点はどこなのか。終戦の前後かもしれませんし、さらにさかのぼって1930年ころの昭和恐慌のあたりだという説もあります。しかし、肝心の株価データが存在しませんので、残念ながらこの時期の日経平均の長期的な上昇波動のエリオット波動分析は不明だ、と言わざるを得ません。存在しないデータを想像してチャートに加えることが合理的な波動分析の方法だと思われないからです。

2）バブルのピークが重要な区切り

しかし、スーパーサイクル級と思われる数十年に及ぶ大きな上昇トレンドが生じていたのは確かであり、それが1989年のピークで終了したこともおそらく間違いないでしょう（※この1989年に終了したと思われるスーパーサイクル級の上昇波動についてどう分析し、どう考えたらいいかは、当研究所の今後の研究テーマのひとつにしたいと思います）。

そして、1990年以降の20年近くにわたる相場低迷は、その上昇波動を修正するスーパーサイクル級の修正波動だったのではないか、ということが想定できると思います。

ここで私たちにとっての重要な問題は、1990年以降続いている修正波動が完了したのかどうかということです。

具体的にはリーマンショック後の2009年3月の安値が1990年以降のスーパーサイクル級の修正波動の終点なのかどうか、ということです。このことについては、2023年現在でもまだ断定的に結論は出せませんが、しっかり波動分析をして、いくつかの想定をしておきたいところです。この波動分析については次節で考えます。

図4－19　戦後の日経平均の動き

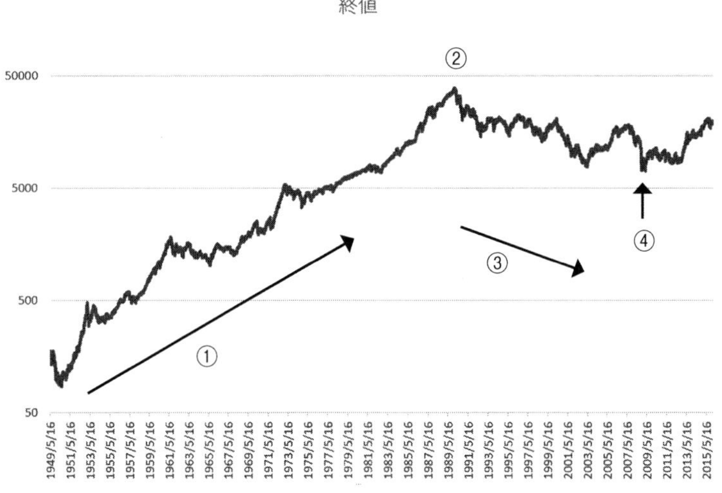

①戦後の経済成長に伴う株価上昇

②バブルのピーク

③バブル崩壊後の株価の低迷

④リーマンショック直後の安値。これでバブル崩壊後の下降トレンドは終了なのか？

第4節
バブル崩壊以降の日経平均をカウントする

1）際立ったポイントをチェックしてみよう

図4－20はバブル崩壊後から2017年1月までの225CFDの月足チャートです（このチャートの波動分析についての見解は同年5月時点のものです）。ここからは日経平均の代わりに225CFDを対象に分析していきます。まず際立った高値や安値をチェックしてみましょう。波動のカウントの下準備です。

際立った高値・安値はだいたい次ページの図4－21のようになるのではないでしょうか。ここでは、この後の話をわかりやすくするため、際立ったポイントにア～サという記号をつけました。

次に、この波動全体をごく大ざっぱに上昇局面と下落局面に分けてみましょう。

仮にバブルピークからリーマンショック直後の安値までの動きで下降トレンドが完成したとすると、これは戦後の大きな上昇のスーパーサイクルの後と考えられるので、それを修正する下落のスーパーサイクルである可能性が浮上します。

その場合、全体的な波形としては3波動構成の修正波になるというのがメインシナリオとして考えられます。

図４－20　225CFD　月足チャート（1989 年～ 2017 年）

画像提供：tradingview.com

図４－21

画像提供：tradingview.com

そうしたことも念頭に、図4－21を大きく上昇の局面と下落の局面に分けてみましょう。すると、以下の図4－22のようになるのではないかと思われます。

図4－22　225CFD　月足チャート

画像提供：tradingview.com

2）波形を想定する

バブルのピークから最初の急落場面の安値はアです。そこから、反転してつけた高値はイです。イはその後21年間更新されなかっただけに重要なポイントである可能性が高いと思われます。最後に、バブル崩壊後の安値は2017年5月時点ではキとなっています。

したがって、バブル崩壊後の下落波動がすでに終了しているとすると、ア、イ、キの3つが特に重要なポイントになるのではないかと思われます。そして、バブルピークからアまでの局面は下落波動、アからイまでの局面は上昇波動、イからキまでの局面は下落波動と考えられ、下落－上昇－下落の3波で修正波が完成しているのではないか、と想定することができます。そして、パッと見た感じの波形としては、

アまでの下落波動……インパルス
ア～イの上昇局面……フラット
イ～キの下落局面……拡大型ダイアゴナル

という風に見えます。

次ページの図4－23にはスーパーサイクル波の副次波（サイクル波）として、a－b－cとカウントを書き込み、さらにその副次波も書き込んでみました。

3）波動全体のバランスを考える

一見きれいにカウントできたように思われます。しかし、このカウントに何か問題はないでしょうか。

図4－23　バブル崩壊後の相場を大まかにカウントする

副次波まで想定すると

暫定的なカウント1

画像提供：tradingview.com

図４－23のカウントでひとつ問題と感じるのは、全体的なバランスに欠けているという点です。具体的にはａ波に対してｃ波が大きすぎます。

ａ波とｃ波の大きさがある程度違うことはよくあることですが、ｃ波の副次波の③波、④波、⑤波などは、それぞれａ波と同じくらいの大きさになってしまっています。また、ａ波の副次波である①波、②波などはプライマリー波としては小さすぎるように思われます。

そこで著者が再考した大まかなカウント２は図４－24です。

これはｘ波を間に挟んで、Ⓐ－Ⓑ－Ⓒというジグザグが２つ連結したダブルジグザグです。こうするとサイクル級のｗ波とｙ波はだいたい同じくらいの大きさになりますし、その副次波も同じ階層と言えるような大きさでそろいます。

図４－24　暫定的なカウント２

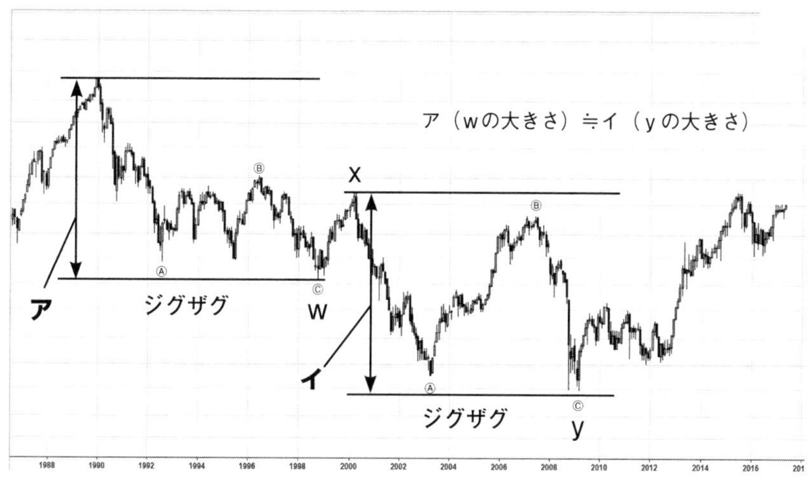

画像提供：tradingview.com

図4－23のカウント1でも図4－24のカウント2でも、リーマンショック直後の2009年3月でバブル崩壊後の修正局面は終了した可能性が高そうだ、という結論で変わりませんが、総合的に考えると図4－24のカウント2が有望そうだと著者としては判断しています。

4）副次波の整合性を確認する

有望なカウントを見つけたら、次にその副次波の整合性をチェックしましょう。

リアルタイムで行うカウントはあくまでも想定のひとつにすぎません。そのカウントが正解である確率を高めるためには副次波ができるだけきれいにルールやガイドラインを満たしているかを確認することが大切です。

例えば、ある波動の連なりがインパルスであるためには、その副次波の1波、3波、5波は5波動であることが必須であり、特に3波はインパルスであることが必須です。**全体をパッと見た感じでインパルスのように感じても、3波がどうしてもインパルスにカウントできなかったり、1波、5波が5波動にカウントできないのであれば、その全体的な波形の判断も間違いである可能性が高いと考えられます。**

逆に副次波まできちんと整合性が取れていれば、そのカウントが正解である可能性が高まると考えられます。副次波は最低でもひとつ下、できれば2つ下の階層まで確認しましょう。なるべく下の階層まで整合性が取れているほど、そのカウントが正解である可能性が高まると考えられます。

5）バブルピークから1992年までの急落は典型的なインパルス

まず、wの副次波Ⓐと想定した波動について検討してみましょう。

図4－25のように、きれいに（1）－（2）－（3）－（4）－（5）

という５つのインターミーディエット波と思われる波動の連なりが見えますのでこの期間の動きはインパルスと判定していいと思います（１）～（５）各波も、それぞれきれいに１波～５波あるいはＡ波～Ｃ波がカウントできます。

図４－25　225CFD（1989年～1992年）

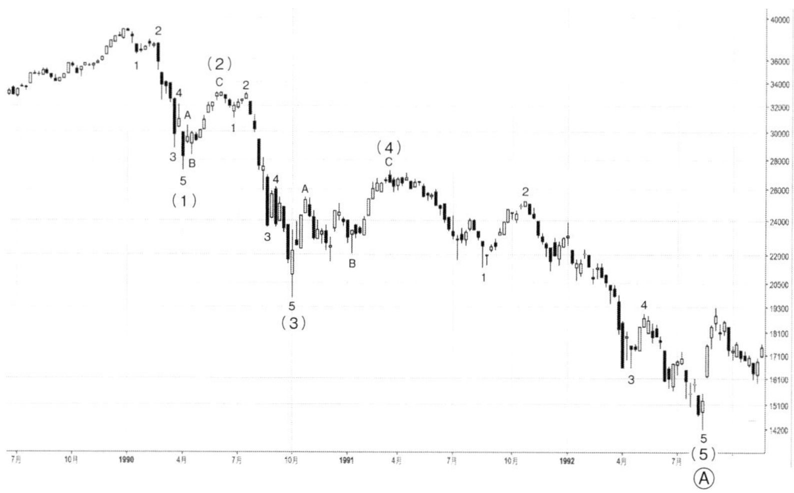

画像提供：tradingview.com

ただし厳密に株価を確認すると、（1）波の終点は27251円、（4）波の終点は27270円であり、（1）波と（4）波が19円分重なっています。19円というのは（1）波の値幅の0.2%にも満たないわずかな値幅ですが、このわずかな重なりをもってこのカウントをルール違反とするのか、誤差の範囲と認めるかは分析者の裁量にかかっていると言えます。

図4－25のカウントが無効だと判断しても、以下の図4－26のように（1）波の終点の位置を訂正した上で、（2）波を拡大型フラットとカウントすれば（1）波と（4）波の重なりもなく全体をすっきりインパルスとカウントすることができます。

図4－26　225CFD（1989年～1992年）　カウント　その2

画像提供：tradingview.com

6）1992年8月から1996年6月までの膠着はフラットか？

次に、wのⒷとカウントした波動を検討しましょう。この部分はパッと見た感じで図4－27のように、ジグザグ－フラット－インパルスのフラットのようにカウントしました。

図4－27　ジグザグ－フラット－インパルスのカウントは正しいか？

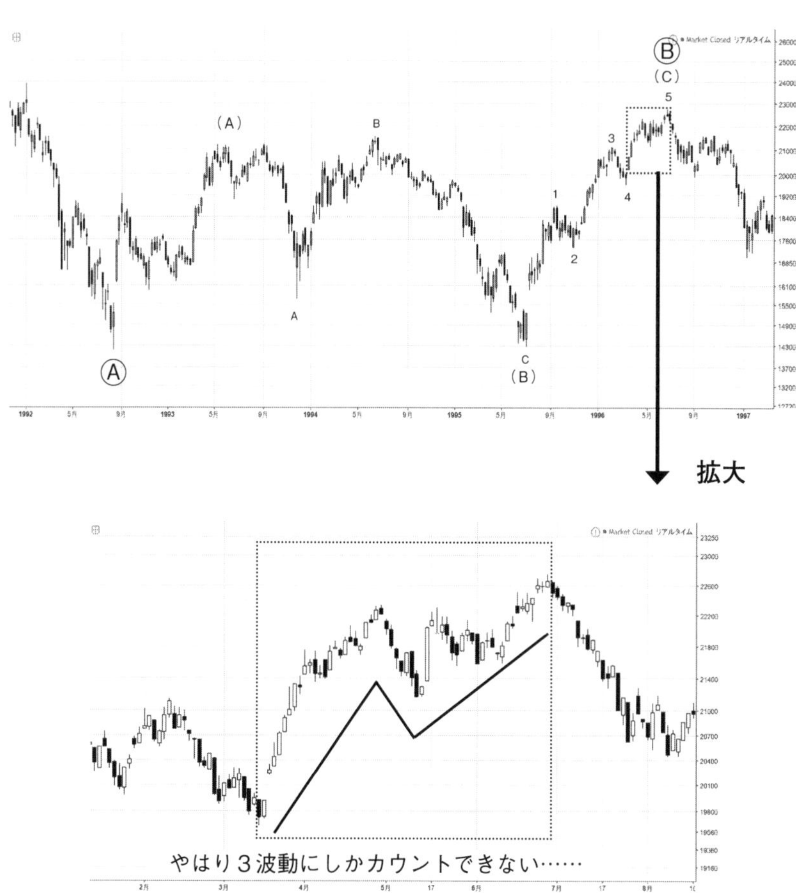

画像提供：tradingview.com

しかし、このフラットの最後の（C）－５波がどうしても５波動にはカウントできません。

そこで全体のカウントを見直すと、この（C）波と想定している波動自体を３波動とカウントしたほうがきれいであることに気づきます。

ということは、今検討している1992年８月から1996年６月までの膠着相場は修正波が横に３個ないし５個並んだ形なのではないか、ということになってきます。

修正波が横に３個ないし５個並んだ形は、トライアングルか複合修正波です。

検討した結果、図４－28のような拡大型トライアングルなのではないか、というのが著者としての結論になりました。各副次波もきれいに３波動ずつにカウントできます。

図４－28

画像提供：tradingview.com

図４－28では、(B) 波終点が (A) 波始点を超えていませんが、このようなことは拡大型トライアングルではしばしば起こります（第2章第6節参照)。

また、1992年8月から1996年6月までの波動は、以下の図４－29ようなダブルジグザグとカウントできる可能性もあります。

図４－29　日経平均　1992年8月～1996年6月をダブルジクザグとするカウント

画像提供：tradingview.com

いずれにしても、1992年8月から1996年6月までの膠着相場は修正波である可能性が高そうです。

7）w波のⓒ、そして、x波とy波の検証

w波と想定した部分の最後、ⓒ波については図4－30のようにエンディングダイアゴナルにカウントできるかと思います。これで、Wについてはⓐ－ⓑ－ⓒの副次波が確認できました。

図4－30

画像提供：tradingview.com

次にx波とy波についても、図4－31のように副次波の段階までカウントできることが確認できました。

これで図4－24で想定したバブル崩壊からリーマンショック直後までの動きはw－x－yのダブルジグザグというカウントが成り立つことが確認できました。もちろん、他のカウントの可能性もありますが、2017年5月時点ではこのカウントが最も可能性の高いカウントだと判断しています。

図4－31

画像提供：tradingview.com

また、日経平均のチャートにNYダウのチャートを重ねてみると、図4－31で示したy波の期間はダウにおけるサイクル級の修正波の期間とほぼ重なることがわかります（図4－32)。

先進国の株価指数のチャートはおおむね相関的に動く傾向がありますが、特に日経平均はＮＹダウやナスダック総合指数など米国株の指数との相関性が高く、波動の始点や終点の時期が同じになることもしばしばあります。日本経済が米国の影響を大きく受けやすいということがその原因であると思われます。この事例のように、日経平均のチャートをカウントする際には、米国の株価指数のチャートが重要なヒントを与えてくれることが多々あります。

図4－32　日経平均とＮＹダウ　1987～2019年

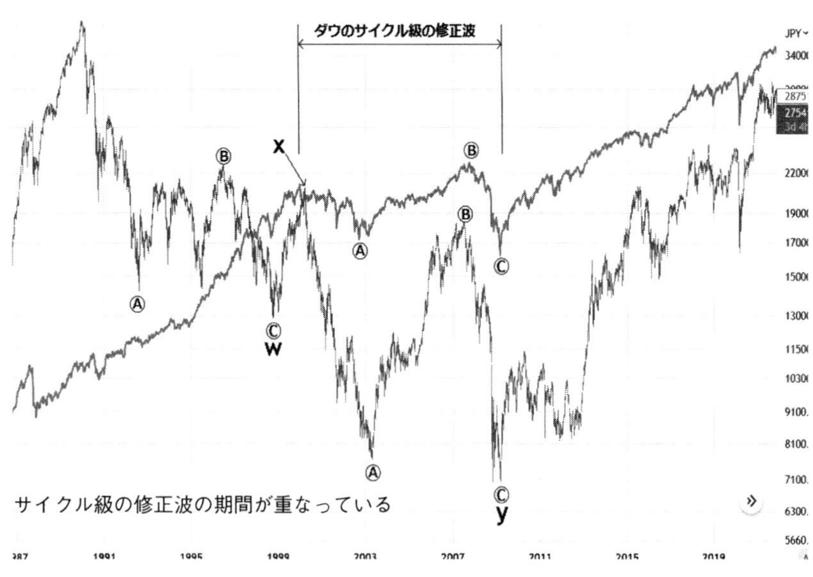

画像提供：tradingview.com

8）リーマンショック後の波動のカウントは？

リーマンショック直後の安値でバブル崩壊後の修正局面が終了したとして、その後どのように波動が形成されているのか。今度はそのことを考えてみましょう。まずは、リーマンショック後の波動をご自身で分析してカウントを試みてください（図4－33)。

図4－33　リーマンショック後から2017年5月までの225CFD

画像提供：tradingview.com

まず際立った高値や安値で暫定的に区切って、①、②、③……などのカウントを付けてみましょう。1～2年くらいの期間なら、とりあえずプライマリー級の①、②、③……などのカウントにしておいていいと思います。

また、ダイアゴナルやトライアングルなどの波形と思われるところもチェックしてみましょう。それらが波動をカウントするときの大きなヒントになってきます。

カウントの下準備として、図4－34のように暫定的なだいたいのカウントと、ダイアゴナルやトライアングルの可能性のあるところをチェックして書き込んでみます。

図4－34　カウントの下準備

――大まかに区切り、ダイアゴナルやトライアングルを見つける

画像提供：tradingview.com

本当にこの通りにカウントできるのかどうかは、各箇所をもう少し詳しく分析していく必要がありますが、とにもかくにも下準備として暫定的なカウントを行う必要があります。

ダイアゴナルに見えるところが3カ所、トライアングルに見えるところが1カ所あります。

ダイアゴナルは波動の開始や終了の波になりますし、トライアングルはインパルスの4波など一連の波動の最後のアクション波のひとつ手前に出やすいという特徴があるので、波動全体を解きほぐすときの大いなるヒントになるのです。

このような作業を経て、著者が2017年5月時点で最終的に考えたカウントは以下の通りです（図4－35）。

図4－35

画像提供：tradingview.com

リーマンショック後の安値からの上昇は2015年の高値でプライマリー③波まで終了して、2017年5月現在は④波が進行している状況ではないかと判断しています。そして、その後に⑤波が起きて、サイクルⅠ波が終了し、比較的大きな修正局面であるサイクルⅡ波が起きる可能性があるのではないかと想定しています。

以上が本書の初版で述べた見解ですが、2版を執筆している2023年3月時点のチャートを見ると、以下の図4－36のようになっています。図4－35（283ページ）の時点の後に⑤波まできれいに形成された形になっています。①波から⑤波までの波動で構成されるインパルスは④波終点付近で黄金比に分割できますし、②波と④波がそれぞれフラットとジグザグとオルタネーションになっていることも確認できます。また、①波と⑤波がほぼ同じ大きさになっているという「波の均等性」のガイドラインもほぼ満たす形になっています。

図4－36　225CFDの週足チャート

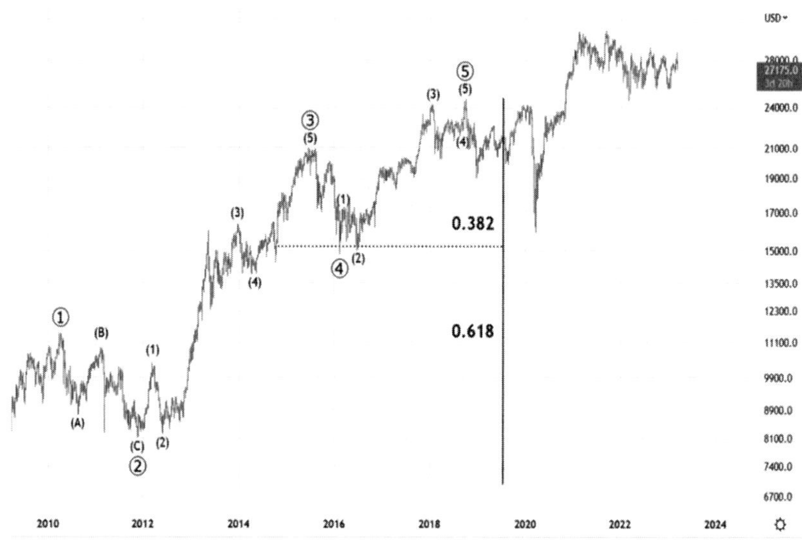

画像提供：tradingview.com

9）スーパーサイクル（Ⅳ）波＝フラット説

日経平均（ここでは225CFDで代替）の長期的な値動きについては、もうひとつ有力なカウント＆シナリオの候補が考えられます。

それは図4－37に示したように、1989年高値から2009年安値までをサイクルa波としたフラットのシナリオです。

図4－37

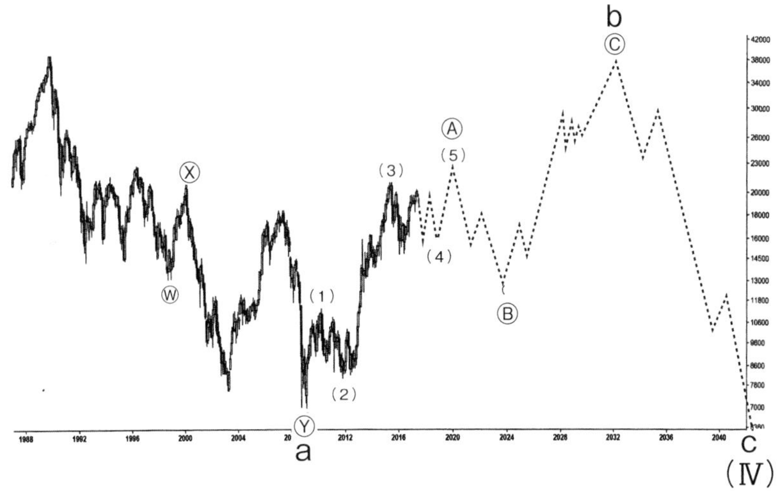

画像提供：tradingview.com

このシナリオでは、2017年現在はサイクル級のb波が上昇方向のジグザグとして展開中で、その副次波のⒶ波の（4）波を形成中という想定になります。そして、2033年ごろにフラットのb波がバブル時の高値近辺で天井をつけ、そこからインパルスか、ダイアゴナルのc波による大きな下落が展開する、という想定となります。

第3章の第1節でも述べたように、修正波というのはかなりしつこく展開する可能性がありますので、以上のような想定も頭に入れておくべきではないかと思っています。

もちろん、今後の相場の展開次第でこれらのカウントや想定は見直す必要が出てくる可能性があります。2017年5月現在進行中と想定される④波［もうひとつのシナリオでは階層がひとつ落ちて（4）波］がどのように進展しているのか、あるいは全体的なカウントの見直しの必要が出てくるのか、そうしたリアルタイムのカウント＆想定についての著者の分析については、日本エリオット波動研究所のウェブサイトで随時更新していきたいと思いますのでご参照ください。

なお、リーマンショック後の波動のカウントや、それに基づくトレードのシミュレーションは第6章に記載しています。

※2024年9月現在、各種チャートのカウントおよび進行想定、またエリオット波動原理に関する最新見解に関しては毎週発行の「Elliott Wave Weekly Report」に掲載しています。

第5節
為替、商品、個別株のエリオット波動

1）株価指数以外をエリオット波動分析する際の注意点

エリオット波動は株価指数（市場全体の動きを示すように算出された指数）の値動きを観察・研究することで導かれた理論ですから、基本的には株価指数に対して当てはまるものです。しかし、為替や商品などの値動きにもエリオット波動はある程度当てはまると考えられます。株価の習性の多くは市場参加者の心理に由来すると考えられており、それはある程度株式以外のマーケットの動きにも共通したものだからです。実際に、為替や商品などの値動きにもエリオット波動がよく当てはまると思われる事例には事欠きません。

ただし、ひとつ注意点があります。それは、エリオット波動は株価指数についてはどんなに長期のチャートにも当てはまると考えられるのに対して、為替や商品については長期になるほど当てはまりづらくなる、ということです。具体的には、エリオット波動は為替や商品に対してプライマリー級あるいはサイクル級の波動までは当てはまりやすいけれども、それを超える波動については必ずしも当てはまらない、と言われています。

その理由は、株価は超長期的に上昇トレンドが形成されると考えられるのに対して、為替や商品は必ずしもそうとは言えないからです。

人間社会は長い目で見ると進歩し続け、経済は短期的には上下動があるにしても長期的には右肩上がりの成長が続くと考えられます。そうした人間社会や経済の動きを反映して、株価はたとえ10年〜20年というスランプの期間があってもそれよりも長い期間で考えると上昇トレンドを続けるものだ、と考えられるわけです。少なくとも、これまでの人間社会の歴史を見る限りはこの考えは間違っていないように思われます。

それに対して、為替は2つの国の通貨の相対的な関係性で決まるので、どちらか一方の側から見て、もう一方の通貨の価格が超長期的に右肩上がりになるという性質のものではありません。

また、商品も価値や価格が超長期的に右肩上がりに上がっていくとは限りません。経済成長に伴ってモノへの需要は高まるものの、モノを採掘したり、製造するときの生産性も高まる面がありますし、資源の使い方も効率的になったり、代替品が出てきたりするからです。これらは商品価格を下げる要因になります。

例えば、原油の需要は世界経済の成長によって高まる面がありますが、その一方で採掘技術が進んだり、自動車の燃費効率が高まったり、電気自動車の普及があったりなど、人類の進歩が原油価格を押し下げる要因になる面もあります。

以上のように、人間の社会や経済やそれらを反映した株価指数は、超長期的には発展し続けるという習性を持つのに対し、為替や商品はそういう習性を持っていないと考えられます。そのため、為替や商品価格の値動きは、長い期間になるほどエリオット波動が成り立ちづらくなり、一般的にはサイクル級を超える波動では成り立ちづらい、ということになります。

つまり、図4－38のように、サイクル級以下の波ではエリオット波動が成り立つものの、サイクル級以上の波動の連なり（＝スーパーサイクル級の期間の動き）はエリオット波動には必ずしもならない、

図4－38　株価以外の長期波動のイメージ

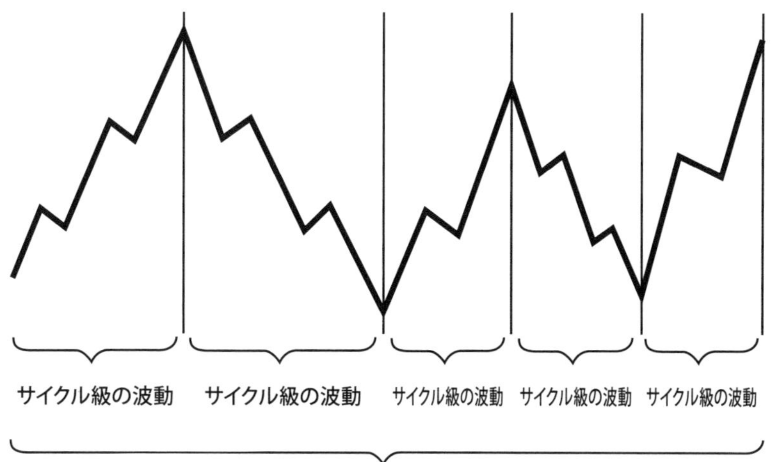

プライマリー波、あるいは、サイクル波では、それぞれエリオット波動が成り立つ。しかし、それらの波の連なりによる、より大きな波動では、必ずしもエリオット波動が成り立つわけではなく、それぞれのプライマリー波あるいはサイクル波は、前後の波とは関係なしに3波であったり、5波であったりする可能性もある

ということが一般的には言えます。

2）個別株にエリオット波動は当てはまるか

個別株も市場参加者の心理が反映されて動いているので、エリオット波動はある程度成り立つと考えられます。

プレクターも成長株にはエリオット波動が当てはまるものがあると述べています。特に、長期にわたり成長し続けている企業の株価がエリオット波動を形成している事例を著書の中でいくつか示しています。

当研究所でもいくつかの個別銘柄をピックアップしてエリオット波動原理が適用できるかどうか長期間にわたり観察しています。

現時点での当研究所の見解としては、長期的に成長を続けていて、時価総額が数兆円以上の大型株については比較的エリオット波動が当てはまりやすい、と考えています。

また、小型株であっても10年程度の期間でジグザグやダブルジグザグと認識できる波動を形成しているものや、コロナショックの安値を始点とするインパルスを形成中と認識できるものなどが数多く見つかっています。以上のように、個別株であっても、期間を区切ればエリオット波動が成り立つと思われる事例は決して珍しくはありません。

第6節
ドル円相場のエリオット波動

1）長期のドル円相場を概観する

図4－39（293ページ）は1970年以降のドル円相場の動きです。

ドル円相場は、ブレトンウッズ体制下の1949年から1971年までは1ドル＝360円の固定相場でしたが、1971年12月のスミソニアン協定以降は管理相場の中でレートが308円に引き下げられます。その後、1973年にわずか1年と数カ月でスミソニアン体制が崩壊し、国際的には1976年1月にキングストンで開かれたIMFの暫定委員会で変動相場制が承認されて、通常の市場取引による為替変動がスタートしました。

図4－39のドル円相場の長期チャートでは際立った高値や安値で期間を区切り、話をわかりやすくするようにア～クというような記号を付けています。

アの期間では、1ドル＝360円という固定相場が終了してレートが308円に引き下げられ、その後、さらに変動相場制に移行するという変化の中で、ドル円レートは270円近辺まで急落する動きになっています。この期間の下落相場については政府が相場を管理する体制の中でレートが引き下げられた時期が多くを占めるので、厳密にはエリオット波動が当てはまるのかどうか判断が難しいところです。しかし、下落の形としてはインパルスを形成しているように見えます。

そして、イの期間には、オイルショックを背景にドル円相場は上昇しましたが、この動きはアの期間の下落波動に対する修正波動のように見えます。

ウの期間についてはインパルスの下落相場で、エはそれを修正するようなジグザグの上昇と思われます。

オはかなり大きなインパルスによる下落になっています。

カはきれいなトライアングルの波形になっていて、キはトライアングル後に現れるようなスラストと呼ばれる動きになっています。

以上のように、ドル円相場はア～キの各期間はそれぞれエリオット波動が成り立っていると思われます。

これらの期間はそれぞれプライマリー級と思われる期間ですが、ア～キの連なりがエリオット波動になっているようには見えません。ア～ウの部分はどうやっても5波には見えず、推進波としてカウントできないからです。このように、どうやっても推進波にはカウントできない部分を、無理矢理、推進波としてカウントするようなことは避けなくてはなりません。為替の波動としては全体の連なりは必ずしもエリオット波動になっているとは限らないのです。

しかし、ドル円のこのケースではウ～キという波動の連なりがきれいなインパルスを形成しているように見えます。そして、この35年間に及んで形成されたスーパーサイクル級と思われるインパルスの下落波動も2011年10月で終了したように思われます。ウの始点の「あ」は1976年のキングストン体制移行の時期とも重なります。国際的に変動相場制への移行が承認されたこのタイミングをもって、エリオット波動が適用できる波動がスタートしたと考えてもいいのではないでしょうか。

さらに、「あ」を始点としたウ～キの連なりがインパルスであるこ

図4－39　ドル円相場　1970年～2017年3月

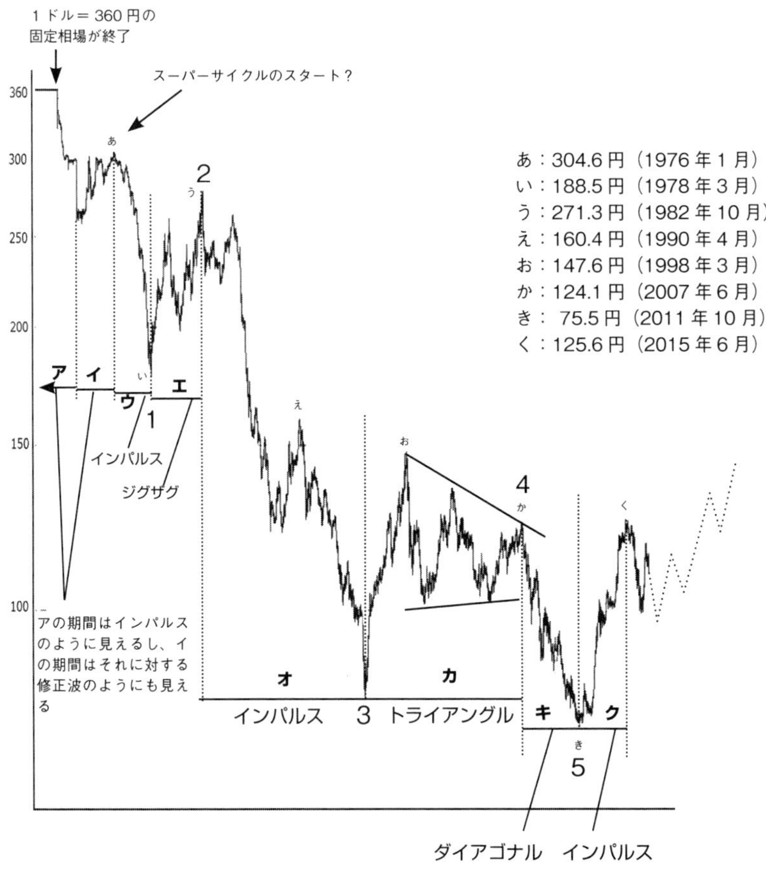

とをサポートする証拠として、次の５つを挙げることができます。

①：インパルスの３大ルールがすべて満たされている
②：③波が延長しているというインパルスの特徴的な動きが確認できる
③：②波がジグザグ系修正波、④波がトライアングルとオルタネーションが確認できる
④：全体がインパルスであるならば⑤波がエンディングダイアゴナルとカウントできるが、その完成後はダイアゴナル始点までの急速な戻りがある
⑤：①波と⑤波が大きさと継続時間の両面でほぼ同じくらいである（波の均等性）

図４－39は、本書の初版執筆時点（2017年３月時点）で「あ」を始点としてカウントしたものです。インパルスがきれいに完成して「き」で終了したとカウントして、その後の値動きの想定を点線で描いています。

２版の改訂作業時点（2023年３月時点）のドル円のチャートと筆者によるカウントは図４－40の通りです。2017年以降の動きはほぼ想定通りとなっており、図４－39の「あ」の地点からインパルスが始まったという想定の正しさが裏付けられたのではないかと思います。

２）2011年以降のドル円の動き

2011年10月（き）以降は2015年６月にかけてサイクル級のインパルスと思われる上昇波動を形成し（ク）、2015年６月（く）以降は修正波動が形成されて2017年５月現在に至っているように見えます。

2011年10月（き）でスーパーサイクル級の下落のインパルスが終

図４－40　ドル円相場　1972年～2023年

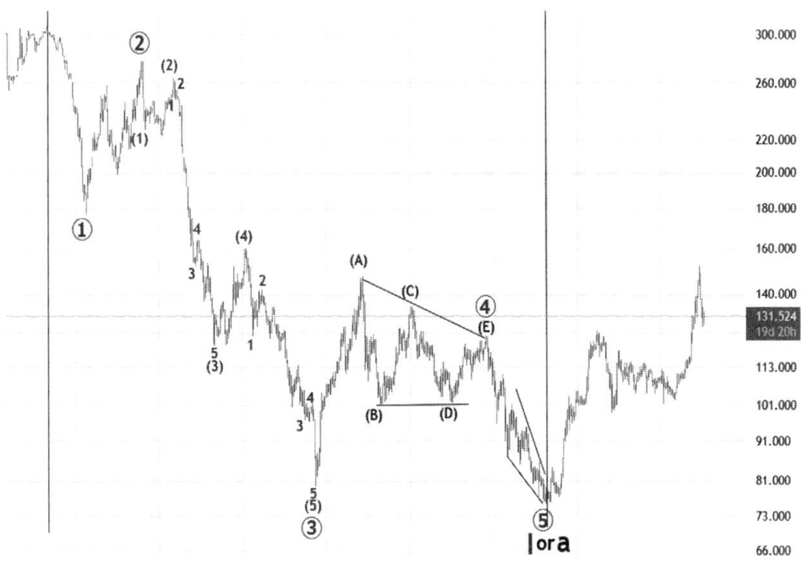

画像提供：tradingview.com

了したように見えるので、2011年10月以降はスーパーサイクル級の上昇の修正波が起きているというシナリオも考えられます。その場合、図4－39の点線のようにジグザグあるいは別の修正波が2017年5月時点で進行中であり、この修正波が終わった後は、再度、サイクル級と思われるインパルスかダイアゴナルによる上昇波動が起きる、という想定になります。2017年5月時点では、これがドル円相場のメインシナリオではないかと著者は考えています。

ただし、為替相場ではプライマリー波やサイクル波で波動が完結してしまい、その後は前の波との連なりとは関係なく新たな波動が生じる可能性も考えられるところです。

このように、為替や商品の相場の長期のカウントにおいては、さまざまな可能性を想定して株価指数以上に柔軟に考えていく必要があります。

第7節
NY ダウの長期のカウント

為替や商品などの相場が長期になるほどエリオット波動が当てはまりづらくなるのに対して、株価指数についてはどんなに長期的なチャートでもエリオット波動が成立するというのがエリオット波動原理の考え方です。これが正しいなら、1989年12月につけた3万8915円という高値をなかなか抜けないでいる日経平均もいずれは高値を抜いていくだろうと想定できることになります。

そして、こうした株価指数の性質を最もよく体現していると思われるのはＮＹダウです。ＮＹダウは正式にはダウ工業株30種平均といい、アメリカの株式市場の最も有名な株価指数であり120年以上に及ぶ歴史がありますが、その期間のアメリカ経済の成長を反映して長期的に上昇トレンドが続いています。

ＮＹダウは1929年にいったんピークをつけたあと、世界恐慌の中で1932年にはピークの10分の1近くにまで下がりました。しかし、この1932年の底値から新たなスーパーサイクルと思われる上昇波動が生じていると考えられます。

1932年から現在に至るまで続いている上昇トレンドについては、もちろんエリオット波動原理によるカウントが可能だと思われます。実際にカウントしてみると、いくつかのカウント案が考えられますが、図４－41（次ページ）に示したカウントがひとつの有力な案だと思われます。

このカウントはⅣ波まではプレクターが示したものです。プレクターは著書の中で、図４－41の（Ⅲ）波のⅤ波の③波に相当する波動でⅤ波が完成して、Ⅰ～Ⅴ波の連なりによるスーパーサイクル波が完成すると想定していました。③波のところでⅤ波が完成していれば、そのⅤ波はⅠ波と同程度の大きさになり、波の均等性のガイドラインに符合するからです。③のピークはブラックマンデー直前のピークで、④はブラックマンデーによる下落です。このままスーパーサイクル級の修正に入ればプレクターの想定は的中したということになったのですが、実際にはブラックマンデーによる修正の動きはプライマリー級と思われる程度の修正で終わり、その後、また高値を更新する動きになりました。

図４－41

画像提供：tradingview.com

一方で、図４－41のカウントでは、(IV) 波による修正が、修正の深さのガイドラインである「先行する推進波の４波が動いた範囲」には遠く及んでいないという難点があり、それを修正したのが図４－42のカウントです。

もちろん、他のカウントが正解である可能性もあります。今後の展開次第でこれらのカウントを変更する必要が出てくる可能性もあります。このＮＹダウの今後のカウントについても日本エリオット波動研究所公式ホームページで随時更新していきたいと思います。

いずれにしても、ここでひとつ言えることは、ＮＹダウという株価指数は100年近い長期間をとってもエリオット波動が当てはまると思われる動きを続けているということです。その点をＮＹダウの長期チャートおよびカウント想定から感じとっていただければと思います。

図４－42

画像提供：tradingview.com

第5章

問題形式で考える「シナリオ想定」の基本

第１節
上昇（１）波に続いて５－３－５の下落波が出現したら

１）修正波の想定は多岐にわたる

現時点までの波動のカウントを終えたら、それに続く波動のシナリオ想定を考えます。そして、有力なシナリオが見つけられたらそれに基づくトレード戦略を考えます。このようなカウント→シナリオ想定→トレード戦略の立案・実行という手順のうち、４章ではカウントの仕方について述べたので、本章ではシナリオの想定の仕方について述べたいと思います。

本章では問題形式にして皆さんにも考えていただきながら話を進めます。これまでの知識を思い出しながら問題を考えてみてください。本章はとても細かくややこしくなりますので、紙と鉛筆を用意して図を描いて、ひとつひとつ確認しながら読み進めていただきたいと思います。そして、何度か繰り返し読んでいただければと思います。

問題１　図５－１の太線のように上昇トレンドが続いた後にジグザグのような形が出ました。副次波も５－３－５になっていたとします。この後どのような動きが続く可能性があるか、できるだけいろいろなパターンを考えてみましょう。

図5－1

さて、どんなパターンが想定できたでしょうか。いくつものパターンが想定できると思いますが、その中でも特に有望なパターンをメインシナリオ、次に有望なパターンをサブシナリオと想定していきます。

問題の値動きについて考えてみましょう。

太線の部分は「上昇トレンド内の修正波のジグザグ」のようにも見えます。この場合、太線前の上昇も、太線の下落も、それらより一回り大きな上昇波動内の副次波ということになります。

しかし、太線前の上昇を含む上昇トレンドが終了してしまったのであれば、太線の部分は「新しい下降トレンドの開始を意味する下向きの推進波の一部」である可能性も考えられます。

つまり、太線前の上昇波を含む一回り大きな上昇トレンドがまだ継続しているのかどうかによって、太線部分がアクション波の一部なのか、リアクション波かその一部なのかが決まってくるということになります。そのためには、太線部分の前の上昇の動きが波動としてすでに完成しているのか、まだ形成途中なのかを検討する必要があります。

このように、問題１には一回り大きな波動の状況によってかなり多くのパターンが考えられることになります。

そこで、まずは図５－２の上図のように上昇波動がインパルスの（１）波を終了した段階であり、太線部分は（２）波動目だと想定できるケースについて考えてみます。

この場合には太線部分はリアクション波かその一部だということになります。そして、その場合、波形に関しては図５－２の下図のように、それだけでジグザグとして（２）波完成の可能性が出てきます。

しかし、この太線部分のジグザグだけで（２）波が完成したかどうかの判断はなかなか難しいところです。修正波というのは一度完成したと思ってもさらに続いてしまうことが多いからです。

図５－２

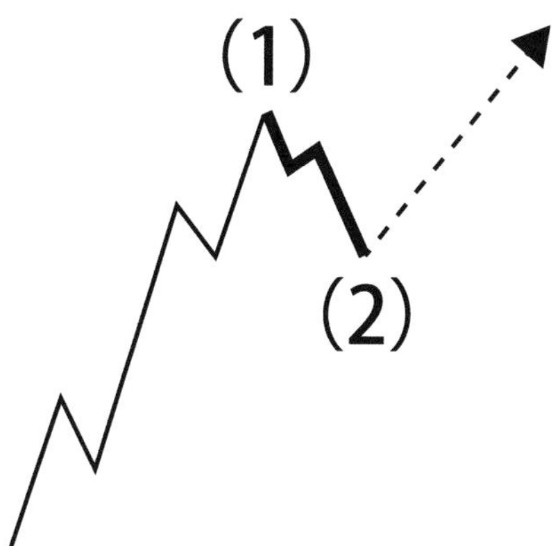

例えば、この太線部分のジグザグは、図５－３～図５－６（306～307ページ）のようにフラットのＡ波、トライアングルのＡ波、ダブルスリーやダブルジグザグのＷ波など、修正波の最初の波（Ａ波やＷ波）に過ぎない可能性があります。

図５－３　フラットシナリオ

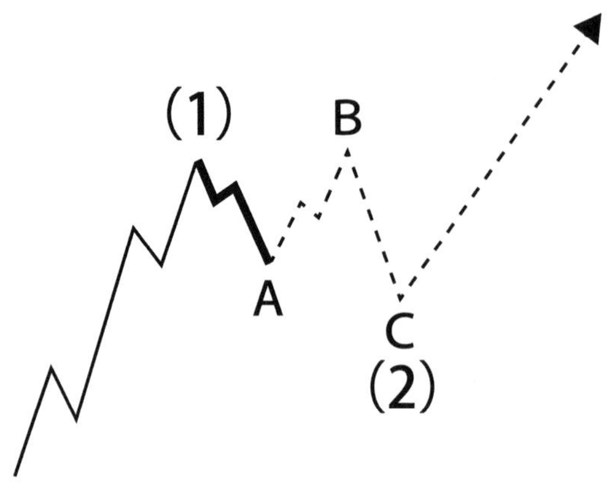
(1)
B
A
C
(2)

図５－４　トライアングルシナリオ

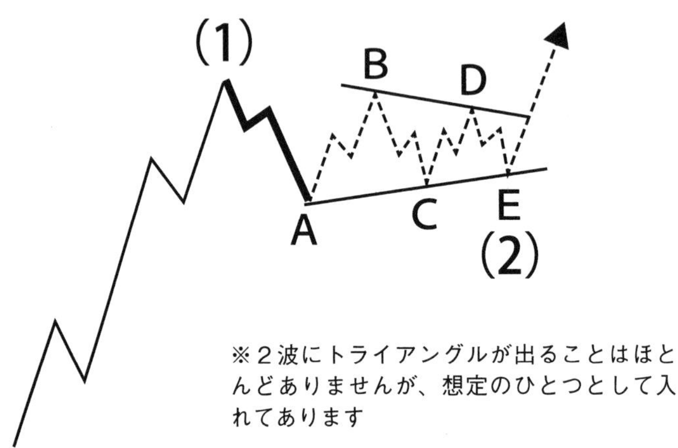
(1)
B
D
A
C
E
(2)
※２波にトライアングルが出ることはほとんどありませんが、想定のひとつとして入れてあります

図５－５　ダブルスリーシナリオ

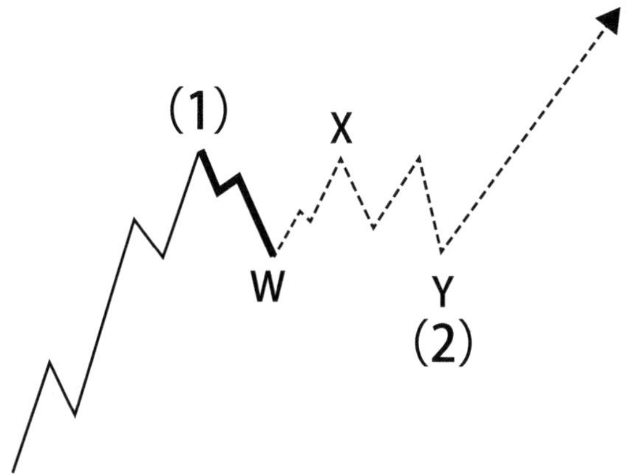

図５－６　ダブルジグザグシナリオ

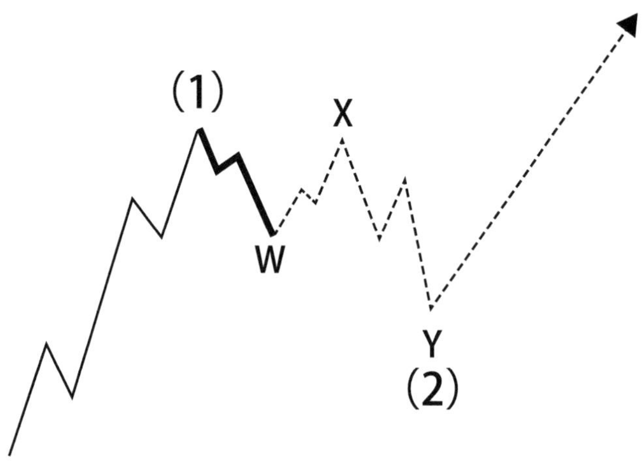

しかし、可能性はこれですべてではありません。

図５－２も、図５－７も、（１）波の後はジグザグの（２）波ですが、図５－２が太線部分だけでシグザグを完成させているのに対して、図５－７では太線部分はインパルスを形成する途中の段階であり、そのインパルスをＡ波として、その後にＢ波、Ｃ波と続いて、やっと（２）波のジグザグが完成する、という想定です。

同様に、図５－８のように（２）波がフラットで太線部分はそのフラットのＡ波の一部である可能性もあります。さらに、同様に、図５－９～図５－11のような想定もできます。

図５－７　ジグザグシナリオ２

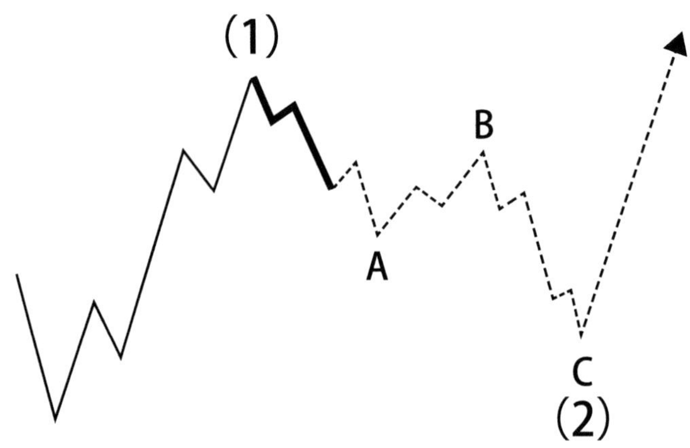

図5－8　フラットシナリオ2

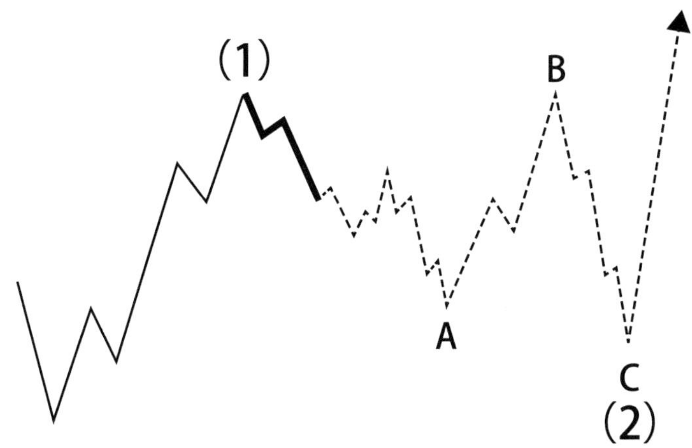

図5－9　トライアングルシナリオ2

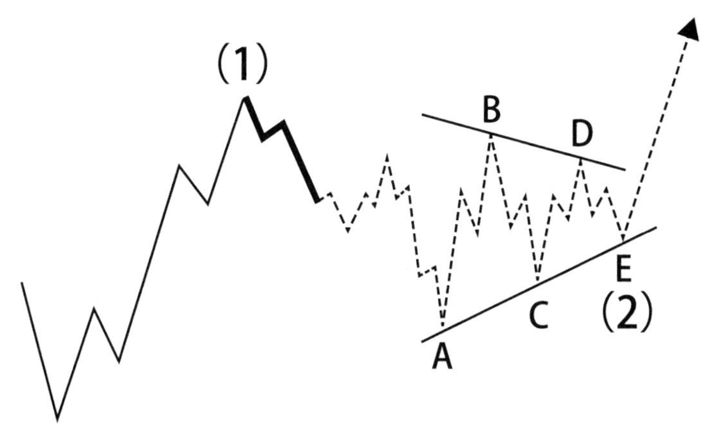

※実際には2波［ここでは（2）波］にはめったにトライアングルは出現しない

図５－10　ダブルスリーシナリオ２

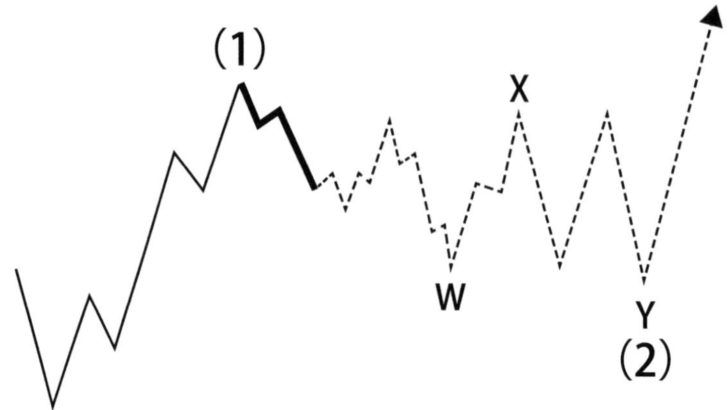

図５－11　ダブルジグザグシナリオ２

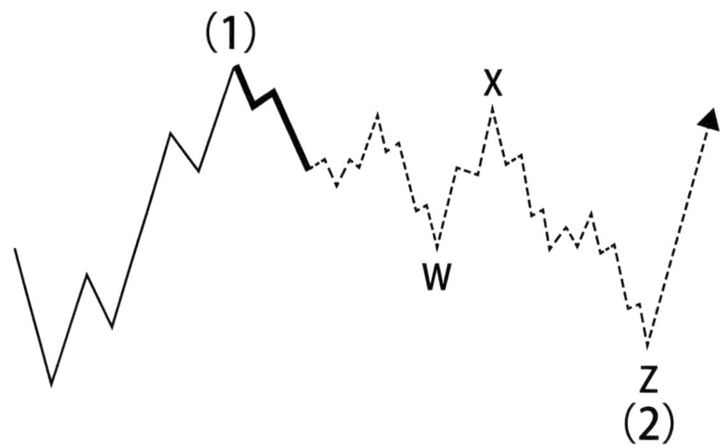

2）波の階層は比率関係のガイドラインでだいたいの見当をつける

以上のように、太線部分がどういう波の階層になるのかということはなかなか確定的に想定できるわけではありません。

（1）波と太線部分の大きさを見比べて、そのバランスを見て、「（2）波に相当する大きさではないか」とか「（2）波よりも一回り小さい段階ではないか」などとだいたいの見当をつけていくしかありません。

その際、3章で紹介した比率関係のガイドラインが参考になります。（2）波は（1）波に対して0.618倍ないし0.5倍くらいの大きさ、あるいは0.382倍の大きさになりやすいということです。実際には正確にフィボナッチ比率通りになることはあまりないので、ざっくりと、（2）波は（1）波の3分の1から3分の2くらいの大きさ、という感じで考えてもいいと思います。

実際に波がどういう階層の波であるかは、最終的には、詳しくカウントして検討していくことが必要になりますが、それでも波の階層の判断は難しいケースも多いです。例えば、ある波とある波は同じくらいの大きさなのに、詳しくカウントしていくと一回り大きさが異なる階層の波であるということもよくありますし、だいぶ大きさが違うのに同じ階層の波であることもあります。

図5－3のようにジグザグで（2）波が完成したと思ったら、「フラットのA波に過ぎなかった」ということもよくありますし、図5－4、図5－5、図5－6のように「トライアングルのA波やダブルスリーのW波やダブルジグザグのW波に過ぎなかった」というケースも考えられます。ですから、予断をもたずに、常にいくつかのシナリオを想定しながら観察してトレードを進めることが大切です。

以上、問題1の解答のうち太線前の上昇波動が（1）と想定されるケースについて考えましたが、このように条件を限定してもかなりの数の想定ができることになります。

このような多数の想定の中で、比率関係のガイドラインなどさまざまなガイドラインを考慮することはもちろん、可能ならその指数と相関性が高い他の指数のカウントとの整合性も考慮して（280ページ参照）、メインシナリオやサブシナリオを想定していきます。そして、リアルタイムで波動をチェックして、適宜修正しながらトレードを行っていきます。

さて、次には、太線前の上昇波動が（3）波と想定されるケースについて考えてみましょう。問題1の残りの解答は、次節から問題2、3……というように想定分けする形の問題に解答することで代えさせていただきたいと思います。

（コラム）　著者の本音のエリオット波動論

「基本5波形」というけれど……、圧倒的に大切なのはインパルス

本書では株価の値動きにはインパルス、ダイアゴナル、ジグザグ、フラット、トライアングルと基本波形が5つあって……というように説明して、各波形について詳しく解説しています。

これらの中では特に修正波が複雑で、その説明にはどうしても多くのページを割いてしまっています。読者の方々も「修正波はなかなか難しいな」と感じられると思いますし、ともすると修正波の話ばかり読まされている感じになっていることと思います。しかし、ここで著者としてどうしても強調しておきたいことがあります。それは、「5つの基本波形の中ではインパルスが圧倒的に重要だ」ということです。

エリオット波動原理では株価の値動きの最も本質的な形はインパルスだと考えていますし、著者としても相場観察を重ねれば重ねるほどその思いが強くなります。投資家としてもトレーダーとしても最大のチャンスを得られるのはインパルスの局面においてですし、最も注目するべきなのはインパルスという波形なのです。

株価指数（株式市場の全体的な動きを示す指数）というのは、人間の進歩や経済成長を反映して、長期的には上昇トレンドを描いていくものだとエリオット波動原理では考えられています。そして、その長期的な株価上昇はインパルスの波形をしている、ということです。

そのインパルスという波形を分解していくと、その副次波も主なものはインパルスですが、その他にもダイアゴナル、ジグザグ、フラット、トライアングルなどの波動が見られる、ということなのです。そして、こうしたさまざまな波形の中でインパルスこそが株価を推進させる波であり、修正波である２波や４波などは所詮インパルスの一部という意味しか持たないのです。

こういう文脈の中で考えると修正波というのは脇役もいいところなのですが、その脇役の修正波が実に複雑なふるまいをするので、それを丁寧に記述しようとすると、どうしてもテキストの多くを占めてしまい、ともするとテキストの中では主役のインパルスよりも目立ってしまうわけです。

もちろん、インパルスという局面をしっかり捉えるにはその前段階や途中段階で出現する修正波をしっかり捉える必要がありますし、そのためにも修正波のことをしっかり勉強する必要があります。しかし、あくまでも「主役はインパルスだ」ということを心にとめておいてください。

第2節
上昇（3）波に続いて5－3－5の下落波が出現したら

問題2　図5－12のように、インパルスの（3）波目のインパルスと想定される波に続いて、太線のような5－3－5と思われる下落波動が出現した場合、これに続く想定を考えてください。

この場合、太線部分はインパルスの（4）波である修正波、ないし、その一部分だということが想定されます。太線部分はジグザグになっており、これで（4）波完成の可能性もあります（図5－13)。

また、太線部分はフラットやトライアングルのA波、複合修正波のW波である可能性もあります（図5－14～図5－16)。

図5－12

図5－13

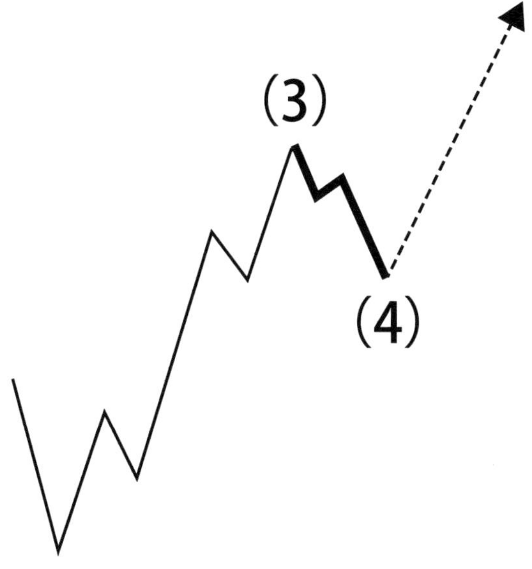

図5－14　フラットシナリオ

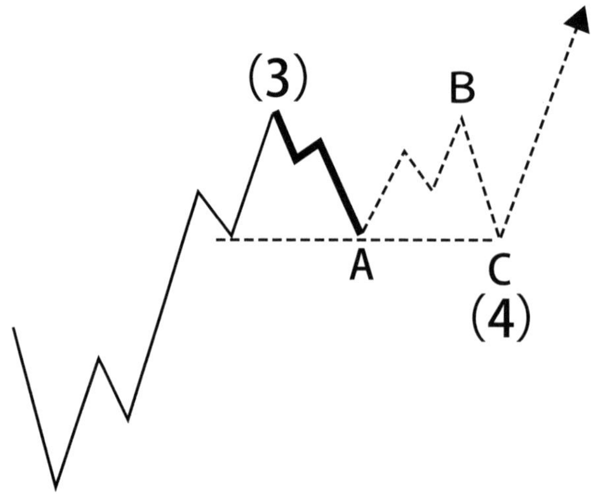

図5－15　トライアングルシナリオ

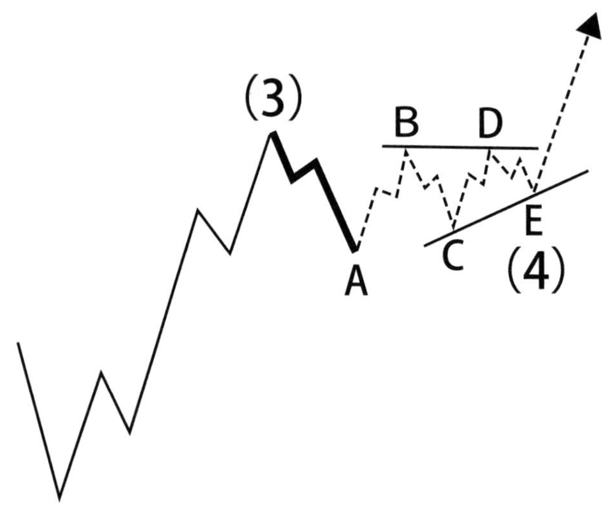

図５－16　ダブルスリーシナリオ

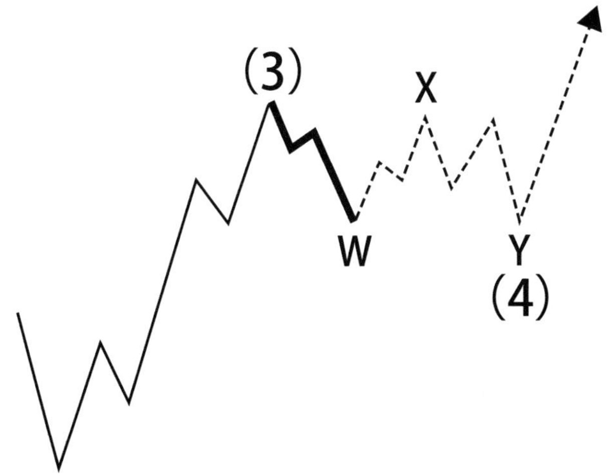

では、次ページの図５－17のような可能性はあるでしょうか。

（１）－（２）－（３）－（４）－（５）がインパルスを形成中であれば、（４）波は（３）波の副次波４波終点近辺の水準までで価格的な修正は完了している可能性が高いです。

修正波の深さのガイドラインを思い出してください。（２）波の修正はしばしば深くなり、場合によっては（１）波の始点近くまで行くこともありますが、（４）波の修正は「直前の波の副次波の４波」、つまり（３）波の４波終点近くまでで完了する可能性が高いです。ですから、（１）波～（５）波がインパルスを形成中なら図５－17のようにはならないだろうと考えられます。もしこうなったら（４）波が（１）波と重なって、カウントは破たんとなります。別のカウント＆想定を探す必要が出てきます。

図５－17のように（４）波が大きくなり（１）波に重なってくると、（１）－（２）－（３）－（４）－（５）は拡大型ダイアゴナルである可能性が浮上します。もし（１）－（２）－（３）－（４）－（５）の波形としてダイアゴナルが許される状況ならば、図５－17のように想定することも可能になります。

ただし、ダイアゴナルは基本的に３－３－３－３－３の波動構成であり、５－３－５－３－５構成のダイアゴナルはリーディングダイアゴナルに極めてまれに出現するだけです。したがって、⑴－⑵－⑶－⑷－⑸構成の波がダイアゴナルであると想定される場合には、⑶波がジグザグまたはジグザグの複合形とカウントできるかどうかを改めて確認しましょう。それが確認できないと、それはダイアゴナルではない可能性が高いです。

つまり、（１）－（２）－（３）－（４）－（５）が全体としてどんな波が想定されるのかによって、（４）波がどのくらいの大きさになると想定されるかが、ある程度、決まってきます。

（１）－（２）－（３）－（４）－（５）が全体として①波、⑤波、

Ⓐ波、ⓒ波のいずれかならば、ダイアゴナルである可能性もあります。

※話がだいぶ複雑になってきました。少し整理しましょう。一回り大きな波形の最初か最後の推進波ならばダイアゴナルになる可能性があります。しかし、インパルスの３波はダイアゴナルになりません。その点を確認しながら読み進めてください。

一方、（1）－（2）－（3）－（4）－（5）がインパルスの③波ならば、その波形はインパルスのみとなります。

図5－17

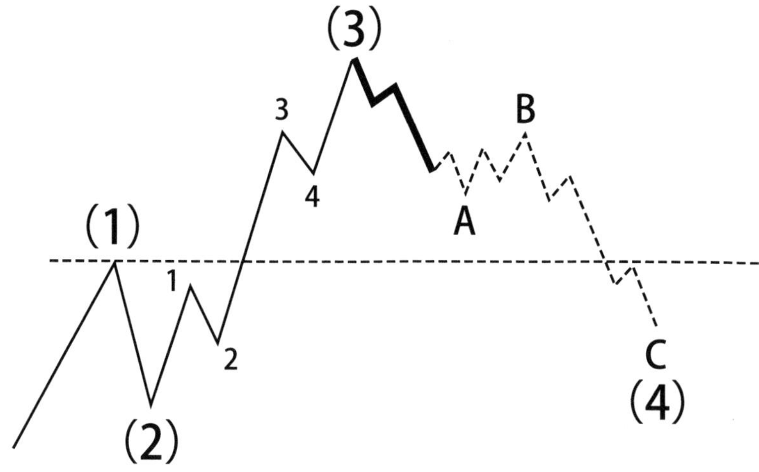

第3節

上昇（5）波に続いて 5－3－5の下落波が出現したら

問題3　図5－18は、太線部分の前が（5）波のインパルスと想定されるケースです。そして、（1）波～（5）波で完成した波は一回り大きな①波と想定されるとします。この後に続く波を考えてください。

（1）波～（5）波で構成された上向きのインパルスはこれでいったん完了と想定して①波と表記しています。もちろん、①波がこの時点ではまだ完成でなくて、完成途中である可能性もあります。そうした可能性も想定しつつ、この問題では、5波動形成したように見えるということで、①波が完成したことをメインシナリオにして、その場合にこの太線の後にどう続くのかを考えてみましょう、という話です。

（1）波～（5）波で構成された上向きのインパルスは③波、⑤波、Ⓐ波、ⓒ波などの可能性もありますが、ここではより大きな波動のカウントから①波と想定されるものと仮定します。

図５－18

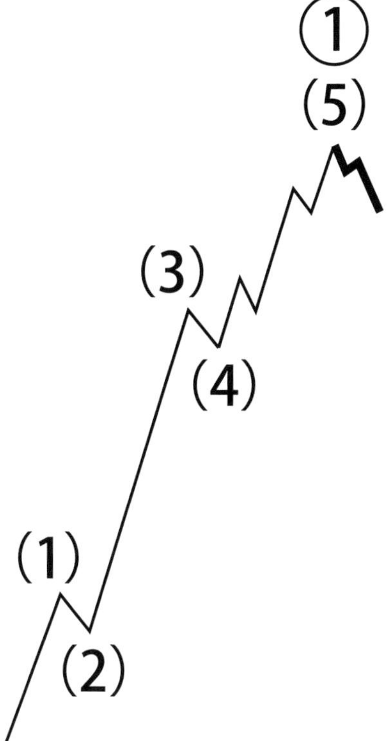

①波に続いては、①波と同じ波の階層の②波が出現すると想定されます。②波は一般的にジグザグになることが多いですが、フラットになることもあります。また、ダブルジグザグやダブルスリーなど、複合修正波になる可能性もあります。インパルスの第２波がトライアングルになることは、極めて例外としてありますが、原則としてインパルスの第２波はトライアングルにはなりません。

以上のように考えると、図５－18の太線部分はジグザグの副次波の（A）波の一部（図５－19）か、フラットの副次波の（A）波の一部（図５－20）、ダブルジグザグやダブルスリーなどの複合修正波の副次波（W）波の一部である可能性が考えられます。

なお、324ページの図５－21のように太線部分だけでジグザグとして②波の完成となる可能性もゼロではありません。

しかし、比率関係のガイドラインによると、２波の修正は比較的深くなることが多くて１波の大きさの0.618倍か0.5倍くらい、浅い場合でも0.382倍や0.236倍というフィボナッチ比率で計算される程度の大きさとなる可能性が高いと考えられます。

この比率関係のガイドラインからすると太線部分それ自体が②波となるには小さすぎると考えられますから、太線部分は②波の一部分であると想定するほうが妥当ではないかと思われます。

それから、324ページの図５－22のように、太線部分を（A）波とするフラット波で（C）波が大きくなる形で②波が比率関係のガイドラインに見合う大きさになるシナリオも、比較的起こりうる現実的なシナリオとして想定しておくとよいと思います。

図５－19　ジグザグの副次波（A）波の一部のケース

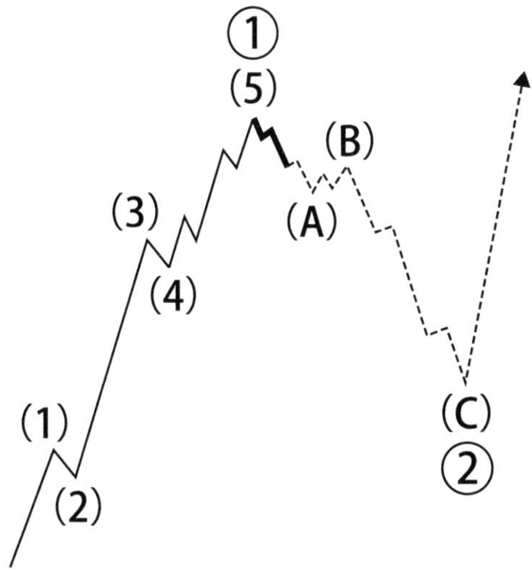

図５－20　フラットの副次波（A）波の一部のケース

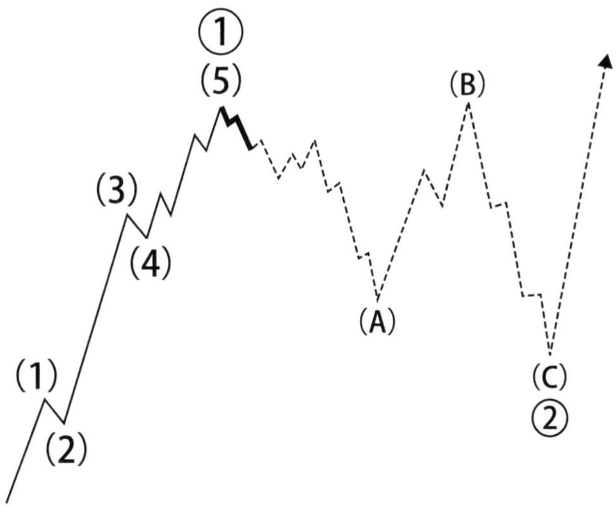

図５－21　太線部分で②波完了というシナリオ

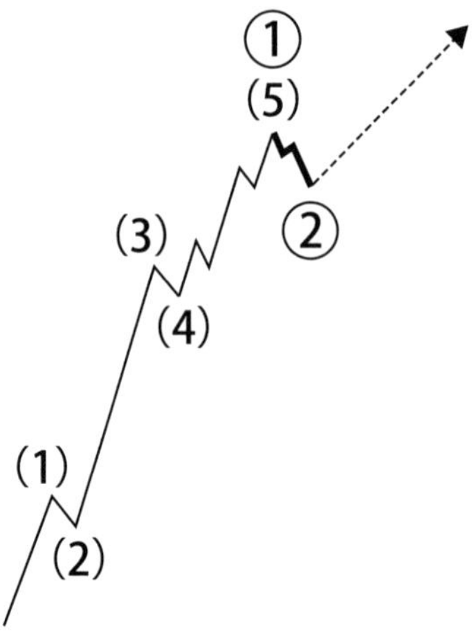

図５－22　太線部分を（Ａ）とするフラットの（Ｃ）波が長くなる想定

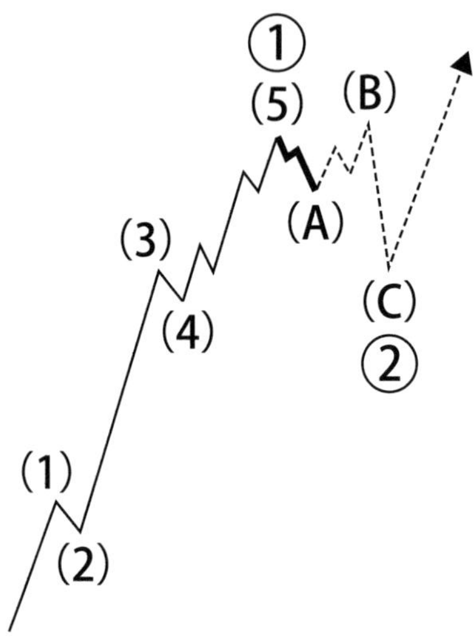

問題４　図５－23は（５）波までで完成したインパルスの③波と想定されるケースです。太線部分に続く動きを考えてください。

図５－23

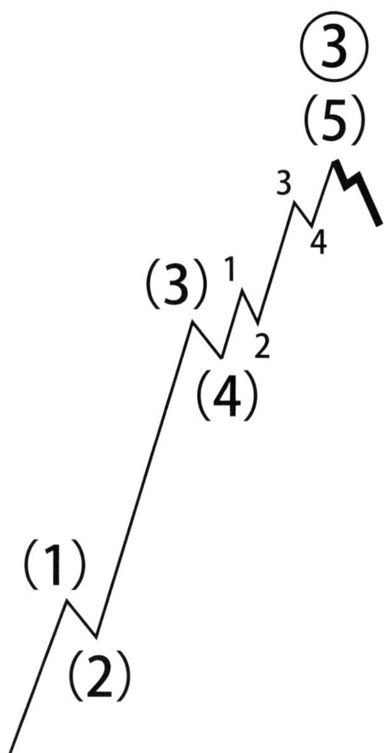

図5－24

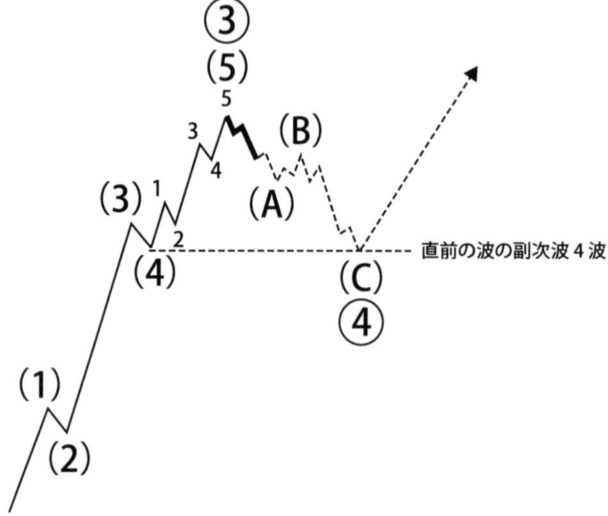

図5－25

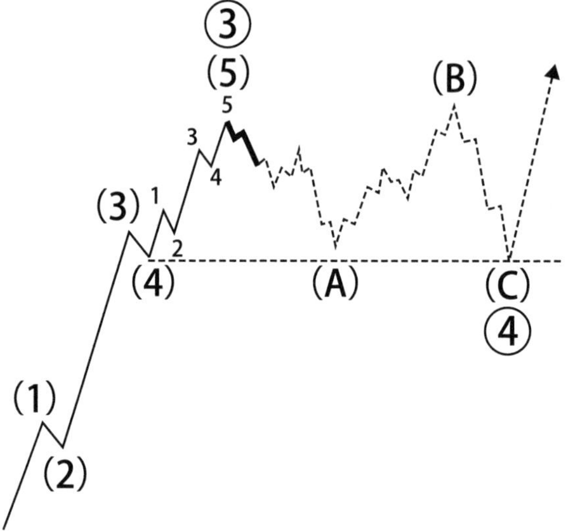

①波～⑤波というインパルスが展開している最中という前提なのであれば、④波は③波の副次波（4）波の終点付近まで調整する可能性が高いと考えられます。つまり、太線部分は③波の（4）波の終点付近を目処とするような修正波の一部であると想定できます。例えば、図５－24（ジグザグ）、図５－25（フラット）のような想定ができるところです。

その他、④波がトライアングルやダブルスリー、ダブルジグザグなどの複合修正波になる想定も考えられます。

問題５　図５－26は（5）波が終了して、それより一回り大きな⑤波が完成したと想定されるケースです。太線部分に続く動きを考えてください。

図５－26

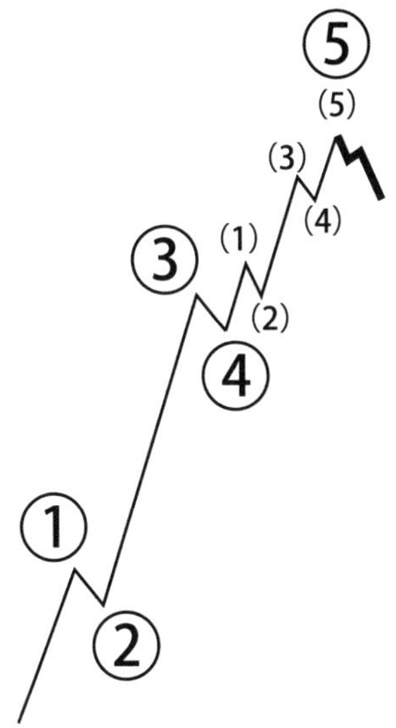

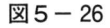

この場合は①波～⑤波でさらに一回り大きな推進波が完成したことになります。

ここでまず考えなければならないことは、マイクロ波①～⑤波によって完成するひと回り大きな波（ここではサブミニュエット波）がどこに位置する波であるかということです。そのサブミニュエット波がⅰ波であれば次に来るのは同じサブミニュエット級のⅱ波、サブミニュエット級のⅲ波ならば次はサブミニュエット級のⅳ波、サブミニュエット級のａ波ならば次はサブミニュエット級のｂ波になります。

しかし、その①～⑤波で完成するサブミニュエット波がⅴ波やｃ波である場合は、そのサブミニュエット波を含むⅰ－ⅱ－ⅲ－ⅳ－ⅴ、または、ａ－ｂ－ｃが完成したことになりますから、そこでひと回り大きなミニュエット波も完成したことになり、次に来ると想定されるのはミニュエット級の逆方向の波動ということになります。

①～⑤波によって完成したサブミニュエット波がⅰ波やⅲ波やａ波の場合は、続いて出るのはサブミニュエット級の修正波ですから、図５－26の太線部分はその修正波の副次波であるマイクロ級のⒶかⒶの一部である可能性が高いと考えられます。

例えば、①～⑤波によって完成したサブミニュエット波がⅲ波であった場合は図５－27や図５－28のような想定が成り立ちます。

また、①～⑤波によって完成したサブミニュエット波がⅰ波である場合は続くⅱ波のリトレースは深くなりやすいことから図５－29のように想定されます。

さらには、①～⑤波によって完成したサブミニュエット波がⅴ波であった場合は、図５－30のような想定ができます。

このように、①～⑤波が完成した大きな波がさらに一回り大きな波のどの位置に来るかで、続く波動の想定は大きく変わるのです。

図5－27　①波～⑤波がⅲ波と想定されるケース　その1

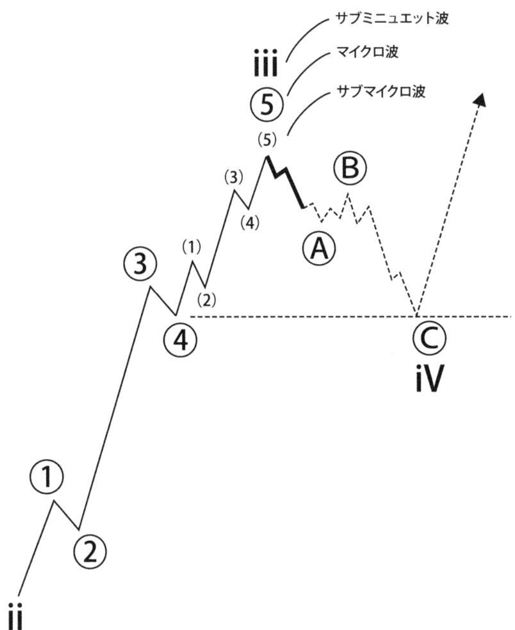

図5－28　①波～⑤波がⅲ波と想定されるケース　その2

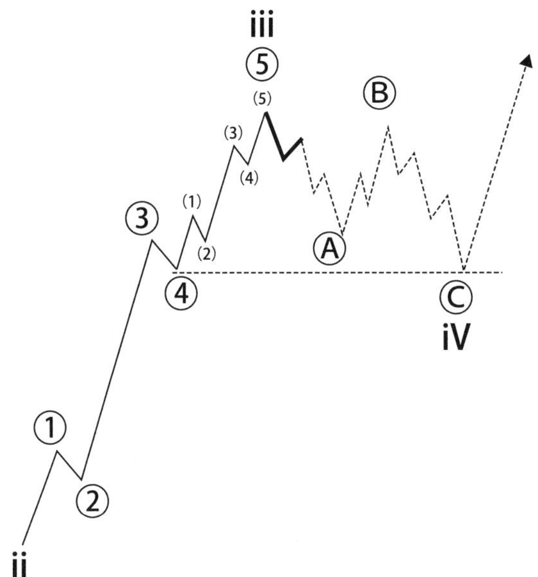

図5－29　①波～⑤波がｉ波と想定されるケース

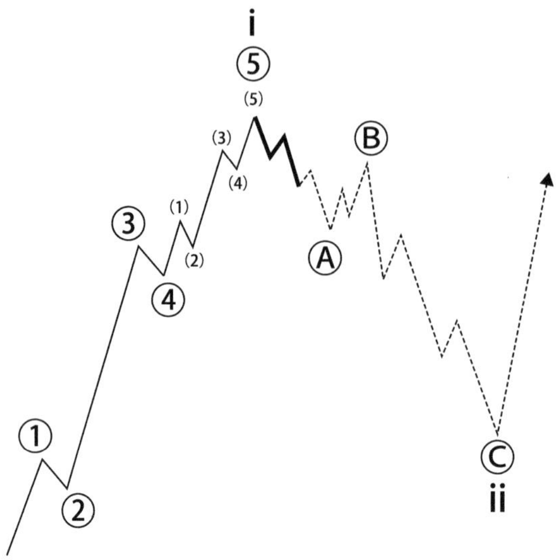

図5－30　⑤波の終点がｖ波であり、さらに(ｉ)波の終点であるケース

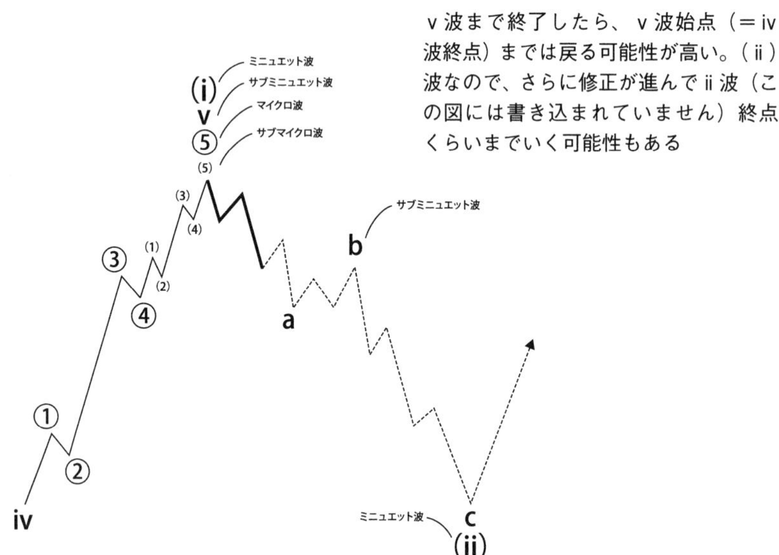

【波の階層表（図 1 － 11 再掲)】

波の階層	期間的目安	推進波					修正波		
スーパーミレニアム		①	②	③	④	⑤	Ⓐ	Ⓑ	Ⓒ
ミレニアム		(1)	(2)	(3)	(4)	(5)	(A)	(B)	(C)
サブミレニアム		1	2	3	4	5	A	B	C
グランドスーパーサイクル	2～3百年	Ⓘ	Ⓘ Ⓘ	Ⓘ Ⓘ Ⓘ	Ⓘ Ⓥ	Ⓥ	ⓐ	ⓑ	ⓒ
スーパーサイクル	数十年	(Ⅰ)	(Ⅱ)	(Ⅲ)	(Ⅳ)	(Ⅴ)	(a)	(b)	(c)
サイクル	数年～20年	Ⅰ	Ⅱ	Ⅲ	Ⅳ	Ⅴ	a	b	c
プライマリー	2～5年	①	②	③	④	⑤	Ⓐ	Ⓑ	Ⓒ
インターミーディエット	数か月	(1)	(2)	(3)	(4)	(5)	(A)	(B)	(C)
マイナー		1	2	3	4	5	A	B	C
マイニュート		ⓘ	ⓘⓘ	ⓘⓘⓘ	ⓘⓥ	ⓥ	ⓐ	ⓑ	ⓒ
ミニュエット		(i)	(ii)	(iii)	(iv)	(v)	(a)	(b)	(c)
サブミニュエット		i	ii	iii	iv	v	a	b	c
マイクロ		①	②	③	④	⑤	Ⓐ	Ⓑ	Ⓒ
サブマイクロ		(1)	(2)	(3)	(4)	(5)	(A)	(B)	(C)
ミニスキュール	分単位	1	2	3	4	5	A	B	C

※ 1：期間的な目安はあくまでも「目安」であり、絶対的なものではありません。

※ 2：マイニュートは minute という綴りのため「ミニット」と訳している本もあります。しかし、この場合の minute は形容詞で「微小な」という意味で「マイニュート」と発音するのが正解です。

第4節
1－2－3波か、A－B－C波か

さて、ここでまた別の問題について考えてみたいと思います。

305ページの図5－2で、「太線部分の前のインパルスが（1）波であったら」という前提を置きましたが、インパルスと考えられる波が（1）波だろうと考えられる根拠は何でしょうか。そのことについて、ここで少し深く掘り下げて考えてみましょう。

大きく下落してきた後に、上向きのインパルスと想定される波が確認されたら、それは上向きに新しいトレンドが発生したことを示唆するサインであると考えられます。この場合、そのインパルスは新しいトレンドの最初の波として（1）波の可能性があると考えられます（図5－31）。

しかし、そのインパルスからスタートする新しい波動が修正波である可能性もあります。その場合、その最初の波と想定されるインパルスは（A）－（B）－（C）という構成のジグザグの（A）波と考えられます。つまり、「大きな下落の直後に発生した上向きのインパルス」というだけでは、（1）波なのか（A）波なのか判断できません。

もっとも、（1）波に続く（2）波も（A）波に続く（B）波も修正波ですから、それが（1）波でも（A）波でも、次に起こる波は何かを予測する上ではそれほど支障はありません。ただし、この場合でも、（2）波はトライアングルになる可能性が低く、（B）波はしばしばト

図５－31
大きな下落の後に発生した上向きのインパルスと想定できる波（５－３－５－３－５とカウントできる波）は、（１）波か (A) 波か

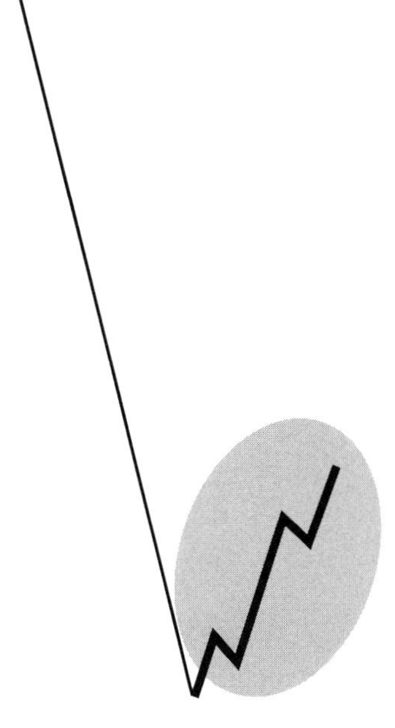

ライアングルになる、という相違点はあります。このことは逆に、トライアングルになればそれが（2）波ではなく（B）波の可能性が高そうだ、というヒントにもなります。

そして、（2）波あるいは（B）波による修正が起きた後には、どちらも推進波が展開されることが予測されます。その推進波は、インパルスの副次波の（3）波ならダイアゴナルにならないし［（3）波の副次波の1波ならダイアゴナルになりますが］、（C）波ならしばしばダイアゴナルになる、という点には留意が必要ですが、それでも推進波が起きるだろうという点は同じです。

しかし、問題は（3）波、ないし（C）波の次の展開です。

（3）波ならば、次に（4）波という下向きの修正波が起きた後に（5）波という上向きの推進波が予想されます（図5－32上図）。

一方、（C）波ならばそれで一回り大きな波動は完了してしまい、その後下向きに一回り大きな推進波が起きることが予想されます。

つまり、（3）波ならばまだまだ上昇トレンドは続くけど、（C）波ならば上昇トレンドは終わって次に大きな下降トレンドが予測されるということで、それ以降に予想される展開が真逆になります（図5－32下図）。

> ただし、（A）波－（B）波－（C）波と想定していた部分は、それが全体として（A）、あるいは（W）にすぎず、その後、（B）波－（C）波、あるいは（X）波－（Y）波などと続いてからやっと修正波が完成し、その後に大きな下落トレンドが生じるという可能性もあります。本章第1節で見たように、ジグザグはそこからほかの修正波へと展開する可能性を視野に入れる必要があります。

では、大きな下落の後に起きた3つの波動が（1）波－（2）波－（3）波なのか、（A）波－（B）波－（C）波なのか、あるいは（A）波－（B）

図5－32
（1）波－（2）波－（3）波でも（A）波－（B）波－（C）波でも、最初のインパルス発生からここまでは同じ想定ができる

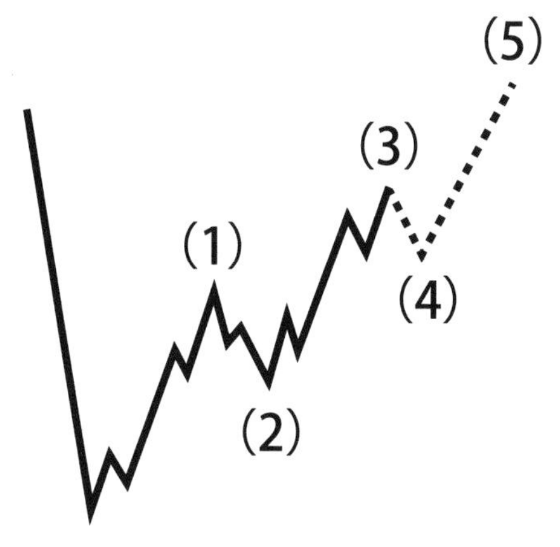

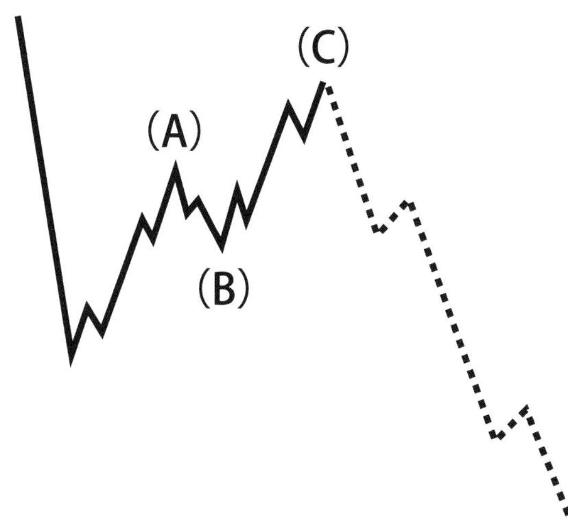

波－(C)波のうちの(A)波に過ぎないのか、どう判断したらいいでしょうか。これについては、図５－33のように、さらに大きな波動を確認する必要があります。

例えば、問題の３つの波動の前の「大きな下落」というのが、図５－33の左図のように下向きの修正波の②波であれば、「３つの波動」は③波の一部の（１）－（２）－（３）であり、この後さらに（４）－（５）という波が続くことが予想されます。

一方、「大きな下落」というのが下の右図のように下向きの推進波の③波であれば、「３つの波動」は④波であり、(A）－（B）－（C)であると判断されます。そして、次に起きるのは⑤波という新たな「大きな下落」と予想されます。

図５－33

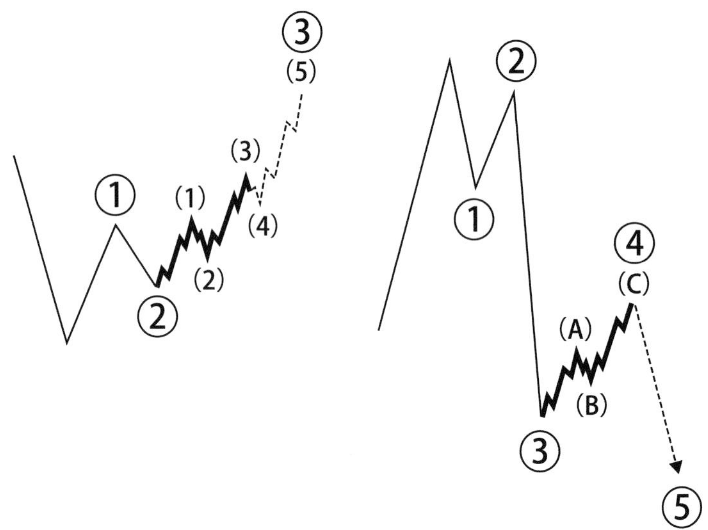

※右図太線部分はこれ全体を（A）として、フラットやトライアングルなどに展開して④が完成する可能性もある。本章第１節を参照
※当然だが、上図の①－②－③の部分が①－②－③か、Ⓐ －Ⓑ－ Ⓒ であるかは、さらに一回り大きな波動を見る必要がある

ここで、もうひとつだけ留意したいことがあります。もう一度、図5 − 31（下に再掲）を見てください。この図について、「大きな下落の後に発生した上向きのインパルスと想定できる波」という表現を使いましたが、この図5 − 31のように上向きの5波動が展開している最中に、これを「インパルス」と想定するには時期尚早であり、もう少し値動きを見極める必要があります。

図5 − 31（再掲）

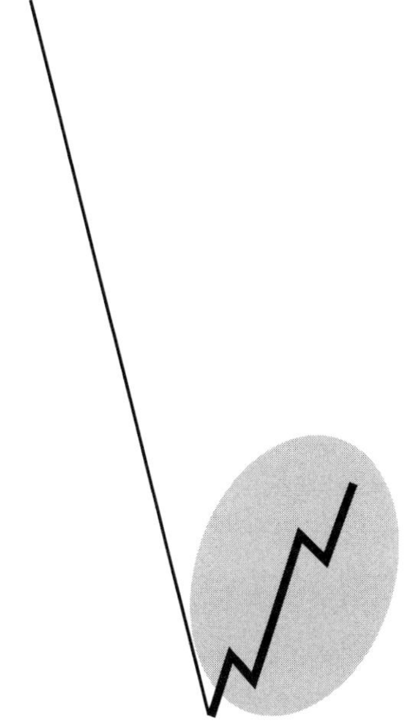

例えば、図５－34のように、もう少し波動が展開してダブルジグザグになったとか（左図）、インパルスだけどまだ延長波が残っていた（右図）、というケースもよくあります。

図５－34

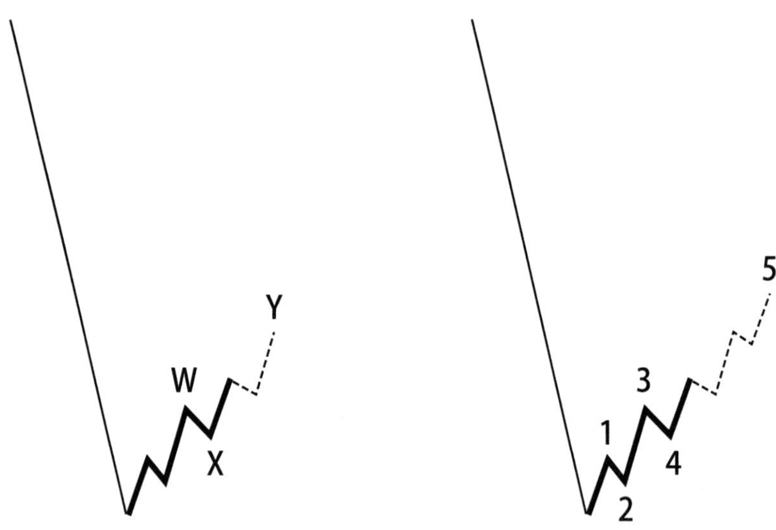

左図は太線がダブルジグザグの一部だったケース。右図は延長波を含むインパルスの一部だったケース

では、どのようになったら、「太線部分はやはりインパルスだった可能性が高い」とある程度の確度で判断できるでしょうか。

それは、インパルスを形成した後に、逆向き（このケースでは下向き）の修正波がある程度展開してからです。

例えば、図５－35のように、太線部分の５波動の上昇波動の次に、修正波と思われる波（破線）がわりとはっきり展開してくると、「太線の部分はほぼインパルスで確定だな」と判断できるところとなります。

では、反対方向の波がどのくらい展開したらある程度の確度でそう判断することができるのでしょうか。

これについては６章の重要なテーマとなりますので、そちらをぜひご覧ください。

図５－35

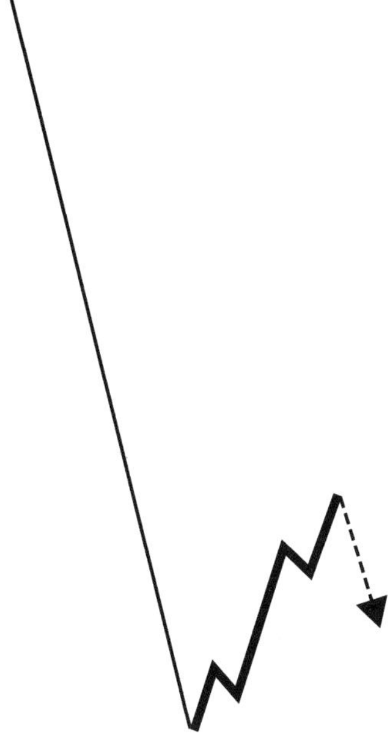

第5節

ダイアゴナルに続く波動を想定する

問題6　図5－36のように、大きく下落した後にダイアゴナルと想定できる上昇波が出現しました。これに続く株価の想定を考えてみましょう。

大きな下落の後に上向きのダイアゴナルが出現したとすれば、これはリーディングダイアゴナルであり、何らかの階層の上昇トレンドがスタートした可能性を示唆します。スタートした波が推進波であれば、このダイアゴナルは1波、スタートした波が修正波（この場合はジグザグ）であれば、このダイアゴナルはA波ということになります。

このダイアゴナルを1波とする推進波がスタートしたのであれば、このあと2波－3波－4波－5波と上昇波動が続いていくことが予想されます（図5－37の左図）。また、「インパルスの1波がリーディングダイアゴナルの場合、3波が延長しやすい」というガイドラインもあるので、それも意識して今後の推移を想定しましょう。

このダイアゴナルをA波とする修正波がスタートしたのであれば、この後にB波－C波と修正波が進展していくことが予想されます（図5－37の右図）。

図５－36

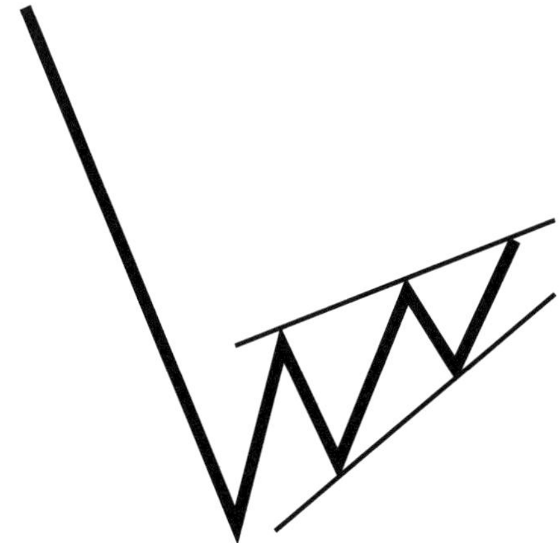

図５－37

最初のダイアゴナルが１波なら

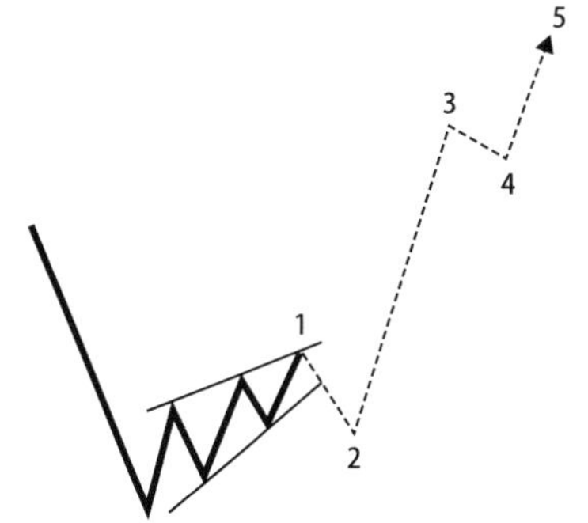

最初のダイアゴナルがＡ波なら

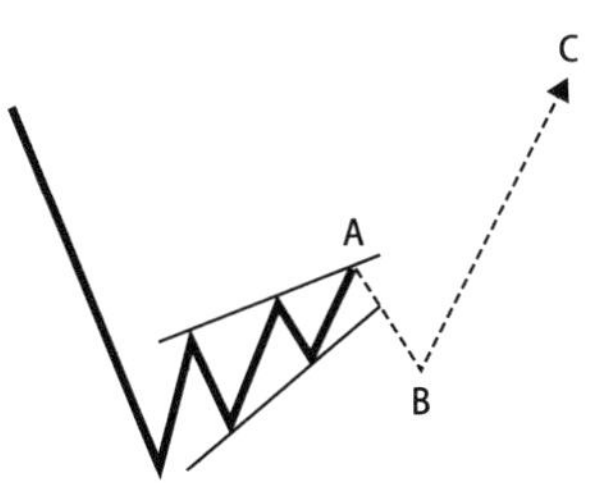

※ A-B-Cとした部分は、これ全体をAとして、フラットやトライアングルへと展開する可能性もあり

問題7　図5－38に続く動きを考えてください。

図5－38

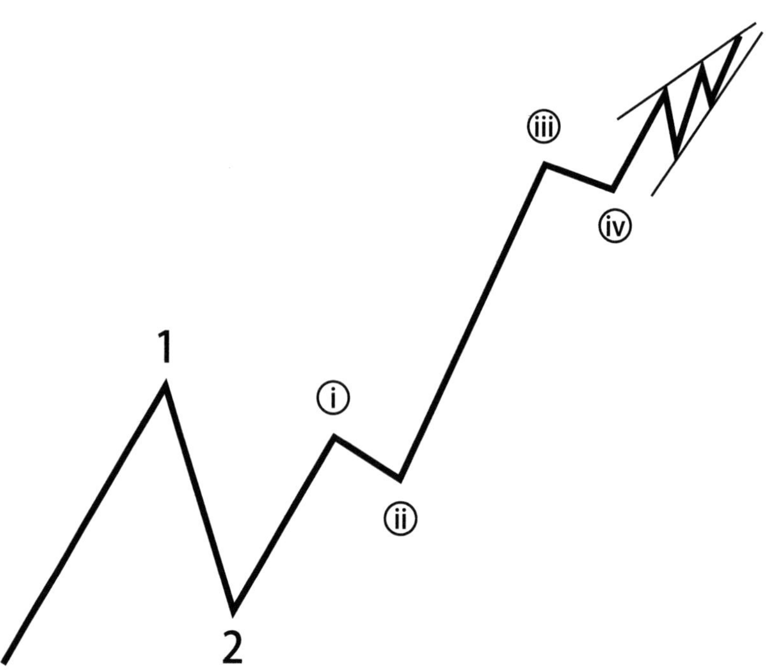

上昇波動の５波目（図では ⓥ 波）と思われる位置にダイアゴナルと想定できる動きが出現したら、それがエンディングダイアゴナルとなって一回り大きな上昇波動が終了し、その後は下落する動きが想定されます。

ダイアゴナルで終わる５波動が３波の副次波のⓥ波ならば、次に続く４波ではダイアゴナルの始点くらいまでリトレースすると予想されます（図５－39）。また、エンディングダイアゴナル完成後はその始点または副次波２波終点付近まで急速に株価が反転することが非常に多いです。つまり、図５－39のように４波がジグザグであった場合、そのⓐ波は急落の動きになる可能性が高くなります。

それ以外の波では、それよりもさらに大きく下落していく可能性もあります。

図５－39　ダイアゴナルが３波のⓥ波に出現した場合

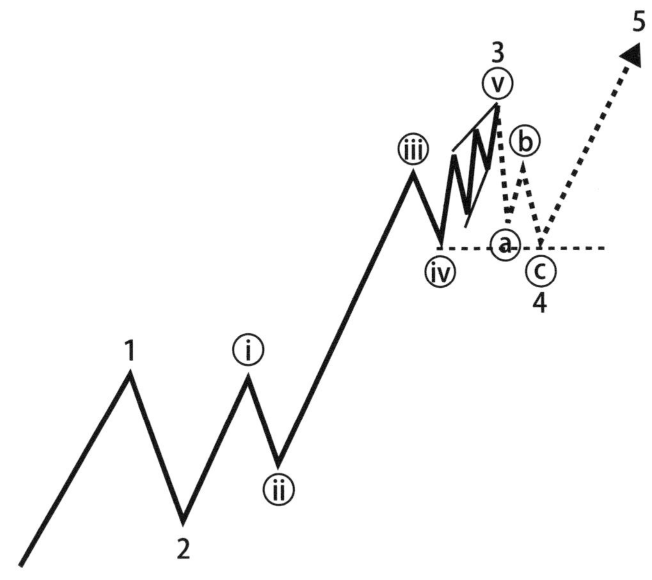

ただし、ダイアゴナルについては、その５波がしばしばスローオーバーするということには注意が必要です。90ページでも説明しましたが、スローオーバーというのは下の図５－40のようにトレンドラインを一時的に飛び出すことです。これがどの程度飛び出すかということについてはあまり有効なガイドラインはありません。「瞬間的に少し飛び出す」というのが普通ですが、意外と巨大化・長期化するケースもあります。

下向きのダイアゴナルは上昇転換が近く、上向きのダイアゴナルは下降転換が近いサインとなりますが、最後にスローオーバーがある可能性を考えると、売買ポイントの探り方がなかなか難しくなります。

図５－40　スローオーバーに注意！

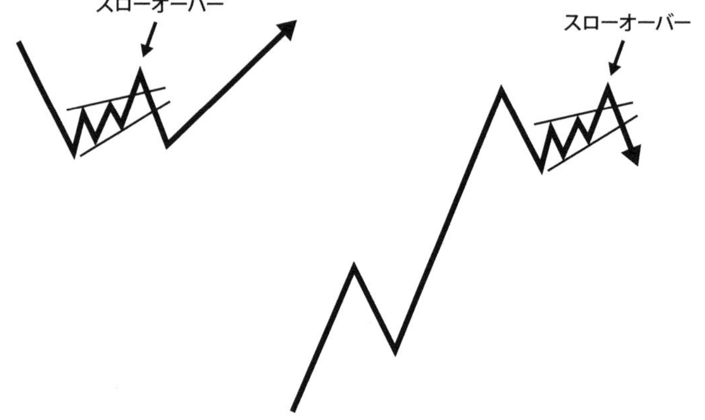

また、図５－38について、もうひとつ考えなければならないことがあります。それは、このダイアゴナルがⓥ波そのものではなくて、ⓥ波の副次波の（ｉ）波に過ぎない可能性です。つまり、このダイアゴナルを（ｉ）波として一回り大きなダイアゴナルかインパルスを形成して、それでやっとⓥ波が完成する可能性もあります（図５－41）。

図５－38の波形を見ると、ⓘⓘⓘ波が長くて、ⓥ波の位置に出ているダイアゴナルはⓘ波と同じくらいの大きさになっているので、波の均等性の観点ではこれでⓥ波が完成し、それによってⓘ波～ⓥ波からなるインパルスが完成したというシナリオをメインにしていいと思います。しかし、問題のダイアゴナルはエンディングダイアゴナルではなく、リーディングダイアゴナルである可能性にも留意しておきましょう。

図５－41

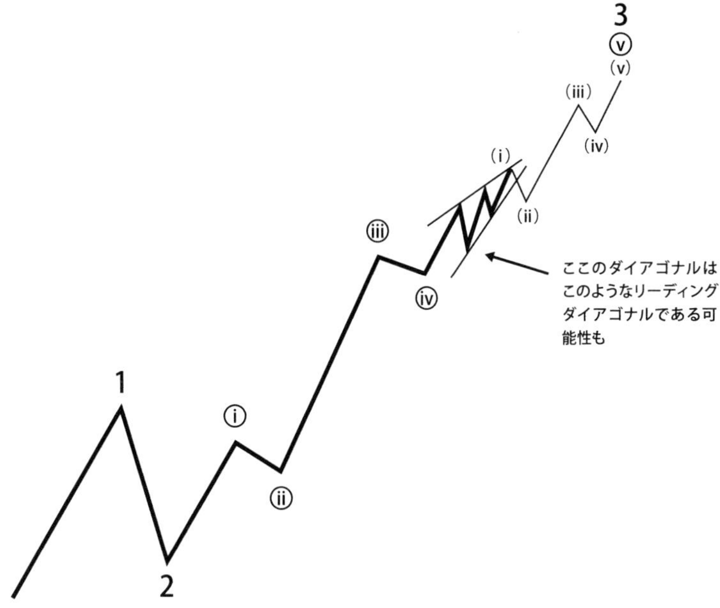

第6節
トライアングルに続く想定

問題8　図5－42のように、大きな上昇の後にトライアングルと想定できる波動が出現した。これに続く株価の想定を考えてください。

トライアングルは基本的に「最後のアクション波の直前に出る波」ですから、トライアングルの後にはアクション波が出現すると想定されます。言い方を変えると、トライアングルの後には、その直前の波と同じ方向のアクション波が出現します。

図5－42のケースでは、上昇波動の後にトライアングルと想定される動きが出現しているので、それに続く波は上向きのアクション波ということになります。トライアングルが4波に出た場合、続く5波の上昇の目標としては、図5－43のように、トライアングルの一番大きな副次波と同じ大きさの上昇、ということになります。

また、図5－44のように、ダイアゴナルと同じく、スローオーバーの動きも想定しておきましょう。

図5－42

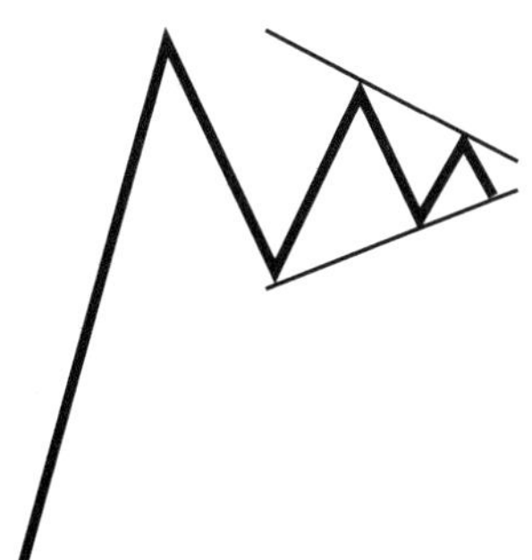

図5－43

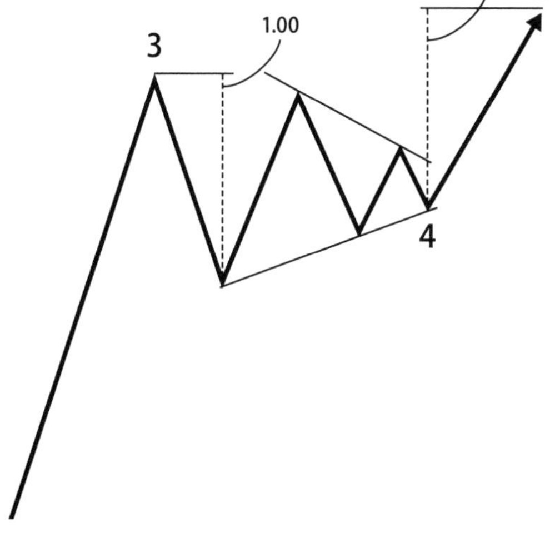

図5－44

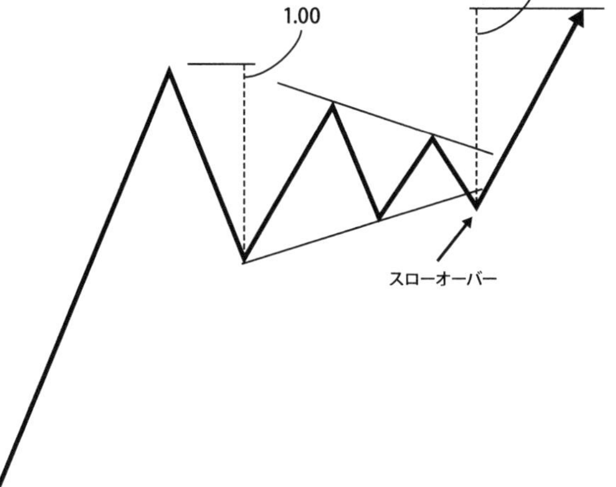

第7節

さらに実践力を磨く 2つのケーススタディ

問題9　図5－45のように、大きな下落が終了して上向きの推進波と想定される波動が途中まで展開しています（太線部分）。この後、どのような展開が想定されますか？

図5－45

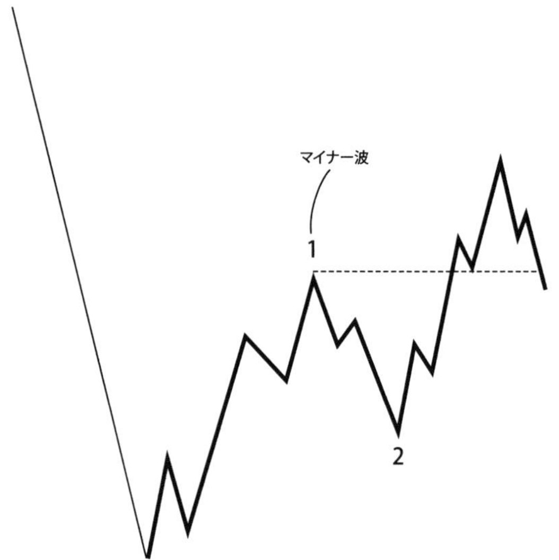

最初に５波動で上昇して、その次にそれを修正するように３波動で下落しています。ここは１波、２波とカウントしておいていいところでしょう。

続いてまた５波動で展開しましたが、１波に比べると小さいうえ、その後の下向きの修正波が１波と重なってしまっています。

ここで展開している波が上向きの推進波の途中だとすると、推進波については、次の２つ（図５－46と図５－47）の可能性が考えられます。

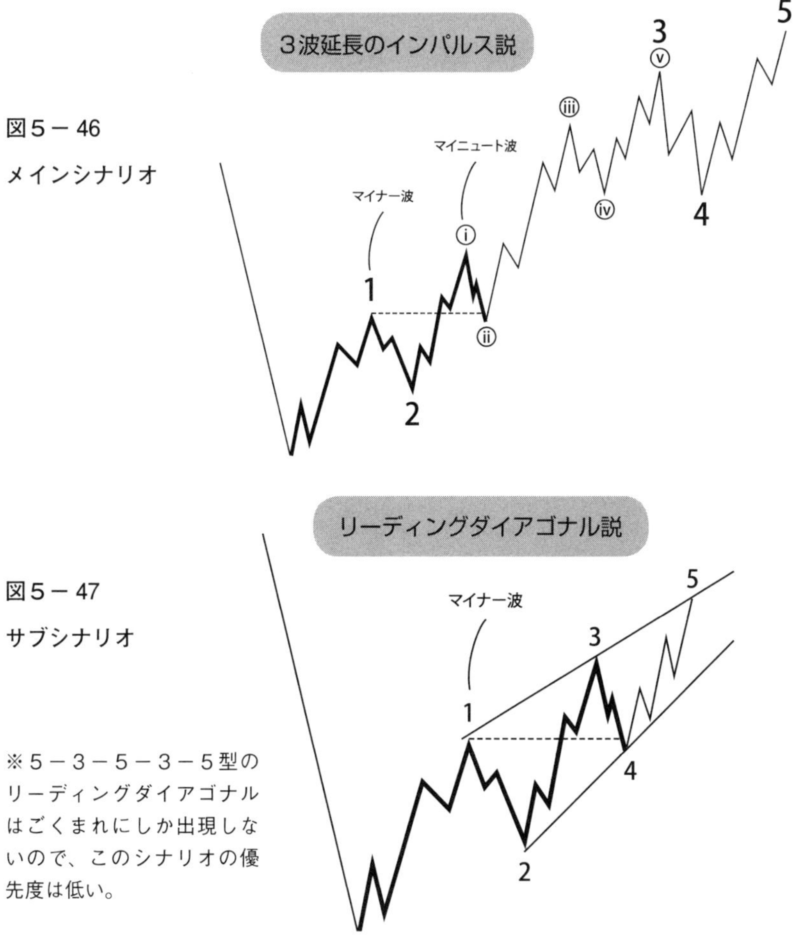

では、図5－45の太線部分が推進波ではなくて修正波だったら、その後の動きはどうなるでしょうか。

太線部分はA－B－Cというジグザグにカウントできるので、修正波完成の可能性があります。C波のⓘ波まで完成してⓘⓘ波が進行中の可能性も考えられます。

また、このジグザグを副次波A波とするフラットやトライアングル、あるいはこのジグザグを副次波W波とするダブルスリー、ダブルジグザグなどになる可能性も考えられます。

図5－48

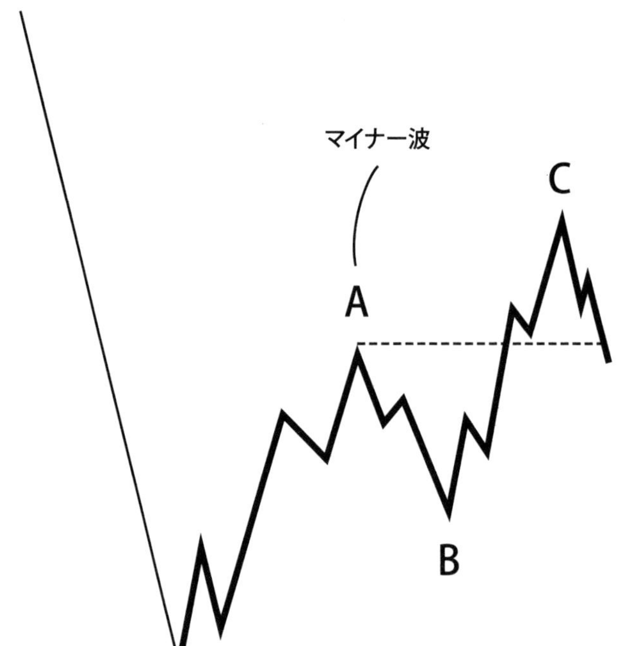

問題 10　図5－49 は左右とも同じチャートですが、別のカウントがされています。そして、どちらもルール違反なく成り立つカウントです。どちらが正解かは後になってみないとわかりませんが、この時点でメインシナリオとしてふさわしいのはどちらでしょうか。

図5－49

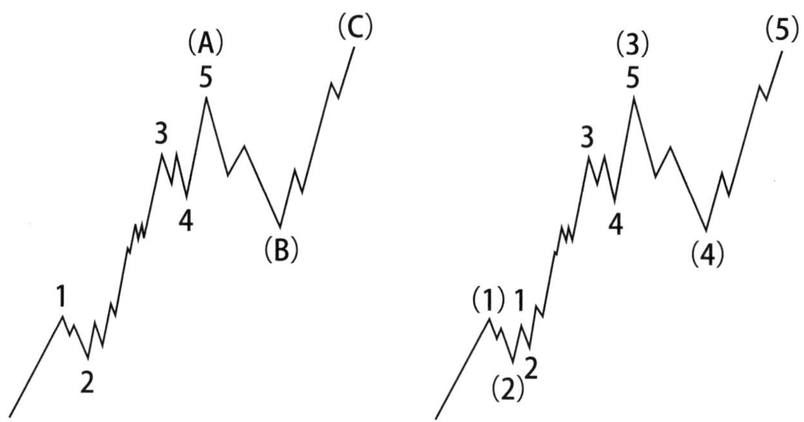

これはなかなか難しい問題ですが、現実にカウントをしていると「どちらのカウントも成り立つけど、どちらがメインシナリオとしてふさわしいんだろう」と悩むことが多いです。

こういう場合にはガイドラインがよりきれいに当てはまるものがメインシナリオと考えられます。

インパルスの場合には、チャネリングのガイドラインを常に考慮しましょう。そのインパルスがチャネリングのガイドラインを満たすなら、１波終点と３波終点を結んだ線と、２波終点と４波終点を結んだ線が平行に近い線になります。この２つの直線ができるだけ平行であるほうがインパルスとしてはきれいであり、カウントが正しい可能性が高くなると思われます。

図５－50のチャートでは、上図（A）波の部分をインパルスとカウントするのか、下図のように全体をインパルスとカウントするのか、ということが問題になります。そこで、両方のチャートに１波終点と３波終点、２波終点と４波終点を結んだ直線を引いてみます。

こう見ると、上図の（A）波のインパルスは比較的きれいにチャネルラインに収まっていますが、下図のインパルスではきれいなチャネルラインが引けないということがわかります。

もちろん、どちらのチャートが正解かは後になってみないとわかりませんが、上のほうがチャートとしてはきれいであり、正解の可能性が高いのではないかと考えられます。ということで、上図をメインシナリオ、下図をサブシナリオと考えるといいのではないかと思われます。

また、上図の（A）波の１波と５波はほぼ同じ大きさであり、「波の均等性」のガイドラインを満たしているのに対し、下図のカウントの（1）波と（5）波は同じ大きさにも、１：1.618の比率にもなっていません。こうした点でも上図のカウントのほうがきれいであり、メインシナリオにするべきものであると言えます。

さらに、「その波動が一回り大きな波動のどの位置に出現したのか」という視点も常に重要になります。この波動が、推進波の出現すべき位置に出たのか、修正波が出現すべき位置にでたのか、ということを常に考えるようにしましょう。

図5－50

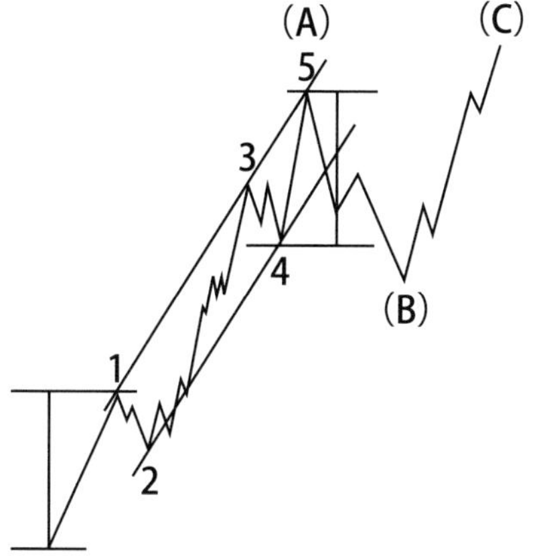

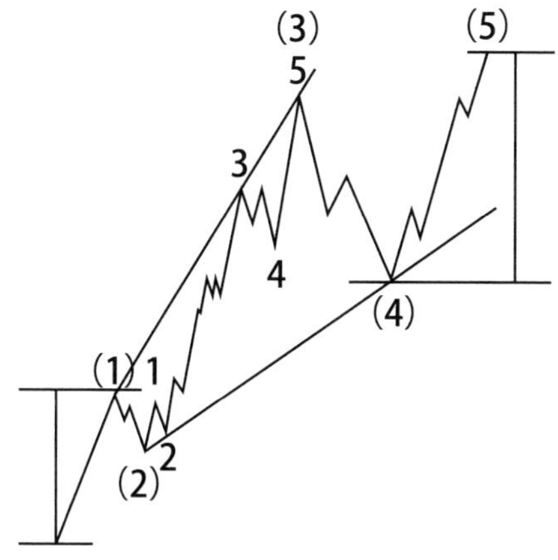

第５章まとめ

上向きのインパルスに続いて５－３－５の３波動が出たら、その後は以下のような展開が想定できる。

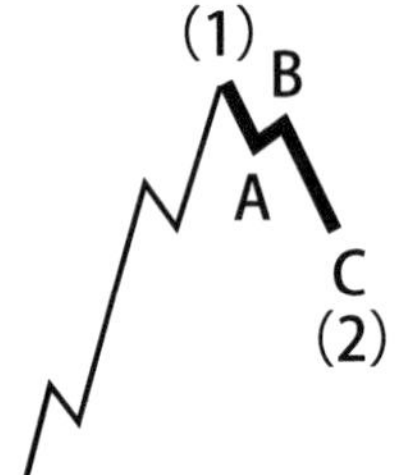

太線部分のジグザグで（２）波が完了。その後、上向きの（３）波へ。

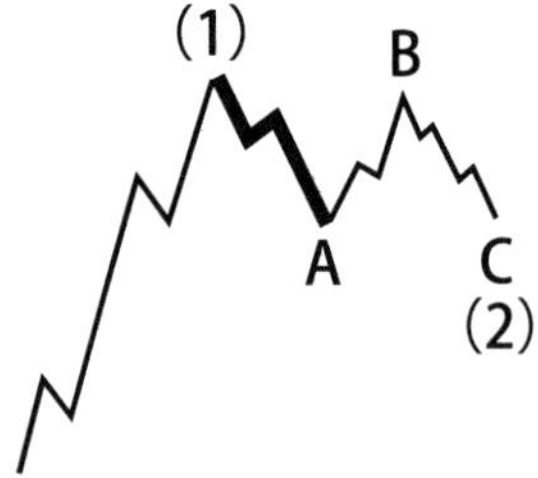

太線部分のジグザグをＡ波とするフラットで（２）波が完了。その後、上向きの（３）波へ。

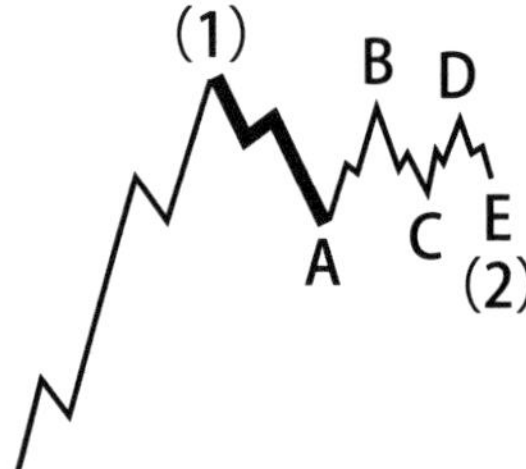

太線部分のジグザグをＡ波とするトライアングルで（２）波が完了。その後、上向きの（３）波へ。

※２波にトライアングルが出ることは原則としてない。

太線部分のジグザグをW波とするダブルスリーで（2）波が完了。その後、上向きの（3）波へ。

太線部分のジグザグをW波とするダブルジグザグで（2）波が完了。その後、上向きの（3）波へ。

太線部分をA波の一部とするジグザグで（2）波が完了。その後、上向きの（3）波へ。

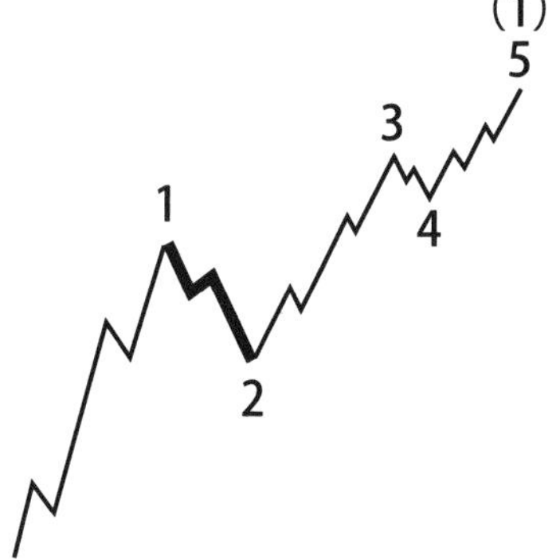

（1）波と想定される波が延長して、太線部分は延長波の２波目、その後、延長波の３波～５波目が展開して（1）波が完成へ。

第6章

エリオット波動による
トレード戦略

第1節
インパルスにおけるトレード戦略

この章ではエリオット波動分析による具体的な売買タイミングの探り方、トレード戦略の立て方について考えます。

エリオット波動により判断できる売買ポイントは、基本的には「ひとつの波形が終了して新しい波動がスタートしたと認識できるポイント」です。５つの基本波形ごとにそのポイントはどこなのかを確認してみましょう。非常に細かく複雑な箇所もありますので、実際に自分でも図やメモを書きながら読み進めていただければと思います。

1）インパルス完成後に想定される波動

最初にインパルスにおける売買タイミングを考えてみましょう。図６－１のように下向きのインパルスが進行しているとします。

図６－１の時点の（ｉ）波～（ｖ）波の各波はミニュエット波とします。この段階では図のようにカウントできて、ミニュエット級の（ｉ）波から（ｖ）波までが完成した可能性がある、と考えられるところです。

もしこの想定通り（ｉ）波～（ｖ）波の５波動が完了したのであれば、それによって一回り大きなマイニュート波が完成したことになります。この５波動構成のマイニュート波はインパルスですから、マイニュート波のⓘ波か、ⓘⓘⓘ波か、ⓥ波、あるいはⓐ波かⓒ波のいずれかが完成したということになります（※波の階層やその記号について、

図６－１　インパルスにおける買いポイントは？

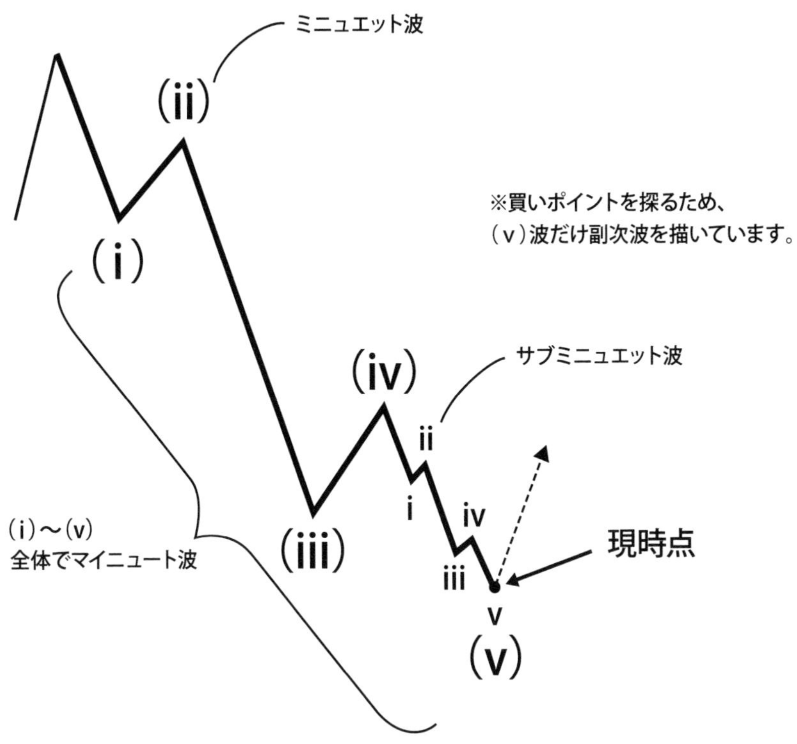

331ページの表をコピーするなどして横に置きながら、頭と知識を整理しつつ読み進めてください)。

下向きのマイニュート波のⓘ波、ⓘⓘⓘ波、ⓐ波が完了したら、次には上向きの修正波であるⓘⓘ波か、ⓘⓥ波か、ⓑ波が起きると考えられます。

ⓥ波やⓒ波が完了した場合には、そのことによってⓘ－ⓘⓘ－ⓘⓘⓘ－ⓘⓥ－ⓥという5波動構成か、もしくは、ⓐ－ⓑ－ⓒという3波動構成のマイナー波が完成したことになり、この後、マイナー級の上昇波動が起きることが想定されます。

これらの中で、この後の上昇ターゲットが最小と想定されるのは、ⓘⓘⓘ波が完成して上向きのⓘⓥ波が起きると想定されるケースです。その場合、修正波の深さのガイドラインにより、「直前の波の副次波の4波（the previous forth wave of one lesser degree)」、このケースでは図6－2のように（iv）波終点が上昇ターゲットと想定されるポイントになります。

（ｉ）波～（ｖ）波の5波動がⓘⓘⓘ波でない場合でも、その後は最低でも（iv）波終点近辺を目指す上昇トレンドが発生することが想定されます。

2）サブシナリオを考える

しかし、図6－1の時点で、（ｖ）波終点と想定しているところで本当に（ｉ）波～（ｖ）波が完結したという保証はありません。その他にもいくつかの想定ができます。

図6－3のサブシナリオ1は（iii）波が延長しているというシナリオ、サブシナリオ2は（ｖ）波が延長していくというシナリオです。その他にも想定できるシナリオはいくつもありますが、そうした中で

図6－2　メインシナリオ

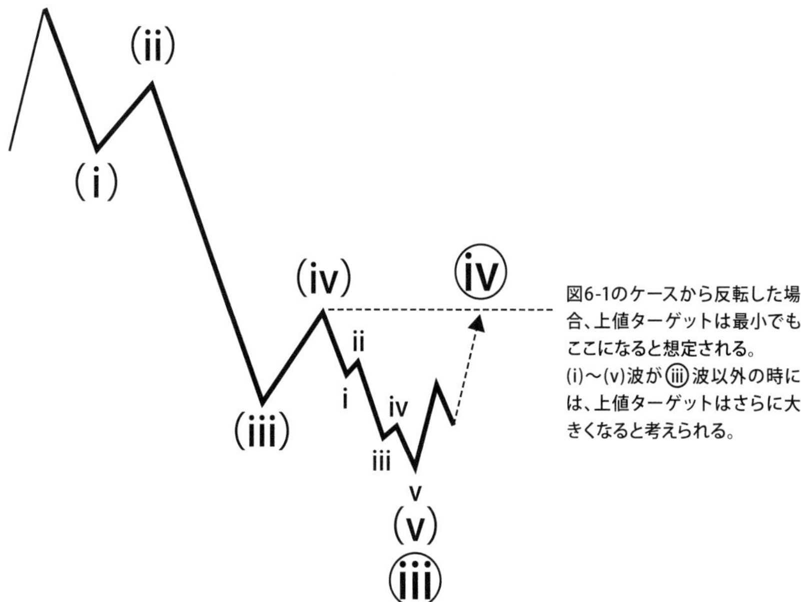
(ii)
(i)
(iv)
ⓘⓥ
(iii)
ii
i
iv
iii
v
(v)
ⓘⓘⓘ
図6-1のケースから反転した場合、上値ターゲットは最小でもここになると想定される。
(i)～(v)波がⓘⓘⓘ波以外の時には、上値ターゲットはさらに大きくなると考えられる。

最も可能性が高そうなシナリオがあればそれをメインシナリオとし、次に可能性の高そうなシナリオをサブシナリオと想定して、損切りラインを明確に設定しながらトレード戦略を取ることが必要です。

3）有効なエントリーポイントは？

では、図6－2をメインシナリオとした場合に、具体的にエントリーポイント（新規に売買に入るポイント）はどこになるでしょうか。

図6－1の時点では、「（ｖ）波の副次波のｖ波と思われる波動が発生したのでそろそろ底ではないか」と考えられるところであり、投資家心理としては底値狙いの買いを試みたくなるものだと思います。

しかし、図6－1における最新の波（一番右の波）が想定通り（ｖ）－ｖだとしても、この波（下落波動）が「現時点と書いてあるポイントで終わる」という保証はありません。意外に長くなってしまった場合、損切りしていいのか、保有したままでいいのかの判断が難しくてかなり悩むことになります。

また、その波が（ｖ）－ｖである保証もありません。図6－3のように（ⅲ）波や（ｖ）波が延長して、（ｉ）波～（ｖ）波の下落波動がまだまだ継続していく可能性もあります。見切り発車で買ったうえに（ｖ）－ｖ説にこだわって保有し続けると、かなり大きな含み損を抱えることになりかねません。以上のような事態を避けるためには、

- **（ｖ）波の完成を確認してから買う**
- **ｖ波の完成を確認してから買う**

というように、何らかの波動の完成を確認してから買う作戦が有効です。

図6－3

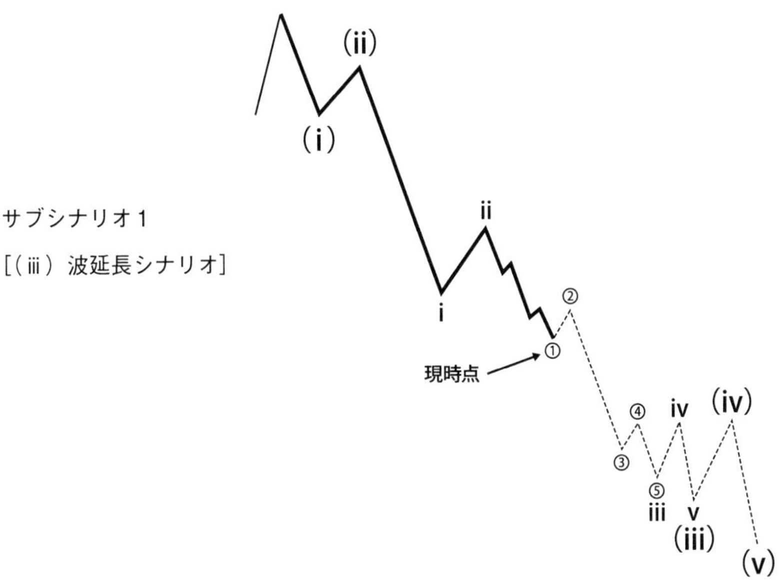

サブシナリオ1
［（ⅲ）波延長シナリオ］
(ii)
(i)
ii
i
②
①
現時点
④
iv
(iv)
③
⑤
iii
v
(iii)
(v)

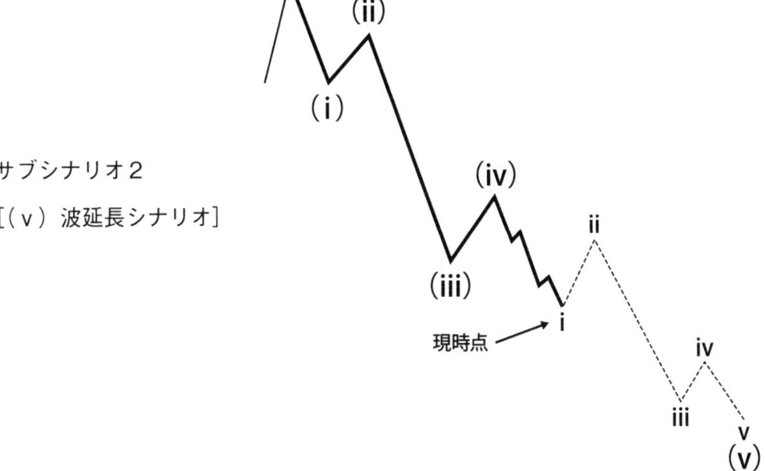

サブシナリオ2
［（ｖ）波延長シナリオ］
(ii)
(i)
(iv)
ii
(iii)
i
現時点
iv
iii
v
(v)

（ｖ）波の完成を確認するというのは、具体的には反転した株価が（ｖ）波の始点を超えることですし、ｖ波の完成を確認するというのは反転した株価がｖ波の始点を超えることです。

（ｖ）－ｖと思われる波の完成を確認しても、まだ（ⅲ）波延長説や（ｖ）波延長説が拭い去れるわけではありません。これらの場合、完成を確認した波は（ｖ）－ｖではないカウントの波になります。

また、図６－４のようなケースもあります。（ｖ）波のⅳ波、ｖ波と想定していたところが、ⅳ波が拡大型フラットとなったことで、実際にはⅳ波の副次波のⒶ波、Ⓑ波だった、というケースです。

この場合にはⅳ波の終点＝ｖ波の始点と想定していた水準［実際にはⅳ波のⒶ波の終点であった水準］まで反転したところで買い、その後、ｖ波の終点と想定していた水準（＝実際には拡大型フラットのⒷ波の終点だった水準）で損切り、ということになります。そして、改めて買いポイントを探すことになります。

いずれにしても、このようにｖ波の始点と想定した水準まで反転したところを買いポイントとすると、その後、思うように上昇せずにｖ波の終点と想定した地点を割り込んだ時点で「想定は間違っていた」とはっきり認識することができて、損切りがしやすくなります。つまり、合理的に損切りができるわけです。

4）「ｖ波完了」を確認して買う場合の戦略のまとめ

さて、図６－１のケースの戦略、すなわちｖ波の完成を確認して買う戦略［正確には、ｖ波と想定される波の完成を確認して買う戦略］について考えると、366ページの図６－５のようになります。

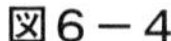

図6－4

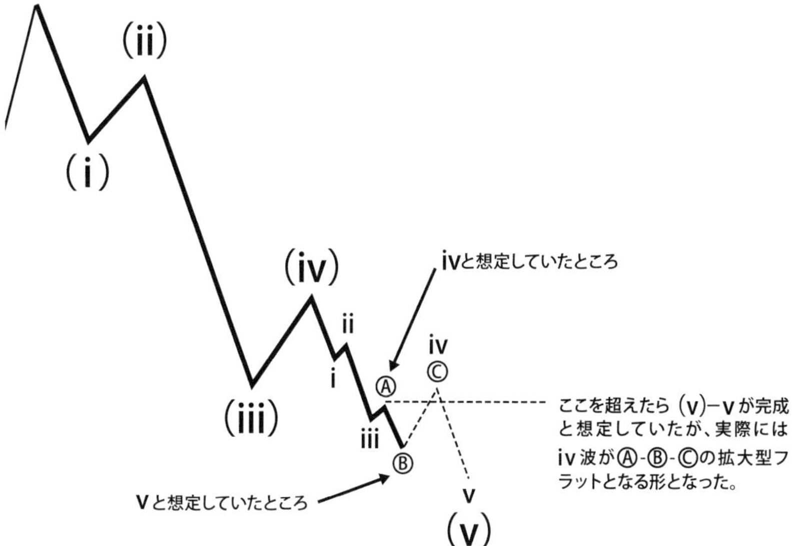

(ii)
(i)
(iv)
ivと想定していたところ
ii
iv
i
Ⓐ
Ⓒ
(iii)
ここを超えたら（v)－vが完成
と想定していたが、実際には
iii
iv波がⒶ-Ⓑ-Ⓒの拡大型フ
Ⓑ
ラットとなる形となった。
Vと想定していたところ
v
(v)

まず、iv波終点［＝ｖ波始点］まで反転してきたところを買いポイントとします。上値のターゲットは（iv）波終点です。

そして、（ｖ）－ｖ波終点と想定したポイントを損切りポイント（ＳＴＯＰ）と考えます。

図６－５　ｖ波完了を確認して買う戦略

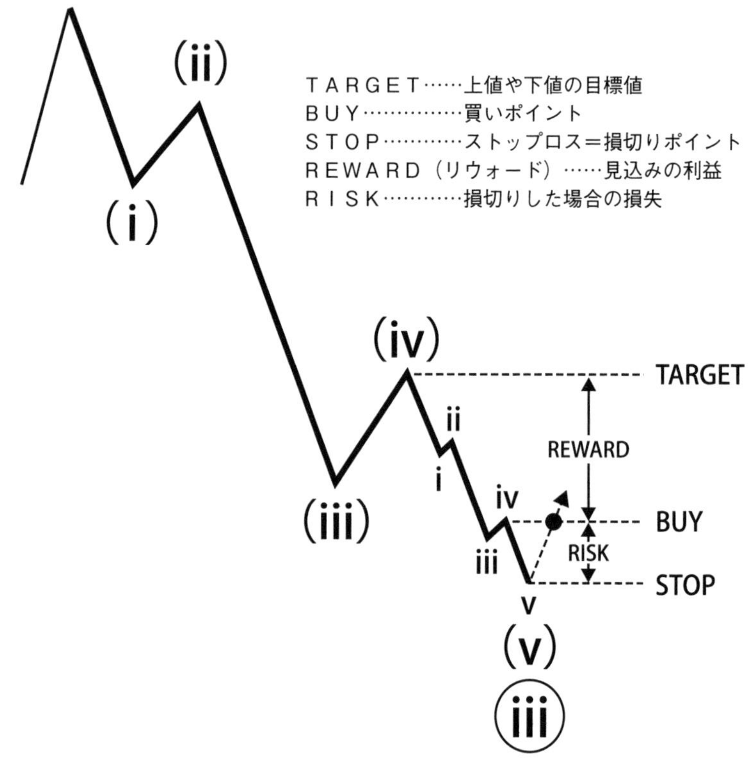

第2節
有効な投資戦略とリスク管理の考え方

1）リスク・リウォード・レシオについて

図６－５で示したトレード戦略で注目していただきたいのは、成功してターゲットで利益確定できた場合の利益とＳＴＯＰに引っかかった場合の損失の比率です。この想定される利益（リウォード）と、想定される損失（リスク）の比率（レシオ）がリスク・リウォード・レシオです。

図６－６　この指標が「２」以上のチャンスを狙いたい

$$\text{リスク・リウォード・レシオ} = \frac{\text{リウォード(想定される利益)}}{\text{リスク(失敗した時の損失)}}$$

RISK・REWARD・RATIO

図６－５はイメージ図なので具体的な数値が書かれていませんが、この想定されるリウォードがリスクよりも十分に大きければ、それは割の良いトレードと考えられる、ということです。

リスク・リウォード・レシオは最低でも２倍が望ましいですし、３倍とか５倍ならさらに望ましいところです。

2）大きな階層の波の完成を狙う

トレードで成功するために大事なのは、以下の２要素を高めることです。

- **成功確率**
- **リスク・リウォード・レシオ**

ところが、この２要素には矛盾した面があります。成功確率を高めるには値動きをよく見極める必要がありますが、値動きを見極めようとすればするほどエントリーポイントが遅れてしまいリスク・リウォード・レシオが低くなってしまいます。

逆にリスク・リウォード・レシオを高めようと思って性急にエントリーしてしまうと、成功確率が低下してしまいます。

この矛盾した２つの要素をできるだけ同時に高めるためには、できるだけ大きな階層の波動の完成を狙うことです。

例えば、図６－７の「ＢＵＹ」と書いてあるポイントは、マイクロ級の⑤波で完結したと想定される下落波動に対して反転する動きが④波終点まできたところです。

この④波終点を買いとする戦略がターゲットとして想定できるのはサブミニュエット級のⅳ波終点ではなくて、それより二回り大きい階

図6－7

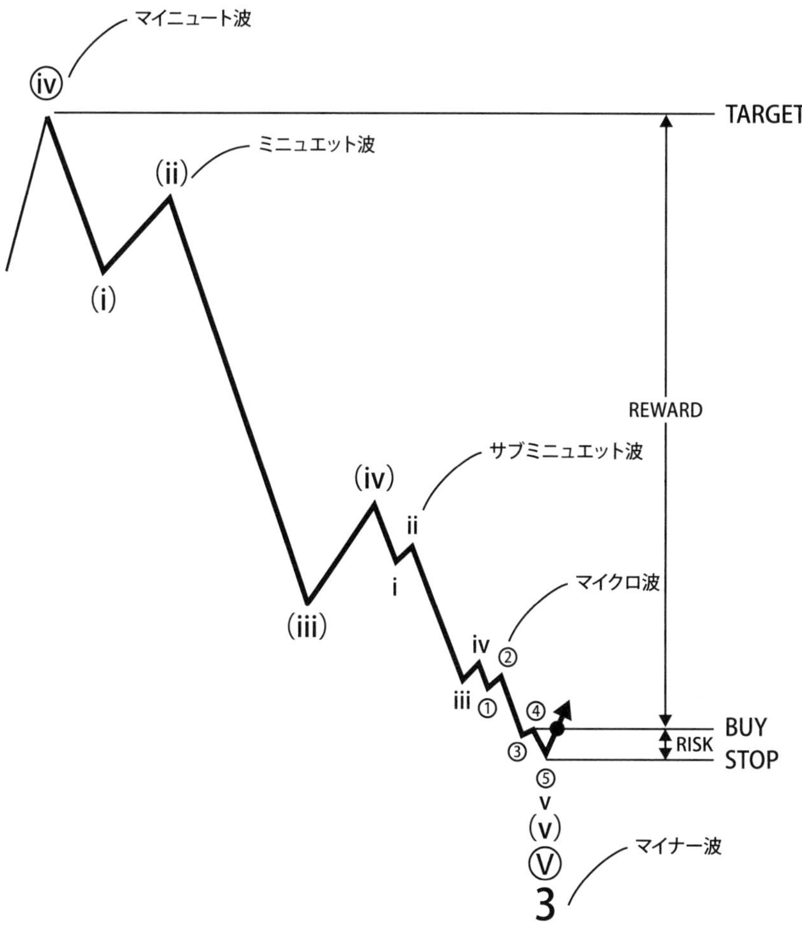
マイニュート波
ⓘⓥ
TARGET
ミニュエット波
(ii)
(i)
REWARD
サブミニュエット波
(iv)
ii
i
(iii)
マイクロ波
iv
②
iii
①
④
BUY
RISK
③
STOP
⑤
v
(v)
Ⓥ
3
マイナー波

層であるマイニュート級のⓘⓥ波終点です。

株価が反転してマイクロ級の④波終点を超えたことで①波～⑤波、つまりサブミニュエット級のｖ波が完成した可能性出てきたと考えられ、それと同時にそれより一回り大きいｉ波～ｖ波、つまりミニュエット級の（ｖ）波も完成、さらにはもう一回り大きい（ｉ）波～（ｖ）波、つまりマイニュート級のⓥ波も完成し、さらにもう一回り大きなⓘ波～ⓥ波、つまりマイナー級の３波も完成したと考えられるからです。

このようにエントリーのタイミングを計るために着目している波動よりも二回り、三回りと大きな波動が完了した可能性があるケースでは、成功確率をある程度維持したままリスク・リウォード・レシオをかなり上げることができます。

図６－８　エリオット波動によるトレードの３大ポイント

①インパルス５波の副次波４波終点（事例ではｖ－④終点）を超えたところで買う

②５波終点にＳＴＯＰ（損切りポイント）を置く

③大きな階層の波動の完成を確認して買い、リスク・リウォード・レシオを上げる

3）リスク管理

トレードで持続的に成功していくためにリスク管理は必須です。その意味で、損切りラインの設定は重要ですし、リスク・リウォード・レシオを意識することも重要です。

損切りラインの設定については、単純に「何％マイナスになったら」と考えるのではなくて、基本的には「このラインを割り込んだら想定が破たんする」というように、波動分析上、合理的なポイントに設定するべきだと思います。

リスク管理でもうひとつ重要なのは、自分のリスク許容度、損失の許容金額をハッキリ意識するということです。そんなに大きな損失を受け入れられない状態なのであれば、想定される絶対的な損失金額を初めから小さくする必要があります。

そのための方法としては、以下の２つの考え方があります。

①エントリーポイントと損切りラインの距離を小さくする
②投資金額を下げる

①の「エントリーポイントと損切りラインの距離を小さくする」ためには、「できるだけ大きな波の完成のタイミングで、小さな波の階層におけるエントリーポイントを探る」ことが必要になります。

②はごく簡単なリスクコントロールの基本です。投入金額を下げれば下げるほど、損切りしたときの損失金額は少なくなります。

①と②の２つのポイントを意識して、自分に合ったリスクコントロールをしていきましょう。

第3節

ダイアゴナルにおけるトレード戦略

1）リーディングダイアゴナルか、エンディングダイアゴナルか

今度は、図6－9のように、ミニュエット級の（v）波と思われる位置でダイアゴナルと想定される波形が出現したケースを考えてみましょう。

図6－9

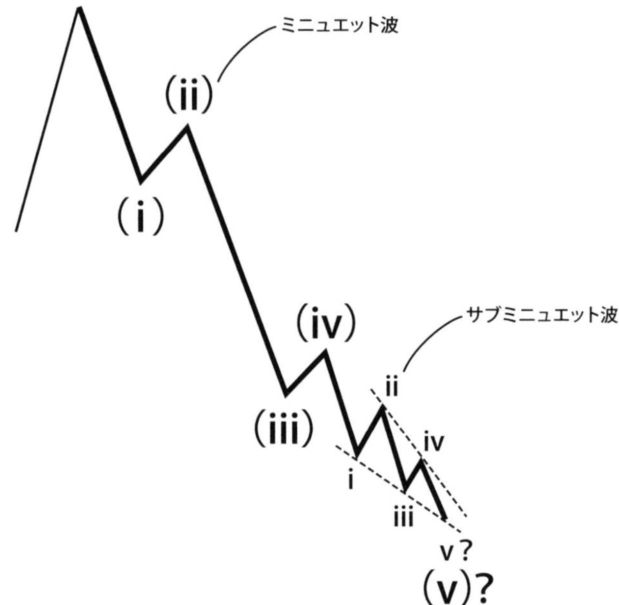

このダイアゴナルと思われる波形は、大きさの点で（ｉ）波や（iii）波とのバランスを考えてもこれがエンディングダイアゴナルとなって（ｉ）波～（ｖ）波が完了という想定をメインシナリオとして描けるところです（図６－10)。

しかし、まだ、このダイアゴナルと思われる波形は（ｖ）波の副次波の１波目、つまりリーディングダイアゴナルである可能性も排除できませんので、これをサブシナリオ１として想定しておくべきです、

こうしたケースでは３－３－３－３－３型のダイアゴナルならエンディングダイアゴナルの可能性が高く、５－３－５－３－５型のダイアゴナルならリーディングダイアゴナルの可能性が高いということも判断材料として考慮しましょう。

図6－10

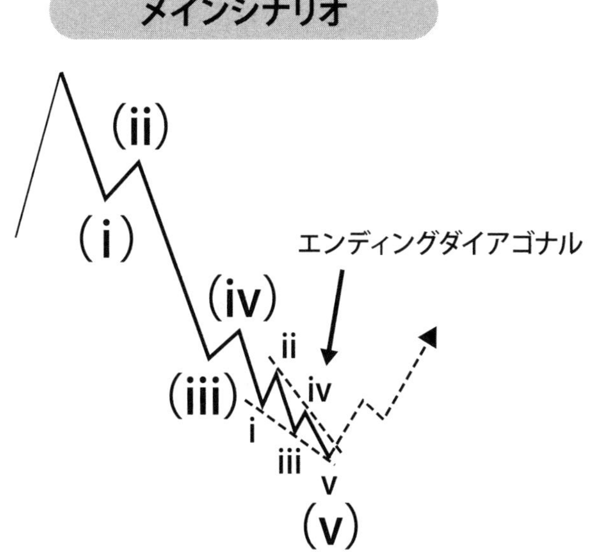

図6－11

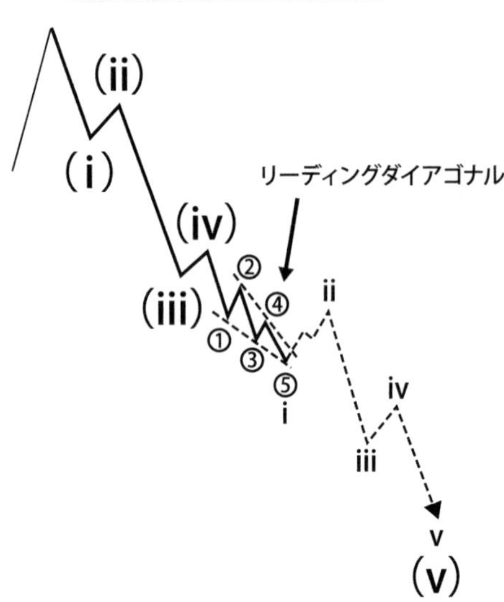
サブシナリオ 1
(ii)
(i)
リーディングダイアゴナル
(iv)
②
④
ii
(iii)
①
③
⑤
i
iv
iii
v
(v)

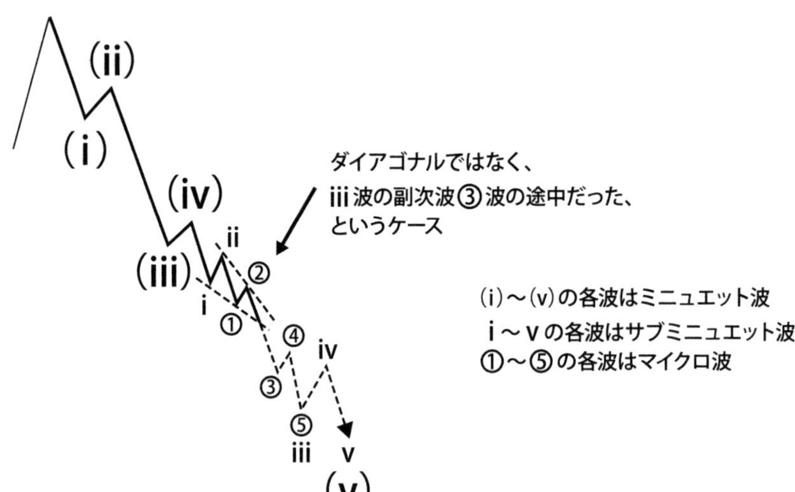
サブシナリオ 2
(ii)
(i)
ダイアゴナルではなく、
iii 波の副次波③波の途中だった、
というケース
(iv)
ii
(iii)
②
i
①
(i)～(v)の各波はミニュエット波
i～v の各波はサブミニュエット波
①～⑤の各波はマイクロ波
④
iv
③
⑤
iii
v
(v)

さらには、図６－11のサブシナリオ２のように、ダイアゴナルと思われたところが延長するミニュエット級の（ｖ）波のⅲ波の③波の途中であった、というケースも考えられます。

このように、メインシナリオやいくつかのサブシナリオを想定したうえで、メインシナリオに基づくトレード戦略を考えてみましょう。

メインシナリオはダイアゴナルと思われる波形をエンディングダイアゴナルと想定していますが、図６－10の段階ではすでにダイアゴナルの５波まで出現しているので、これでほぼ（ｉ）波～（ｖ）波が完成した可能性が考えられます。となると、「この時点で買ってもいいのではないか」という考えも出てくるところです。

収縮型ダイアゴナルについて、「副次波の大きさが１波＞３波＞５波となる」というルールがあります。しかし、実際に３波が１波より大きくなることはそれほど珍しくありません。ちなみに、『エリオット波動入門』の図１－18で提示された収縮型ダイアゴナルも３波が１波より大きくなっています。また、５波がスローオーバーした際には、５波がわずかに３波の大きさを超えることもあります。

図６－12　ダイアゴナルの５波目がスローオーバーすることも

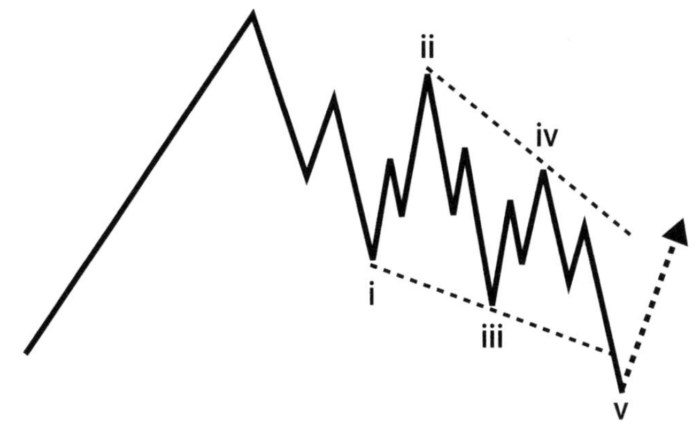

ですから、図6－13のように「5波が下値線に到達した」と、見切り発車的に買ってしまうと、その後、スローオーバーの動きに引っかかってしまう可能性もあります。この状況に陥ると損切りポイントも明確でなく、持続か損切りかの判断にかなり悩んで苦しみます。

この場合、買い下がる戦略も考えられますが、エンディングダイアゴナルの想定が間違いで、サブシナリオ1、2のようなパターンになる可能性もあります。図6－10のエンディングダイアゴナルを想定して買い下がった結果、図6－11のサブシナリオ1や2のようなパターンにはまってしまうと、かなり苦しい状況に陥ります。

アメリカの著名なエリオット波動の専門家であるWayne Gorman氏とJeffrey Kennedy氏が書いた『Visual Guide to Elliott Wave Trading』には、収縮型のダイアゴナルの5波は3波の大きさを超えることはないので、5波が3波の大きさを超えるポイントをストップにする、という考え方が示されています。これは両氏が推奨している戦略というわけではありませんが、アグレッシブなトレードのやり方としてはあり得ると書いています。

この考え方によると、図6－13のように、トレンドラインに到達したあたりで買い、5波(図6－13ではv波)の大きさが3波(同iii波)の大きさを超えるポイントをストップにするという戦略になります。

しかし、著者がこれまで観察してきたところでは、収縮型ダイアゴナルにおいて、5波が3波の大きさを超えてスローオーバーしてしまうということはしばしば起きます。特に、分足など短い時間軸の動きの中ではわりと頻繁に起きます。つまり、ダイアゴナルの副次波の5波がスローオーバーして、3波の長さを超えたところでダイアゴナルが終点を迎え、そこから本格的に反転するというケースも多々ある

図6－13　Gorman & Kennedy のこの戦略は正しいか

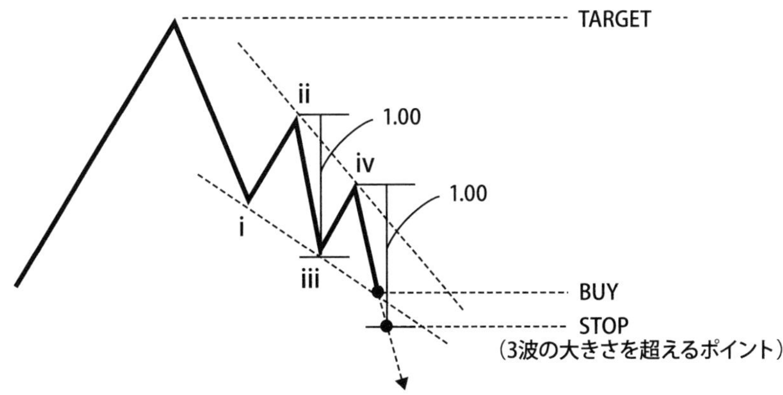

わけです。

こうなると、ダイアゴナルの５波が下値ラインに到達したポイントで買った場合、合理的な損切りポイントが見つけられない、ということになります。「合理的な損切りポイント」というのは、あくまでも「シナリオが破たんした可能性が高くなったと考えられるポイント」というように考えるべきです。

以上のことからも、ダイアゴナルの買いポイントは、その波形の完了を確認してからにしたほうがスムーズにいきやすく、合理的な損切りポイントも見つけやすい、ということが言えると思います。

次にダイアゴナルが出現した際のトレード戦略について考えてみたいと思います。

第２章の92ページでも解説しましたが、ダイアゴナルはその副次波がジグザグになるのかジグザグの複合形になるのかは事後的にしか分からないので、図６－14のＡのようにダイアゴナルが完成したように見えても、実際にはＢのように、それは３波が終わったに過ぎず、その後に４波、５波が続いた、ということもしばしば起こります。

図６－14

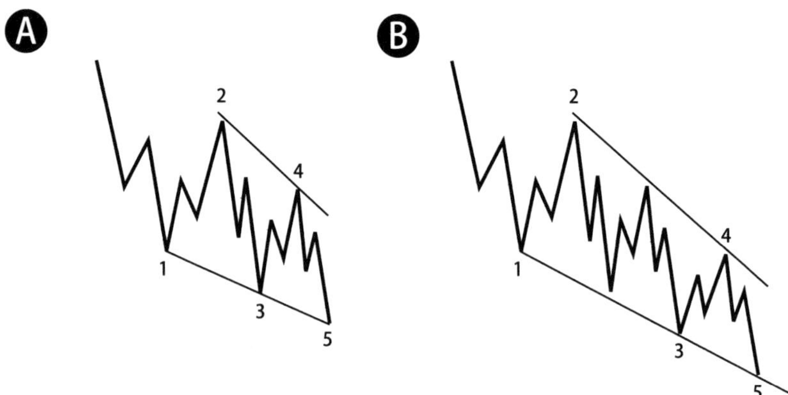

ここで、この性質を利用したトレード戦略を少し考えてみたいと思います。ここでは、ダイアゴナルが出現した際の一般的なトレード戦略という視点での考察をするため、そのダイアゴナルの出現位置をインパルスの最終局面ではなく、フラットのＣ波の位置に出たものとして考えてみます。

例えば、以下の図６－15のように、明らかにフラットのＣ波がダイアゴナルで進行中と分かる場面では、ダイアゴナルが完成したと思われるポイントで一度小さな「売り」を入れます。実際にダイアゴナルが完成したかどうかは確定的には判断できないので、あくまで「打診売り」（SELL1）です。

その後は株価下落に合わせて「売り乗せ」しますが、株価がダイアゴナルの下値線を割った時が適切な売り乗せのタイミング（SELL2）であると言えます。

図６－15

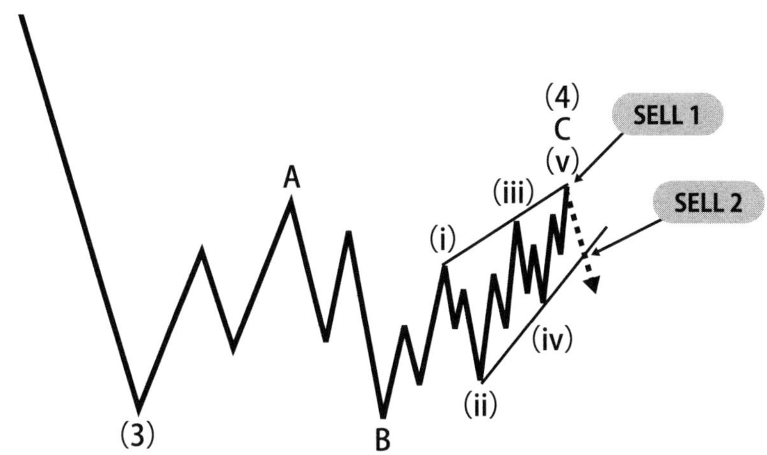

しかし、図6－16のように、ダイアゴナルが完成したと判断していたポイントが、実はダイアゴナルの副次波（iii）波終点に過ぎなかったということもしばしばあります。その時は、(SELL1) や (SELL2) で売り建てた玉を慌てて損切りするのではなく、ダイアゴナルの副次波（v）波完成を待って「売り乗せ」し（SELL3)、さらに、ダイアゴナルの下値線を割ったタイミングでも「売り乗せ」(SELL4) します。

すると、(SELL1) から (SELL4) までの「売り」で十分に大きくなった玉が、ダイアゴナル完成後の下落で大きな利益をもたらすことになります。

ここで強調したいことは、「ダイアゴナルがいつ完成したのかは事後的にしか判断できない」ことを意識して、戦略的にポジショニングしていくことの必要性です。(SELL1) のポイントで、一度に大きな売りポジションを取ってしまうと、図6－14のBのような展開になったとき、怖くなって売り建玉を決済してしまいがちになります。さまざまな値動きを想定して、実際にどんな値動きになっても冷静

図6－16

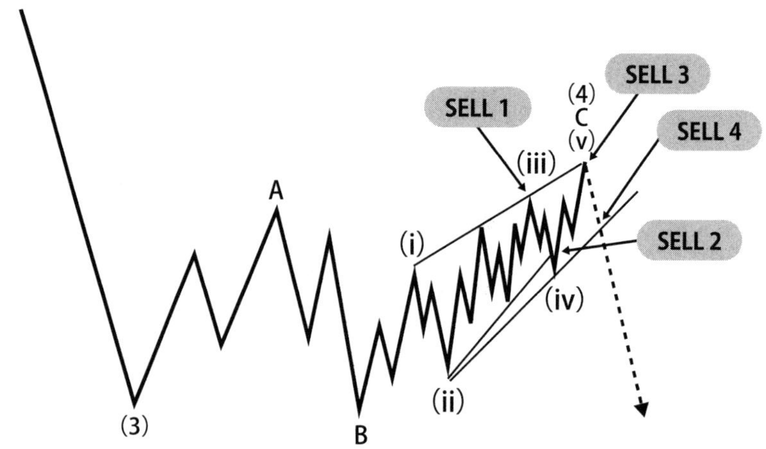

に対処できるように建玉を積んでいくことが大切なのです。

もちろんこうした戦略は、ダイアゴナルがインパルスの５波の位置に出た際にはより多くの利益をもたらすことになります。しかし、図６－11で示したサブシナリオ１やサブシナリオ２といった展開になる可能性も留意しておくことが必要です。

２）ダイアゴナル完成を確認できるポイントは？

ダイアゴナルの完成をほぼ確認できると思われるのは、図６－17のようにダイアゴナルの形が完成した後に反転してⅳ波の終点（BUY４）を超えたところです。ここがひとつの買いポイントと考えられます。

しかし、現実的には、ⅳ波終点を超えるところまで待つとエントリーのタイミングとしてはかなり遅れてしまいリスク・リウォード・レシオの面からは良いチャンスを捉えづらくなることが多いです。

ⅳ波の終点まで待たなくても、ｖ波の副次波のⒷ波終点を超えてき

図６－17

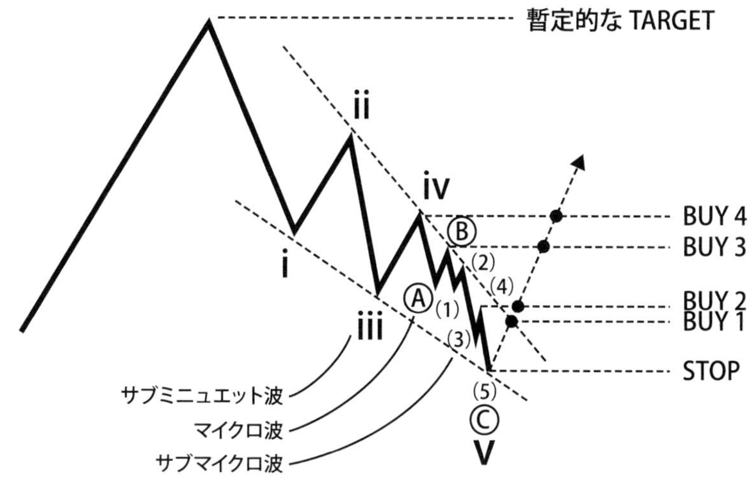

たら、ダイアゴナルが確定した可能性がかなり高まりますので、ここが有効な買いポイント（ＢＵＹ３）になると思われます。

さらには、Ⓒ波の副次波の（４）波終点［＝（５）波始点］を超えてくるとⒸ波が完了する可能性が高まり、ｖ波完了の可能性も高まるので、ここが最初の買いポイント（ＢＵＹ２）と言えます。

あるいは、上値ラインを超えてきたポイント（ＢＵＹ１）もダイアゴナルの形が確定するひとつのサインと考えられますので、ここも買いポイントといえます。このように、ダイアゴナルには４つの買いポイントが考えられます。

図６－17のケースでは、ＢＵＹ２のところではＢＵＹ１もクリアしていますので２つの買いの根拠があることになり買いポイントとしては有力なポイントと思われます。

エンディングダイアゴナルが終了した後の波動については、ダイアゴナルの始点が暫定的なターゲットになります。

損切りラインはｖ波終点と想定したところです。ここを割り込んだら想定が破たんしたと言えるからです。

このようにポイントを整理して、リスク・リウォード・レシオの面で有利ならばそれは有力なトレード戦略になると思われます。

3）5－3－5－3－5型のエンディングダイアゴナルのケース

５－３－５－３－５型のエンディングダイアゴナルは決して一般的とはいえず特殊なケースではありますが、売買ポイントを考えてみたいと思います。

この波形ではⅳ波終点＝ＢＵＹ３が図６－17のＢＵＹ４に相当するところで、ダイアゴナルという波形の完了と上昇トレンドの開始がほぼ確認できるところです。

しかし、それより手前のポイントであるｖ波の副次波の④波終点のところまでくればｖ波の完成＝ダイアゴナルの完成の可能性は高まります。このＢＵＹ２のポイントはＢＵＹ３のポイントよりも確度は劣りますが、リスク・リウォード・レシオは魅力的であり、有効性の高いエントリーポイントと考えられます。

また、上値線を超えた場合もダイアゴナルが完成したサインとしてはある程度有効性があります。図６－18では、ここをＢＵＹ１と記しています。

ＢＵＹ２のところまで来ると、だいたいＢＵＹ１もクリアしていますので、このＢＵＹ２のポイントがある程度確度の高いエントリーポイントと言えると思います。

この場合も上値のターゲットはダイアゴナルの始点になります。

図６－18　５－３－５－３－５型ダイアゴナルの買いポイント

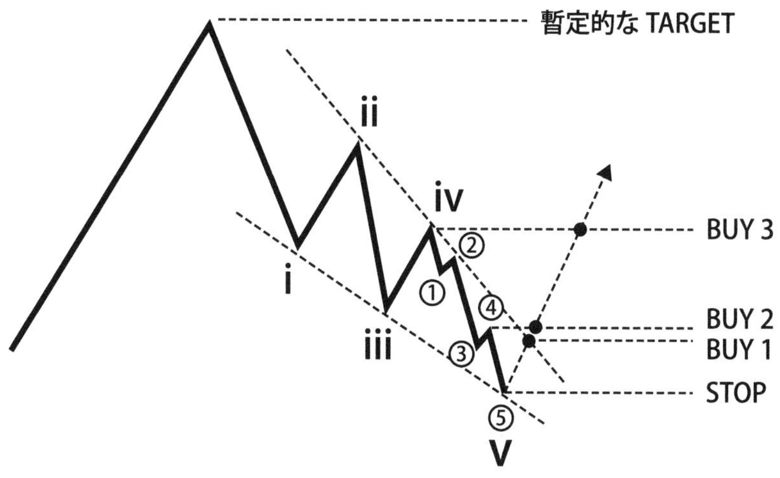

第４節
トレンド発生を示唆するインパルス

1）底値からインパルスが発生したら

ここまで、（v）波がインパルスで完了するパターンとエンディングダイアゴナルで完了するパターンの２パターンについて、そのあとの反転の動きに乗るトレード戦略を考えてみました。

エントリーした後は、波動をカウントしながら、ターゲットの水準まで進む動きを確認します。

そのときに、図6－19の太線のように上向きに反転する動きがインパルスと想定される波形が確認されたら、それはさらなるトレードチャンスの到来を示唆する重要なサインといえます。

今までの下落の動きと反対方向に、インパルスなりダイアゴナルなりの５波動の推進波が確認されたら、それはそれより一回り大きな上向きの波動が開始したサインです。その一回り大きな上向きの波動の波の階層についてはまだ確定されませんが、それまでのマイニュート波やミニュエット波などとの大きさとの比較やガイドラインなどから考えていくことになります。どの階層の波か確定できないとしても、太線のインパルスと思われる動きは、それより一回り大きな上向きの波動がスタートしたと判断できる材料になります。

図6－19

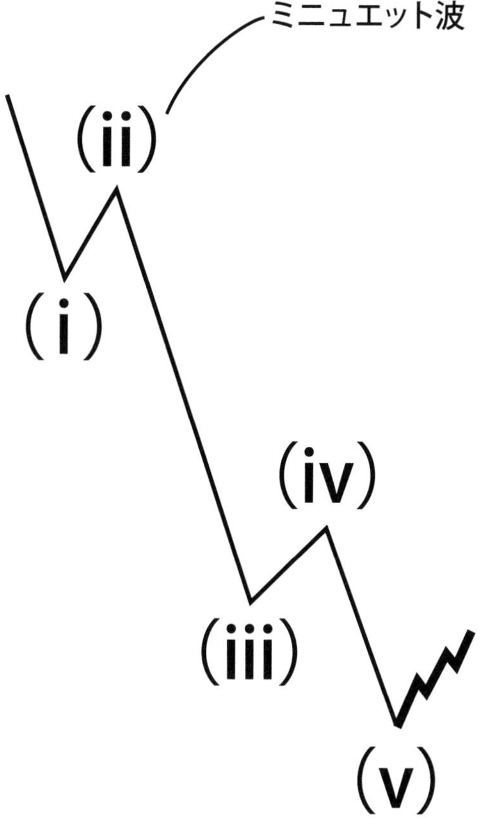

スタートした波が修正波の一部だとすると、それはジグザグの可能性が高いと考えられます。しかし、そのジグザグをＡ波（※ここでのＡ波とは、具体的な階層を指定しているものではなく、修正波の副次波の１番目の波という意味です）とするフラットやトライアングルになる可能性やジグザグからスタートする複合修正波も想定しておく必要があります。

この場合、太線のインパルスに続いて、それに対する下向きの修正を挟んで、もう一度、太線のインパルスと同程度の上昇が起こると考えられます。

また、底値からスタートしたインパルスが、一回り大きなインパルスの一部ならば太線と同じ階級の上向きの推進波があと２回残されていると考えられます。

どちらにしても、一度下落した後に、最低でももう一度、太線と同じ階級の上昇波動が起きる可能性が高いと考えられます。

ということは、太線のインパルス完成後の、下向きの修正波が完成した可能性を示すサインが買いシグナルになると考えられます。

2）インパルスの直後の修正波の完成を狙ってトレードする

１波にしろＡ波にしろ、「最初の波」としてのインパルスと想定される動きを見つけたら、それに続いて出現した修正波が完成した可能性を示唆するサインを確認して、次のインパルスを狙うのがトレードの基本的な考え方になります。

そこで、まずは修正波の中で最も基本的な波形であるジグザグの完成を狙ったトレードについて、次節で考えてみましょう。

第５節
ジグザグにおけるトレード戦略

1）ジグザグにおけるエントリーポイント

ジグザグの完成を狙ったトレードの買いのエントリーポイントとして考えられるのは図６－20のように２つあります。

図６－20

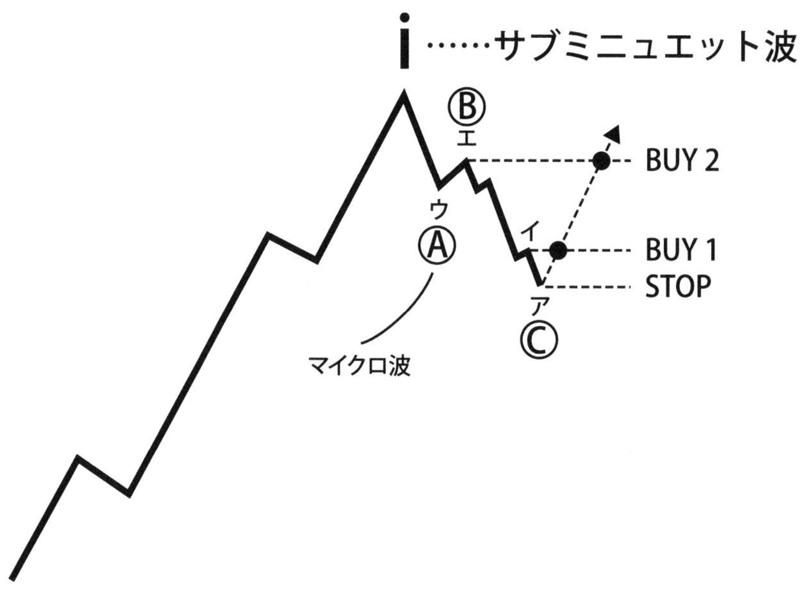

Ⓐ－Ⓑ－Ⓒと想定できる波動の後に反転して図のイのポイントまで来たところとエのポイントまで来たところです。

エのポイントまで来ると、Ⓐ－Ⓑ－Ⓒの波動が修正波であることがほぼ確定し、Ⓒ波の終点（アの地点）で底打ちした可能性が高まります。

エのポイントまで待たなくても、イのポイントまで来ると図6－20の中のⒸ波の副次波の５波と想定される波が完成したことが確認され、Ⓒ波の完成、さらにⒶ－Ⓑ－Ⓒの波動の完成の可能性が出てきます。

ただし、図6－21のように、株価がイのポイントを超えてもまだⒶ波の副次波の（４）波にすぎない可能性もあります。そのためにイのポイントでエントリーした場合で、アのポイントを割り込んだら想定が破たんしたことになります。

このように、イのポイントを超えることを、「Ⓐ－Ⓑ－Ⓒがジグザグであることを確定させるポイント」と考えてエントリーポイントとするのは、エのポイントをエントリーポイントとすることに比べると、やや確度は劣ります。しかし、イのポイントをエントリーポイントにすると、図6－22のようにリスク・リウォード・レシオを高めることができる点は魅力であり、現実的なトレードポイントとしては有効性が高いと思います。

2）上値ターゲットは？

このトレードの上値のターゲットはいくつか考えられますが、最初のインパルスと同程度、もしくは、その1.618倍に上昇した水準が暫定的なターゲットになります。本書では保守的に最初のインパルスと同程度上昇した水準を暫定的なターゲットとして図示しています。

もちろん、同じ階級の推進波どうしでも大きさがかなり異なるケー

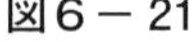

図６－21

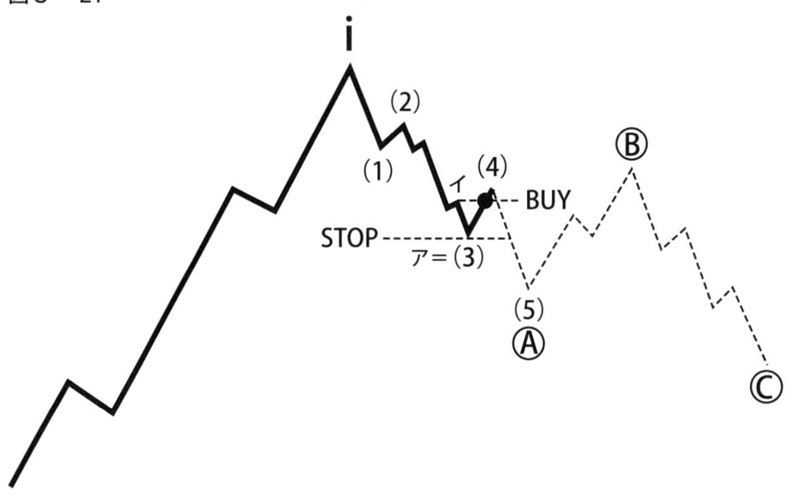

図６－22　２波あるいはＢ波のジグザグのトレード戦略１

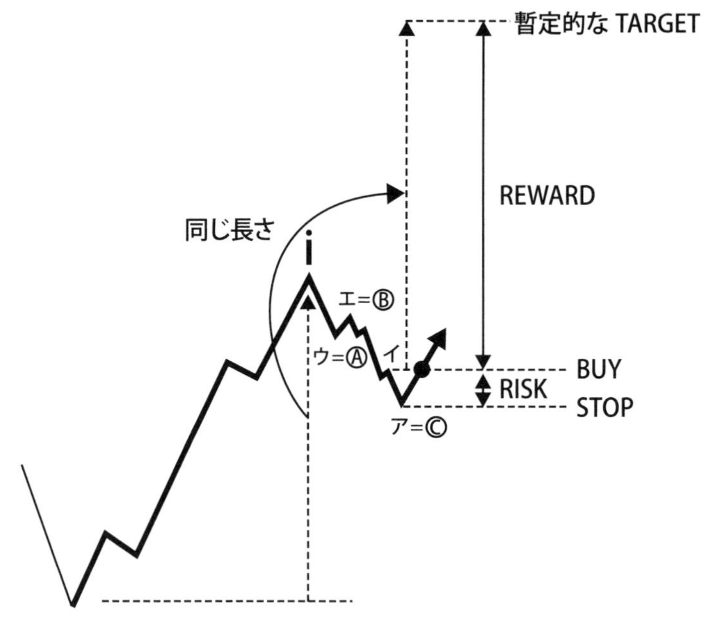

スもあり、１倍や1.618倍とはだいぶ異なる比率になることもあります。しかし、とりあえず同程度か1.618倍くらいの大きさというのは、経験上、一定程度有効な目安だと思います。少し慎重に考えても、少なくとも次に起きると想定される推進波は最初のインパルスの終点を超えていく可能性は高く、最初のインパルス終点が最低限の上値ターゲットになります。

利食いポイントは、新しく発生するであろう上向きの推進波が５波動完成して、その後発生する下向きの波動の売りのエントリーポイントとするのが基本です。つまり、利食いポイントは、常に、売りのエントリーポイントと同じになります。ただし、上向きの推進波が５波動完成したと考えられるポイント、あるいは完成しそうだと考えられるポイントで一部利食い売りをしてもいいでしょう。

当初の想定としては、図６－22のように、買いポイント（ＢＵＹ）、ロスカットポイント（ＳＴＯＰ）、利食いのターゲットを置きます。そして、リスク・リウォード・レシオが十分に高いと考えられる場合にはトレードに入ります。

図６－22の続きですが、ウのポイントを突破すると、図６－21のように、まだⒶ波としてインパルスが展開している途中である可能性はほぼ否定されます。そして、すでにⒶ－Ⓑ－Ⓒのジグザグが完成したか、そのジグザグをⒶ波としたフラットやトライアングルなどの展開途中である可能性が高まります。

しかし、Ⓐ波がリーディングダイアゴナルを形成中である可能性はまだ残ります。

では、株価がエのポイントを超えてきたらどうでしょうか。この場合、エからアまでの動きがひとつの波動として完了したことがほぼ確定し、アのポイントまでの下落でⒶ－Ⓑ－Ⓒのジグザグの形がほぼ確定したと考えられます（もちろん、そのジグザグをA波とするフラットやトライアングルなどになる可能性や、そのジグザグをW波とするダブルジグザグになる可能性も考えられます）。

したがって、このエが2つ目のエントリーポイントとなります。この場合のトレード戦略は図6－23のようになります。リスク・リウォード・レシオが十分魅力的でかつ、ＳＴＯＰに到達してしまったときのリスクが許容できる範囲ならば、エントリーしていきます。

今考えた2つのエントリーポイント（図6－22のイとエ）は成功確率とリスク・リウォード・レシオの点で一長一短あり、状況によって使い分けたり分散してエントリーしたりしていきましょう。

図6－23　2波あるいはB波のジグザグのトレード戦略2

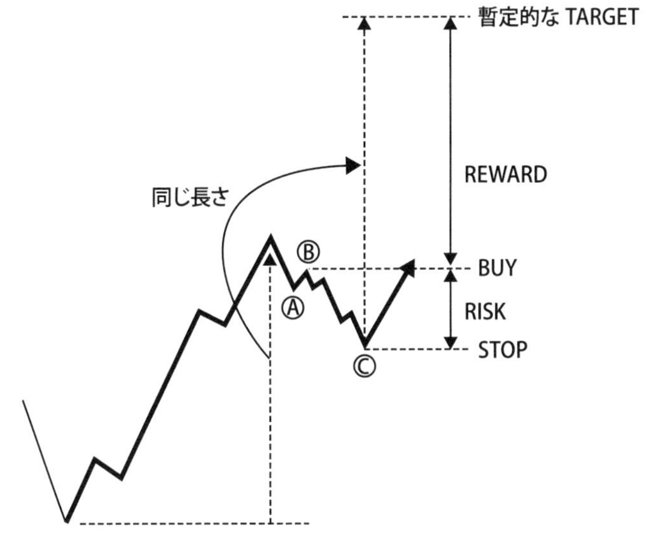

このケースでも、上値ターゲットは暫定的に前のインパルスと同じ大きさの推進波が発生する前提にしています。実際には、波動をカウントしながら上値の目処や利食いポイントを探していく必要があります

3）修正がジグザグ完成の後も続くケース

ジグザグ完成を確認することによるトレード戦略を考えましたが、すでに何度も述べたように、ジグザグの完成が確認されても、そのジグザグからスタートするフラットやトライアングルや複合修正波へと展開する可能性もあります（図6－24、25)。

しかし、それでもジグザグの副次波Ｃ波［図6－24～25においてはⒶ波の（Ｃ）波、もしくはⓌ波の（Ｃ）波］の終点が当面の安値になった可能性は高まります。

図6－24　ジグザグがフラットに発展するケース

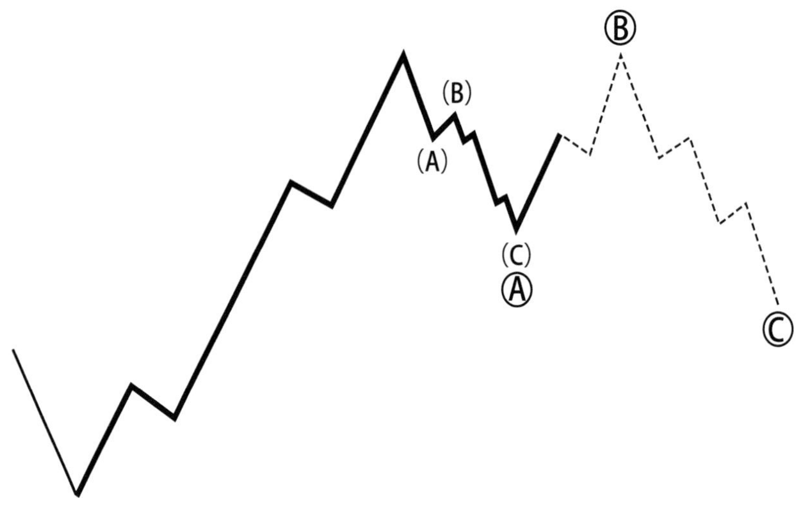

図６－25

◆ジグザグがトライアングルに発展するケース

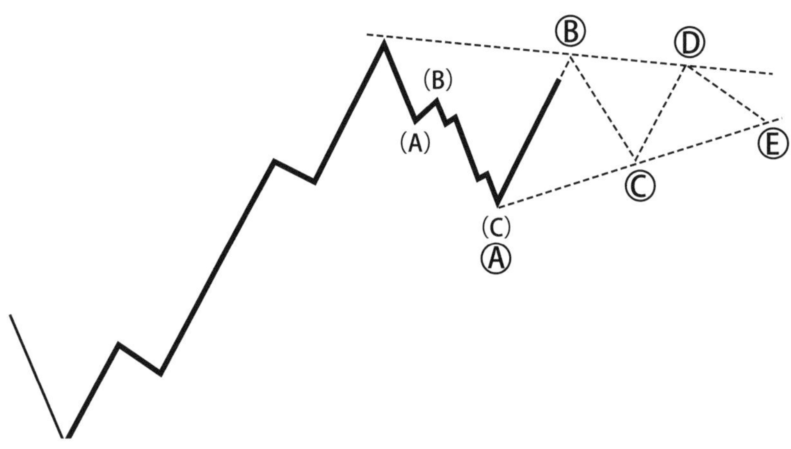

◆ジグザグがダブルジグザグに発展するケース

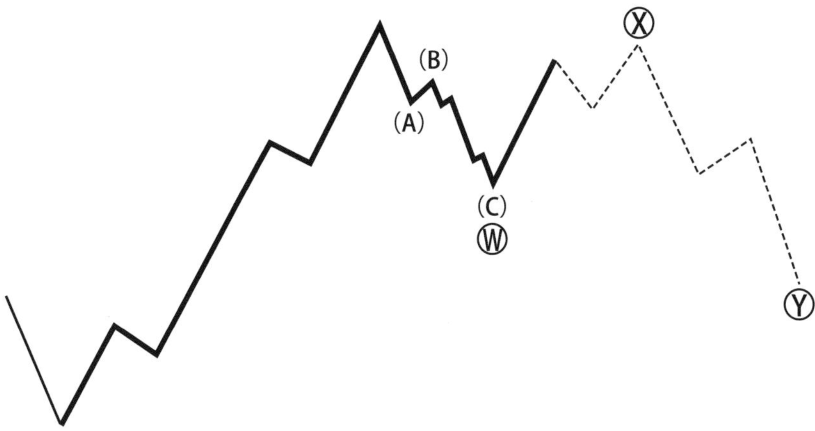

第６節
フラットにおけるトレード戦略

１）ジグザグシナリオが崩れたら……

図６－26のようにフラットが形成される場合には、その最初の副次波であるⒶ波＝ジグザグが出現した時点では、これで修正局面が終わった可能性も考えられるところです。

その場合には、Ⓐ波の副次波（Ｃ）波の４波終点を超えたところや、（Ｂ）波終点を超えたところを「買いポイント」と考えます。これらが図６－23の中で「ＢＵＹ１」「ＢＵＹ２」と記されています。このときに設定する損切りラインは「ＳＴＯＰ１」と書いたポイントです。

この後に上昇して、Ⓑ波の（Ｃ）波のところまで来ると、「新しいインパルスが順調に進んでいて、今はその３波目ではないか」とも考えられる状況になります。

しかし、その後下落してⒷ波の（Ｂ）波の終点を割り込んでしまったら、それまでの上昇波、つまりⒷ波の部分がインパルスの一部ではなく、３波動構成のジグザグとほぼ確定されます。

ここまで来ると、図６－26の中のⒶ波もⒷ波もジグザグであり、Ⓑ波終点がⒶ波始点を超えているので拡大型フラットの可能性も考えられる状況になります。

図6－26　ジグザグからフラットに発展した場合の売買戦略

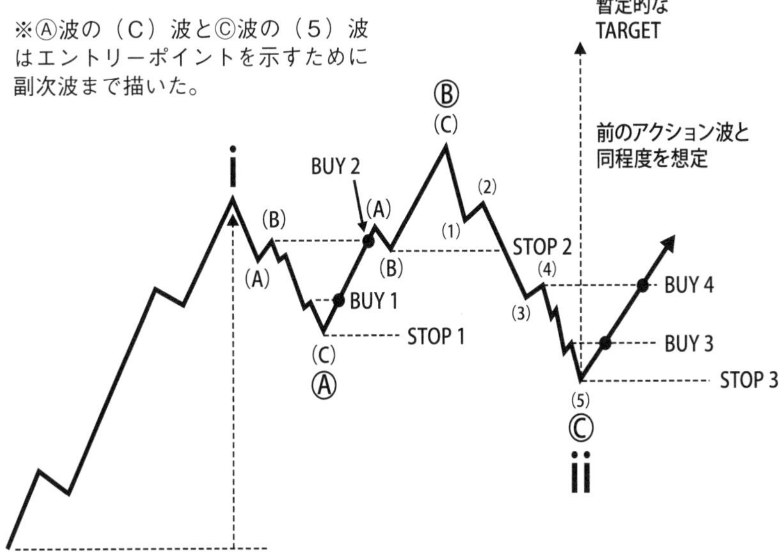

Ⓐ波が終了した直後は修正が完了して、その後上向きのアクション波が開始したと想定して、「ＢＵＹ１」「ＢＵＹ２」で買う。しかし、上昇波が３波動で終わってしまったと認識したら、「ＳＴＯＰ２」でいったん損切りして、次はⒸ波完了を確認することで買いポイントを探る

2）想定＆戦略を切り替える

その他にも図６－27のように２種類のどちらかトライアングルへと展開していくことも想定できます。

そこで、図６－26の「ＳＴＯＰ２」と書いたポイント（＝上向きのインパルスが進展中であるというシナリオが破たんしたポイント）ではいったんポジションを閉じて、拡大型フラットかトライアングルを想定してその完成を待って改めてエントリーを狙います。そしてⒸ波の展開を観察しますが、それがインパルスやダイアゴナルの波形になり、Ⓐ－Ⓑ－Ⓒは拡大型フラットとなった可能性が高まったと判断できたら「ＢＵＹ３」「ＢＵＹ４」のポイントで改めて買います。

拡大型フラットが完成した後は、その直前のアクション波と同程度の上昇波動が起きると想定できますので、ｉ波の大きさの１倍の上昇を暫定的なターゲットとして考えます。図６－26のケースではＢＵＹ３でエントリーしてもＢＵＹ４でエントリーしても、リスク・リウォード・レシオはある程度魅力的な比率が期待できそうです。

なお、フラットのＣ波はダイアゴナルになるケースもありますが、その場合は372ページで考えたようなダイアゴナルにおける売買戦略が使えます。

Ⓒ波がインパルスかダイアゴナルにならず修正波で終わったら図６－27のようなトライアングルか複合修正波のシナリオが考えられます（複合修正波のシナリオはここでは図示していません）。トライアングルのトレード戦略は本章第８節をご参照ください。複合修正波になった場合は最後のアクション波であるＹ波かＺ波がフラット、トライアングルなど何らかの修正波になるので、本章の各波形のトレード戦略をご参照いただければと思います。

図6－27

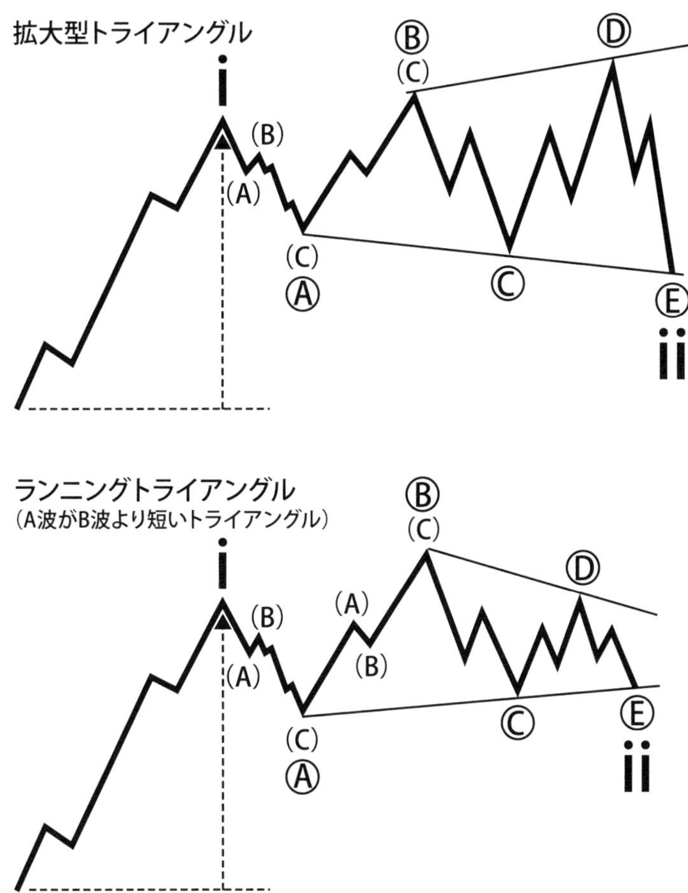

※２波（この場合はⅱ波）がトライアングルになるケースはほとんどありません

第７節
ダブルジグザグにおけるトレード戦略

図６－28のようにダブルジグザグになる場合について考えてみましょう。すでに見たように、ひとつ目のジグザグが形成された後にそれで修正が終了したと想定して買い戦略を取りますが、まだ修正波が続いているようだと確認したところでいったんポジションを解消して再度買いタイミングをはかります。

図６－28では下向きのジグザグのⓌ波に続いて上向きのジグザグのⓍ波が出現した形になっています。フラットと想定するには上向きに展開する２つ目のジグザグのⓍ波の戻りがやや小さかったですし、それに続いて下向きに展開する３つ目の波が最初のジグザグの安値を割り込んでジグザグと想定できる波形に展開していったので、ii波としてダブルジグザグへと展開していくことが有効な想定となります。

ダブルジグザグなら、３つ目の副次波であるⓎ波が完成したことを確認して再度エントリーを狙います。Ⓨ波がジグザグの展開になってきたら、その副次波の（Ｃ）波完了の形から上昇に転じたあと、図６－28のように「ＢＵＹ３」「ＢＵＹ４」と２つのエントリーポイントが考えられます。このときの最初の買いポイントである「ＢＵＹ３」はインパルスの４波終点となりますが、インパルス４波終点がいつでもエントリーポイントの基本となる点に改めて注目してください。

このときの損切りポイントは「ＳＴＯＰ３」のところ、ターゲットは前のアクション波と同程度の大きさということになります。このような想定でリスク・リウォード・レシオが有利ならトレードを実行します。

図6－28

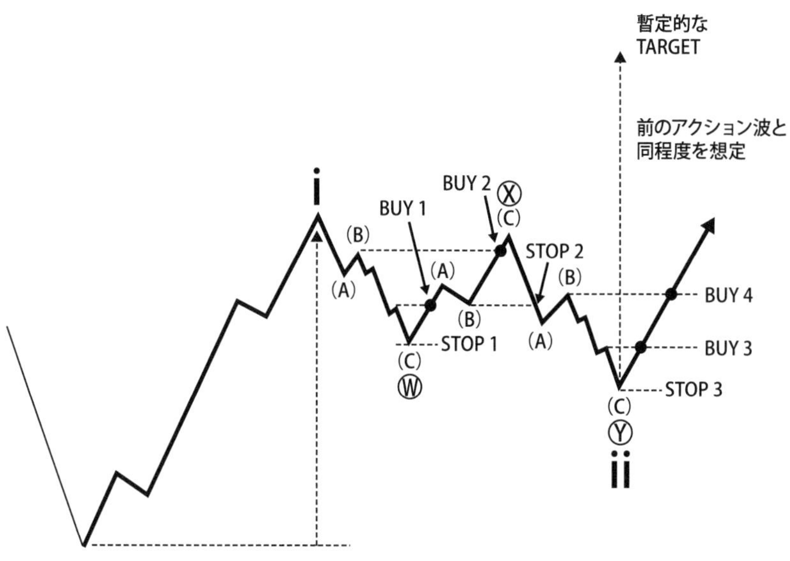

売買ポイントを示す都合上、Ⓦ波と Ⓨ波の（C）波だけ副次波を描いています

第8節
トライアングルのトレード戦略

1）トライアングルにおける売買ポイントの考え方

トライアングルにおけるトレードのエントリーポイントは、基本的には最後の副次波であるＥ波が確定するポイント、あるいはＥ波確定の可能性が高くなるポイントとなります。図6－29のケースでは、Ⓔ波が確定することを確認してエントリーする、ということになります。

Ⓐ－Ⓒライン上を目処にⒺ波終点でエントリーを狙いに行くという考え方もありますが、Ⓔ波がⒶ－Ⓒラインできっちり終結せずにスローオーバーしたり、想定以外の波になっていくケースもあります。スローオーバーした場合には、それがスローオーバーなのかトライアングルシナリオの破たんなのかの判断がハッキリとできず、かなり苦悩することになります。ですから、基本的にはⒺ波の完成を確認するかその可能性が高まったと判断できる条件が整うことを確認してエントリーするほうが、比較的スムーズにトレードできると思われます。

図6－29のように、Ⓓ波終点まで戻してきた水準を買いポイント（ＢＵＹ6）、Ⓔ波終点の水準を損切りポイント（ＳＴＯＰ2）、トライアングルの一番大きな副次波と同じ大きさだけ上昇した地点を上昇のターゲット、とするのが最もオーソドックスな戦略と考えられます。

図6－29

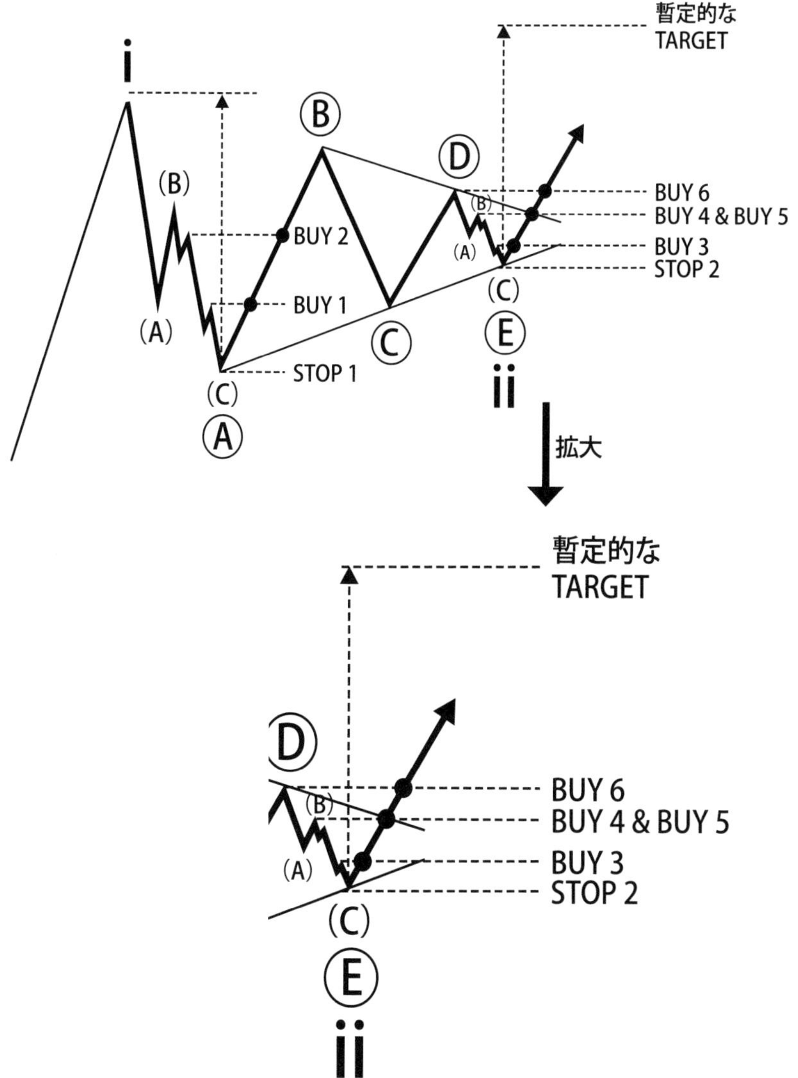

※２波（この場合はⅱ波）がトライアングルになるケースはほとんどありませんが、他の位置にトライアングルが出現してもトレード戦略の考え方は変わりません

それは、Ⓔ波の波形が整ったうえで株価がⒹ波終点を超える動きになってきたらこのⒺ波が確定し、それと同時にⒶ〜Ⓔで構成されるトライアングルの波形もほぼ確定すると考えられるからです。そして、この場合には、その後あまり上昇しないままⒺ波終点と想定したポイントを割り込んでしまうと想定が破たんしたと考えられるので、このⒺ波終点のポイントが損切りライン（ＳＴＯＰ２）になると考えられます。

しかし、現実的には、Ⓓ波の終点を超えるのを待っていると、リスク・リウォード・レシオの点であまり有利な条件が得られなくなってしまうことが多いです。

そこで、もうひとつの戦略として、Ⓔ波の副次波の（Ｂ）波終点を買いポイント（ＢＵＹ４）、Ⓔ波終点を損切りポイント（ＳＴＯＰ２）にするという戦略が考えられます。Ⓔ波の副次波のＢ波終点を超えてくれば、Ⓔ波はほぼ確定した可能性が高いからです。

また、Ⓑ－Ⓓラインを超えてくることもトライアングルの完了を示唆するひとつのサインであり買いポイント（ＢＵＹ５）と考えられますが、図６－29ではⒺ波の（Ｂ）波終点を超えるポイントとほぼ重なります（ＢＵＹ４＆ＢＵＹ５）ので、一層有力なサインと見ることができます。

さらに早い段階の買いサインとしては、Ⓔ波の（Ｃ）波の副次波の４波終点を超えたポイントがあげられます（ＢＵＹ３）。トライアングルが確定したと見るには確度はやや劣りますが、リスク・リウォード・レシオの点ではかなり魅力的なエントリーポイントと言えます。

いずれも損切りポイントはⒺ波終点ですが、もしこの戦略でストップに引っかかったら、一度損切りして、もう一度、エントリーポイントを探るようにします。

2）Ⓔ波がⒶ—Ⓒラインに到達せずに完成するケースの想定

収縮型トライアングルでは、図6－30のように、Ⓔ波がⒶ－Ⓒラインに届かずに完成することも珍しくありません。

しかし、このような場合、この（A）－（B）－（C）のジグザグでⒺ波が完成したのか、それとも、この（A）－（B）－（C）のジグザグを最初のアクション波に持つダブルジグザグに発展して、それがⒺ波となるのかを確定的には判断できません。

図6－30

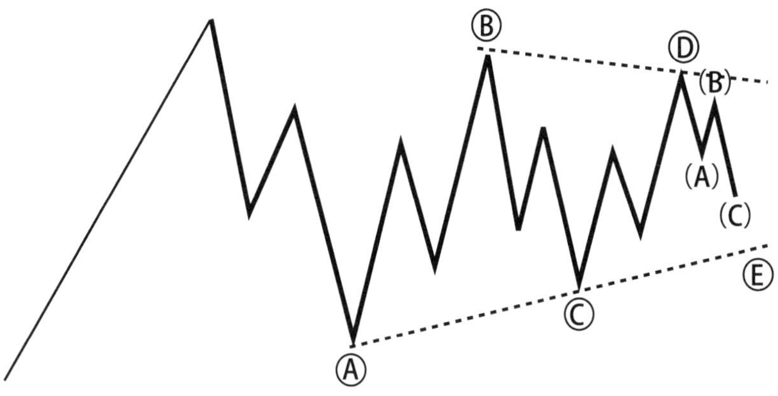

しかし、明らかに（A）－（B）－（C）のジグザグが完成したとカウントできる場合、そのタイミングで買わなければ利益を減らしてしまうことになりかねません。

こうした場合は、次ページの図6－31のように、まず、（A）－（B）－（C）のジグザグが完成したとカウントできるタイミング（BUY1）で打診買いを入れます。(C)波が完成したことを確認できるポイント、つまり、図6－29でBUY3と記したポイントで買うと成功率は高くなるでしょう。このあと、株価が明確に反転してきたら、ジグザグの(B)波終点で買いを追加します（BUY2)。図6－29ではBUY4と記したポイントです。

しかし､それでも株価がⒹ波終点を超えていかない限り､(A)－(B)－(C)のジグザグがダブルジグザグの（W）になる可能性は否定できません。

仮にダブルジグザグに発展した場合は、(Y)波完成のタイミングで買い増しし（追加BUY1)、さらに、株価が（X）波を超えたタイミングでもう一度買い増しします（追加BUY2)。このようなポジションメイクにより、平均買いコストを下げながらポジションサイズを大きくすることができ、トライアングル完成後の上昇による利益を最大化することができます。

図6－31

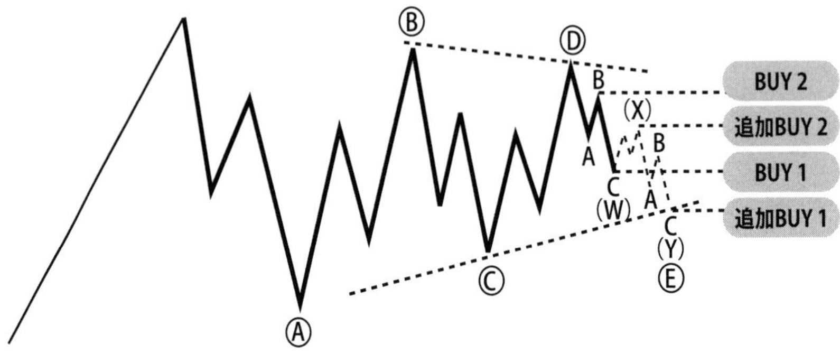

3）A－Cライン上でE波終点を狙う戦略について

A－Cライン上でE波終点を狙いエントリーする戦略については先ほどややネガティブな評価を書きましたが、この件をもう少し詳しく考えてみましょう。

例えば、図6－32のように、損切りラインをきちんと設定したうえでⒶ－Ⓒライン上で買う戦略はどうでしょうか。リスク・リウォード・レシオなどの点でも魅力的ならば、そうしたトレード戦略を取ることも考えられるでしょうか。

この場合、ストップロスを置くポイントはⒸ波の終点としていますが、それでいいでしょうか。

図6－32　この戦略は合理的か？

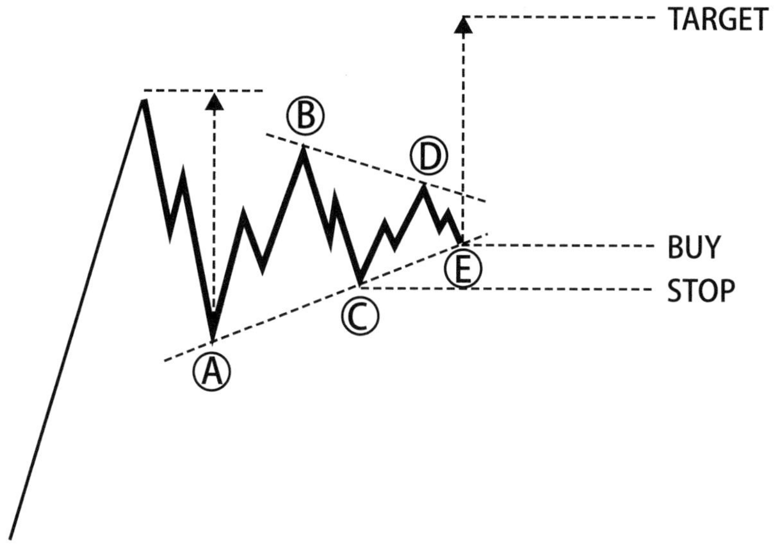

Ⓒ波終点と想定したポイントを割り込んでしまった場合でも、図6－33のようにトライアングルが継続している可能性は残ります。トライアングルのⒸ波の終点と想定していたところ（図6－32）は、Ⓒ波の副次波の（A）波、あるいは（W）波の終点の位置に過ぎず、少し大きめに振幅してジグザグ、あるいは複合修正波の波形のⒸ波を形成中である可能性が残されている、というわけです。

実際このようなケースは珍しくありません。こうした可能性も十分にあることを考えると、図6－32のように、この図のⒸ波終点のところに損切りラインを置くのはあまり合理的とは思われません。損切りした途端に上昇していくという可能性が十分にあるわけですから。

図6－33

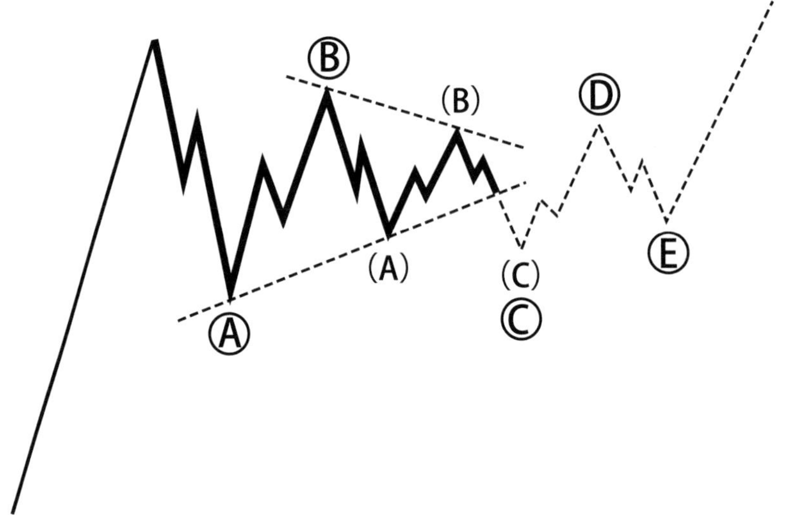

また、図6－34のようにⒶ波の終点と想定したところも割り込んでしまったら、この場合には、トライアングルシナリオはほぼ破たんです。したがって、ここ（Ⓐ波終点を割り込むところ）は、トライアングルにおけるトレード戦略の最終的な損切りポイントといえます。

株価がⒶ波終点と想定していたところを割り込んだ場合には、もし、そのⒶ波と想定した部分が５波動にもカウントできるならば、図6－34のように推進波①－②－③……か、下向きの修正波Ⓐ－Ⓑ－Ⓒが進展しているシナリオが考えられます［※１－２－３……なのか、Ａ－Ｂ－Ｃなのか、今のケースでは①－②－③なのか、Ⓐ－Ⓑ－Ⓒなのかは、さらにその後の展開を予想するのに重要な問題になってきますが、それは波形、波カウント、より大きな段階の波の状況を見て判断していくことになります。332ページを参照してください］。

図6－34

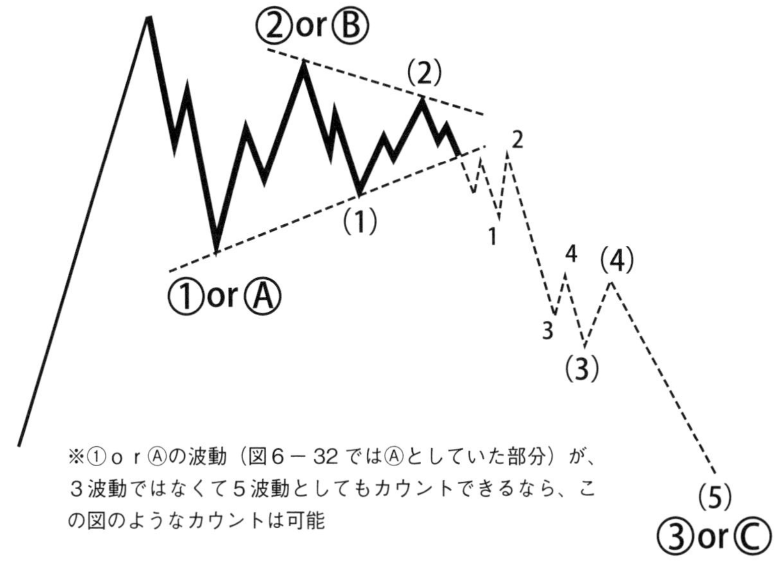
②orⒷ
(2)
2
(1)
1
①orⒶ
4
(4)
3
(3)
※①ｏｒⒶの波動（図6－32ではⒶとしていた部分）が、
３波動ではなくて５波動としてもカウントできるなら、こ
の図のようなカウントは可能
(5)
③orⒸ

以上のように波動が進行中の段階でそれがトライアングルかどうかを判断するのは結構難しくて、一見、トライアングルに見えてもその後さまざまなパターンに進展していくシナリオが考えられます。ですから、図6－32のⒺ波の終点を狙った買いをⒶ －Ⓒライン上で見切り発車的に行ってしまうと、その後、かなり苦しむことになる可能性があります。

こういうことを避けてもっとスムーズにトレードしたい場合には、やはり図6－29で示したように、Ⓔ波までの波動が完了したことを確認するか、Ⓔ波完了の可能性が高まったと思われるポイントまで株価が反転することを確認してエントリーしていくか、トライアングルの最初の波であるⒶ波の副次波である（C）波の４波終点（ＢＵＹ１）でエントリーしてホールドする戦略が合理的だと思います。

もしくは「２）Ⓔ波がⒶ―Ⓒラインに到達せずに完成するケースの想定」の項で説明したように、一時的には含み損を抱えることを前提とするポジショニングを戦略的に行っていくという手法を考えてみるのもいいかもしれません。

戦略的なポジショニングに関しては、この後詳しく説明したいと思います。

以上、ジグザグ、フラット、トライアングルと修正波の基本３波形、さらにダブルジグザグの買いポイントについて考えました。

その他、複合修正波のケースも、その副次波の最後の波はこの３つの基本波形のいずれかになりますので、エントリーポイントの考え方は基本的に同じになります。

コラム：筆者の本音のエリオット波動論 2
カウントするうえで一番大事な視点は波の形（Form）

本書では、エリオット波動で規定された波形のルールやガイドラインをこと細かに解説してきました。それらをしっかり覚えておけば、問題なく、実践的なカウントができるような気分になることでしょう。しかし、実際にチャートをカウントする段になると、インパルスのルールにもダブルジグザグのルールにも当てはまるような波動に遭遇することも珍しくありません。そういうときは小さな波をひとつひとつ数えて波の数合わせをする前に、その波動全体がどんな「形」をしているのかを俯瞰して見てください。具体的には、今5分足チャートを開いているならば、30分足チャートに切り替えてその波動全体の大まかな「形」を認識するのです。15分足チャートを開いているならば、4時間足チャートに切り替えるとよいでしょう。

エリオット波動原理において、もっとも大切なのは波動の「形」です。エリオットが発見したことは、「決まったいくつかの『形』が反復してチャートに現れる」ということです。適切なカウントとは、波形を構成する波の「数」をルールに合わせることではなく、波動の「形」を正しく認識することです。そのうえで、波の「数」が合っているかどうかを確認していくのです。この手順が逆になってしまうと、本来の原理とはかけ離れた「形」の波動がチャートに現れたことになってしまいます。

チャートの中に「形」を見つける。どうぞ、このことを常に忘れないようにカウントに取り組んでみてください。

第9節
インパルスの利食いポイント

1）利食いポイントの考え方

さて、また、図6－23の続きに戻りましょう。

大きな下降トレンドを終えて、「最初の上昇のインパルスの発生を確認したら、その次に起きる修正波の完成を狙ってエントリーする」ということでした。そして、修正波の基本３波形のエントリーポイントを考えたわけです。

エントリーした後は、エグジットポイント（買っている株を売却したり、空売りしている株を買い戻したりして清算するポイント）を考えます。損切りのポイント（ストップ）についてはすでに考えました。

利食いポイントについては、ターゲットを計算してそこで売るという考え方もありますが、基本的には上昇波動の終了を確認して（＝下落波動の発生を確認して）売る、ということになります。

インパルスにおける利益確定は、図6－35のように、ⅲ波の副次波の⑤波のさらに副次波の（５）波まで確認した後に、（５）波の始点［＝（４）波の終点］を割り込むところにＳＥＬＬのポイントを置いて行います。

図6－35

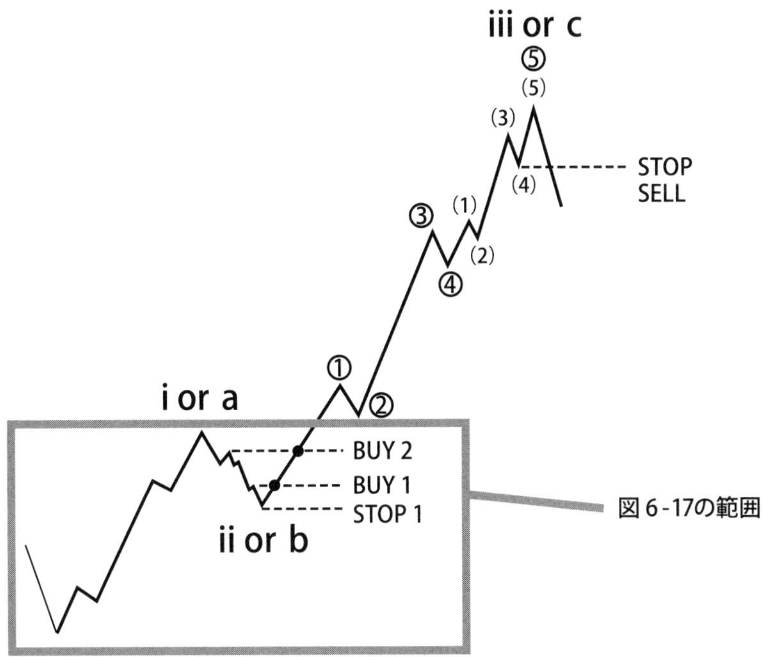

iii or c
⑤
(5)
(3)
STOP
SELL
(4)
(1)
③
(2)
④
①
i or a
②
BUY 2
BUY 1
STOP 1
ii or b
図 6-17の範囲

2）その高値は３波かＣ波か

ここで次に問題になるのは、これで３波動が確認されて上昇波動が完了なのか、まだ５波動目が残っているのか、ということです。これは、大きな階層の波動の状況から考えていくことが基本ですが、次に起こる下向きの波の波形から考えることもできます。

図６－36のようなケースは、ⅲ波ないしｃ波と想定される波動に続く波動が修正波としてほぼ確定されます。太線の部分が修正波形であることがほぼ確定的だからです。この太線部分がⅳ波なのか、この太線部分を副次波とするトライアングル、フラット、ダブルスリー、ダブルジグザグなどに発展してⅳ波になるのかどうかはまだわかりませんが、ピーク後の最初の下向きの波動が３波動で確定した場合には、その波動ないしその波動を含む波動が修正波であることがほぼ確定します。そして、まだｖ波の上昇が残されている可能性が高い、ということがわかります。

一方、図６－37のように、ⅲ波ないしｃ波の後、太線のインパルスが出現したら、それが下向きのミニュエット波［ⅲ波やｃ波よりも一回り大きな波］のスタートなのか、修正波ⅳ波の一部なのか、どちらの可能性も考えられるところです。

要するに、太線のインパルスがⅲ波ないしｃ波と同じサブミニュエット級なのか、それより小さい階級なのか、その点が重要になってきます。大きさ的にⅲ波ないしｃ波と同等と言えるのか、それより小さい階級というのがふさわしいのかということがひとつのヒントにはなります。

なかなか決定的な判断方法はありませんが、大きなインパルスが出現すればするほど、下向きのミニュエット波がスタートした可能性が

図6－36

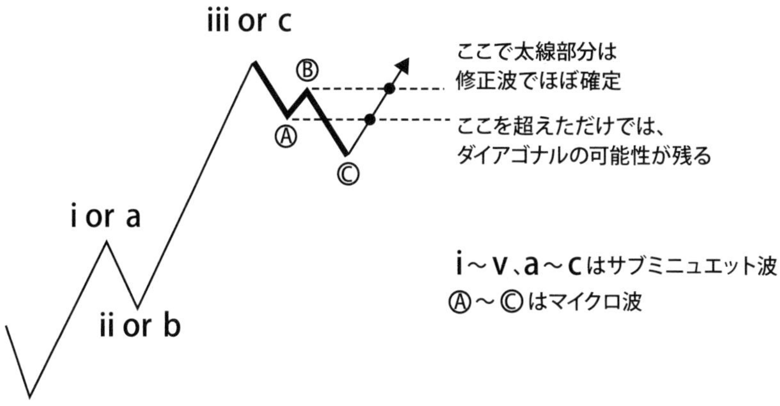

図6－37

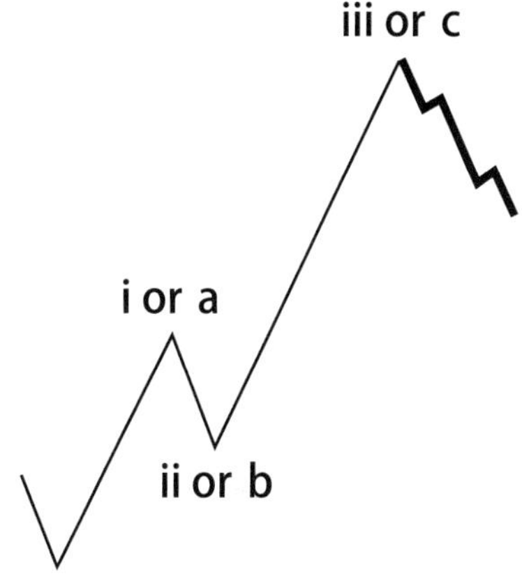

高値から出現した下向きのインパルス（太線部分）はⅲ波に続く修正波ⅳ波か、それともc波に続くⅰ波あるいはⅰ波の一部分か。それはまだこの時点でははっきり判断できない

高まると考えられます。

もし下向きのミニュエット波がスタートしたなら、iii波ないしc波と言っていた波はc波だった、ということになります。

3）エリオットト波動によるトレードのまとめ

この章で言いたいポイントは次の2つです。

①できるだけ大きい波動の完成を狙え

大きな階層の波動の完成を狙うほど、リスク・リウォード・レシオの点で有利な戦略が取れる（図6－38）。

②インパルス４波終点超えでエントリー

どんな波形でも、副次波（ひとつ下の階層）か、副次波の副次波（ひとつ下の階層か２つ下の階層）はインパルスかダイアゴナルで終わる。その４波超えを狙う（図6－39）。

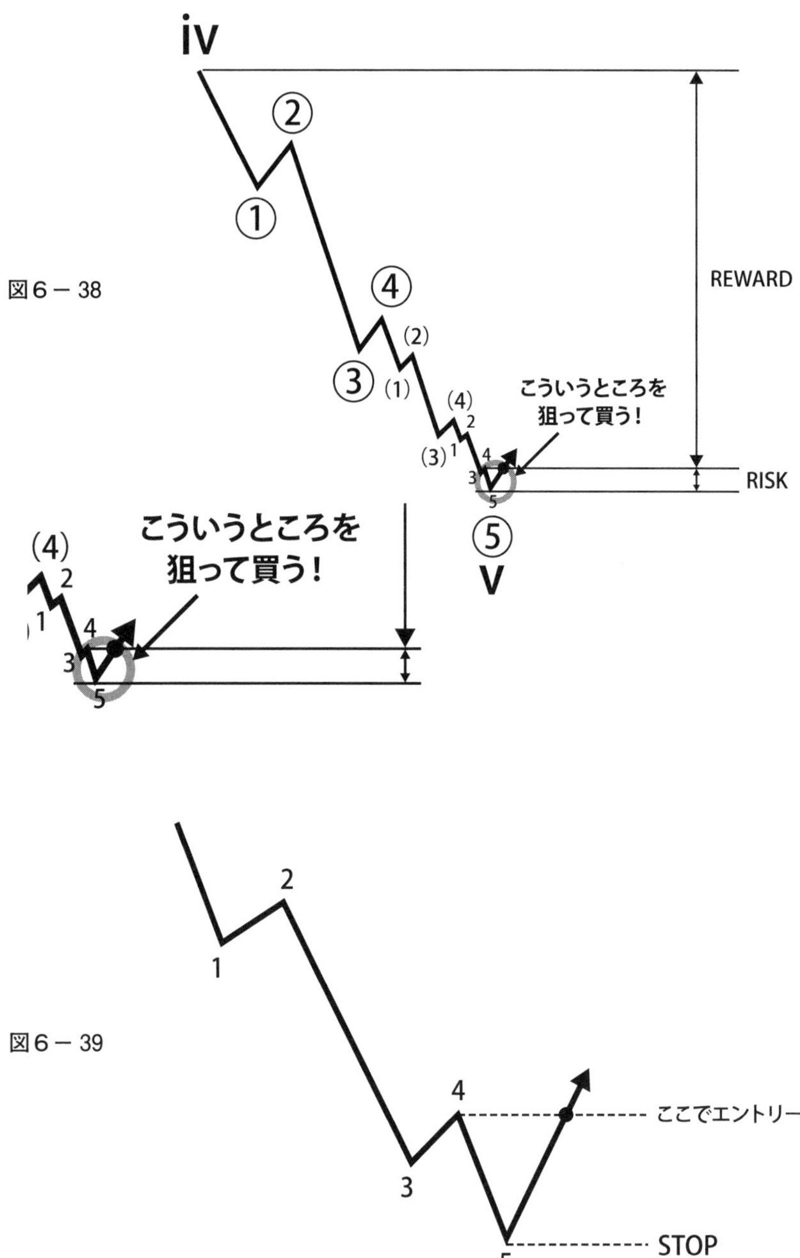
iv
②
①
④
(2)
③
(1)
(4)
2
(3)
1
4
3
5
⑤
v
こういうところを狙って買う！
REWARD
RISK
(4)
2
1
4
3
5
こういうところを狙って買う！
2
1
4
3
5
ここでエントリー
STOP

図6－38

図6－39

第 10 節
戦略的ポジションの実践例

1）ダイアゴナルの５波入りで行う両建て戦略

ダイアゴナルのトレード戦略は第３節で述べましたが、本節では実際に筆者が行ったトレードの実例を使いながら、実践的な戦略のひとつを紹介します。

ここで紹介するトレードの事例では、図６－40 のような波動が今まさに進行しているところでした。トライアングルが完成した後に波の重なりが大きい波動が形成中です。トライアングルはインパルスの４波やジグザグのＢ波などに出現しやすい波動ですから、ここまでの波動を参考に、そのトライアングルを（４）波または（Ｂ）波、続く波動をダイアゴナルと考えて（５）波または（Ｃ）波と暫定的にカウントしました。

しかし、実際の波動は模式図のように単純ではないことも多いので、ダイアゴナルに見える波動が（Ａ）波または（１）波のリーディングダイアゴナルというシナリオも想定しました。

ここで筆者は、ダイアゴナルの４波と思われる波動が（ａ）－（ｂ）－（ｃ）とジグザグで完成したのを確認し、５波に入ったと思われるタイミングで、「買い」と「売り」を同じ枚数だけ両建てしました。

現時点で確実にダイアゴナルの５波に入っていることが分かるならば、５波による下げを狙って「売り」のポジションだけ取ればいいのですが、ダイアゴナルの４波が今後ダブルジグザグに発展する可能性もあり、確実に５波に入っているかどうかは分からないからです。そこで、同じ枚数の両建てにすれば、今後株価がどちらに行っても損はありません。このままカウント通りに５波で下落すれば、そこで「売り」を利確し、ダイアゴナル完成後の反発で「買い」を利確するという戦略です。エンディングダイアゴナル完成後には、ダイアゴナルの２波終点付近までの急速な反転が期待できます。

図６－40

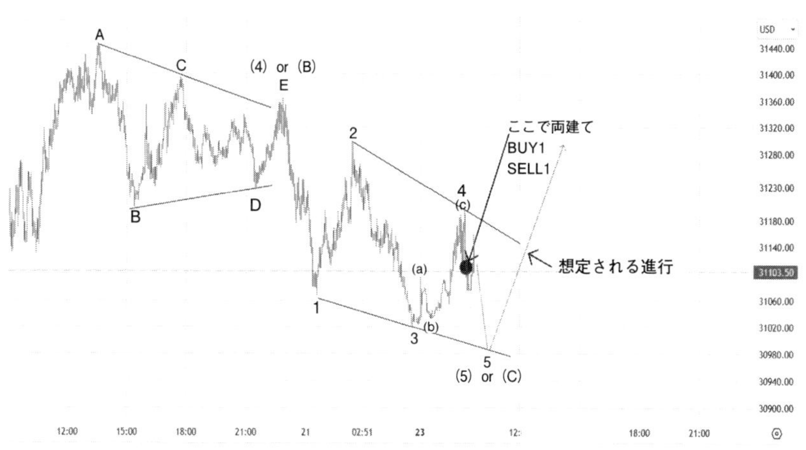

画像提供：tradingview.com

その後、実際にどうなったのか見ていきましょう。

両建てのポジションを取った後、しばらくは、上にいくのか下にいくのかはっきりしない非常に複雑な動きを続けましたが、両建てにしているためどちらに行ってもリスクはゼロなので、安心して波動の行方を見守りました。

結局、図６－41のようにダブルジグザグを形成しながら３波終点を下に抜けていきました。５波終点で利確すれば「売り」の利益は最大になりますが、どこが終点であるかの見極めは難しいので、３波終点を割った辺りで「売り」を利確しました。このとき「買い」のポジションは含み損になっています。しかし、この含み損はトレードの失敗によるものではなく、戦略的なトレードであらかじめ想定された含み損であり、それと同じだけの利益を確定しているので事実上の損失は存在していません。

図６－41

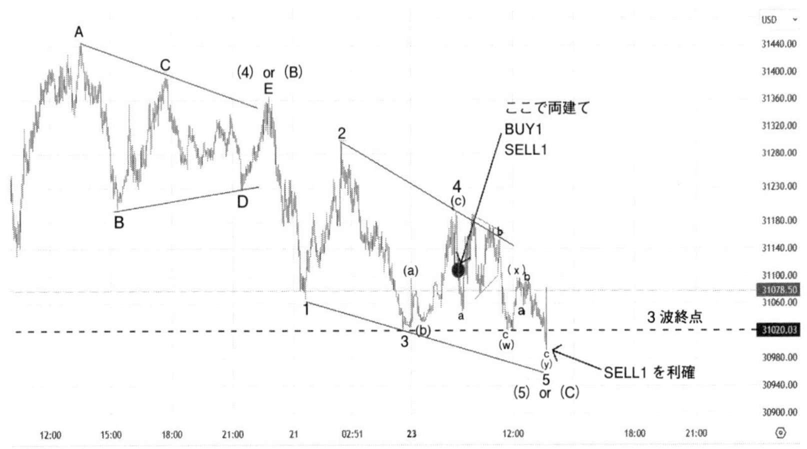

画像提供：tradingview.com

エンディングダイアゴナル完成後はダイアゴナルの２波終点付近までの急反転が期待できます。しかし、完成したダイアゴナルがエンディングダイアゴナルであるという確証はありません。

リーディングダイアゴナルであった場合は、ダイアゴナルの４波終点付近まで戻ることが多いので、その付近になったら「買い」も利確しようと決めました。

その後、波動はダイアゴナル終点から上向きに３波動の形状になり、ダイアゴナル４波終点付近まで戻ってきました。「ダイアゴナルがエンディングダイアゴナルであればもっと利益が出るのに」と悩みながらも、「売り」ポジションは利確できているし、すでに「買い」ポジションも含み益になっているので、ここで利確しました。すると、その後、株価は下がっていき、ダイアゴナルの５波終点を割り込んでいきました。ダイアゴナルはリーディングダイアゴナルだったのです。

図６－42

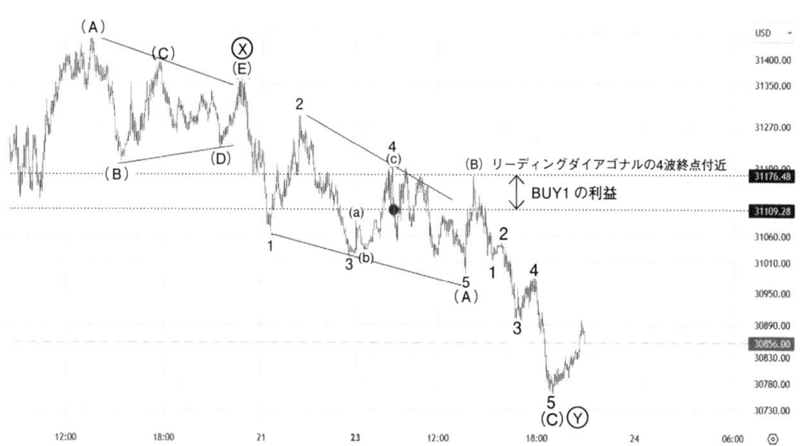

画像提供：tradingview.com

波動の進行後に改めてカウントしたのが、図6－42です。トライアングルはダブルジグザグのⓍ波でした。今回はダイアゴナルの4波完成を待ってのエントリーでしたが、明らかにインパルスの5波に出現しているダイアゴナルであるという確証が持てる場合は、ダイアゴナルの4波進行中にエントリーすることもできます。このトレードでは取れた値幅は小さいですが、ポジションサイズが大きかったので十分な利益が出ました。エントリーの時点では、両建てであれば、大きなポジションサイズでもリスクはゼロです。

実際のチャートというのは模式図のようにはっきりと波形が分かるものばかりではないどころか、インパルスなのかダブルジグザグなのかの見分けもつかないものも珍しくはありません。今回のトレードでも、リーディングダイアゴナルなのか、エンディングダイアゴナルなのか、経験が豊富な筆者でも判断に迷いました。しかし、これが現実です。特に進行中の波動の波形を確定することは非常に困難です。ですから実際のトレードでは、想定し得るどちらの波形であっても同じような進行になる部分だけを切り取って確実に利益を得るようにします。例えば、ジグザグでもインパルスでも最初、推進波－修正波－推進波という構成になるのは共通です。ですから、ジグザグが進行中なのか、インパルスが進行中なのか、判然としないときは修正波が完成するのを待って、2つ目の推進波を狙うことになります。

2）両建て戦略をインパルスの5波で行う

今回筆者がとった戦略は、何もダイアゴナルだけに通用するものではありません。

例えば、図6－43のようにインパルスの5波の(iii)波まで完成したとカウントできる局面だったとします。

そのあとの小反発場面で、先ほどの事例と同じように「買い」と「売り」を同数の両建てポジションを組みます。両建てですから枚数が多くてもリスクはゼロです。

インパルスの5波の(iv)波がどのような波形になるのかは事後的にしか分かりませんが（図6－43ではトライアングルを想定しています）、両建てにしているので波動の成り行きをリスクゼロで見守っていくことができます。図6－43の戦略では、インパルスの5波終点付近で「売り」ポジションを利確し、インパルス完成後、上向きに3波動が出た時点で「買い」ポジションを利確することになります。

このとき、図6－43に破線で示したように、（1）波の4波終点近くまで戻した3波動がそれ自体でジグザグの（2）波なのか、それとも、（2）波のA波の(iii)波までの波動に過ぎず、（2）波はもう少し大きくなるのか、あるいはこのあとフラットや複合修正に発展するのか、それを判断することは事実上不可能です。

図6－43

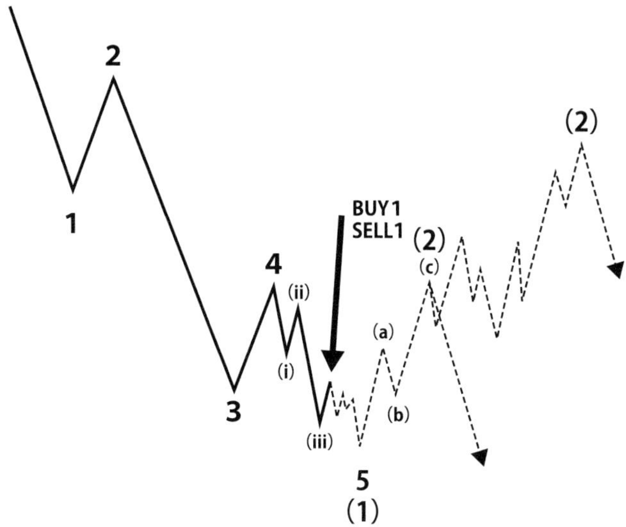

ですから、このような場面では、（1）波の4波終点付近まで戻ってきたところで「買い」ポジションを利確することになります。

仮に、4波が図6－44のようにフラット（あるいはトライアングルなど別の波形）になってしまった場合には、以下のどちらかを選ぶことができます。

①「買い」を利確し5波による下げを狙って「売り」を持ち続ける
②想定と違った動きになったのでポジションを全て手仕舞いする

図6－44

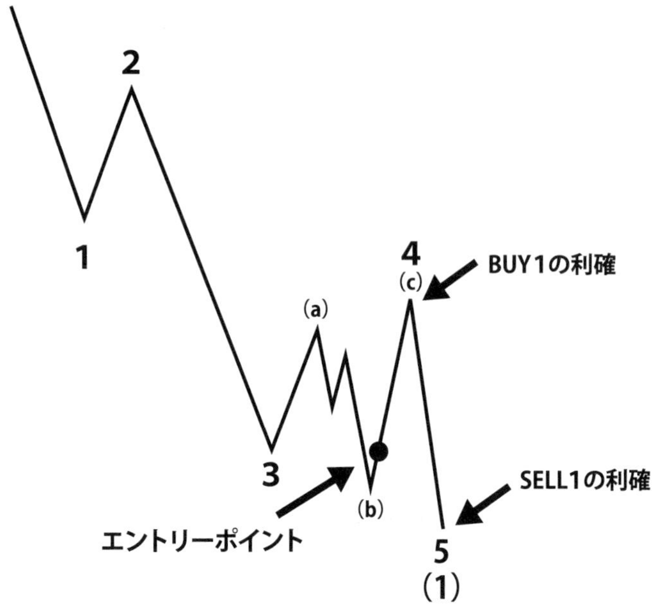

「売り」を持ち続けて想定通りに５波の下落に乗れた場合は５波完成を見計らって利確することになります。

また、実際のトレードでは波形の認識を間違え、予期せぬ方向に株価が動くことも珍しくはありません。例えば､図６－45のように（1）波インパルスと思っていた波動が実はフラットのＣ波で、続く波動が大きく反転していくなどのケースです。この事例では､すでに｢買い｣の利益は確定していますから、その「利益」の範囲内で「売り」ポジションを損切りすることでトレード全体としての損失は免れます。

図６－45

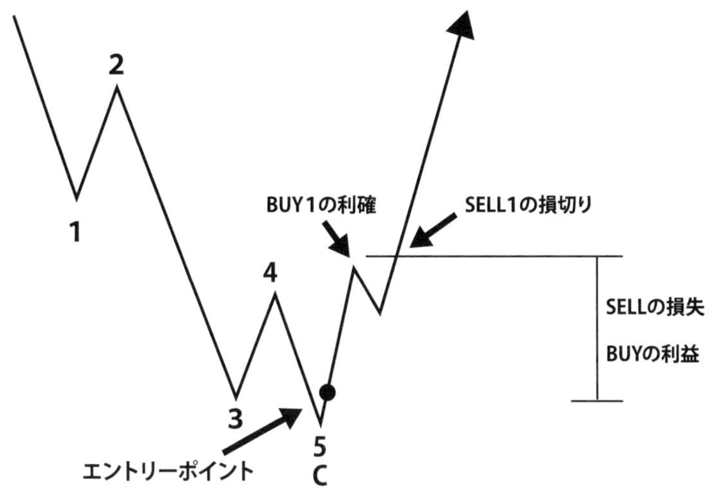

ここでは、エリオット波動の波形の性質を活かしたリスク回避の両建て戦略を例に挙げましたが、波形の特徴や性質を十分に理解することによってさまざまな戦略的ポジションを構築することができます。

エリオット波動の源流を探る

ダウ理論、フィボナッチ数列、景気サイクル

第1節
改めてエリオット波動を研究する意義について

1）相場現象の1％でも自信をもって想定できれば……

エリオット波動の基本と実践的なノウハウについて第6章までで詳細に説明してきました。ひとつのテクニカル分析の技法としてはかなり大がかりで複雑な体系だと思います。正直なところ簡単な技法ではありませんし、実践で使えるようになるまでにはそれなりの勉強・練習・経験の蓄積が必要だと思います。

この技法の習得にそれだけ時間をかけても相場が100％的中するようになるわけではありませんし、すいすい儲かるようになるわけではありません。エリオット波動原理に基づくカウント、分析、トレードは正しい方向で努力と経験を積み重ねれば上達して、それなりに成果が上がるものだとは思いますが、相場と付き合っていくうえでの苦労や苦悩から解放されるわけではありません。しかし、それでも著者がこの技法にのめり込んでいるのは、今まで試したどんなテクニカル分析法よりも相場の予測能力が高いと考えているからです。

相場で利益を上げるためには、相場のすべてを的中させる必要はありません。100ある値動きのうちひとつでも「ここはこうなる可能性が高そうだ」とある程度自信をもって見通すことができればいいわけです。そして、エリオット波動を身に付けることでそう思える回数は増えていくことと思います。そうした意味でエリオット波動はとても優れた手法であり、取り組みがいのある手法だと思っています。「相場動向をビシバシ的中させられる」「簡単に儲かる」というものではありませんが、「努力しがいのある手法」、「努力にこたえてくれる手法」だと思います。

そもそも、相場動向をビシバシ的中させられるとか、簡単に儲かるという方法は存在しないと思いますし、儲け主義の業者の宣伝文句にすぎないと思います。実際にこうした誘い文句で投資情報やトレードシステムを高額で売ろうとしている業者が多いようですし、トラブルも多いようです。そういう業者の予想がよく的中しているように見えても、単に的中している例だけを強調しているに過ぎないことがほとんどではないでしょうか。

2）エリオット波動の予測能力の源は

百発百中とはいきませんし、簡単ではない手法ではありますが、数あるテクニカル手法の中でもエリオット波動は予測能力がかなり高い手法だと経験上思っています。少なくとも著者としては、何十年にもわたりいろいろ模索してきた中で、これ以上に予測能力が高いテクニカル手法に出会ったことがありません。

では、エリオット波動はどうして高い予測能力を持っているのか。日本エリオット波動研究所としてもそれを研究テーマに一つにしていますが、まだ結論は出ていません。ここでは、そのことを考えるための重要な手がかりとして、エリオット波動の源流をさぐっていきたいと思います。

エリオット波動の源流はダウ理論、フィボナッチ数列、景気サイクルの３つです。そのひとつひとつについて見ていきましょう。

第2節
エリオット波動の源流①
～ダウ理論～

1） ダウ理論とは

エリオット波動の源流のひとつは「ダウ理論」です。

これは1880年代にチャールズ・ダウにより発表された株価の法則です。

この理論を発見・考案したチャールズ・ダウは、世界的な金融新聞であるウォール・ストリート・ジャーナルを発行するダウ・ジョーンズ社を創業し、ＮＹダウ（ダウ工業株３０種平均）などの株価指数も考案しました。

そのダウが発見・考案した「ダウ理論」は現代のテクニカル分析の礎を築いた理論であり、いまだにテクニカル分析の大原則として多くの投資家やアナリストから分析のよりどころとされています。

エリオットはダウ理論に大きく影響を受け、それをより緻密で体系立った理論に構築していこうと研究しました。そして、莫大な相場観察の結果、さまざまな相場の習性を発見し、それをダウ理論の考え方を核にしながら体系立てていきました。そのようにして生み出されたのがエリオット波動原理であり、それはダウ理論の後継理論と広く認められるところとなっています。

ダウ理論は図７－１にまとめたように、６つの基本法則から成り立っています。いずれも100年以上の風雪に耐えて多くの投資家から有効性が確認されている法則といえます。エリオット波動原理を学んだ後でも、常に参照していくべき法則です。

図7－1

ダウ理論の6つの法則

❶ 平均株価は全てのニュースを織り込む
❷ トレンドには3つの大きさの種類ある
❸ 主要トレンドは3段階からなる
❹ 平均株価はお互いに確認し合わなければならない
❺ トレンドは出来高でも確認される必要がある
❻ トレンドは明確な反転シグナルが発生するまでは継続していると考える

2）6つのルールを解説

①平均株価はすべてのニュースを織り込む

相場にはすでに伝えられているニュースはもちろん、今後起こるだろう出来事の予兆も織り込んでいく面があります。「多くの人が強気なのにどうも平均株価の動きが弱いな」と感じていたら、その後悪い材料が出て来た」というようなことは相場経験者であればしばしば経験することです。

相場はさまざまな参加者が、自分たちのお金を賭けて懸命に将来を予測しながら売買することによって動いています。そこには人々の将来を読むための情報や英知が反映されています。

日本でも「相場のことは相場に聞け」という格言があります。これには「値動きそのものに将来予測の重要なヒントが隠されているのであり、相場の値動きの意味をよく観察して考えてみよう」という意味があります。

エリオット波動原理もまさにこうした考え方を基本としていて、さまざまなニュースを追いかけたり先取りしようとしたりするよりも、そうしたニュースを織り込みながら株価が動いていると考えて株価そのものに向き合って分析するという考えを根底に持ちます。

②トレンドには３つの大きさの種類がある

ダウ理論によれば相場トレンドには時間的な長さの点で次の３種類があるということです。

◎プリイマリー・トレンド：１年以上
◎インターミーディエット・トレンド：３週間～３か月程度
◎マイナー・トレンド：３週間未満

エリオット波動原理では、これらをプライマリー波、インターミーディエット波、マイナー波と呼んでいますが、分類法・分類名ではほぼダウ理論を踏襲しています。

※ただし、ダウ理論ではインターミーディエット・トレンドについてはプライマリー・トレンド内の修正波動、マイナー・トレンドについてはインターミーディエット・トレンド内の修正波動のことを指しています。

エリオット波動原理ではすでに説明してきたようにプライマリー波を構成している３つか５つの副次波について、上昇波も下落波もすべてインターミーディエット波と呼んでいます。同様にインターミーディエット波を構成している３つか５つの副次波のすべてをマイナー波と呼んでいます。

③主要トレンドは３段階からなる

これはまさにエリオット波動原理でも中心的な考え方のひとつであ

り、上昇トレンドならば３つの上昇局面から成り立つ、という意味です。

エリオット波動原理では３つの上昇局面の間の２つの修正局面もひとつの波にカウントするので、「５波動構成」という表現をしますが、述べている内容としては同じです。

④平均株価はお互いに確認し合わなければならない

相場トレンドが上昇転換したと判断するためには、ダウ工業株平均（一般的にはＮＹダウと呼ばれている）とダウ輸送株平均という２つの平均株価の両方が上昇トレンドになることを確認しなければならず、下降トレンドに転換したと判断するためには両指数が下降トレンドになったことを確認しなければならないということです。

景気が回復すれば、製造業だけでなく輸送業も忙しくなるはずであり、それを反映して両方の株価が上昇転換するはずです。ダウ工業株平均だけが高値を更新してダウ輸送株平均が前回高値を抜けないままでいるなら、それは景気の状態にまだ何か不安があるということを示唆している可能性があるというわけです。

エリオット波動では、ひとつの指数に関する判断は基本的にその指数の分析によりますが、関連性が深い他の指数の分析もある程度参考にします。

例えば、日経平均とドル円相場の相関性が高いと思われる局面では、日経平均を分析する際にドル円相場も併せて分析して参考にしていくことが有効になると考えられます。

ちなみに、2017年３月時点で著者は日経平均と連動性が高い指数として米国ドルインデックスと米国長期金利（10年国債利回り）に注目しています。

米国ドルインデックスは、米国ドルをユーロ、英国ポンド、日本円など主要通貨のバスケットとの交換レートとして指数化したもので、米国ドルの真の値動きを示すものと考えられる指数です。

米国長期金利は米国１０年国債の利回りのことですが、米国経済の体温のような働きをする指標で、米国経済が好調ならこの指数は上向く傾向があり、ＮＹダウやドル円相場も上向く傾向があります。ＮＹダウとドル円が強いというのは日本株にとっても追い風になると考えられることから、米国長期金利と日経平均の連動性が生まれているように思われます。

tradingview.com でのコードは以下のようになっています。

◎米国ドルインデックス　ＤＸＹ
◎米国長期金利　ＴＮＸ

ただし、これらの指数が日経平均と永遠に連動するという保証はありません。こうした指数同士の連動性はその都度自分の観察によって確認していくべきものです。

※改訂版作成時の 2023 年では、米国長期金利が急上昇し、米国長期債の利回りと株式の益回りの差であるイールドスプレッドが縮小していることなどから米国株指数が値下がりし、その動きと連動する形で日経平均も下げるという動きが見られています。2017 年の初版執筆時のように米国長期金利が上がれば日経平均も上がるという動きとは正反対の状況になっています。

⑤トレンドは出来高でも確認される必要がある

ダウ理論によると、上昇トレンドのときの出来高には「上昇時に増加し、下落時に減少する」という特徴があり、逆に下降トレンドのときの出来高には「下落時に増加して、上昇時に減少する」という特徴があるということです。

ですから、下落しても出来高が少ない中での下落ならば上昇トレンド内の一時的な下落であるのではないかと考えられ、出来高増加を伴う下落ならば下降トレンドへの転換や下降トレンド継続のサインであるのではないかと考えられる、ということです。

⑥トレンドは明確な反転シグナルが発生するまでは継続していると考える

トレンドがどこまで続くかはあらかじめ予測することはできないので、反対方向のトレンド発生のシグナルが出るまでは、それまでのトレンドが続いていると考えるべき、ということです。

これは本書では第６章に貫かれている考え方そのものです。

エリオット波動を勉強した人はフィボナッチ比率などを使って株価の目標などを求めがちです。もちろん、ひとつの判断材料や参考のためにフィボナッチ比率を使ってターゲットを考えるということ自体は間違ったことではありません。

しかし、比率関係のガイドラインはどちらかというとバランス面から波形を判断するためのガイドラインのひとつであるので、それに基づいて株価目標を決めてトレードするというのは本来的な使い方ではないと思います。

一度発生したトレンドというのは、予想よりもかなり長く大きく続いてしまうことが多々あります。最初から「このくらいまでだろう」と決めつけてトレードするのは、新規の買いや売りの場合にはとても危険な行為になりますし、利益確定の売買の場合にも伸ばせる利益を伸ばせなくなる原因になります。

第６章で何度も強調したように、あくまでも反対方向のトレンド発生のシグナルを確認してから「これまでのトレンドが終了した可能性がある」という判断をして、新しいトレンドの方向に合わせたトレードをしていくことが大切です。

第3節
エリオット波動の源流②
～フィボナッチ数列～

1）フィボナッチ数列とは

エリオット波動の２つ目の源流は数学の世界で有名な「フィボナッチ数列」です。

このフィボナッチ数列やそれに関連したフィボナッチ比率は、生物の生成や繁殖、台風の渦巻きや小宇宙の渦巻きなど、自然界のさまざまな生成プロセスに現れてくると言われている数列と比率です。

エリオットは株価の動きも自然現象のひとつであると捉えて、フィボナッチ数列やフィボナッチ比率が株価の波動の分析にも使えるのではないかと考えて研究しました。

※フィボナッチ数列のことを「フィボナッチ級数」とする解説が見られますが、それは誤りです。級数というのは数列の項の和のことであり、明らかに用語使用が間違っていますが、この「フィボナッチ級数」という用語使用が意外にも広まっていて驚くばかりです。

しかし、実は、エリオットが波動に関する最初の論文を1938年に発表したときには、エリオットはフィボナッチ数列のことを意識していませんでした。波動原理の論文を見た他のアナリストから「波動原理とフィボナッチ数列は関係が深いのではないか」と指摘されてから、エリオットはフィボナッチ数列のことを研究し始めてその魅力に取りつかれるようになり、エリオット波動原理とフィボナッチ数列やフィボナッチ比率を結びつけて考えるようになったということです。

フィボナッチ数列は、１、１から始めて、隣り合う２つの数を足し次の数を作るというルールによる数列です。この数列のルールを数学的に表す漸化式は以下になります。

$$a_n = a_{n-1} + a_{n-2}$$

具体的には、

1＋ 1＝ 2なので、その次は2
1＋ 2＝ 3なので、その次は3
2＋ 3＝ 5なので、その次は5
さらに、
3＋ 5＝ 8
5＋ 8=13
8＋ 1 3=21

と計算ができ、これらの数字を並べると、

1、1、2、3、5、8、13、21、34、55、89……

という数列になります。そして、このフィボナッチ数列に表れる数をフィボナッチ数と言います。

2）フィボナッチ数列とエリオット波動の関係

１章でも説明した通り、「５波動で進み、３波動で修正する」というのが波動原理の基本中の基本ですが、５も３もフィボナッチ数です。また、「５波動で進み、３波動で修正する」という動き全体が８波動でできており、これもフィボナッチ数になっています（図７－２）。

次に、最も基本的な修正波であるジグザグについて考えると、その波動の数は３となっていてこれもフィボナッチ数ですし、その副次波の合計は５＋３＋５＝13とこれまたフィボナッチ数になっています（図７―３）。

次に最も基本的な推進波であるインパルスについて考えると、その波動数は５となっていてこれもフィボナッチ数ですし、その副次波の合計は５＋３＋５＋３＋５＝21とこれもフィボナッチ数になっています（図７－４）。

同じように、ジグザグの２つ下のディグリー波動数は、21＋13＋21＝55と、これもフィボナッチ数、インパルスの２つ下のディグリーの波動数は21＋13＋21＋13＋21＝89と、これまたフィボナッチ数というように、どこまでディグリーを掘り下げても波動数はフィボナッチ数となっています。

このように見ると、エリオット波動そのものがフィボナッチ数列と深くかかわっているどころか、エリオット波動はフィボナッチ数列そのものではないか、とさえ思われます。

エリオット自身はフィボナッチ数列から波動原理を導いたわけではないのですが、フィボナッチ数列が自然や社会のさまざまなプロセス

図7－2

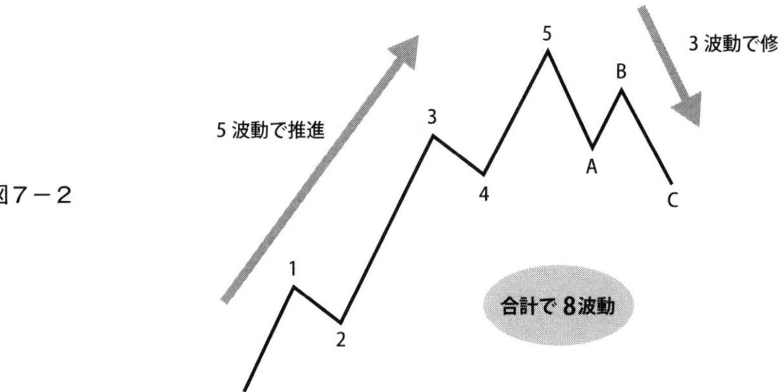
5 波動で推進
3 波動で修
5
B
3
A
4
C
1
2
合計で 8波動

図7－3

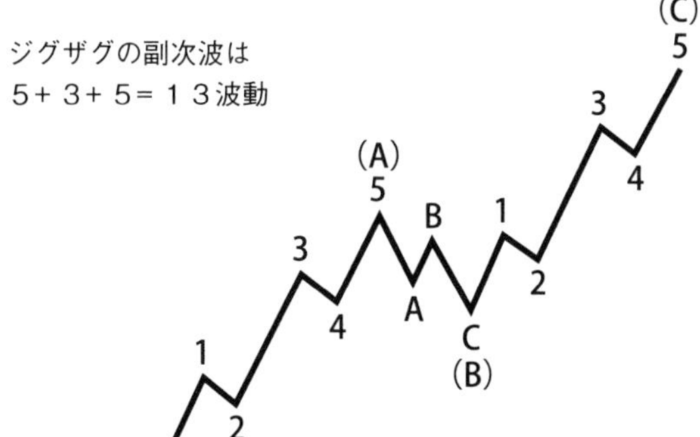
ジグザグの副次波は
5＋ 3＋ 5＝ 1 3波動
(C)
5
3
4
(A)
5
B
1
3
A
2
4
C
(B)
1
2

図7－4

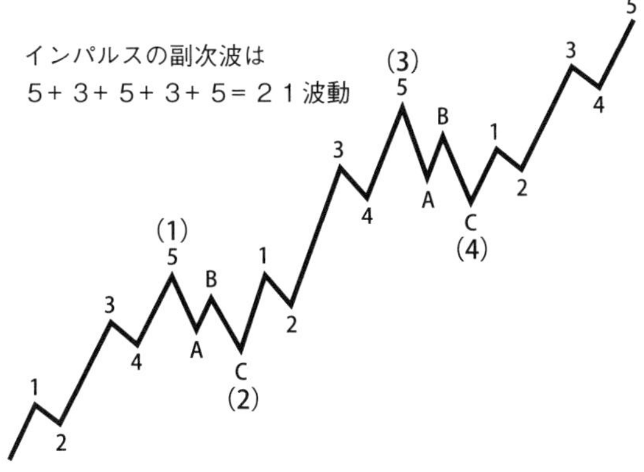
インパルスの副次波は
5＋ 3＋ 5＋ 3＋ 5＝ 2 1 波動
(5)
5
3
4
(3)
5
B
1
3
A
2
4
C
(4)
(1)
5
B
1
3
A
2
4
C
(2)
1
2

に現れる中で、株価の波動形成にも現れていることを独自の形で見出した、ということだろうと思います。

しかし、ある程度ハッキリわかっているのはここまでですし、これがわかったからといって何の役に立つのかは実はよくわかっていません。研究テーマのひとつではあると思いますが、そこから何かが導かれるのかどうかもわかりません。

エリオットは1946年に著した『Nature's Law』（邦訳『エリオット波動は自然の法』）の中で、フィボナッチ数やフィボナッチ比率が波動形成ルールの主要因になっていることを指摘しています。その論理の展開にはやや強引な側面も見え隠れしますが、エリオットの後継者たちの多くは波動同士の大きさにフィボナッチ比率が現れるという前提で研究を進めてきた形跡が確認できます。

そこで、次にフィボナッチ比率について解説していきます。

3）フィボナッチ比率とは

フィボナッチ比率とは、フィボナッチ数同士の比率のことです。例えば、隣同士の数字の大きい数から小さい数を割った比率は、次ページのようになります。

これから先は限りなく1.618に近づいていき、四捨五入するとすべて1.618になります。

つまり、フィボナッチ数列の隣り合う数字同士で後の数を前の数で割り算した比率は1.618に収れんしていきます。この1.618という比率は黄金数と呼ばれ、ϕの記号で表します。

$\phi = 1.618$が最も基本的なフィボナッチ比率であり、これを何乗かしたものもフィボナッチ比率となります。

例えば２乗すると2.618となり、３乗すると4.236となります。そ

【フィボナッチ比率】

1 ÷ 1 ＝ 1

2 ÷ 1 ＝ 2

3 ÷ 2 ＝ 1.5

5 ÷ 3 ＝ 1.6666……

8 ÷ 5 ＝ 1.6

13 ÷ 8 ＝ 1.625

21 ÷ 13 ＝ 1.6153……

34 ÷ 21 ＝ 1.6190……

55 ÷ 34 ＝ 1.6176……

89 ÷ 55 ＝ 1.6181……

れぞれ、以下の記号で表します。

2乗はϕ^2　3乗はϕ^3

２乗するというのは２回掛けることであり、フィボナッチ数列の大きい数と小さい数の割り算で求めた比率のうち２つ離れた数字同士の比率ということになります。３乗は３回掛けることであり、同様に数列の３つ離れた数字同士の比率を示します。

また、ϕのマイナス１乗はϕで１回割った比率のことであり0.618、ϕのマイナス２乗はϕで２回割った比率のことであり0.382、ϕのマイナス３乗はϕで３回割った比率のことであり0.236となります。それぞれ、以下の記号で表します。

マイナス1乗はϕ^{-1}　マイナス2乗はϕ^{-2}　マイナス3乗はϕ^{-3}

これらはフィボナッチ数列の小さい数を大きい数で割って求めた比率であり、次のような関係があります（次ページの図７－５）。

◎隣同士の数の比率がϕ^{-1}
◎2つ離れた数同士の比率がϕ^{-2}
◎3つ離れた数同士の比率がϕ^{-3}
◎同じ数同士の比率は当然1だが、これはϕの掛ける回数も、割る回数もゼロなので、ϕ^0と表す。ϕ^0＝1

以上をまとめると、図７－６になります。これらはいずれもフィボナッチ比率です。

図7－5　フィボナッチ数列とフィボナッチ比率の例

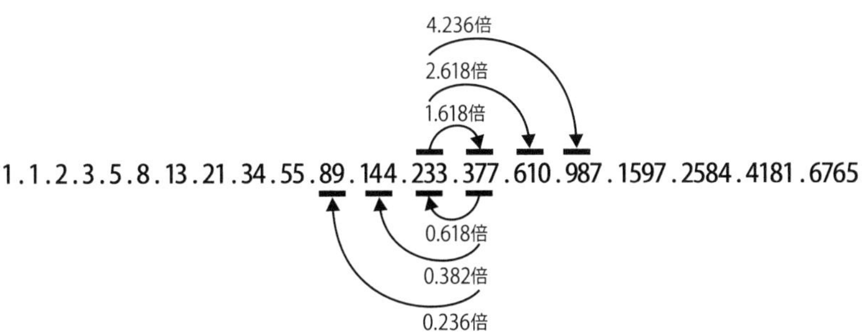

図7－6

主なフィボナッチ比率	記号		
0.236	ϕ^{-3}	3つ離れた数字同士の比率	小さい数 ÷ 大きい数
0.382	ϕ^{-2}	2つ離れた数字同士の比率	
0.618	ϕ^{-1}	1つ離れた数字同士の比率	
1	ϕ^{0}	同じ数同士の比率	
1.618	ϕ^{1}	1つ離れた数字同士の比率	大きい数 ÷ 小さい数
2.618	ϕ^{2}	2つ離れた数字同士の比率	
4.236	ϕ^{3}	3つ離れた数字同士の比率	

4）黄金比とは

最も基本的なフィボナッチ比率である1.618は、黄金数としても知られていて、１：ϕを黄金比と言います。

黄金比というのは、紀元前３世紀の頃の古代エジプトの数学者ユークリッドが書いた『ユークリッド原論』にもその記述が見られるものであり、とてもバランスがよく美しく見える比率として古代から知られているものです。パルテノン神殿やピラミッドの一部などいくつかの歴史的な建造物にもこの比率が使われていると言われています。

黄金比というのは、具体的には、図７－７のように、ＡＢ：ＡＣ＝ＡＣ：ＣＢとなるような比率です。この比率からｘを求めると、最も基本的なフィボナッチ比率と同じ1.618が求められます。

黄金比は、図７－８に示したどちらの形でも表せます。0.618÷0.382＝1.618になるので、上下とも同じ比率関係を示していることになります。

この黄金比の話で出てくる0.382、0.618、1.618はいずれも先ほど紹介したフィボナッチ比率でもあります。そして、波動分析を考える上ではこの３つの比率がフィボナッチ比率の中でも特に重要であると思われ、波動同士の比率がバランス的に美しいかどうかを考える際にこの３つの比率が多く用いられます。

5）フィボナッチ比率だと誤解されている比率

フィボナッチ数のうち0.382と0.618については今述べたように、**「0.382＋0.618＝1」**という関係があります。１から0.618を引くと0.382になりますし、１から0.382を引くと0.618になります。

この関係と同じように、１からフィボナッチ比率である0.236を引

図7－7

A　X　C　1　B

$$(X+1):X = X:1$$

$$X^2 = X+1$$

$$X^2 - X - 1 = 0$$

$$X = \frac{1 \pm \sqrt{5}}{2}$$

$$X \geqq 0 \text{ より}$$

$$X = \frac{1 + \sqrt{5}}{2}$$

$$\fallingdotseq 1.618$$

図7－8

A　1.618　C　1　B

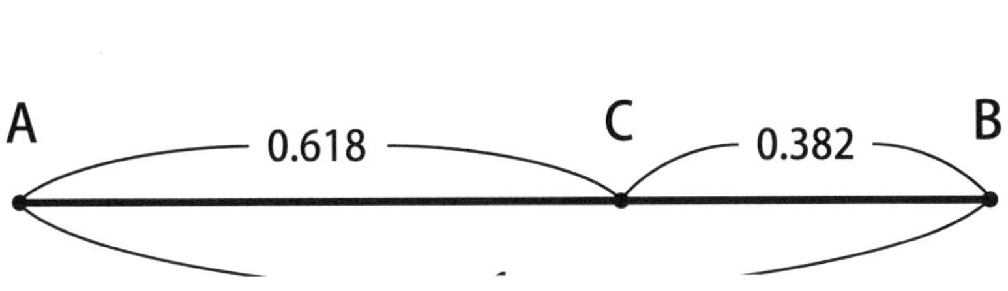

いた 0.764 もフィボナッチ比率であるという説明が本やサイトなどでよく見られます。しかしこれは間違いです。

フィボナッチ比率というのはあくまでもフィボナッチ数同士の比率のことであり、黄金数やそれを２乗や３乗したものです。

フィボナッチ比率の中では足すと１になる関係は 0.382 と 0.618 だけであり、その他のフィボナッチ比率をいくら１から引いてもフィボナッチ比率は求められません。

また、1.618 と 2.618 というフィボナッチ比率同士の差がちょうど１になっていることから、3.618 もフィボナッチ比率であるという解説も見られますが、これも間違いです。2.618 はあくまでも 1.618 の２乗の計算で求められたフィボナッチ比率です。

同様に、0.382 や 0.236 に１を加えた 1.382 や 1.236 などもフィボナッチ比率と言われることがありますが、これも間違いです。フィボナッチ比率にいくら１を加えたり、１からフィボナッチ比率を引いても、それによって計算された数値はフィボナッチ比率ではありません。

また、0.618 の平方根である 0.786 をフィボナッチ比率と説明しているサイトや本もありますが、これも間違いです。

以上のように、0.764、0.786、1.236、1.382、3.618 などはフィボナッチ比率関連の数字とは言えるかもしれませんが、それらの数値をフィボナッチ比率や黄金比というのは誤りです。

以上をまとめると、以下のようになります。

主なフィボナッチ比率：0.382、0.618、1.618

その他フィボナッチ比率：0.236、2.618、4.236、その他

フィボナッチ比率でないもの：0.764、0.786、1.236、1.382、3.618

フィボナッチ比率についての概要は以上ですが、既述のように波動分析におけるこれらの比率の有効性については今のところ確認できていません。

アクション波同士の比率や、リアクション波によるリトレースの比率が0.618や0.382といったフィボナッチ比率に近いといった事例はしばしば観察されますが、それらが0.618や0.382のように小数点以下3桁までぴったりということはまずありません。フィボナッチ比率を使ってチャート分析している人の多くはリトレース率が0.6から0.7くらいまでならそれを「0.618に近い」と見做して「フィボが決まった」などと言うことがありますが、それならば、3分の1である0.333や、3分の2である0.666を使ってもいいのではないかという疑問が残ります。日本エリオット波動研究所では、波動のデータをスプレッドシートに打ち込み波動同士の比率が実際にはどのようになっているのか、また「フィボナッチ比率に近い」ものが何％出現するのかなどについて研究を進めていますが、現在のところフィボナッチ比率は値動きの予想に使う「目途のひとつ」程度にしかその有効性が確認できていません。

6）フィボナッチ時間数列について

エリオットはフィボナッチ数列を研究し始めてから、波動の時間的な計算にフィボナッチ数列を使えるのではないかと考えるようになりました。例えば、エリオットは『Nature's Law』の中で、447ページの図7－9のようなＮＹダウに関する時間数列の分析図を掲げています。

このチャートの期間は、狂乱の20年代と言われた1921年から1929年までのバブル相場と、そのバブルの大崩壊、そして、そこから立ち直るプロセスという、ＮＹダウの歴史の中でも最もダイナミックな局面のひとつと思われる時期です。

図7－9を見ると、一見、株価波動の時間的関係にフィボナッチ数列がよく当てはまっているようにも感じます。

しかし、よく考えてみると、（フィボナッチ数列には）1、2、3、5、8、13、21、34……というように多くの数があることに加え、月や年など、さまざまな時間的尺度を持ち出してしまえば、結果的に、いずれかに当てはまる確率が高くなると思います。また、どの高値・安値とどの高値・安値を組み合わせるかということを考えると、これまたかなりの組み合わせが考えられます。

つまり、いろいろ探せば、高値・安値同士の組み合わせのどれかに、何らかのフィボナッチ数を見出すことはできますし、後講釈でいくらでも恣意的にこのような作図が可能です。

実際にこれを今後の予測に使ってみようとしたら、際立った高値や安値から5、8、13、21、34という数値の年数や月数を当てはめれば、そのいずれかが何らかの高値や安値になっている可能性はあります。しかし、5年、8年、13年、21年、34年……、あるいは5カ月、8カ月、13カ月、21カ月、34カ月……など、どの期間が経過したところが実際に重要なポイントになるのか、それが高値か安値か、というように考えると、あまりにも多くの選択肢があり、ほとんど実用的な分析ツールとは思えません。

例えば、日経平均にとって明らかに重要と思われる日柄は史上最高値をつけた1989年12月であり、これにフィボナッチ数の年数を当てはめてみると、次のようになります。

1年後　1990年
2年後　1991年
3年後　1992年

図7－9　NYダウ　1921～1941年

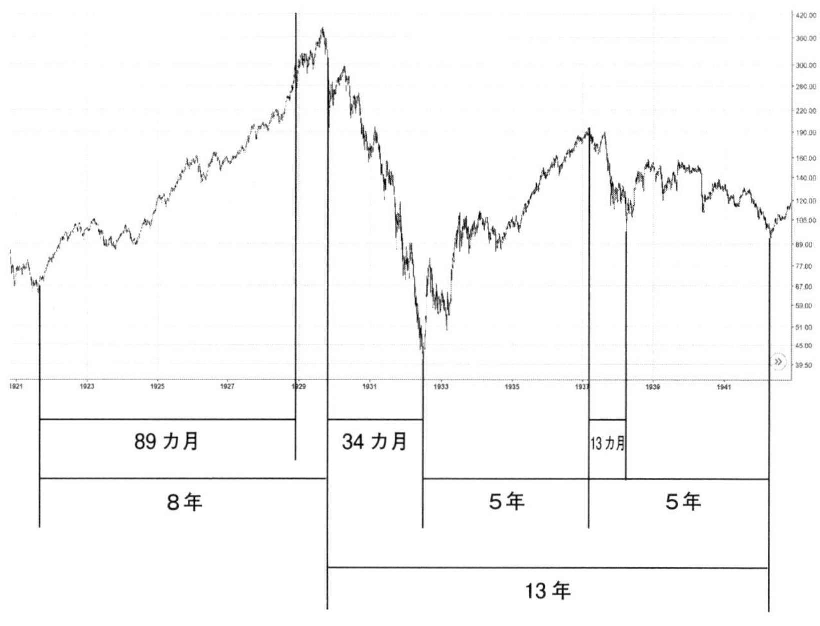

5年後　1994年
8年後　1997年
13年後　2002年
21年後　2010年
34年後　2023年

この中で際立った高値・安値、あるいは重要と思われるポイントは1992年しか該当しません。当たっていない事例をすべて取り除いて、当たっている事例だけを集めてきれいに作図しても、その手法が有効だとは言えません。

このフィボナッチ時間数列の計算でいくと次は2023年が重要な年ということになりますが、これだけ的中率が低いとあまり重要視する気にはなれません。月や週や日をベースに計算しても、的中率はそれほど変わりがありません（次ページの図7－10）。

以上のように、フィボナッチ数列を使った時間の分析については有効な方法が見つかっていないのが現状です。著名なテクニカルアナリストの中にもフィボナッチ数やフィボナッチ比率を使って時間分析をしている人がいますが、そのレポートの内容はこじつけにしか思えないようなものばかりです。フィボナッチ数列やフィボナッチ比率が株価チャートの日数計算にきれいに当てはまる事例を恣意的に切り取って作っても意味はありませんし、まして、間違ったフィボナッチ比率を使って無理やりこじつけた分析がプロの分析としてまかり通っている状況は、エリオット波動を熱心に研究している者としては見過ごせません。こうした状況を見るにつけ、「エリオット波動なんて後講釈じゃないか」という批判が出てくるのも仕方ないと思う一方、「なんとかしてエリオット波動の正しい知識を広めたい」という想いが強くなります。

図7－10　日経平均の主な高値・安値

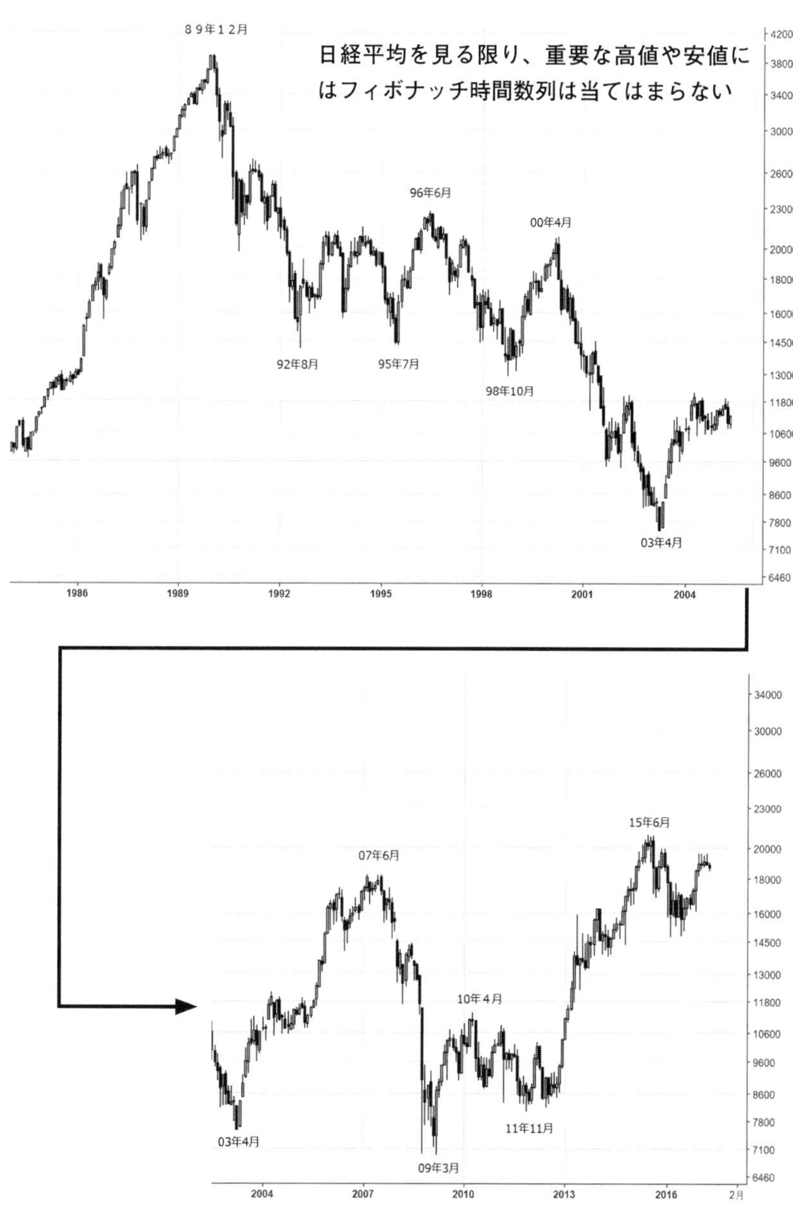

第4節
エリオット波動の源流③
～景気サイクル～

1）景気サイクル、経済サイクルとは

景気や経済の動きにはサイクルがある、ということは広く知られるところとなっています。

景気サイクルや経済サイクルの研究は今から200年前の1800年頃には行われていたようで、当時の景気サイクルの研究書では10年程度のサイクルで金融危機が繰り返されている、ということなどがすでに述べられているそうです。

現在も景気サイクルの研究は盛んに行われ、特に日本では著名な学者やアナリストが中心となり景気循環学会を作って、世界的に見てもこの分野の研究がかなり活発に行われているようです。

株価は経済状況を反映して動いていますから、景気サイクル、経済サイクルと株価波動は当然密接な関係があると思われます。エリオット自身も株価波動の研究をする前から景気サイクルに大きな関心を持っていたようで、エリオット波動原理の発見・成立にも影響を及ぼしていたと思われます。

景気サイクル・経済サイクルとエリオット波動の関係はとても興味深いテーマですが、残念ながら著者としてはまだそれを体系的に述べ

るだけの知識や研究を深められておらず、今後の重要な研究テーマのひとつにしたいと思っています。

以下では、景気サイクルあるいは経済サイクルとして現在知られている主な4種類のサイクルについて概要を記しておきたいと思います。

なお、各サイクルの平均的な周期というのは上昇期と下降期を合わせた期間ですから、ひとつの上昇局面や下降局面はその半分程度と考えられると思います。また、各サイクルがエリオット波動のディグリーでは何に相当するかということは単純にはいえないことですが、おおよその目安を書きました。

2）キチンサイクルとは

これは企業活動によってもたらされるサイクルであり、とりわけ在庫循環によって引き起こされるサイクルとされています。アメリカの経済学者ジョセフ・A・キチンが1923年の論文でその存在を主張しました。

日本では政府が景気の谷や山を認定していて、これがキチンサイクルにほぼ符合するのではないかと思われますが、戦後の平均で景気の上昇期（拡張期）は36カ月、下降期（後退期）は15カ月となっています。

3）ジュグラーサイクルとは

10年程度の周期で起きるとされている景気のサイクルです。

機械類などは耐久年数が10年程度のものが多く、設備投資の周期がこのサイクルの原因になっているとも言われ設備投資循環とも呼ばれています。

具体的には10年くらいの周期で金融危機やバブル的な状況が繰り返される傾向があると言われています。

フランスの経済学者J・クレメンス・ジュグラーが1860年の著書の中でその存在を主張したものですが、1800年頃にはその存在が研究者の間で知られていたと言われています。

4）クズネッツサイクルとは

20年程度の周期で起こるとされているサイクルです。

建設ブームの周期によって起きるサイクルとも言われ、また建設循環とも言われています。アメリカの経済学者サイモン・クズネッツが1930年にその存在を唱えました。

5）コンドラチェフサイクルとは

50～60年程度の周期で起こるとされているサイクルです。

技術革新にともなって起きるとされているかなり長期的なサイクルです。ロシアの経済学者ニコライ・ドミートリエヴィチ・コンドラチェフによって1925年に唱えられました。

6）経済サイクルとエリオット波動の関係

以上の4つのサイクルの紹介をしましたが、時間的な関係だけで考えると、キチンサイクルはエリオット波動のプライマリー波程度に相当するサイクルではないかと思われますし、ジュグラーサイクルはサイクル波程度、クズネッツサイクルに関してはサイクル波かスーパーサイクル級に、コンドラチェフサイクルはスーパーサイクル波程度に相当するのではないかと思われます。

ただしこれらの対応関係は期間的にだいたいそのくらいではないかと見当を付けたものに過ぎず、決して対応関係が明確なものではありません。

また、ロバート・プレクターは『エリオット波動入門』の中で、「彼（エリオット）が発見したそれらのパターンは「形（Form)」という点では反復性があるが、それが出現する時間と大きさでは必ずしも反復性は見られない」「株価は一部の人が言うような循環的なリズムを描く機械ではない」「株価の動きは想定された因果関係や周期性からは独立した、形の繰り返しを反映している」と、株価が特定の時間による循環的な動きではないことを指摘しています。

そもそも本当に景気サイクルの捉え方は以上の４つでいいのか、景気サイクルとエリオット波動にはどういう関係があるのか、景気サイクルについての理解が波動分析にどう役立つのか、ということについてもまだ明確にはなっていません。

とても重要で面白いテーマだと思いますので、当研究所としてはぜひその研究を進めて行きたいと思っています。

用語集

ア行

◎アクション波（Actionary Wave）とリアクション波（Reactionary Wave）

一回り大きな階層の波動と同じ方向の波がアクション波で、逆方向の波がリアクション波。

アクション波は推進波の副次波の中では１波、３波、５波、修正波の副次波の中ではＡ波、Ｃ波、Ｅ波、あるいはＷ波、Ｙ波、Ｚ波などが該当する。

一方、リアクション波は推進波の副次波の中では２波と４波、修正波の副次波の中ではＢ波、Ｄ波あるいはＸ波が該当する。

なお、推進波、修正波は波形による波の分類を示す用語であり、アクション波、リアクション波とは異なる波動区分の概念。

◎インターミーディエット波

45ページ「波の階層一覧表」参照。

◎インパルス（Impulse）

推進波の一種でかつては衝撃波と呼ばれていたこともあった。５－３－５－３－５（５は推進波、３は修正波を表す）の５波動構成であり、以下の３原則をすべて満たす波。

①２波は１波の始点を割り込まない

②１波、３波、５波の中で３波が一番小さくなることはない

③４波は１波と重ならない

◎上値ライン（Upper Boundary）、下値ライン（Lower Boundary）

チャネルを形成する２本の平行線の上の線を上値ライン、下の線は下値ラインと呼ぶ。

ダイアゴナルやトライアングルにおいて引く２本のトレンドラインについても、上の線を上値ライン、下の線を下値ラインと呼ぶ。

◎A－Cライン

トライアングルのＡ波終点とＣ波終点を結んだトレンドライン。

◎延長（エクステンション、Extention）

インパルスの副次波の１波、３波、５波のいずれかの波が他の波に比べて巨大化すること。

◎エンディングダイアゴナル

ダイアゴナルの項目参照。

◎オーソドックスな高値・安値（Orthodox Tops and Botoms）

価格的にその時点の前後で最も際立った高値や安値ではないが、実質的な高値や安値のこと。フェイラーで終わるインパルスの５波の終点や、後に拡大型フラットなどが続く場合のアクション波の終点などがこれに該当する。

◎オルタネーション（Alternation）

インパルスの２波と４波が別の波形になる現象またはそうした習性。フラットのＡ波とＢ波についてもオルタネーションの習性が見られる。

カ行

◎階層（ディグリー、Degree）

ある株価の波動はいくつかの副次波によって構成されており、その副次波もさらに一回り小さないくつかの副次波によって構成されている。逆に、いくつかの波動が副次波となって一回り大きな波動を構成し、その一回り大きな波動も、他にいくつかの波とつながってさらにひと回り大きな波動を構成している。

このように株価の波動は何層もの階層から成り立つ構造をしており、こうした階層のひとつひとつを波の階層、あるいはディグリーという。45ページ「波の階層一覧表」参照。

◎ガイドライン（Guideline）

株価波動の習性や傾向を示したもの。波動分析をするうえで「ルール」ほど決定的な判断基準ではないものの、できるだけ参照すべきもの。ガイドラインができるだけきれいに当てはまるようなカウントやシナリオほど後から振り返って正解となる確率が高まる、と思われる。

代表的なガイドラインには、波の延長、波の均等性、オルタネーション、チャネリング、出来高、比率関係、修正波の深さ、波の個性などに関するものがある。

◎価格修正、時間調整（時間的修正）

直前の波の進行に対して、それを一時的に休止したり反対方向に揺れ戻したりする動きが「修正」。価格修正は価格的に前の波と逆方向に進む動きのことであり、時間調整は横ばいの動きのこと。

◎拡大型トライアングル

トライアングルの項参照。

◎拡大型フラット

フラットの項参照。

◎下降型トライアングル

上昇型トライアングルと下降型トライアングルの項参照。

◎急こう配な修正波（Sharp Corrective Waves）

時間調整よりも価格修正が主である修正波。ジグザグ、ダブルジグザグ、トリプルジグザグ、C波巨大化フラットなどが該当する。

副次波の中の最初のアクション波（A波やW波）だけで価格的修正が終わらず、2番目のアクション波（C波やY波）が最初のアクション波の終点を超えて一段と価格修正が進む形となる。3番目のアクション波（Z波）がある場合には、2番目の終点を超えてさらに価格修正が進む形になる。

◎グランドスーパーサイクル波

45ページの「波の階層一覧表」参照。

サ行

◎サイクル波、サブマイクロ波、サブミニュエット波

45ページの「波の階層一覧表」参照。

◎３波の３波 (The third wave of a third wave)

インパルスの副次波３波のさらに副次波の３波。最も大きく激しい動きになりやすい波であり、エリオティシャンがトレードチャンスとして最も注目する波。「third of a third」ともいう。

◎C波巨大化フラット

フラットの項目参照。

◎ジグザグ (Zigzag)

修正波の一種で、５－３－５（推進波－修正波－推進波）という構成。そして、Ｂ波の終点はＡ波始点に到達せず、Ｃ波終点はＡ波終点を超える、という形。

◎下値ライン

上値ライン、下値ラインの項目参照

◎上昇型トライアングル（Ascending Triangle）と下降型トライアングル（Descending Triangle）

どちらもトライアングルの一種で、上値ラインが横ばいで下値ラインが上向きのトライアングルを上昇型トライアングル、上値ラインが下向きで下値ラインが横向きのトライアングルを下降型トライアングルという。

◎収縮型トライアングル (Contracting Triangle)

最も基本なトライアングルの形。上値ラインが下向き、下値ラインが上向きであるトライアングル。

◎修正（correction）

推進波に続いて、その反対方向に揺れ戻したり、横ばったりする動きのこと。

◎修正波の波形のアクション波 (Actionary Corrective Waves)

フラットのＡ波、トライアングルのＡ波、Ｃ波、Ｅ波、複合修正波のＷ波、Ｙ波、Ｚ波、３－３－３－３－３型ダイアゴナルの１波、３波、５波などのように、波形は修正波であるのに波の方向・位置から考えるとアクション波である波動のこと。直訳すると「アクション波の働きをする修正波」だが、本書ではアクション波である点が重要な文脈でこの用語を使うことが多かったので「修正波の波形のアクション波」とした。

◎推進波（Motive wave）と修正波（Corrective wave）

波形による波の分類を示す用語。

推進波とは相場を推進させる役割を持った５波動構成の波形のことであり、インパルスとダイアゴナルの２種類がある。

修正波とは主にリアクション波として出現する（一部の修正波はアクション波として出現する）波形であり、ジグザグ、フラット、トライアングル、複合修正波などの種類がある。波動の構成が５－３－５－３－５などと表記されている場合、５は推進波を３は修正波を指す。トライアングルはＡ波Ｂ波Ｃ波Ｄ波Ｅ波と５波動により構成されているが修正波であることから３という表記になる。

※アクション波、リアクション波との違いに注意。

◎スーパーサイクル波

45ページ「波の階層一覧表」参照。

◎スラスト (Thrust)

インパルスの副次波４波がトライアングルになったときにその次の５波でよくみられる「短時間で素早く動く推進波」のこと。

◎スローオーバー（Throw-over）

プレクターの著書では、上昇波動であるインパルスやダイアゴナルにおいて、５波がチャネルラインの上値ラインやダイアゴナルの上値ラインを突破する動きについてスローオーバーという言葉を使っている。

本書では、わかりやすさを重視して、上昇波動・下落波動問わず、インパルス、ダイアゴナル、さらにトライアングルも含めて、最後の副次波（５波やＥ波）がトレンドラインを超えていく動きについて一律に「スローオーバー」という用語を使った。

タ行

◎ダイアゴナル（diagonal）

推進波の一種。５波動構成で、一般的には波の大きさが徐々に収縮しながら、斜め上方あるいは斜め下方に突き出る「エッジ形（くさび形）」になる波形。かつてはダイアゴナルトライアングルと呼ばれていたが、現在では単にダイアゴナルと呼ばれる。

副次波の構成は３－３－３－３－３、もしくは５－３－５－３－５。副次波の構成は３－３－３－３－３、もしくは５－３－５－３－５と言われているが、５－３－５－３－５のタイプが出現することはほとんどない。１波と４波が重なるという点がインパルスとの大きな違い。

１波終点と３波終点を結んだトレンドラインと、２波終点と４波終点を結んだトレンドラインは同じ向きで収縮する形となるのが基本だが、拡大する形になることもあり、これを拡大型ダイアゴナル（エクスパンティングダイアゴナル）という。

副次波としては最初か最後の波として出現し、最初の波（１波かＡ波）として出現する場合はリーディングダイアゴナル、最後の波（５波かＣ波）として出現する場合はエンディングダイアゴナルという。

◎ダブルジグザグ、ダブルスリー

複合修正波の項目参照。

◎チャネリング（Channeling）

上昇トレンドや下降トレンドにある波動が、２本の平行線に挟まれる形で株価形成すること。この場合、その２本の平行線をチャネルライン、それらに挟まれた部分をチャネル、という。特にチャネルラインの上の線を上値ライン、下の線を下値ラインと呼ぶ。

インパルスにはチャネルを形成しやすい習性があり、それがチャネリングのガイドラインとして知られている。

◎ディグリー（Degree）

階層の項目参照。

◎トライアングル（Triangle）

修正波の一種。基本形は５つの修正波（Ａ～Ｅ波）が横に連なり、波の大きさが徐々に小さくなっていく形。

Ａ波よりもＢ波が大きくなり、その後、Ｅ波まで徐々に小さくなる形はランニングトライアングルと呼ばれる。

また、波の大きさが徐々に大きくなる形は拡大型トライアングル（エクスパンティングトライアングル）と呼ばれる。

◎トリプルジグザグ、トリプルスリー

複合修正波の項目参照。

ナ行

◎波の均等性（Wave Equality）

インパルスの１波、３波、５波のいずれか２つが大きさ的にも時間的にも同程度になりやすいという習性。特に、１波、３波、５波のいずれかひとつの波が延長すると、残りの２つの波は均等化しやすい。典型的には、３波が延長して、１波と５波が均等化するというパターン。均等にならないときはフィボナッチ比率の関係になると言われている。

◎波の個性（Wave Personality）

１波、２波、３波、４波、５波、Ａ波、Ｂ波、Ｃ波、Ｄ波、Ｅ波など、それぞれの波ごとに、値動き、出来高、投資家の心理や行動といった面において一般的によく見られる性質があると言われている。検討している波がどの波であるのかを判断する一助になる。

ハ行

◎Ｂ－Ｄライン

トライアングルのＢ波終点とＤ波終点を結んだトレンドライン。

◎比率関係のガイドライン

インパルスの１波、３波、５波の大きさがお互いに0.618倍や1.618

倍などのフィボナッチ比率の関係になりやすいという習性をはじめ、波動の比率に関係する習性を説明したガイドライン。

◎フィボナッチ数、フィボナッチ比率

フィボナッチ数はフィボナッチ数列に現れる数。

フィボナッチ比率とはフィボナッチ数同士の比率のこと。数列が進んでいくと隣同士の比率は0.618あるいは1.618に近い数になる。これらが代表的なフィボナッチ比率と言われるもの。

フィボナッチ数列というのは、1、1からスタートして、隣り合う2つの項を加算して次の項を作るというルールによる数列で、具体的には1、1、2、3、5、8、13、21、34……という数列。

◎フェイラー（Failure）

トランケーション(Truncation)とも言い、インパルスの5波が3波終点を超えられないという現象。3波が急激で大きな動きになると、5波はフェイラーしやすくなる。

また、その他の波形を形成するプロセスにおいても、本来超えるべきポイントを株価が超えられないで終わってしまう現象が起きることがあり、本書ではそうした状況を表すのにもフェイラーという用語を使った。

◎複合修正波（Combination）

修正波の一種であり、X波というつなぎの波を介して修正波が2個あるいは3個連結した形。連結する修正波は複合修正ではない単純な修正波に限られる。

修正波が横向きにつながった横向きの複合修正波と、斜めに上昇方向、あるいは下落方向につながった急こう配な複合修正波の2種類がある。

横向きの複合修正波はＸ波を介して２つの修正波が連結したものをダブルスリー、２つのＸ波を介して３つの修正波を連結したものをトリプルスリーという。価格修正は最初のアクション波であるＷ波で終了し、後は横ばいの修正が続く形となる。

急こう配の複合修正波はＸ波を介してジグザグが２つ連結したダブルジグザグ、２つのＸ波を介してジグザグが３つ連結したトリプルジグザグがある。ひとつ目のジグザグよりも２つ目のジグザグ、２つ目のジグザグより３つ目のジグザグというように価格修正が進んでいく形になり、横ばいというよりも斜めに進む形となる。

◎副次波（Subwave）

どんな波動でも、より小さな波が３つか５つかそれ以上連結する形で構成されている。このように、ひとつの波を構成するひと回り小さな波のことを副次波という。

副次波もまたさらに一回り小さな副次波から構成されている。どんな波もいくつかの副次波によって構成されているし、どんな波も何かの波の副次波になっている。

◎プライマリー波

45ページ「波の階層一覧表」参照。

◎フラット（Flat）

修正波の一種であり、３－３－５（修正波－修正波－推進波）という構成。Ｂ波終点はＡ波の始点近辺まで動き、Ｃ波終点はＡ波終点を少し超えるところまで戻る、というのが基本形。この基本形をレギュラーフラットともいう。

レギュラーフラットのＣ波が巨大化して延長のような形になり、Ｃ波終点がＡ波終点を大きく超えることがあり、この形をＣ波巨大化フラットという。

また、B波終点がA波始点を超えて、C波終点がA波終点を超えるという形になり、波の大きさがA波＜B波＜C波となる形を拡大型フラット（エクスパンデッドフラット）という。

さらに、B波まで拡大型フラットと同じで、C波終点がA波終点を超えられずに終わる形をランニングフラットという。

マ行、ヤ行、ラ行

◎マイクロ波、マイナー波、マイニュート波、ミニュエット波、ミニスキュール波

45ページ「波の階層一覧表」参照。

◎横ばいの修正波 (Sideways Corrective Waves)

時間調整（時間的修正）を主とする修正波。最初の波（A波やW波）で価格修正を終えて、その後は一段の価格修正を伴わず（あるいは、あまり大きな価格修正の更新を伴わず）横ばいの形になる修正波。一般的にはフラット、トライアングル、ダブルスリー、トリプルスリーなどが該当する。

ただし、フラットの中でもC波巨大化フラットはC波でかなり大きな価格修正になるので、これは横ばいの修正波とは言えない。

◎ランニングトライアングル

トライアングルの項参照。

◎ランニングフラット

フラットの項参照。

◎リアクション波
アクション波の項参照。

◎リーディングダイアゴナル
ダイアゴナルの項参照。

◎リトレースメント (Retracement)
価格修正のこと。

◎ルール（Rule）
波動判定上、ほぼ守られなければならない原則。以下のインパルスに関する３原則は、その代表例。

①２波は１波の始点を割り込まない
②１波、３波、５波の中で３波が一番小さくなることはない
③４波は１波と重ならない

◎レギュラーフラット
フラットの項参照。

改訂版刊行に寄せて

振り返ると『エリオット波動研究』初版から早くも７年が経過していました。

その間、『Visual Guide to ELLIOTT WAVE TRADING』の邦訳版である『図解　エリオット波動トレード』や、『Nature's Law』の邦訳版である『エリオット波動は自然の法』をともにパンローリング株式会社から刊行するに当たり、英文の関連書籍を熟読する機会に恵まれました。

その過程でエリオット波動原理の解説で使われる用語、英単語、ひとつひとつの意味を正確に理解することに多くの時間を費やし、これまで日本のエリオティシャン、あるいはテクニカルアナリストが当然のように使ってきた用語に間違いがあることにも気づきました。

そのひとつの例が「衝撃波」という用語です。これまで、日本のテクニカルアナリストの多くは、エリオット波動原理における５波動の基本波形である「IMPULSE」を、何の疑いもなく「衝撃波」と訳して使ってきたという経緯がありました。

しかし、ラルフ・ネルソン・エリオットがどういう意味で「IMPULSE」という用語を使っていたのかを調べるために、エリオットが書いた現存する論文から「IMPULSE」またはその複数形である「IMPULESES」という単語をすべて抜き出し、前後の文脈からその意味を紐解いていったところ、「衝撃波」というのは完全な誤訳であるという確信を得るに至りました。そもそもエリオット自身は、５波動の基本波形について「○○波」といった名称は付けていなかったのです。

なぜなら、５波動の基本波形こそがエリオットが発見した「原理」

そのものだったからです。エリオット波動原理の研究家として著名なハミルトン・ボルトンも、5波動の基本波形に名称は付けていません。

では、ロバート・プレクターはどうだったのかということで、『ELLIOTT WAVE PRINCIPLE』について入手できる限りの版を収集して調べました。すると、当初は「推進」という意味で「IMPULSE」という単語が使われていたことがわかりました。ですから「推進波」は「IMPULSE WAVES」となります。このとき、「Diagonal Triangles」も「IMPULSE WAVES」の中のひとつに分類されていました。これが第7版では「IMPULSIVE WAVES」と表現が変わり、その中に、「Impulse」と「Diagonal Triangles」の2つの波形があるという説明に変わりました。「IMPULSIVE WAVES」は「推進的な波」という意味になります。さらに第10版では「IMPULSIVE WAVES」が「MOTIVE WAVES」という表記に置き換えられています。つまり、プレクターも、「IMPULSIVE」を「MOTIVE」という意味であると捉えていたのです。「MOTIVE」に衝動という意味はありますが、衝撃という意味はありません。

そもそも「衝撃波」とは、物体が音速を超える速度で移動するときに発生する圧力波のことです。エリオット波動原理とはまったく無関係の用語です。

「IMPULSE」の例は、これまで、日本のテクニカルアナリストにおいてエリオット波動原理が誤解されたまま伝えられてきたことのほんの一例に過ぎません。

なぜ、こんな基本的なことをこれまで言及する人がいなかったのでしょう。それは、「相場予想に使えるのなら原理なんてどうでもいい」という態度でエリオット波動原理に臨んでいる人が多かったからではないかと推察せずにはいられません。

『エリオット波動研究』初版では、あとがきに「理論咀嚼の途上で本稿のような書籍を著作することになったことに関しては誠におこがましいことであると自認している」と書きました。今振り返っても当時は余りにも無知でした。研究を進めれば進めるほど自分の無知さに打ちひしがれました。エリオット波動原理が何であるのかまったくわかっていなかったのではないか。それから7年、毎日平均で50枚以上のチャートをカウントし、毎週25枚から30枚のレポートを書き続けていく過程でエリオット波動原理に関して新たに気がついたことは膨大な量になります。

ルールやガイドラインのひとつひとつが実際のチャートと照らし合わせて有効なものなのか。どこまで厳密性を担保して波動をカウントすべきなのか。エリオット波動原理が当てはまるチャートと当てはまらないチャートの違いはどこにあるのか。普通目盛りとログスケールの使い分けをどのようになすべきであるのか。そもそもどうしてチャートにエリオット波動原理で規定された波形が現れるのか。

それらの疑問を明らかにすべく、各種テクニカル分析の書籍のみならず、物理学を中心とした自然科学、哲学、経済学の書籍にも当たりながらチャートと格闘する日々を過ごしました。

そうした日々を過ごす中、レポートを購読した方の中からエリオット波動原理に興味を持つ有志が「日本エリオット波動学会」を立ち上げ、わたしが所属する「一般社団法人日本エリオット波動研究所」とは別に、エリオット波動原理の研究および論文発表に取り組んでくださるようになっています。

今、日本にはエリオット波動原理を真剣に学んでいる人が多く、そのカウントレベルはルーツであるアメリカ合衆国のエリオティシャンを大きく凌駕していることに疑問の余地はありません。数多くの有能なエリオティシャンがお互いを切磋琢磨し合いながら今後も世界のエリオット波動界隈を牽引していくことでしょう。

しかし、どれだけ研究しても、マーケットの動きには、依然としてわからないことだらけです。エリオット波動原理についても、そのポテンシャルの一部を見つけ出したに過ぎません。今後も研究は休みなく続くことでしょう。

この本を手に取ってくださった方に、正しくエリオット波動原理を理解していただきたい一心で改訂版に着手しました。まだまだ研究の途上ですが、この本を読んだことで何かひとつでもチャートを見るうえでの気づきがございましたら嬉しく思います。

最後になりましたが、改訂版の制作および販売にご尽力いただいた皆様、全国のエリオティシャンの皆様に心より御礼申し上げます。

一般社団法人日本エリオット波動研究所　代表理事　有川和幸

著者紹介：一般社団法人日本エリオット波動研究所

エリオット波動に関する研究を目的として2017年1月に設立。エリオット波動理論による波動分析やトレード手法の研究をしている。最新の研究成果やカウントの発表などは公式サイト（http://jewri.org）にて。

執筆担当
有川和幸　一般社団法人日本エリオット波動研究所代表理事
小泉秀希

2024年11月３日 初刷り第１刷発行
2025年５月２日 第２刷発行

現代の錬金術師シリーズ ⑰⑧

あなたのトレード判断能力を大幅に鍛える

エリオット波動研究　改訂版

――基礎からトレード戦略まで網羅したエリオット波動の教科書

著　者　一般社団法人日本エリオット波動研究所
発行者　後藤康徳
発行所　パンローリング株式会社
〒160-0023　東京都新宿区西新宿7-9-18 6階
TEL 03-5386-7391　FAX 03-5386-7393
http://www.panrolling.com/
E-mail　info@panrolling.com
装　丁　パンローリング装丁室
組　版　パンローリング制作室
印刷・製本　株式会社シナノ

ISBN978-4-7759-9195-4

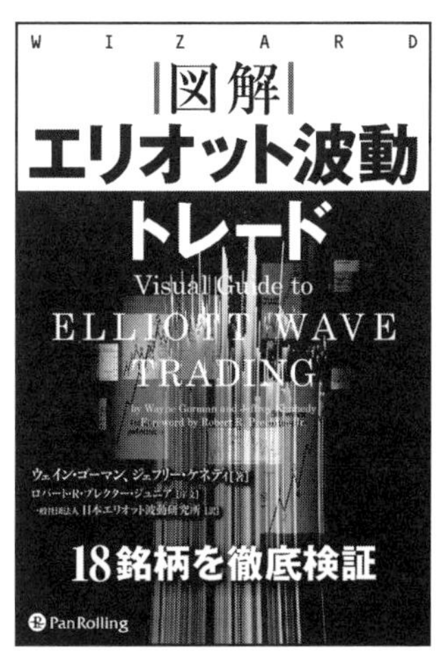

ウィザードブックシリーズ 271

図解 エリオット波動トレード

ウェイン・ゴーマン、ジェフリー・ケネディ【著】

定価 本体2,800円+税　ISBN:9784775972410

掲載チャート数250！ トレードの実例を詳述

本書は、波動パターンを表す実際のチャートを多数収録することで、トレードを分かりやすく解説している。著者のウェイン・ゴーマンとジェフリー・ケネディは、エリオット・ウエーブ・インターナショナル（EWI）のアナリスト。彼らが分析した18銘柄の事例を挙げ、波動原理を使ってトレード機会を探し、エントリーし、プロテクティブストップを上下させながらリスク管理をして、最後にエグジットするという一連の手順について詳細に伝えている。また、エリオット波動を用いたオプション戦略といったレベルの高いテクニカル分析、およびトレード手法にも言及している。プレクター&フロストのロングセラー『エリオット波動入門』（パンローリング）とトレードの現場を見事に融合させたユニークな実践書。あなたの取引スタイルが保守的であろうと積極的であろうと、本書のチャートとテクニックは信憑性の高いトレード機会を特定するのに役立つはずだ。

ウィザードブックシリーズ 328

エリオット波動は自然の法 原典から読み解く大原則

R・N・エリオット【著】

定価 本体1,800円+税　ISBN:9784775972977

エリオット本人による名著 75年以上の時を経てついに初邦訳

本書はエリオット波動原理の発案者ラルフ・ネルソン・エリオットによる代表的な著作（1946）です。長年、英語の原書でしか読めませんでしたが、この度、初めて邦訳書として世に送り出すことができました。本書を通じて、エリオットはやはり観察と発見の天才であったという認識を新たにします。彼の著作には膨大な観察の結果得られた多くのヒントが埋め込まれていますし、読者自ら相場観察をしながら本書を繰り返し読むことで、重要なヒントを見つけられるのではないかと思います。エリオット波動初心者にとっても良い教材であると同時に、ベテランのエリオティシャンにとってもヒントの宝庫と言えます。

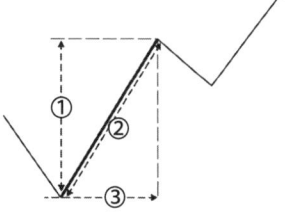

一流のトレードは、一流のツールから生まれる！

TradingView 入門

「使える情報」を中心にまとめた実戦的ガイドブック

向山勇【著】 TradingView-Japan【監修】

定価 本体2,000円+税 ISBN:9784775991848

全世界3500万人超が利用するチャートツールの入門書

“質”の高い情報が、あなたのトレードの“質”を高める実戦トレーディングビュー活用入門。株式、FX、金利、先物、暗号資産などあらゆる市場データにアクセスできる、投資アイデアを共有できるSNS機能など、無料で使える高機能チャートの徹底活用ガイド。インストール不要だから外出先ではスマホでも。また、株式トレーダーには企業のファンダメンタルズを表示できるのも嬉しい。

買い手と売り手の攻防の「変化」を察知し、トレンドの「先行期」をいち早くキャッチする
天から底まで根こそぎ狙う

「トレンドラインゾーン」分析

野田尚吾【著】

定価 本体2,800円+税 ISBN:9784775991862

トレンドラインを平均化した面（ゾーン）なら、変化の初動に乗ってダマシを極力回避し、天から底まで大きな利益を狙える。

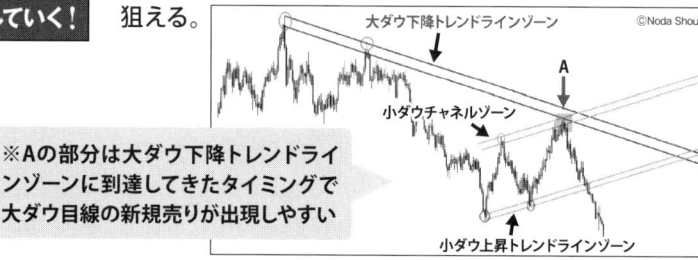

大ダウ下降トレンドラインゾーン
©Noda Shougo
A
小ダウチャネルゾーン
小ダウ上昇トレンドラインゾーン

※Aの部分は大ダウ下降トレンドラインゾーンに到達してきたタイミングで大ダウ目線の新規売りが出現しやすい

マーケットをリードするロジックを探す
生き残るためのFX戦略書

ハリー武内【著】

定価 本体2,800円＋税　ISBN:9784775991886

「今、そしてこれから、マーケットをリードしているロジックは何か？」を常に考えて行動する

FX（外国為替）というと、「チャートだけで外国為替市場を見ていこう」と考えている方も多いですが、実際の所、それだけでは相場への理解も利益も幅が出ないと思います。頭でっかちに先読みするのではなく、タイムリーに（＝市場が動き出す直前や、動き出した直後に）市場についていけるようになることを目指すのです。これができるようになると、明日、来週の相場の解説が先に思い浮かぶような体験を、ときに感じることも可能になります。

統計学を使って永続的に成長する優良企業を探す
クオリティ・グロース投資入門

山本潤【著】

定価 本体2,200円+税　ISBN:9784775991893

クオリティ・グロース銘柄でつくった“自分用のNISA”で値上がり益と配当の両方を手にする

今、20代や30代、40代の人たちにとっての「長期」とは、現実的に見て、10年、20年、30年という話だと思います。この限りある時間を将来の自分の資産形成のために有効に活用するうえでも、若い世代の方々には「すぐに投資を始めてほしい」と思います。なぜなら、長期投資の上手なコツは「早く始めて、長く保有する」ことにあるからです。少しでも自分にとって有利に働くように、少しでも早く始めてください。

株式関連書籍

出来高急増で天底（節目）のサインを探る！ リスク限定のスイングトレード

著者：矢口新

定価 本体1,600円+税　ISBN:9784775991084

【これまでは「出来高」は地味な存在だった】何日ぶりかの出来高急増は節目（最良の売買タイミング）になりやすい！　節目を確認して初動に乗る「理想のトレード」で損小利大を目指す。

投資家心理を読み切る 板読みデイトレード術

著者：けむ。

定価 本体2,800円+税　ISBN:9784775990964

板読み＝心理読み！の視点に立って、板の読み方や考え方だけではなく、もっと根本的な部分にあたる「負ける人の思考法」「勝つための思考法」についても前半部分で詳説。

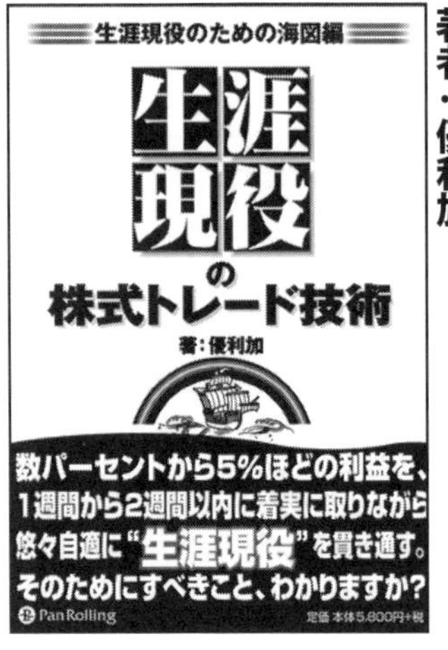

生涯現役の株式トレード技術【生涯現役のための海図編】

著者：優利加

定価 本体2,800円+税　ISBN:9784775990285

数パーセントから5％の利益を、1週間から2週間以内に着実に取りながら“生涯現役”を貫き通す。そのためにすべきこと、決まっていますか？わかりますか？

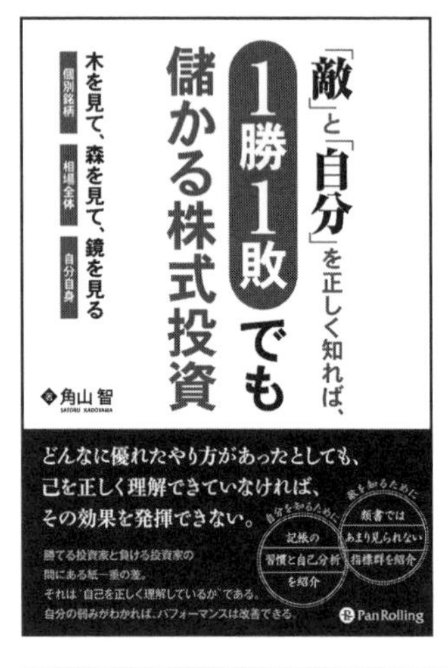

「敵」と「自分」を正しく知れば1勝1敗でも儲かる株式投資

著者：角山智

定価 本体1,500円+税　ISBN:9784775991398

己を知らずに良い手法を使っても、効果は一時的なものになるでしょう。でも、自分の弱みを理解し、己に打ち勝つことができれば、継続的に手法の効果を実感できるでしょう。

小次郎講師流 目標利益を安定的に狙い澄まして獲る

真・トレーダーズバイブル

小次郎講師【著】

定価 本体2,800円+税　ISBN:9784775991435

エントリー手法は、資金管理とリスク管理とセットになって、はじめてその効果を発揮する。

本書では、伝説のトレーダー集団「タートルズ」のトレードのやり方から、適切なポジション量を導き出す資金管理のやり方と、適切なロスカットをはじき出すリスク管理のやり方を紹介しています。

小次郎講師流テクニカル指標を計算式から学び、その本質に迫る

真・チャート分析大全

小次郎講師【著】

定価 本体2,800円+税　ISBN:9784775991589

安定的に儲けるためにはチャート分析が不可欠である

すべてのチャート分析手法、テクニカル指標は、過去の相場の達人たちの経験と知恵の結晶です。相場の先人たちが何をポイントに相場を見ていたのかを本書では学べます。

小次郎講師流 テクニカル指標が持つ「意味」を真に学び、状況に応じて奥義を使いこなせる達人を目指す

真・チャート分析大全

王道のテクニカル&中間波動編

小次郎講師・神藤将男【著】

定価 本体2,800円+税　ISBN:9784775991947

冷静かつ最適なトレード判断を下すための普遍的指南書

本書が他のテクニカル指標の本とは違う点。それは、計算式に代表されるような、テクニカルの本質を説いているところです。